新世纪普通高等教育经济学类课程规划教材

投资银行学

Investment Banking

（第二版）

主　编　朱文娟　兰　旻
副主编　梁少定　张　静
　　　　芮训媛　杨国华

大连理工大学出版社

图书在版编目(CIP)数据

投资银行学 / 朱文娟，兰旻主编. -- 2版. -- 大连：大连理工大学出版社，2021.9
新世纪普通高等教育经济学类课程规划教材
ISBN 978-7-5685-3153-5

Ⅰ.①投… Ⅱ.①朱… ②兰… Ⅲ.①投资银行－经济理论－高等学校－教材 Ⅳ.①F830.33

中国版本图书馆 CIP 数据核字(2021)第 164902 号

大连理工大学出版社出版

地址：大连市软件园路 80 号　邮政编码：116023
发行：0411-84708842　邮购：0411-84708943　传真：0411-84701466
E-mail:dutp@dutp.cn　URL:http://dutp.dlut.edu.cn
大连理工印刷有限公司印刷　　大连理工大学出版社发行

幅面尺寸：185mm×260mm　印张：18.75　字数：480 千字
2016 年 8 月第 1 版　　　　　　　2021 年 9 月第 2 版
2021 年 9 月第 1 次印刷

责任编辑：王晓历　　　　　　　　责任校对：李明轩
　　　　　　　　封面设计：张　莹

ISBN 978-7-5685-3153-5　　　　　　　定　价：49.80 元

本书如有印装质量问题，请与我社发行部联系更换。

前 言

《投资银行学》(第二版)是新世纪普通高等教育教材编审委员会组编的经济学类课程规划教材之一。

资本市场不仅是长期资金融通的市场和重要的资源配置中心,而且是现代人类社会经济生活中不可或缺的组成部分。特别是在现代市场经济发展过程中,资本市场对人类社会的影响已经达到了无以复加的程度,它不仅改变了一些国家的经济模式和法律制度,改变了人们的生活习惯,甚至影响或改变了一些国家的经济体制和政治体制。而投资银行就是在金融体系中从事资本市场业务的金融机构,是资本市场的主体和核心,投资银行业的发展与资本市场的兴衰紧密关连。资本是冷血的,是不讲人情的,是数字的,又是最容易变动的,所以想要掌握资本,需要更加谨慎和专业。

我国资本市场和投资银行业面临着中国加入WTO以后来自国际投资银行同行的挑战。推进资本市场和投资银行业的发展不仅需要加强制度建设和体制创新,更需要努力造就熟悉资本市场和投资银行理论与实务的复合型人才。系统、扎实地掌握投资银行的基本技能,是一切有志于投身或得益于这一行业人士的必备本领。编者衷心希望本教材能在这方面起到一定的作用。

本教材以编者多年的投资银行学的教学、研究和实践为基础,对投资银行学进行了系统而深入的探讨,全面地介绍了投资银行的各项业务。本教材由集美大学诚毅学院朱文娟、兰旻任主编;集美大学诚毅学院梁少定、张静,铜陵学院芮训媛,南昌理工学院杨国华任副主编。具体编写分工如下:朱文娟编写第一章、第三章、第九章,兰旻编写第五章、第六章、第七章,梁少定编写第二章,张静编写第八章,芮训媛编写第四章,杨国华编写第十章。全书由朱文娟统稿并定稿。

本教材随文提供视频微课供学生即时扫描二维码进行观看,实现了教材的数字化、信息化、立体化,增强了学生学习的自主性与自由性,将课堂教学与课下学习紧密结合,力图为广大读者提供更为全面并且多样化的教材配套服务。

在编写本教材的过程中,编者参考、引用和改编了国内外出版物中的相关资料以及网络资源,在此表示深深的谢意!相关著作权人看到本教材后,请与出版社联系,出版社将按照相关法律的规定支付稿酬。

尽管我们在教材的特色建设方面做出了许多努力,但由于经验和水平有限,所以教材中仍可能存在疏漏之处,恳请各相关教学单位和读者在使用过程中给予关注并提出改进意见,以便我们进一步修订和完善。

编 者

2021 年 9 月

所有意见和建议请发往:dutpbk@163.com

欢迎访问高教数字化服务平台:http://hep.dutpbook.com

联系电话:0411-84708445　84708462

目 录

第一章 投资银行概述 ··· 1
- 第一节 投资银行的定义 ··· 1
- 第二节 投资银行的特征和功能 ··· 7
- 第三节 投资银行的发展历史和组织形式 ··· 14
- 第四节 投资银行的业务 ··· 28

第二章 股票的发行与承销 ··· 36
- 第一节 企业公开发行股票的优点、约束及条件 ··· 38
- 第二节 新股发行体制 ··· 42
- 第三节 新股发行主要流程 ··· 53

第三章 债券的发行与承销 ··· 71
- 第一节 债券概述 ··· 72
- 第二节 债券的信用评级 ··· 77
- 第三节 我国债券发行定价方式的演变 ··· 80

第四章 证券交易 ··· 91
- 第一节 证券交易概述 ··· 92
- 第二节 证券经纪业务 ··· 94
- 第三节 证券自营业务 ··· 102
- 第四节 融资融券业务 ··· 105
- 第五节 证券做市商业务 ··· 108

第五章 企业并购 ··· 117
- 第一节 企业并购概述 ··· 118
- 第二节 企业并购成因的基本理论 ··· 126
- 第三节 企业并购的作用及遵循的原则 ··· 133
- 第四节 企业并购业务的主要流程 ··· 138
- 第五节 收购与反收购策略 ··· 144
- 第六节 跨国并购 ··· 150

第六章　基金管理 ………………………………………………………… 159
 第一节　投资基金概述 …………………………………………………… 160
 第二节　投资基金当事各方关系 ………………………………………… 167
 第三节　投资基金运作 …………………………………………………… 172
 第四节　投资银行介入基金管理的方式 ………………………………… 177

第七章　资产管理与项目融资管理 ……………………………………… 180
 第一节　资产管理业务概述 ……………………………………………… 181
 第二节　资产管理业务运作管理 ………………………………………… 185
 第三节　项目融资业务概述 ……………………………………………… 191
 第四节　项目融资结构 …………………………………………………… 197

第八章　私募股权与风险投资 …………………………………………… 208
 第一节　私募股权概述 …………………………………………………… 209
 第二节　风险投资概述 …………………………………………………… 221
 第三节　风险投资运作 …………………………………………………… 229

第九章　资产证券化 ……………………………………………………… 238
 第一节　资产证券化概述 ………………………………………………… 240
 第二节　资产证券化的发展历程 ………………………………………… 244
 第三节　资产证券化的运作流程 ………………………………………… 254

第十章　投资银行的风险管理与监管 …………………………………… 265
 第一节　投资银行的风险管理概述 ……………………………………… 267
 第二节　投资银行风险管理的模型与方法 ……………………………… 272
 第三节　投资银行的监管概述 …………………………………………… 280
 第四节　投资银行的监管制度 …………………………………………… 287

参考文献 …………………………………………………………………… 293

第一章

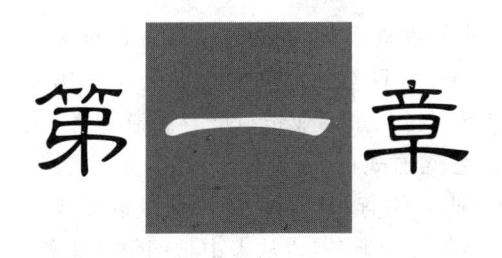

投资银行概述

> **案例导入** >>>

美林证券（Merrill Lynch）成立于1885年，是全世界较大的全球性综合投资银行。美林证券的业务涵盖了投资银行的所有方面，包括债券及股票的承销、二级市场经纪及自营业务、资产管理、投融资咨询及财务顾问等。自1988年起，美林证券连续10年成为全球最大的债券及股票承销商。美林证券在纽约交易所、伦敦交易所和其他股票交易所的股票交易额均居于首位。

美林证券拥有阵容强大、范围全面的调研分析队伍，是全球拥有最强研究实力的投资银行之一。1997年11月24日，美林证券以53亿美元收购英国水星资产管理公司，使美林资产管理公司成为全球最大的资产管理机构之一，兼并后其所管理的资产超过5 000亿美元。1998年2月，它收购了日本山一证券公司在日本的大部分业务，并据此建立了美林日本证券公司。

2008年，受次贷危机影响，美林证券蒙受了超过500亿美元的损失以及资产减记。2008年9月，公司决定接受美国银行提出的竞购请求，以避免破产的命运。美国银行对外界宣布于2009年1月1日完成对美林证券的330亿美元的收购。于是，美林证券作为独立投资银行的身份画上了句号。美国银行拥有全球规模较大的财富管理业务，拥有大约20 000名金融顾问以及超过2万亿美元的客户资产。美国银行与美林证券的合并也加强了它们在债券和股票承销、销售和交易以及并购咨询领域的实力，同时创造了加深与全球企业及机构客户关系的重大机会。

（资料来源：美林证券官网）

何谓投资银行？投资银行到底从事哪些业务？作为全球顶尖投资银行的美林证券为何会被收购，从而失去其独立投资银行的地位？美国银行作为银行控股公司，其从事投资银行业务的优势是什么？

第一节 投资银行的定义

一、投资银行的定义

目前世界上的投资银行依国别、金融体系、法律法规和传统习惯的不同而异，大体上可分为三大类:即美国式、英国式和德国式。第一类是美国式的投资银行,美国式的投资银行称为投资银行(Investment Bank)或者证券公司(Security Firm),日本和我国的证券公司均属此类。这类投资银行一个最根本的特点是在法律的规定下不得从事商业银行的存贷款业务,主要从事与证券及证券市场有关的业务活动。第二类是英国式的投资银行,称为商人银行(Merchant Bank)。这类投资银行最初都是从事存贷款业务的商业银行。随着伦敦逐渐成为国际金融中心,大量的商业银行开始从事证券承销、交易等证券业务,也从事中长期信贷业务。第三类是德国式的投资银行,称为综合银行或全能银行(Universal Bank)。投资银行与商业银行在德国并无明显界限。所以从严格意义上讲,德国没有专门的、所谓的投资银行。德国的综合银行既从事短期存贷款业务,又从事中长期信贷以及证券的发行、承销等业务。

由于第一类投资银行(美国式)最有代表性和影响力,所以本书所指的投资银行主要是美国式的投资银行。但是,美国式投资银行还可再细分。美国著名的金融投资专家罗伯特·库恩(Robert Kuhn)将投资银行按业务范围大小进行了如下四种细分定义:

（一）最广泛的定义

投资银行实际上包括所有经营华尔街金融业务的大公司。从国际企业的证券承销业务到零售交易业务以及其他包括房地产和保险在内的各种金融服务业务,与华尔街金融活动有关的所有内容都包含在内。

（二）较广泛的定义

投资银行包括所有从事资本市场业务活动的金融机构。这里所指的资本市场业务包括证券承销、公司理财、并购、基金管理与风险资本、创业投资等,也包括为金融机构进行的非零售性质的批发交易业务和商人银行业务。但是,向散户出售证券、不动产中介、抵押银行、保险产品等业务不包括在内。

（三）较狭义的定义

投资银行只限于某些从事资本市场业务活动的金融机构,主要包括证券承销与兼并。但是基金管理、创业投资、风险资本、风险管理等业务不包括在内。

（四）最狭义的定义

投资银行应回到它过去的原则上,严格限于从事证券业务的一级市场承销和筹措资金,以及二级市场进行经纪、自营等传统业务证券交易的金融机构。

按照罗伯特·库恩的意见,上述第二种定义最符合美国投资银行的现实状况,但这也仅仅适用美国的情况。如果依据罗伯特·库恩的第二种定义,在中国从事投资银行业的金融机构有多种,其中主要是证券公司,还有部分信托投资公司、商业银行等机构。而中国的证券公司,也不能认为它们都是投资银行。按照《中华人民共和国证券法》规定,证券公司的经营业务共分为七类,如果某证券公司单纯从事证券经纪业务,从严格意义上来讲,这类公司还不能认为是投资银行。

罗伯特·库恩对投资银行和证券(经纪)公司的区分具有较充分的依据。这是因为投资银行在一国经济中最根本和最关键的作用是其在资金短缺者(筹资者)和资金盈余者(投资者)之间的纽带和媒介作用。证券(经纪)公司在证券市场上仅起到"交易润滑剂"的作用,不能称作投资银行。

不过仅从罗伯特·库恩的上述第二种定义考虑,会发现投资银行与商业银行的差别实际上很模糊,因为许多商业银行也经营基金管理、咨询服务等业务,那么它们是否能够同时被称作投资银行呢?而且,罗伯特·库恩没有说明其所称的"资本市场"是否包括中长期资金的借贷市场,如果包括,那么投资银行和商业银行实际上已被混为一谈。从后面有关投资银行历史的介绍中,我们能够看出,投资银行是在与商业银行分分合合的过程中发展起来的,因此,我们认为,孤立地谈投资银行及投资银行业务的意义并不大,对投资银行这一概念的理解必须建立在区别投资银行和商业银行的基础之上。所以接下来的内容,我们就来看看投资银行与商业银行的异同点。

二、投资银行与商业银行的区别

由于投资银行被冠以银行的名称,所以人们常常将其与商业银行相混淆,但投资银行与商业银行并不是同一类金融机构,它们之间既有联系又有区别。

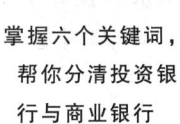

掌握六个关键词,帮你分清投资银行与商业银行

在现代金融体系中,投资银行和商业银行是两类最重要的金融机构。从本质上来讲,投资银行和商业银行都是资金盈余者与资金短缺者之间的中介,一方面使资金供给者能够充分利用多余资金以获取收益,另一方面又帮助资金需求者获得所需资金以求发展。从这个意义上来讲,二者的功能是相同的。

但是投资银行不能通过发行货币或者创造存款增加货币资金,也不能办理商业银行的传统业务,不参与形成一国的支付体系,它的经营资本主要依靠发行股票或债券筹措,因此投资银行与商业银行存在本质的区别。

(一)投资银行与商业银行的业务不同

投资银行业务范围很广,包括证券承销、证券交易、兼并收购、资金管理、项目融资、风险投资、资产证券化等,其中证券承销是投资银行业务中最核心的一项业务。它是投资银行成为证券市场中心的关键,是证券流通市场的基石。如果没有将新股票、新债券承销并发行出去,流通市场上就没有新证券可供流通,证券市场就不再有资本。

存贷款业务是商业银行业务的本源和实质,其他各种业务是在此基础上衍生和发展起来的。

商业银行的业务基本上可以分为三类:负债业务、资产业务和表外业务。

负债业务是商业银行以自有资本为基础吸收外来资金的业务,包括存款业务和借款业务,其中最主要的是存款业务,商业银行的负债业务是其开展资产业务的前提和基础。

资产业务是商业银行运用自有资本和负债以获得收益的业务活动,包括贷款和投资,其中最主要的、更本源的资产业务是贷款业务,一般占商业银行总资产业务量的一半以上。

表外业务有狭义和广义之分。狭义的表外业务是指那些未列入资产负债表,但同表内资产业务和负债业务关系密切,并在一定条件下会转为表内资产业务和负债业务的经营活动。通常把这些经营活动称为或有资产和或有负债,它们是有风险的经营活动,应当在会计报表的附注中予以揭示。狭义的表外业务包括:(1)贷款承诺,这种承诺又可分为可撤销承诺和不可撤销承诺两种;(2)担保;(3)金融衍生工具,如期货、互换、期权、远期合约、利率上下限等;(4)投资银行业务,包括证券代理、证券包销和分销、黄金交易等。广义的表外业务则除了包括狭义的表外业务外,还包括结算、代理、咨询等无风险的经营活动,所以广义的表外业务是指商业银行从事的所有不在资产负债表内反映的业务。按照巴塞尔委员会提出的要求,广义的表外业务可分为两大类：一是或有债权（债务），即狭义的表外业务。二是金融服务类业务，包括：（1）信托与咨询服务；（2）支付与结算；（3）代理人服务；（4）与贷款有关的服务，如贷款组织、贷款审批、辛迪加贷款代理等；（5）进出口服务，如代理行服务、贸易报单、出口保险业务等。通常我们所说的表外业务一般是指狭义的表外业务。

（二）投资银行与商业银行的融资手段不同

投资银行是直接融资的金融中介，而商业银行则间接融资的金融中介。投资银行作为直接融资的中介，仅充当中介人的角色，它为筹资者寻找合适的融资机会，为投资者寻找合适的投资机会。但在一般情况下，投资银行并不介入投资者和筹资者之间的权利和义务之中，只是收取佣金，投资者与筹资者直接拥有相应的权利和承担相应的义务。例如，投资者通过认购企业股票投资于企业，这时投资者就直接与企业发生了财产权利与义务关系，但投资银行并不介入其中，因此这种融资方式称作"直接融资方式"，如图1-1所示。

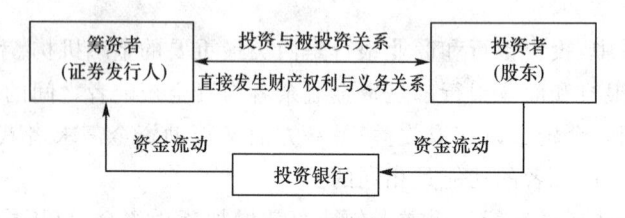

图1-1 投资银行的直接融资方式

商业银行则不同，商业银行同时具有资金需求者和资金供给者的双重身份，对于存款人来说它是资金的需求方，存款人是资金的供给者；而对于贷款人而言，银行是资金供给方，贷款人是资金的需求者。在这种情况下，资金存款人与贷款人之间并不直接发生权利与义务关系，而是通过商业银行间接发生关系，双方不存在直接的合同约束，因此这种融资方式称作"间接融资方式"，如图1-2所示。

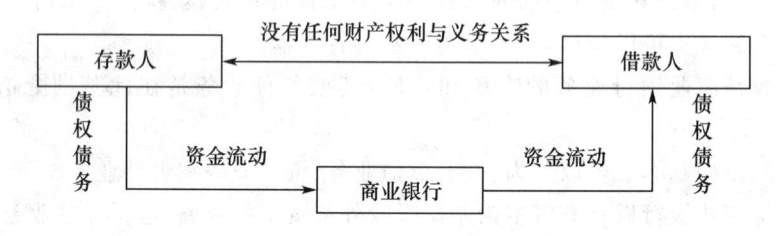

图1-2 商业银行的间接融资方式

（三）投资银行与商业银行的融资服务对象不同

投资银行侧重于长期资本市场的活动。从历史上看，最初的投资银行业务就是在商业银行无法提供中长期贷款，而市场对这种资金需求又极为旺盛的基础上发展起来的。尽管20世纪70年代以来，商业银行普遍开始对资产和负债进行综合管理，通过中长期负债来提供中长期信贷，但商业银行在中长期信贷资金市场中所占的地位仍然十分有限。股票或债券融资所获取的资金具有很强的长期性和稳定性，且发行手段灵活多样，发行时间、证券种类、期限等都可以自由选择——这一切都是商业银行贷款所不能比拟的。

商业银行侧重于短期资金市场的活动。由于商业银行本身必须保持资产具有一定的流动性，因而对贷款质量和期限往往有严格的要求，尤其在20世纪40年代以前，受到真实票据理论和资产转换理论等的影响,商业银行一般只向客户提供短期信贷,所以需要中长期资金的客户只能转向投资银行,要求其协助发行股票或债券以获得中长期资金的支持。

(四)投资银行与商业银行的融资利润构成不同

投资银行的利润来源包括三个方面:一是佣金,包括一级市场上承销证券获取的佣金,二级市场上作为证券交易经纪收取的佣金,以及金融工具创新中资产及投资优化组合管理中收取的佣金。佣金是投资银行业务中的主要利润来源,其中又以证券承销和证券经纪业务的佣金为重要来源。二是资产运营收益,包括投资收益与其他收入,是投资银行参与债券、股票、外汇以及衍生金融工具投资,参与企业兼并、包装、上市和资金对外融通而获取的收入。三是利息收入,它既包括信用交易中的证券抵押贷款的利息收入,又包括客户存入保证金的存差利息收入。例如,参与二级市场证券交易的投资者,以较低利息存入保证金(按储蓄存款利息计算给客户),而相关的投资银行机构则以较高的利息回报存入商业银行(商业银行按金融机构同业往来支付给证券机构利息),这样投资银行就获得利息差收入。投资银行利差来源及收入只能靠存款差,故较单一且量较少。

商业银行的利润首先来自存贷利差收入,其次是资金运营收入,最后才是表外业务佣金收入。从利润构成的重心来看,存贷利差收入位列商业银行利润来源的首位,是商业银行的基础收入。商业银行存款业务可分为活期、储蓄、定期三种类型,贷款业务也可分为短期、中期和长期等多种方式。资金运营收入主要来自两部分:产业投资和证券投资,证券投资的对象通常是风险较小、收益较稳定的国债和基金。表外业务是指那些不会引起资产负债表表内项目发生变化的业务活动。商业银行通过开展表外业务收取的中介费和佣金收入,近年来的重要性不断上升。

(五)投资银行与商业银行的管理原则不同

与商业银行的"资产负债管理理论"不同,投资银行的管理理论是"风险收益对应论",在控制风险的前提下更重开拓。其中,保持投资银行资产结构的优化和促进资产流动性最大化是投资银行资金营运的根本原则,多方式的投资银行管理策略,是投资银行防范风险并获得最大资产营运效益的成功途径。投资银行的利润首先来自佣金,欲获取大量手续费,没有进取精神不行,没有业务创新精神也不行,没有优质的服务水平和过硬的技术更不行。这是投资银行经营与管理的特色。投资银行也需要稳健经营,这是由于其在一级市场上承销或者在并购、转让中的投资均属高风险的业务。

商业银行以稳健管理为主,这是由其负债来源及资产运用的状况所决定的。商业银行资金运用以贷款为主,而其负债来源中大量是存款和借入款,这些存款和借入款的数额大小与期限长短受金融市场所左右,其中活期存款和储蓄存款作为短期资金很难长期运用,故存在不少风险因素,要求商业银行必须稳健经营。

(六)投资银行与商业银行的宏观管理和保险制度不同

投资银行与商业银行通常处于不同宏观管理机构的管理之下,并遵守不同的保险制度。在我国,投资银行接受中国证券监督管理委员会(以下简称证监会)的管理监控,所遵守的保险制度是证监会颁布的投资银行的保险制度;商业银行接受中国银行保险监督管理委员会(以下简称银保监会)的管理监控,所遵守的保险制度是存款保险制度。二者的管理内容和性质是不同的。

综上所述,可将投资银行与商业银行的区别整理如下(表1-1)。

表1-1　　　　　　　　　　投资银行与商业银行的区别

项目	投资银行	商业银行
业务	证券承销、发行、并购、资产管理、资产证券化等	资产、负债、表外业务
融资手段	直接融资	间接融资
融资服务对象	长期资本市场	短期资金市场
利润构成	佣金、资金运营收入、利息	存贷利差收入、资金营运收入、表外收入
管理原则	风险性、开拓性、稳健性	安全性、流动性、营利性
宏观管理	证监会	银保监会
所遵守的保险制度	证监会颁布的保险制度	存款保险制度

三、投资银行与商业银行的趋同化

随着信息技术的发展、金融领域的创新和金融管制的放开,投资银行业务与商业银行业务的区别日渐模糊。

首先,由于投资银行业的创新层出不穷,投资银行业务迅速膨胀,开始蚕食着原属于其他金融机构的业务领域,尤其是对商业银行的资金存贷市场展开了猛烈的攻势。各种融资方式,尤其是投资银行开拓的直接融资方式正在不断取代商业银行的间接融资方式而占据重要地位。越来越多的资信高的公司纷纷转向证券市场,通过发行股票、债券和商业票据获取资金,导致商业银行的贷款质量大幅下降,贷款收益率严重下挫。

其次,与投资银行业务范围一样,商业银行的业务范围在过去30多年中也发生了非常大的变化。起初,商业银行作为有限制的证券分支机构只允许承销市政普通债券,后来逐步放宽到工业发展债券和部分公司证券的发行。在证券化的浪潮下,商业银行为了自身的生存和发展,也开始大量介入投资银行业务。一系列新的金融工具市场迅速成为商业银行与投资银行的竞争领域。例如,场外衍生工具市场,这是个经营互换交易和其他合约交易的新兴市场,而今已成为商业银行和投资银行共同竞争的市场领域。与此同时,金融服务行业同样成为投资银行与商业银行竞争的新领域,包括资产负债管理的咨询、风险管理和流动性管理等方面。在这个竞争领域里,投资银行和商业银行利用各自自身的优势,为机构和个人投资者提供一些包括建议、方法和工具等方面的咨询服务。商业银行利用其广泛的业务、高水平的金融人才、丰富的业务经验和熟练的金融技能,在投资银行的业务领域与投资银行展开多方面的竞争,甚至在投资银行的两大关键业务——证券承销和并购业务中已经取得了极大进展。

因此,投资银行和商业银行业务的分界线已经越来越模糊,投资银行与商业银行的业务发展趋于一致。

在完成以上分析以后,我们不妨给投资银行做出这样的定义:投资银行是与商业银行相区别的、以证券承销业务为本源业务的金融机构。

需要指出的是，与"商业银行"这个名称一样，"投资银行"仅是一种概念与总称，也就是说，一家典型的从事投资银行业务的金融机构并非要冠名为投资银行。反过来，名称叫作"投资银行"的金融机构并不一定是真正意义上的投资银行。例如，我国就有一家曾经专营外国对华贷款的"中国投资银行"，从其业务活动和发展方向看，它实际上却是一家商业银行。

第二节 投资银行的特征和功能

一、投资银行的行业特征

尽管投资银行业总是处在不断的发展变化中，但是作为一个行业来说还是有其自身的行业特征。投资银行的行业特征既是该行业区别于其他行业的标志，也是其保持稳定和发展的基础。这些特征包括：创新性、专业性和道德性。

(一)投资银行业的创新性

过去，创新性并不是投资银行业的基本特征，那时对于投资银行来说，成功的关键因素在于它们同客户公司的经理层和董事会的关系，而不是概念与观念的创新。但是，随着行业竞争压力的增大，对投资银行业创新性的要求越来越高，要求投资银行业能满足客户的各种不同需要。因此，创新性已经成为当前投资银行业一种有效的竞争武器，金融工具和结构的创新有助于保持投资银行业的竞争优势。这一部分将讨论投资银行创新性的概念、创新性的内容以及创新性的培养。

1. 投资银行业创新性的概念

投资银行业的创新性应包括创造和革新两个方面，"创造"是指有价值的新事物的产生过程，而"革新"是将有价值的新事物转变为商业上可行的产品或服务的过程。创造的实质是从"无"到"有"，而革新的实质是把这所谓的"有"成型为经济上的实用物。

投资银行业的创新性，一方面是对创新性精髓的理解并知道如何去激发创新性，另一方面是为业务运作注入活力，包括新战略的设计、研究和开发的不断进步、质量的提高、财务状况的优化、信息的获取、人力资源管理水平的提高以及为不同的组织营造创新性的文化氛围。

对当前的投资银行业来说，创新性的管理意味着：开发新的、更好的金融产品，提供更好的服务，开创更有效率的工作方式。只有这样，投资银行才能在激烈的竞争环境中生存下来并获得发展。

2. 投资银行业创新性的内容

具体来说，投资银行业的创新性体现在如下几个方面：

(1)融资形式不断创新。投资银行开发出不同期限的浮动利率债券、零息债券、抵押债券、发行认股权证和可转换债券，建立"绿鞋期权"(Green Shoes)承销方式等。20世纪90年代，投资银行又创造出一种新型的融资方式——资产证券化，即以资产支撑的证券化融资。

(2)并购产品创新层出不穷。投资银行提供了桥式贷款、发行垃圾债券、创立各种票据交换技术、杠杆收购技术和种种反收购措施，如"毒丸防御计划""金降落伞策略""白衣骑士"等。

(3)基金新产品应有尽有。投资银行推出的基金新产品有套利基金、对冲基金、杠杆基金、雨伞基金、股息滚动投资、定期投资计划以及定期退股计划等。

(4)金融衍生品频繁出现。投资银行将期货、期权、商品价格债券、利率、汇率等各种要素结合起来,创造出一系列金融衍生品,如可转换浮动利率债券、货币期权派生票据、互换期权、远期互换等。

3.投资银行业创新性的培养

由上可知,创新性将影响投资银行业的方方面面,但是这种创新性并不是天生的,必须在后天刻意地进行培养。杰出的投资银行家并不是天生就与众不同,而是经常地思考和寻找解决问题的新思路和新方法,在这个过程中他们才成为创新大师。尽管如何培养创新性是仁者见仁、智者见智,并无定法可循,但大致也可以归纳为以下五条:

(1)营造创新性得以发挥的环境。培养创新性的重要一步是要使创新性得以发挥出来,这需要有一个自由灵活的环境,使工作人员在与公司共同目标保持一致的同时能发挥个人的自主性和创新性。通常人们对创新性的呼吁是:"告诉我你想要让我完成什么,但不是告诉我该怎样去完成。"领导层过于严密的监督并不是件好事,一些公司缺乏创新性往往都是由于领导层的过多干预造成的。

(2)激发每个人的创新性。最富创新性的想法往往来自意想不到的某个人,每个人都有创新的潜力,因此必须激发每个人的创新性。无论是出色的技巧还是长期积累的经验都不是确保能产生独到见解的因素。事实上,这些因素还可能因长期以来形成的常规思维模式而妨碍创新性。

(3)帮助创新型人才。尽管人生而平等,但是不同的人在很多方面都是有区别的,尤其是创新能力的差异。对投资银行来说,必须学会尊重和帮助这些创新型人才,他们往往是很特别的一类人,难以被别人控制,喜欢在奇怪的地方和反常的时间里工作。总之,他们在别人看来是很古怪的。怎样去发现和利用这些创新型人才是没有捷径可循的,但要记住的是,创新型人才可能不是最聪明的或最敏锐的,也可能不具有进取精神或魄力,甚至没有意识到自身的创新天赋。所以,投资银行家必须学会发现和珍惜他们。

(4)培养斗士和组织者。创新性要能在投资银行业中发挥作用必须有两种角色的人——斗士与组织者。斗士是敢于承担高风险项目主要责任的"勇士",他们通常被安置在公司的中级职位上,充满着敬业精神和狂热的激情,他们的工作能使那些创新性的想法得以实现。组织者是公司的高级职员,对高风险项目有强烈的兴趣,因为他们在公司的职位较高,所以往往是创新性项目的发起者与组织者。

(5)奖励与惩罚。大多数公司对待风险的态度是有两重性的,它们对成功的冒险大加赞赏,而对失败则加以重罚。这一机制从表面上来看似乎是有效的,但事实上却从制度上扼杀了公司内部人员的创新性,因为创新性工作失败的可能性比成功性更大。为使创新型人才能安心地进行创新,应该给他们提供更广泛的活动空间和更灵活的奖惩制度。创新型公司通常把"有胆量去失败"这样的话作为公司的一条宗旨。

(二)投资银行业的专业性

每个行业都有自己的专业知识和专门技能,对投资银行业来说,这种知识和技能方面的专业性要求更高,其具体内容主要包括以下几个方面:

1. 金融学和金融理论

金融学构成了整个投资银行的知识基础,而金融理论则提供了用于建立金融学的原始材料。只有对某些金融技术的理论有深入的了解,才能更好地运用这一金融技术。当然,金融理论再怎么重要,也不足以单独地造就成功的投资银行家。

2. 金融实践经验

金融实践经验是投资银行业专业知识体系的一部分,从千百例金融实践中积累起来的经验是开展未来业务的坚实基础。借助自己的理解力,对过去金融实践经验进行回顾和总结,有助于改进和提高未来的工作。例如,凭借多年来积累起来的并购经验就可以更有效地帮助现在从事并购活动的客户在未来获得更大的成功。但是,丰富的金融实践经验和扎实的金融理论一样,对造就杰出的投资银行家来说也是不充分的,它们两者只是投资银行业专业知识体系的一部分。

3. 经营才能和行业专长

经营才能和行业专长不应被忽视和低估,一流的投资银行家懂得一般的经营原理和行业的特殊性,能够为客户提供出色的服务。他们善于对公司进行分析,善于把握不断变化的行业竞争结构并能洞察企业成功的因素,还善于将不同金融工具的技术特征与公司现在的业务需求结合起来以完成最佳融资方案的设计与实施。这些都是在投资银行业专业知识基础中非常重要的部分。

4. 市场悟性和远见

投资银行业务既是一种艺术,又是一门科学,在这里,市场悟性和远见与技术分析一样具有同等重要的意义。最优秀的投资银行家总是能在适合的时候做出合适的决定,而他们在做决定时更多的是靠直觉而不是靠分析。

5. 人际关系技巧

人际关系技巧不能被忽视,它也是投资银行业专业知识体系的一部分。投资银行业属于服务性行业,它的每一项业务都必须同人打交道,因此,处理人际关系的能力对投资银行业的重要性是显而易见的。

(三)投资银行业的道德性

投资银行业的道德性对投资银行业来说非常重要,它构成了投资银行业的基础,因为道德是产生信心的源泉,没有客户的信心,投资银行将无法生存。因此,投资银行业的道德性已经成为该行业十分重要的特征。在这部分中,我们将讨论投资银行业的道德环境、道德问题及解决方法。

1. 投资银行业的道德环境

对投资银行业的道德环境产生影响的四个主要因素:

(1)监管。投资银行业的环境和行业构成总在不断地发生变化,促进这种变化的一个重要原因就是投资银行业监管环境的变化。对投资银行业的监管包括政府有关执法部门和证券监管部门的监管,证券交易所和行业自治协会的监管,以及舆论机构等社会的监督,它们的监管会在很大程度上影响投资银行业的道德行为。

(2)公司条例与传统。每个投资银行都有自己的管理条例、规则和程序,这些规定对投资银行的影响非常直接、非常明显。首先，不同的投资银行有不同的条例、规则和程序，因此，不同公司内部的道德约束机制是不同的。此外，投资银行在其发展过程中已经形成了自己独特的道德标准、传统、理想目标和激励机制，这些东西作为一种传统的力量在影响着投资银行的道德行为。

(3) 价值最大化。投资银行业是同金钱打交道的行业，它的产品和服务本身就是金钱，因此投资银行是一家庞大的金融企业，它的目标是追求企业价值最大化。没有哪个行业像投资银行业这样把所有的心思都集中在金钱上，而且它所涉及的金钱数额巨大，在这种情况下，如何保持金钱和道德的平衡就非常重要。

(4) 目前的道德风气。根据周围的道德水平和道德标准来确定自己的行为准则，是包括投资银行家在内的大部分人的心态，因此，整个社会的道德风气对投资银行业也有着很大影响。

2. 投资银行业的道德问题

投资银行业中有很多道德问题，下面列举了其中最具代表性的几个，目的在于能借此引发我们的一些思考。

(1) 利益冲突。这是内容较多和范围较广的一个道德问题。当一家投资银行参与的交易涉及多方利益的时候，就容易产生利益冲突。也许它会代表交易中对立双方的利益，也许在交易中会偏向于个人的金融利益，甚至还会涉及亲朋好友的利益，这些都是对投资银行道德的考验。

(2) 泄露机密。保守信息机密在所有商业活动中都是很重要的，对于投资银行业来说，更是如此，为客户保守机密是投资银行业道德的一个主要方面。从某种意义上来说，投资银行业是以信息为服务内容的行业，信息是投资银行业的生命线。为客户保守机密不仅有助于保护客户的利益，而且也有助于提高投资银行的信誉。泄露机密将给客户和自己带来不堪设想的后果，所以，投资银行应该在各种场合都保持冷静，应该清楚说话的时机、对象和内容。

(3) 信息披露。投资银行有为客户保守机密的义务，同时它还承担着向投资公众披露有关信息的责任，这是在对待客户信息方面两个相反的行为。从表面上来看，这两者是矛盾的，但从市场的角度来看，都是为了维护市场的公平和效率。但事实上，很难在保守机密和信息披露二者之间求得绝对平衡。投资银行和证券发行者往往会借口保守机密而对某些重要信息不进行及时披露，这样做无疑有利于投资银行和证券发行者，但对投资公众来说是不公平的。证券发行者有责任向公众披露完整正确的信息，遗漏重要事实的信息披露和错误陈述一样都是不道德的，并要受到相关惩罚。投资银行也必须尽其所能地确保发行者披露的信息的完整性和正确性。这就要求投资银行对企业进行尽职调查。

(4) 内幕交易。利用内幕消息进行直接或间接的交易并从中获利是一种不道德的行为，它违背了市场的公平与效率原则。产生内幕交易的制度原因在于市场的不完善性，由于市场是低效率的，信息对不同的人来说是不对称的，某些人利用各种条件获取内幕消息并运用这些消息进行交易而获利，其他没有能力和机会获得这些信息的人的利益就可能会受到损害。更严重的是，现在有些投资银行已经把从事内幕交易(如操纵股价)作为其日常业务的一部分，这种行为污染了整个投资银行业。

(5) 其他。除了上面提到的四个方面外，投资银行还会在诸如信息收集、信息传播、私下交易、客户关系、手续费等很多方面产生道德问题。

3. 投资银行业道德问题的解决方法

对投资银行业的道德问题有各种不同的解决方法,下面只介绍其中的几种:

(1)实事求是。这里所谓的实事求是是指投资银行在向客户许诺的时候,不要过于吹嘘自己的能力而向客户开空头支票,而要根据自己的实际能力来许诺。投资银行业的一个道德问题就是许诺过多而兑现不足。有时,投资银行这样做是为了赢得生意,但从长期来看,却是在搬起石头砸自己的脚,它使客户对其失去了信心。有道德的投资银行总是从自己的实际能力出发来做出承诺。

(2)保守机密。泄漏客户的机密是投资银行一个很典型的职业道德问题,对此有一个最简单的解决方法,即不要告诉他人那些不必要告诉的东西,这里唯一可做文章的地方是什么是"不必要告诉的东西"。大多数投资银行往往会制定一张限制性名单,其中列出了与投资银行业务有关系的一些公司的名字,这些公司及其相关情况都属于保密的范围。这个限制性名单还要求投资银行从事相关交易、销售、并购等业务的雇员不能买卖名单上所列公司的证券。此外,部门分割也是为客户保守机密的一个方法,这种方法要求相关各部门的人员对其所知晓的信息应该保持缄默,不对本部门以外的人员传播这些信息。例如,当公司的财务人员知道公司信托部门投资的企业即将破产时,他们应该保持缄默。

(3)尊重法律。在这个赚钱就是一切的行业里,非法行为看起来往往是成功的捷径,但是帮助客户从事非法或有悖道德的活动会使投资银行及其客户公司走上犯罪和破产的道路,会使它们受到道德的惩罚和法律的制裁。所以,投资银行有义务建议客户不要违法,同时,投资银行自己也应该尊重和遵守法律,为客户和同行做出表率。

(4)诚实和坦率。投资银行业是建立在信任基础上的行业,客户公司为投资银行所提供的服务支付了巨额酬金,因此,投资银行有一种义不容辞的义务,它们不能夸大自己感觉的正确性而辜负了客户的信任。投资银行在向客户提供建议的时候,应该说清楚其建议的可信度,如果投资银行对某些事情还没有把握或尚在猜疑中,也应该对客户坦言相告。实际上,客户是会欣赏这种诚实和坦率的,它带来的将是长期的信任和合作。

(5)其他方法。其他解决投资银行业道德问题的方法有:始终如一的工作作风、一心一意的工作态度、对客户的尊重与耐心、建立投资银行内部道德观念等。

二、投资银行的功能

投资银行的功能可以概括为媒介资金供需、构造证券市场、优化资源配置、促进产业整合四个方面。

(一)媒介资金供需

在资本市场中,资金盈余者希望利用手中多余的资金获取更多的利润,而资金短缺者正希望能够筹集到所需资金以谋求发展。这要求有一个专门的金融机构可以承担起沟通资金供求、寻求匹配的融资中介的作用。于是,投资银行和商业银行就客观地充当了这样的角色。但在发挥这种媒介作用时,投资银行的运作方式是一种直接的信用方式,即它可向投资者推荐介绍发行股票或债券的筹资者,也可为投资者寻找适合的投资机会。但从根本上说,投资银行不作为资金转移的媒介,并不直接与投资者和筹资者发生融资契约关系,而是由双方亲自接触,并且相互拥有权利和承担相应的义务,起到帮助一方寻找或撮合适合的另一方的作用。

投资银行在完成媒介作用之后,一般向筹资方收取一定的手续费以维持经营,而不同于商业银行在间接信用方式中充当资金转移的媒介,分别单独与存款人和贷款人发生契约关系,赚取存贷利差以维持经营。商业银行媒介资金供需的方式,使贷款拖欠和坏账给商业银行带来了沉重的压力,承担了很大的利率风险和贷款风险。所以,商业银行对其贷款的质量和期限要求很严格,这导致了传统的商业银行经营管理理论崇尚短期信贷业务,主要是指18世纪后期的"真实票据理论"和20世纪初期的"转换理论"。前者认为活期存款是商业银行的主要资金来源,为保持清偿能力,商业银行只能发放短期贷款。后者则比前者进了一步,认为除前者外,商业银行还可以持有如短期公债等易于出售的具有较强变现能力的证券。因此,中长期资金的需求者难以从商业银行获取贷款,从而使得投资银行成为企业筹措中长期资金的根本途径。投资银行和商业银行以不同的方式和侧重点起着重要的资金媒介作用,在国民经济中缺一不可。

(二) 构造证券市场

证券市场由证券发行者、证券投资者、组织管理者和投资银行四个主体构成。在现代金融体系里,以证券市场为主体的发达资本市场是现代金融体系的核心。任何一个经济相对发达的国家中,无一例外均拥有比较发达的证券市场体系。而其中的投资银行联系不同主体,对构建证券市场起了重要的作用。

1. 构建证券一级市场

在证券发行过程中,投资银行通过咨询、承销、分销、代销、融券等方式辅助构建证券发行市场。证券发行人聘请投资银行帮助制定各券种的发行价格、发行方式、发行规模,发行后向投资者进行证券承销,一般采取包销的方式,这种方式使得投资银行承担了在证券没有全部售出时买入剩余证券以降低发行风险的包销义务。投资银行还利用自身分支机构和销售网络的优势组织一定规模的分销集团,使证券可以顺利发行。可以这样说,没有投资银行的参与合作,就不可能有高效率、低成本、规范化的证券一级市场。

2. 稳定二级市场

在证券交易过程中,投资银行以自营商、经纪商和做市商的身份参与其中,不仅将零星资金和证券结合起来实现了交易,同时还根据证券价格的变化,适时吞吐大量证券、搜集市场信息、进行市场预测,促使证券价格围绕自身的预期价值波动,从而起到了活跃并稳定市场的作用,吸引了广大投资者,促进了二级市场的繁荣。

3. 创新金融工具

投资银行作为金融领域最活跃、最积极的力量,从事金融工具与投资工具的创新,本着风险控制、保持最佳流动性和追求最大利益的原则,面对客户需求,不断推出创新的金融工具,如期货、期权、互换等金融衍生工具,不仅有效地控制了自身风险,客观上还使包括证券市场在内的各种金融市场得以在衍生工具的辅助下更为活跃,不断向纵深发展。

4. 证券信息传播

信息是证券市场存在的基础条件。投资银行除了充当资金供需的媒介之外,还有一个重要的职能是信息的生产和传播。投资银行通过搜集资料、调查研究、介入交易、提供咨询等方式积极从事信息传播的工作，使信息更迅捷、更客观地反映在交易过程中，保障了证券市场的信息效率与信息公平。

5. 提高证券市场效率

投资银行通过代理发放股息、红利、债息，代理偿还债券本金等业务时获取投资收益，降低了运作成本，提高了证券市场的整体运营效率，成为投资者与证券发行者沟通的重要中间环节。

（三）优化资源配置

当社会经济资源都能在相应的部门发挥出最佳效益时，就被认为达到了"帕累托最优"。这是意大利经济学家维弗雷多·帕累托提出的概念，意指资源的分配在不使任何人状况变差的情况下，已无法使某些人的状况变得更好，即资源配置的效率没有任何改进的余地。投资银行正是通过证券发行、投资基金管理、并购等业务，在促使资源在整个经济体系中的合理运用和有效配置方面发挥着重要作用。

第一，在一级市场中，投资银行将企业的经营状况和发展前景向投资者做充分的宣传，那些发展前景好、效益高的企业就很容易通过证券融资被投资者接受，从而在二级市场形成被认可的交易价格。社会经济资源通过这种价格信号的导向作用进行配置，促进资金向边际产出高的产业或企业流动，限制了低效、无效部门的盲目扩张，实现了资源的优化配置。

第二，投资银行为政府债券的发行提供了便利，使政府可以获得足够的资金用于提供公共产品和公共服务，加强基础设施建设，从而为经济的长远发展奠定基础。同时，政府通过买卖政府债券等方式，帮助中央银行充分利用货币政策工具调节货币流通量，借以实现对经济资源的宏观调控，促进经济稳定发展。

第三，投资银行不仅为效益良好的企业融通资金，还利用其资金媒介作用，为资信较低的企业融通资金。通过将这些企业的财务状况完全暴露在市场之中，让投资者在充分了解其中的风险后谨慎投资，起到了风险投资宣传的"播种机"作用。这样既督促了企业向更好的方向发展，又更加有效地利用所筹资金，有益于建立科学的激励机制与约束机制，以及产权明晰的企业制度，从而提高了经济效益，促进了资源的合理配置。

第四，投资银行活跃于并购的各个环节，提供信息服务和融资安排，将被低效配置的存量资本调整到效率更高的优质企业，或通过本企业资产的重组发挥更高的效能。这样形成的新企业，或者发挥大集团的规模效益，或者剥离重整后从事专业性生产，从而促进产业结构的调整和生产的社会化。

第五，高科技产业的发展，除了要拥有创造精神和高素质人才之外，资金支持也是一个非常重要的因素，而许多高科技企业在初创阶段风险很大，难以从商业银行获取贷款。而投资银行的风险投资业务从事组织制度化的创业资本运作，通过为这些企业发行股票或债券，或直接进行股本投资的方式，为高科技企业的迅速发展提供了巨大的动力，促进了产业的升级换代和经济结构的优化。

（四）促进产业整合

在近几年全球大规模的企业兼并和收购浪潮中有一些大的投资银行在幕后操纵的身影。

据统计,以美国为首的世界经济先后经历了五次企业并购的浪潮。这五次并购浪潮分别是1897—1904年的以横向整合为标志的第一次浪潮、20世纪20年代末的纵向整合的第二次浪潮、20世纪60年代的混合多元化并购浪潮、20世纪80年代的杠杆收购浪潮和20世纪90年代的战略性并购浪潮。在企业并购过程中,投资银行发挥了重要作用,不仅成为各种企业兼并的主体,而且对企业实力的增强、企业兼并的产生与发展起到了推动作用。

因为企业兼并与收购是一个技术性很强的工作,选择合适的并购对象、合适的并购时机、合适的并购价格以及进行针对并购的合理的财务安排等都需要大量的资料、专业的人才和先进的技术,这是一般企业所难以胜任的。而投资银行凭借其专业优势,依赖其广泛的信息网络、精明的战略策划、熟练的财务技巧和对法律的精通,来完成对企业的前期调查、实物评估、方案设计、协议执行以及配套的融资安排、重组规划等诸多高度专业化的工作。从这一意义上来说,投资银行促进了企业实力的提升、社会资本的集中和生产的社会化,最终推动了社会经济的快速发展。

第三节　投资银行的发展历史和组织形式

一、投资银行的发展历史

以下分别论述几个典型国家及地区的投资银行的发展历史。

(一)美国的投资银行

美国的投资银行业务源于19世纪初,与英国相比,美国投资银行起步较晚,但发展迅猛,堪称现代投资银行的典范。美国投资银行的产生发展主要经历了以下六个阶段。

1. 萌芽阶段:19世纪

18世纪末的美国独立战争,需要大量的战争融资,而当时的美国殖民地是以农业为主,金融市场落后,战争融资的资金来源主要是法国和荷兰,也有少量的国内融资,这些金融活动还不足以支撑独立的金融行业。19世纪后,美国的资本主义商品经济得到迅猛发展,股份公司日益发展壮大,掀起了能源交通等基础设施建设高潮,尤其是铁路系统的建立和运营需要通过发行巨额的债券和股票来筹集资金,这为投资银行的产生及其最初的业务培育提供了巨大的契机,于是,一些经营证券承销业务的商号便应运而生。这些商号便是美国早期的投资银行。南北战争时期,美国崛起了大量的新兴工业企业,这些工业企业需要巨额融资,那些有投资银行业务的商号就提供票据发行和贴现服务,帮助工业企业融通资金。

这一阶段,美国的投资银行还较为弱小,当时从事投资银行业务的金融机构主要有两类:一类是与商业银行有业务融合的私人银行(Private Bank),1864年的《国民银行法》禁止国民银行进入证券市场,而只有这种私人银行才可以经营证券承销和买卖等投资银行业务,同时,也可以经营存贷款等一些商业银行业务。另一类是专业的投资银行机构,这些机构从设立之初就专门从事证券融资和证券承销、经纪业务。

总之,战争需要发行大量政府债券,基础设施的开发投资需要巨额而长期的资金,新兴工业的发展壮大更加夯实了美国投资银行的发展基础,需求牵引供给,经济的飞速发展又"反哺"

金融。到19世纪末,美国工业化的蓬勃发展,使世界经济中心开始向美国倾斜,世界投资银行业的重心开始由经济逐渐下滑的英国转移到美国。在随后的一百多年中,飞速发展的美国投资银行逐渐占据了世界投资银行的领导者地位。

2. 快速发展阶段:19世纪末—20世纪30年代初

第一次世界大战后,美国经济进入复苏和持续增长期,经济的高涨带来了证券市场的迅速发展,企业债券和股票成为公众投资的热点。在此背景下,投资银行业务得以迅速扩张,不但企业债券和股票承销业务进一步壮大,而且投资银行在二级市场上的投资、投机、经纪等业务也愈发活跃。此外,投资银行还将业务的触角延伸到企业收购和兼并、企业创立和改组,以及商业银行的业务领域。

此阶段的自由市场竞争促进了企业兼并和工业企业的集中,这些市场需求释放了投资银行的巨大潜力。1898—1902年,美国发生了历史上第一次企业并购浪潮,企业兼并需要大量融资,而投资银行可凭借其市场信誉和可行的融资工具为企业兼并筹集大量资金。投资银行也因此成为美国工业结构调整的策划者和具体金融方案的执行者。

这一时期,政府对证券业和证券市场缺乏有效的法律规范和制约,市场的投资者还缺乏风险意识,投机气氛浓厚,金融同业竞争激烈,投资银行业务和商业银行业务开始互相渗透、交叉融合,导致了证券市场违规行为猖獗,为1929年的大股灾和经济大萧条埋下了伏笔,见表1-2。

表1-2　　　　　　　美国商业银行和投资银行的分业经营与混业经营

时间	内容
1933年	美国国会通过《1933年银行法》或称《格拉斯—斯蒂格尔法》,明令禁止商业银行从事证券经纪业务,投资银行亦不得从事吸收存款及办理放款等商业银行的业务
1963年以前	大多数商业银行和投资严格遵守《格拉斯—斯蒂格尔法》的规定
1963年以后	商业银行和投资银行开始从事灰色地带业务
1972年	依照《银行控股公司法》1970年修正案制定了新标准,联邦储备理事会可以决定从事哪些非银行业务
1987年	美联储允许商业银行以银行控股公司通过设立20条款的附属机构从事证券相关活动,包括商业本票承销、不动产抵押证券承销以及市政府公债承销等,但不得超过附属机构总营业收入的5%
1989年	商业银行业务中增加公司债券承销业务,收入比重放宽到10%
1990年	商业银行业务中增加公司权益证券承销业务
1991年	美国财政部向国会提出《金融制度现代化:提高银行金融安定与竞争能力建议书》,针对存保制度、银行业务限制、银行监管体系等进行全面检讨。1995年美国联邦理事会主席格林斯潘及财政部长鲁宾皆表示赞同撤销《格拉斯—斯蒂格尔法》,允许商业银行拥有保险公司和证券公司,避免商业银行失去竞争力
1997年	美联储将商业银行从事投资银行业务占比从10%上限调高到25%
1999年	参、众议院分别通过《金融服务现代化法案》与《金融服务法案》,允许银行控股公司可以不受限制从事证券承销、买卖以及共同基金业务、保险业务,大幅提高了美国银行业、证券业、保险业的竞争效率

3. 金融管制阶段:20世纪30—70年代

1929—1933年的大危机直接导致了大批投资银行倒闭。对危机的反思,导致美国推出了《证券法》和《银行法》,其中的《格拉斯—斯蒂格尔法》(也称《1933年银行法》)第一次对投资银行和商业银行的业务界限做出明确区分,禁止商业银行从事投资银行业务,同时禁止投资银行从事吸收存款、发放贷款、开具信用证和外汇买卖等商业银行业务。美国金融业开始进入分业经营时期,产生了一批新的专业投资银行,如摩根士丹利,从大商业银行分拆出来,从事投资银行业务,又如所罗门兄弟公司,则重新进行经营定位。

大危机过后,美国证券发行市场萎靡不振,投资银行业务清淡,仅承做一些二级市场的交易和债券换新业务。政府也加强了对投资银行的监管,使投资银行业成为美国管制最严格的行业,由此投资银行业务受到了较大的影响。

20世纪40年代初,由于加入第二次世界大战,美国政府需要迅速筹集巨额的资金备战,公债发行激增,投资银行开始将业务重点转向政府机构债券和市政债券。直到20世纪60年代,美国投资银行业务一直处于低迷状态,业务范围限于各种债券。

20世纪60年代,新技术促使美国工业结构大调整,企业并购活动日益高涨,爆发了美国第三次并购浪潮,投资银行业务开始积极向承销外的领域扩张,二级市场操作、兼并收购、财务咨询等业务的拓展使投资银行业务呈现出多样化趋势。

4. 放松管制阶段:20世纪70—90年代

20世纪70年代末以来,第二次世界大战后形成的国际金融体系开始动摇,国际金融市场的价格波动频繁,客户规避风险和追求收益的需求日益增加。严格的分业金融管制,使投资银行面对金融同业的激烈竞争,感到了巨大的生存压力和发展阻力。在此背景下,投资银行研发出一系列金融衍生工具推向市场,这些成规模的金融衍生工具可以为客户套期避险,也可以套利投机,既满足了客户风险管理和逐利的需求,又有效地规避了金融管制。1975年,美国取消固定佣金制,投资银行的佣金收入大幅减少,发掘新的业务增长点成为生存发展的必然要求。金融期货和期权的创立,资产证券化业务的开拓,使投资银行的业务领域进一步扩展。1983年实施的"证券交易委员会415条款"促使投资银行推出利率互换和货币互换产品,又相继推出抵押债券、杠杆收购等服务,这一时期,投资银行的业务拓展前所未有的迅猛。

世界经济的一体化趋势也在日益高涨,金融市场的国际竞争必然加剧,美国投资银行在20世纪80年代初开始实施跨国发展战略。采取的方式主要有在国外设立分支机构、购买东道国投资银行的股份,最初的业务集中在基金管理、筹集存款、充当经纪人等。

5. 从分业经营到混业经营:20世纪90年代—21世纪初期

随着经济一体化和金融全球化趋势的日益加深,国际国内的金融竞争也日益加剧,市场对放松金融管制的呼声日益高涨,金融自由化的趋势从技术上和需求上已经势不可当。1999年,美国国会通过了《金融服务现代化法案》,正式废止了《格拉斯—斯蒂格尔法》,标志着"分业经营"的终止。《金融服务现代化法案》的推出为投资银行与商业银行的混业经营提供了制度保障,投资银行更加积极地寻求与商业银行业务的融合,不断拓宽业务领域,增强自身竞争力。

进入20世纪90年代,美国投资银行业务的发展体现出了以下特点:第一,传统的证券承销与经纪业务仍是投资银行的基础业务,但其收入占整个投资银行业务总收入的比重呈下降趋势。第二,金融创新业务在总业务收入中的比重日益增大,成为投资银行的核心业务之一,不仅为投资银行带来了巨额利润,也催生了投资银行的强劲竞争力。以美林证券为例,1998年的净佣金收入占净收入的比重为32.66%,到了2006年,这一比例下降到17.17%。与此同时,证券承销、战略咨询等投资银行业务的净收入与总净收入的百分比也在不断下降,从1998年的18.34%下降到2006年的13.50%。而与之相对应,从1999年起,来自自营业务的净收入占总净收入的比例却显著提高且呈现不断上升的趋势,该比例从1999年的30%左右上升到2006年的35%左右。

《金融服务现代化法案》通过后,美国投资银行的经营模式开始出现分化,一部分投资银行成为金融控股公司的子公司,如花旗集团下属的美邦公司;另一部分投资银行则仍然保持独立经营模式,如美林证券、高盛、摩根士丹利、雷曼兄弟、贝尔斯登公司。在佣金自由化及全能商业银行对投资银行业务领域不断侵蚀的双重压力下,独立投资银行的生存面临着极大的挑战。为了在竞争中胜出,独立投资银行的业务重点转向了多重金融创新,其中的资产证券化业务最具有代表性。零利率时代造就了次级贷款,商业银行的逐利行为推动着次贷规模扩大。当时次贷资产进行证券化之后,在这些"先天不足"的资产基础上衍生出的各种金融衍生品就是"有毒"的资产,当这些"有毒"资产层层叠加成多种结构化产品,整个金融系统的脆弱性进一步加剧,而深陷其中的投资银行已经无法独善其身了。

当次贷危机在2007—2008年爆发后,五大投资银行在次贷相关证券及交易上的投资所占比重过大,故遭受了严重损失。2007年6月,贝尔斯登宣布关闭旗下两只投资复合抵押担保证券的对冲基金被视为次贷危机最早的征兆,随着危机的加剧,曾被投资银行用来创造高投资回报率的业务在危机到来之时成为自我毁灭的加速器,最终迫使雷曼兄弟、贝尔斯登、美林证券不得不以破产保护或被收购而告终,高盛公司和摩根士丹利则转为银行控股公司而获得美联储的紧急融资,但丧失了独立投资银行的地位。

6. 后金融危机时期:21世纪初期至今

这场由房地产泡沫引发的金融危机导致全球实体经济衰退,美国投资银行业格局发生了巨变,也给全球的投资银行业带来了深远的影响,主要表现在以下三个方面。

(1)混业经营模式难以逆转

在美国次贷危机恶化之前,金融机构的混业经营模式仍然广受质疑,而现在看来,这种观点已被完全颠覆了。一些综合化经营的大型金融集团,虽然在次贷危机中损失惨重,但其应对危机的能力较强,目前都还没有陷入生存危机。此次国际金融危机说明,混业和综合化经营模式具有更强的生命力,在危机后将主导国际金融业的发展,这必将对国际投资银行业的未来走向产生深刻的影响。而从全球范围来看,大多数独立的专业性投资银行将被商业银行合并,混业型的经营模式将更受欢迎,由商业银行主导的混业经营将成为未来金融业发展的主流模式。因为和投资银行相比,商业银行的资金来源更加充裕,运作更加透明,风险管理和控制系统更加严密,受到监管部门的严格监管和存款保险机制的保护,同时,业务综合化经营有利于平抑经营收益的大幅波动。总之,全球金融机构混业经营已是大势所趋。

(2)面临更加规范的监管

随着国际金融业不断向混合经营和寡头化方向发展,分业监管模式将有可能被取代,同时,在今后较长的一段时间内,国际投资银行业将面临更加严厉的监管。面对此次国际金融危机,为了适应混合经营的发展趋势,世界各国已纷纷对金融监管机构进行了整合,向混合统一监管模式转变,以消除监管盲区或真空地带,增强监管能力,提高监管水平和效率。目前,日本和大多数欧洲国家已对金融业实行统一监管。2010年7月21日,时任美国总统奥巴马签署了金融监管改革法案《华尔街改革和消费者保护法》(《多德－弗兰克法案》)。该法案致力于提高美国金融系统的稳定性,防止银行类金融机构为追求利润过度承担风险,避免金融危机的再次发生,被认为是自20世纪30年代"大萧条"以来较全面、较严厉的金融改革法案,将成为与美国1933年《格拉斯－斯蒂格尔法》相比肩的一块金融监管基石。

(3)金融创新动力依旧

开展金融创新,有助于提高金融资源的配置效率和利用效率,是培育和提升金融机构核心竞争力的持续源泉和强大动力,也是美国金融业构筑比较竞争优势、主导世界金融业发展的重要手段。此次金融危机以前,金融创新大多由投资银行主导,并在一定程度上被各国政府特别是美国政府所默许。但是,过度的、脱离实体经济发展需要的、不受监管和控制的金融创新,不仅没有起到促进经济发展的作用,反而会给国际金融业和实体经济发展带来巨大的灾难,使之遭受惨重的损失。金融创新过度、结构化金融产品过于泛滥,就是此次金融危机爆发的直接原因。未来金融创新除了会面临更加严厉的监管外,还会受制于金融机构自身的审慎经营理念和策略。因此,过度的金融创新将受到一定程度的遏制,但金融创新的动力不会丧失,金融创新将有可能变得更加谨慎和稳健。

(二)欧洲大陆全能银行

欧洲大陆投资银行业采取商业银行业务与投资银行业务相结合的模式,即全能银行(Universal Bank)模式,其发展历程及其原因有以下几个方面:

1. 银行与企业之间的关系密切

银行与企业之间关系密切是决定欧洲的投资银行发展成为全能银行的主要原因。德国具有极强的代表性。德国的产业发展落后英国近百年,为急起直追而迫切需要金融市场的力量。在产业革命初期,政府先用政策扶植银行,再借由银行的力量协助产业发展,德国银行融资给工商业者,并可以参与企业经营生产,协助其运营管理。从20世纪60年代起在联邦德国政府的默许和支持下,大量企业倒闭或合并。1972年后,垄断集团之间收购和吞并现象不断增加,1979年西方工业国家大企业中较大的联合和购买共49起,其中西欧的25起购买中有10起是联邦德国的。随着资本聚集、生产集中和竞争加剧,银行的地位日益提升,银行通过购置企业股票实现资本参与。而企业也通过这种资本参与、人事交织和金融业形成紧密联系。这种方式的结果形成了以大银行为中心的垄断财团。例如,德意志银行财团是由德意志银行、西门子电气、戴姆勒－奔驰等企业集团紧密结合而形成的。像德意志银行一样,德累斯顿银行、德国商业银行均形成了各自的财团,从而包揽了有关的商业银行业务与投资银行业务,包括向有关企业提供资金融通、投资贷款便利、租赁服务、代理债权债务、代为发行证券、买卖证券等金融服务。

2. 欧洲大陆股市相对不发达,债券市场规模庞大

欧洲大陆各国国内股票市场的相对不发达和欧洲债券市场的规模庞大,决定了欧洲大陆投资银行的发展模式。在欧洲大陆,各国国内股票市场规模不大,证券在经济生活中的直接融资作用并不显著,无论是企业还是个人所需资金,主要依靠全能银行的贷款。而在欧洲大陆,欧洲债券市场极为发达。这种市场格局决定了欧洲的投资银行需要有相当的资金、技术实力与众多的分支机构网络,为规模巨大的欧洲债券市场提供咨询、设计、发行与承销等全方位金融服务。单一的投资银行很难承担如此重任,全能银行有资金实力,而且它们拥有的广泛的分支机构网络的优势也得以充分发挥。

3. 法律提供的便利

法律提供的便利也是欧洲大陆全能银行形成的一个重要原因。在欧洲大陆,依照法律,所有的银行都可以经营证券、外汇、黄金等各种业务,并可持有不超过一定比例的企业股份。银行除需遵守几条基本原则外,在证券发行、交易和资本输出上不受直接限制。在这样的法律条件下,商业银行凭借其强大的经济实力、高度的市场占有率,在社会需要投资银行业务时能够很快进入角色,活跃于资本市场。

4. 银行自身发展的需要

银行自身发展的需要是欧洲大陆投资银行成为全能银行的内在动力。传统商业银行业务收益趋于下降,为扩展业务、提高盈利、分散业务风险、提高竞争力,银行不得不调整和优化产品结构,提供新的、具有较高收益的金融服务,如证券代理发行、资产管理、咨询、企业融资、各种股权商品、金融衍生品等表外业务。这样,大力从事投资银行业务成为欧洲银行的必然选择。

欧洲大陆全能银行发展至今,主要凭借资金和网络两大优势与美日的投资银行进行激烈竞争。欧洲大陆全能银行以商业银行业务为基础,更易于集聚雄厚的资金做后盾,其进行投资银行业务具有明显的资金优势。全能型银行与企业关系密切,它通过控股组成财团从而拥有众多客户,而且其商业银行业务已经形成全球性分支机构网络,此为欧洲大陆全能银行的第二大优势。

(三)英国的商人银行

商人银行(Merchant Bank)是投资银行在英国的叫法,它是指那些从事公司并购、资产管理、保险、外汇,以及参与风险投资的金融机构。

商人银行一开始不是做投资银行业务的,早期只做票据承兑业务。贸易做得比较好的商人,愿意以自身信用为别的商人提供汇票承兑业务,并收取一定手续费,之后,这些商人就从贸易中分离出来,改为专门从事票据承兑,称为承兑行(Discount House)。由于英国的银行实力较为雄厚,而且专业化制度严格,所以,这些承兑行起初只做一些商业银行涉足较少的业务,之后逐步开始涉足债券和股票的发行。随着股票和债券发行规模的扩大以及证券交易的日益活跃,英国的商人银行逐步壮大起来,一些实力雄厚的大银行如巴林银行在证券市场和整个国民经济中都发挥着举足轻重的作用。然而第一次世界大战以后,随着英国国际经济金融中心地位的不断下降,英国的商人银行开始发展缓慢。直到20世纪70年代,这一局面才有所改观,商人银行开始重振雄风。

首先,第二次世界大战以后,英国国民经济发生了一系列重大变化,包括民营化、企业并购浪潮和证券市场变革。20世纪70年代末到80年代初的"民营化"浪潮中,英国财政部为了充分利用市场机制来促进竞争和提高效率,开始进行国有企业的民营化改革。在民营化改革过程中,商人银行可以提供广泛的服务,包括帮助制订国有企业出售方案、为股票上市提供咨询服务或代理发行等。在英国铁路公司、国家货运公司、电信公司等诸多行业的民营化改革过程中,许多商人银行,如巴林、华宝、施罗德等都曾有过出色表现。民营化改革使商人银行和企业建立了密切的关系,为以后进一步扩展投资银行业务打下了基础。

其次,20世纪80年代的兼并收购风潮推动了商人银行业务进一步发展。许多商人银行利用自有资本或代为管理的共同基金积极参与企业的收购和合并。1987年,英国公司并购美国公司的资产总值达317亿美元,基本上是依靠英国商人银行的协助与筹划才得以完成的。1994年年底,全球跨境并购业务的统计表明:当时全球前十大跨境并购业务中有6桩都有英国商人银行的参与。英国商人银行在从并购风潮中获得丰厚利润的同时,在全球投资银行业中也占据了举足轻重的地位。

最后,1986年英国证券市场的重大改革为商人银行的发展创造了新的契机。英国伦敦证券交易所(LSE)在第一次世界大战之前是世界上最大的证券交易所。第二次世界大战以后,随着英国经济实力的下降,伦敦证券交易所先后落到纽约证券交易所(NYSE)和东京证券交易所(TSE)之后。为重新恢复其在世界证券市场中的领先地位及加强自身管理,拓展业务广度和深度,英国对其金融业进行了大刀阔斧的改革,并于1986年10月通过了《金融服务法案》,打破了英国商人银行和商业银行之间严格的业务界限,允许英国的商业银行直接进入投资银行领域。此举标志着英国商人银行和商业银行混业经营的开始。在实力雄厚的商业银行取得了同等的竞争地位之后,商人银行面临着生存威胁,它们进行了大规模的合并,生存下来的商人银行规模壮大,业务重心也从"全能战略"转向"主攻优势战略",以便发挥各自的专长,主要致力于专业化的服务,如公司财务咨询和投资管理业务。

在经历了民营化改革、企业并购浪潮以及证券市场的变革以后,英国的商人银行逐步发展壮大起来,形成了与商业银行共同经营投资银行业务的格局。目前的商人银行主要业务有:中长期借款、公司理财、新股发行和承销、公司并购咨询和融资、债务改组、风险投资等。

(四)日本证券公司

日本证券公司历史悠久,早在明治维新时期就出现了证券公司的雏形。然而,由于历史的原因,间接融资在日本的金融体系中始终占据极其重要的地位,大财阀雄厚的资金实力也为其经济的发展提供了充足的物质基础。因此,日本的证券市场始终处于发展非常缓慢的状态中。直到第二次世界大战以后,日本的证券市场才逐渐活跃起来,证券公司也随之发展起来。

第二次世界大战以后,由于财阀的解散,间接融资在日本金融体系中的中心地位逐渐动摇,再加上战争期间国民经济饱受重创,公司通过银行融资根本不能满足经济发展的需要。1947年,日本政府颁布了《证券交易法》,标志着投资银行和商业银行分业经营模式的确立和现代投资银行业的诞生。20世纪60年代,随着日本经济的腾飞,日本的证券公司也飞速发展起来,并在为国民经济发展筹集资金方面发挥了巨大的作用。与此同时,日本政府开始逐步开放资本市场,日本的证券公司也跨出国门,在国际资本市场中占据重要地位。

由于历史原因,日本的投资银行业始终缺乏充分竞争的市场机制,垄断相当严重。20世纪60年代以后,行业集中加剧,形成了以野村、大和、日兴、山一证券公司(1997年11月24日倒闭)为主,新日本、三洋证券公司次之,同时有其他小券商并存的格局。四大券商在很大程度上操纵和控制着日本证券市场,它们包揽了一级市场上80%的承销业务,二级市场上的大宗买卖也多由它们代理,外国公司在日本发行债券或股票上市的80%也由四大证券公司承担,再加上它们间接控制一些中小证券公司,四大证券公司的垄断地位难以动摇。

日本投资银行业缺乏充分的竞争机制还表现在固定费率上,以手续费为主要收入。日本证券公司的证券零售代理和交易业务占全部业务的比重较大,这一点有别于美国的一流投资银行。后者并没有在美国开设众多的证券营业部,经纪业务并不是其最主要的收入来源。日本证券公司则一直实行固定费率制,即按照代理买卖交易量的一定比率收取手续费,缺乏灵活性。而美国等西方国家的投资银行早就在代理业务收费上引入了竞争机制,实行协议佣金制。固定费率制减少了价格竞争的可能性,稳定了日本证券公司与其客户的长期关系。大企业和机构投资者多通过四大证券公司来从事证券交易。基于互利的原则,证券公司秉承"追随客户"的原则,倾其所能为大客户服务,从而使得证券公司不惜违反证券法规为其提供内幕消息,甚至动用自有奖金来弥补企业经营上的损失。近年来,日本曝光的一些涉及四大证券公司的金融丑闻,与日本证券公司和大企业财团的这种微妙关系不无关联。

(五)我国投资银行的发展历史

相对于西方发达国家而言,我国的证券市场和投资银行的形成时间较晚,荷兰早在1613年就成立了阿姆斯特丹证券交易所,发行和交易股票,英国和美国也分别于1773年和1790年建立了证券交易所。我国最早的证券交易所是1905年设立的"上海众业公所",中华人民共和国成立后,一度取消了证券交易,直到1990年至1991年,上海和深圳才相继设立了证券交易所。所以,从时间上看,我国的证券市场相对于西方发达国家将近400年的发展历史是非常短暂的,依赖于资本市场的投资银行和投资银行业务也历史短暂。

中华人民共和国成立后,高度集中统一的银行信用代替了多种信用形式和多种金融机构的格局,财政拨款代替了企业的股票、债券及其他形式的直接融资,中国的金融市场特别是资本市场难以得到规范发展,自然也就无法建立经营证券业务的投资银行。改革开放以后,随着经济体制特别是金融体制改革政策的逐步推行,中国的金融市场逐步发展起来。从20世纪80年代初开始的国债发行,到几年后银行系统的同业拆借;从20世纪80年代中后期企业股票的发行,到20世纪90年代初深圳、上海两市建立后的股票上市交易,中国的证券市场发展催生了中国投资银行的建立运营与逐步发展壮大。

以证券公司为主体,对投资银行的发展历史做一简短的回顾。

1. 投资银行的萌芽阶段:1979—1991年

在这段时间,我国尚未出现真正的投资银行,从事投资银行业务的主体是兼营证券业务的信托投资公司,典型的投资银行业务是国债的发行与承销。该时期我国证券市场规模很小,并且是以债券市场为主,股票市场还处于民间或试验阶段,二级市场是以柜台市场形势出现的,还没有开设正式的证券交易所。

1979年10月,我国第一家信托投资公司——中国国际信托投资公司——成立,标志着我国投资银行进入萌芽阶段。此后,各地方政府以及工、农、中、建四大国有银行等都成立了自己的信托投资公司,高峰时期,全国共有信托投资公司800余家。

当时,信托投资公司的主要业务包括委托存款、委托贷款和委托投资以及信托存款、信托贷款和信托投资,还包括同业拆借、融资租赁、担保业务、境外借款、资本金贷款和投资、债券发行、证券承销和经纪、投资业务、基金管理、投资顾问等。可见,除活期存款、个人储蓄存款和结算业务外,信托投资公司的经营范围包含了银行业、证券业和信托业的所有业务,接近于欧洲的全能银行。此时,信托投资公司成为各银行拓展其他业务的主要平台。

1986年9月,中国工商银行上海信托投资公司静安业务部办理了第一笔代理股票买卖;1986年,沈阳信托投资公司试办以国债柜台转让为主的有价证券转让业务;1987年9月,中国第一家证券公司"深圳经济特区证券公司"成立;1988年4月,中国第一家上市公司深圳发展银行的股票正式在深圳特区证券公司挂牌交易;1990年年底,上海证券交易所成立;1991年,深圳证券交易所成立。两大证券交易所的成立,标志着中国资本市场的正式形成,投资银行业开始步入正轨。

2. 投资银行的早期发展阶段:1992—1999年

1995年,我国颁布《中华人民共和国商业银行法》(以下简称《商业银行法》),其中第四十三条规定,商业银行在中华人民共和国境内不得从事信托投资和证券经营业务。从而在法律上限定了我国投资银行的发展模式,此举标志着银行业和证券业、信托业分业经营、分业监管的开始。1999年7月1日,《中华人民共和国证券法》(以下简称《证券法》)正式颁布实施,标志着证券行业进入规范发展阶段。从证券交易所的成立到《证券法》的颁布,我国投资银行处于早期发展阶段。这一阶段的特点是证券公司出现并成为资本市场和投资银行的主体,证券市场规模特别是股票市场规模不断壮大,资本市场上金融工具种类增多,相关法律法规相继颁布等。在这个时期,我国投资银行的发展可大致分为以下两个阶段:

(1)数量扩张阶段(1992—1995年)

在这一阶段,我国证券公司从无到有,蓬勃发展,证券公司的数量迅速扩张,规模不断扩大。我国早期的证券公司起源于三种途径:一是各地专业银行设立的证券公司和证券交易营业部,当时80%以上的证券经营机构都属此列,比如交通银行设立的海通证券;二是各地信托投资公司设立的证券交易营业部;三是各地财政部门设立的证券公司。1993年,中央组建三大证券公司——华夏证券、国泰证券和南方证券。三家证券公司的注册资本均为10亿元,注册地分别为北京、上海和深圳,时称三大证券公司,又被称为中国证券业的中央军。到1995年年底,全国证券公司达到近90家。

(2)分业重组阶段(1996—1999年)

1995年颁布的《商业银行法》确立了我国金融分业经营制度,银证分业和信证分业导致公司之间的兼并和重组,并催生出一批较大的重量级证券公司。1996年7月,申银证券公司和万国证券公司合并成立申银万国证券公司,成为当时最大的证券公司。1998年,国泰证券与君安证券合并。2000年8月成立了中国银河证券。虽然我国证券公司注册资本金规模的最高纪录不断被打破,但是证券公司的总体规模仍然较小。1997年年初,全国证券公司达到94家,但是其中注册资本超过10亿元的证券公司仅有7家。

3. 投资银行的规范发展阶段:1999年至今

1999年7月1日,我国《中华人民共和国证券法》(以下简称《证券法》)正式实施(2019年12月28日第二次修订),《证券法》规定,国家对证券公司实行分类管理,分为综合类证券公司和经纪类证券公司,并由国务院证券监督管理机构按照其分类颁发业务许可证。综合类证券公司可以经营证券经纪业务、证券自营业务、证券承销业务以及经国务院证券监督管理机构核定的其他证券业务,但注册资本不得低于 5 亿元,而经纪类证券公司注册资本只需 5 000 万元,但只能从事证券经纪业务。

《证券法》颁布之时,我国大部分证券公司都属于中小证券公司,按照分类标准达不到综合类证券公司的要求,只能从事证券经纪业务。《证券法》的颁布在我国掀起了一股证券公司增资扩股浪潮。1999 年,湘财证券、湖北证券、中信证券、长城证券等 10 家投资银行增资扩股 100 亿元,国泰证券与君安证券合并成立国泰君安证券公司,注册资本 37.7 亿元。之后,券商增资扩股不断。2003 年,中信证券 IPO 成功,成为首家上市的证券公司。之后,不断有新的证券公司通过买壳方式成为上市公司,这些证券公司有宏源证券、东北证券、国元证券、长江证券、国金证券、西南证券、太平洋证券、海通证券、华泰证券、招商证券、光大证券等。

从 2002 年开始,由于证券市场遭遇熊市,同时证券公司违规经营风险暴露,鞍山证券、佳木斯证券、新华证券等一批中小券商相继被关闭或撤销。2004 年,南方证券被中国证监会和深圳市政府接管。2004—2007 年,是我国对证券公司综合治理阶段,建立了以风险管理能力为基础的分类监管体系。

在投资银行对外开放方面,我国首家合资证券公司始于 1995 年的中国国际金融有限公司(以下简称中金公司),该公司是由国内外著名金融机构和公司基于战略合作关系共同投资组建的合资投资银行,注册资本为 1.25 亿美元,初期股东包括中国建银投资有限责任公司、摩根士丹利国际公司、中国投资担保有限公司、新加坡政府投资公司和名力集团控股有限公司。中金公司对中国投资银行业的初期发展起到了重要的推动作用,完成了很多里程碑项目。例如,1997 年完成中国电信香港(现中国移动)的海外首次公开发行,2000 年完成中国联通、中国石化、中国石油的首次海外公开发行,2001 年完成中国铝业首次海外公开发行以及中国石化 A 股首次公开发行,2003 年完成中国人寿、中国人保首次海外公开发行,2006 年完成中国工商银行 A+H 股首次公开发行,合计融资 219.39 亿美元,是全球有史以来最大的 IPO,这些项目对中国投资银行业的发展产生了深远的影响。

我国加入 WTO 后,积极履行证券服务业对外开放的承诺,2002 年 6 月,中国证监会发布了《外资参股证券公司设立规则》(2012 年 10 月 11 日修订),明确了外资参股证券公司的设立条件及程序,并于 2002 年 7 月 1 日起正式实施。2002 年以来,华欧国际、海际大和、高盛高华、瑞银证券多家合资券商先后设立。以高盛高华、瑞银证券为代表的合资券商已在中国证券市场上形成鲜明的外资体系。

(六)我国投资银行的发展特点

1. 总体规模小

我国证券公司的总体规模比较小,虽然证券公司在这些年随着市场的发展,增长迅速但是总体规模依然较小。资产规模最大的五家投资银行——中信证券、华泰证券、国泰君安、招商证券和申万宏源,在 2020 年年底总资产都超过了 4 000 亿元(见表 1-3 和表 1-4),而美国投资银行的标杆高盛公司 2020 年年底的总资产约为 9 929.68 亿美元(按 2020 年平均汇率 1 美元=6.897 4 元计算,其资产总额为 68 488.974 8 亿元)。我国规模最大的投资银行中信证券与高盛公司相比只是其 11.83%。我国的投资银行与商业银行相比也是实力弱小,2020 年年底工商银行、建设银行、中国银行、农业银行这四大银行的资产总额相加约为 1 031 935 亿元,而前四大投资银行的总资产约为 23 428.4 亿元，差不多仅相当于四大银行的 2.27%。

表 1-3　　　　　　　　　　2020 年度总资产最大的十家证券公司　　　　　　单位：万元

序号	公司名称	总资产金额
1	中信证券	81 025 885
2	华泰证券	53 774 219
3	国泰君安	53 435 324
4	招商证券	46 049 010
5	申万宏源	40 828 180
6	海通证券	40 363 809
7	广发证券	40 260 183
8	银河证券	38 418 553
9	中金公司	37 014 723
10	中信建投	34 309 623

（资料来源：中国证券业协会网站）

表 1-4　　　　　　　　　　2020 年度净资产最大的十家证券公司　　　　　　单位：万元

序号	公司名称	净资产金额
1	中信证券	15 765 682
2	海通证券	13 959 949
3	国泰君安	13 392 652
4	华泰证券	12 047 301
5	招商证券	10 122 805
6	广发证券	9 061 077
7	国信证券	7 955 616
8	银河证券	7 894 758
9	申万宏源	7 890 133
10	中信建投	6 531 056

（资料来源：中国证券业协会网站）

2. 业务结构有所改善

我国的证券公司因为受到分业经营的限制，同时对金融创新和金融衍生工具监管严厉，市场化进程慢，2010 年前证券公司的核心利润来源于传统的经纪业务和自营业务，尤以经纪业务为主要支撑点。随着资产市场的日趋完善，投资银行的收入结构日趋合理，以资产规模第一的中信证券为例，2020 年经纪业务占比为 26.48%，资产管理业务占比 17.58%，证券投资业务占比 24.65%，证券承销业务占比 11.93%，其他业务占比 19.36%。相比于 10 年前经纪业务占比已有所下降。总体看中国证券业的业务结构正在逐渐由单纯依靠经纪业务向多元业务发展模式转化。

3. 采用分业监管模式

我国采用了集中监管模式，经历了早期的财政部独立管理阶段（1981—1985 年）、中国人民银行主管阶段（1986 年—1992 年 10 月）、国务院证券委员会主管阶段（1992 年 10 月—1998

年8月)和中国证监会主管阶段(1998年至今)。中国证监会在各地分设证监局,执行地方证券监管职能。这种模式比较集权,有利于控制行业风险,但同时对市场效率和创新的促进不足。

同时,按照《证券法》规定,在国家对证券发行、交易活动实行集中统一监督管理的前提下,依法设立证券业协会,实行自律管理。中国证券业协会是我国《证券法》明确规定的唯一自律监管组织,此外,我国《证券交易所管理办法》明确规定了证券交易所的自律监管职能,沪深证券交易所对会员亦有着自律监管职能。

从监管方式来看,我国采用了分业监管模式,分业监管的出发点也在于强调风险控制,但是,随着金融市场日渐复杂、金融机构的经营界限越来越模糊,分业监管的难度也越来越大,目前,各监管机构的协调监管是主要的解决办法。2019年,国务院金融发展稳定委员会(简称金融委)成立,其职责之一就是强加金融监管协调,补齐监管短板。我国形成了"一委一行二会"的金融监管体系,即国务院金融委、中国人民银行、证监会及银保监会。

4. 业务较集中

我国的证券公司采用分类监管模式,即根据核心竞争力、抗风险能力等指标将证券公司分为A、B、C三个等级,不同等级的证券公司可以开展不同的业务,排名靠后的券商的业务将会受到较大的限制。

而我国证券公司主要的业务集中在A类券商手中,虽然A类券商数量不足1/3,但是在业务指标方面占比都超过60%。

5. 杠杆比率较低

与美国的投资银行相比,我国证券公司的杠杆比率较低,美国的五大投资银行在金融危机前,杠杆比率都达到了30倍左右。而我国的证券公司,长期以来主要靠资本金运作,较少利用贷款融资和债券融资,杠杆比率普遍较低。证券公司的主要风险体现在证券市场的系统性风险方面,证券公司由于业务集中在证券经纪、自营和资产管理方面,当市场不景气时,难以抵御收入的锐减,盈利结构的单一是我国证券公司目前较大的风险。另外,虽然目前我国证券公司的杠杆比率较低,但是较低的杠杆比率反映的是目前较低的发展程度,未来随着投资银行业务的进一步发展,杠杆比率存在着提高的空间,这也就意味着资产负债的风险将会上升。

二、投资银行的组织形式

在投资银行约200年的发展历史中,其组织形式经历了长期演变,由早期的合伙制演变为公众公司,进而成为银行控股公司。不同的组织形式具有不同的特点,不同组织形式的选择是由当时的经济发展、法律制度、经营特点所决定的。

(一)合伙制:早期投资银行的组织形式

早期的投资银行除了一些家族企业外,大多数采用了合伙制企业的组织形式。合伙制企业是指2个或2个以上合伙人拥有公司并分享公司利润,合伙人即企业主人或股东的组织形式。其主要特点是:合伙人共享企业经营所得,并对经营亏损共同承担无限责任;它可以由所有合伙人共同参与经营,也可以由部分合伙人经营,其他合伙人仅出资并自负盈亏;合伙人的组成规模可大可小。

1862年JP摩根成立,1869年高盛公司成立,1914年美林公司成立,1923年贝尔斯登公司成立,它们都是合伙制企业。

起初,这些机构都采用普通合伙制,但之后,随着机构的扩张、业务规模的扩大,有限合伙制成为新的选择。有限合伙制中,普通合伙人主导公司的经营,对公司损失承担无限责任,而其他投资者则以有限合伙人身份提供资金,但是不参与管理。有限合伙制因其所有权与管理权合二为一,能充分调动管理者的积极性,同时保证投资银行经营的稳定性和连续性,因而一度被认为是投资银行较理想的组织形式。

但是,合伙制存在着一些制度缺陷,随着投资银行业务经营的日渐复杂、资金规模要求的日渐庞大,以及风险日渐增加,这些缺陷越发明显。合伙制的缺点主要在于:

1. 承担无限责任的风险

随着投资银行杠杆比率的上升以及证券市场的波动,投资银行破产的可能性大为增加,这使得合伙人开始担心他们承担的无限责任可能带来的风险。

2. 扩充资本金的压力

投资银行业务对资本的要求越来越大,合伙制投资银行已经难以适应不断增加的业务对资本的要求。另外,随着老合伙人的退休,他们会带走属于自己的大量资金,引起公司资本的下降,而这一点是现代公司制度能够克服的。

3. 激励机制的弊端

首先,合伙制投资银行对优秀业务人员的最高奖励就是接纳其成为合伙人,但是这种激励机制首先需要漫长的等待时间,而年轻优秀的一线投资银行人员往往得不到足够的机会。其次,合伙人的激励机制难以普惠,对大多数员工无法实施。此外,合伙人的激励机制会影响人才的流动机制。

(二)公众公司:现代投资银行的组织形式

20世纪50年代末,美国的投资银行开始转型为现代公司,先是私有公司,然后成为上市的公众公司。1959年,美林公司注册成为一家私有公司,之后很多投资银行都在20世纪六七十年代完成了这一转型。

从20世纪70年代开始,投资银行又开始由私有公司向公众公司转型。1970年,美国证券市场上出现了第一家公开上市的投资银行——帝杰证券公司(DLJ)。但由于影响有限,直到1971年7月,美林证券公开发行上市,才真正揭开了大型投资银行由合伙制向股份制转变的序幕。直至高盛公司于1999年完成了公开发行,美国最后一家合伙制投资银行消失了。至此,美国所有的投资银行都变成了股份制上市公司。

美国投资银行由合伙制改为股份制并上市,优势在多方面得到了提升:募集到大量资本、充实了资本金;股票期权得以实施并成为普遍的激励机制;信息披露增加了投资银行的透明度,投资银行增添了市场外部约束机制;等等。

但是,公众公司的组织形式也并不是完美无缺的,出现的主要问题包括:

1. 企业文化的转变或丧失

在合伙制时代,各投资银行都形成了独特的企业文化。转换成股份制企业后,公司之间的同质化倾向严重。

2. 激励约束机制的变味

合伙制投资银行合伙人模式的存在,使得投资银行在经营过程中更注重长远的激励,但是随着投资银行成为上市公司,以及其股权的分散化形成,公司管理层独大现象日益普遍,上市公司普遍为高级管理人员和员工提供高额报酬及股票期权,却无法形成合伙制相应的责任约束机制,使得投资银行在进行业务决策时更愿意冒险。

3. 风险管理的缺失

投资银行虽然也有其内在的风险控制机制,但是由于其本性是靠承担风险而获得利润的,它们是风险的始作俑者,因此,投资银行热衷于设计复杂的产品和交易模式来获取超额利润,而这些产品和交易模式往往蕴藏着巨大的风险。在现代公司的有限责任体制下,由公司内部约束风险的动力是不足的。

(三)银行控股公司主导的投资银行

在美国,银行控股公司开始是商业银行进入包括投资银行业及其他金融业甚至非金融业的替代方式,而在2008年金融危机中幸免于难的高盛和摩根士丹利都放弃了独立投资银行的身份而选择成为银行控股公司,原先的商业银行和投资银行最后殊途同归,都通过银行控股公司来经营投资银行业务。

第二次世界大战之后,随着美国金融管制的放松,商业银行不断通过银行控股公司来蚕食投资银行的地盘,至1970年《银行控股公司法案》修正案通过后,联邦储备委员会颁布《Y条例修正案》,允许银行控股公司拥有投资顾问公司及证券经纪子公司。1987年后,美联储允许银行控股公司通过所设的"Section20"附属机构从事一些"不重要的"证券业务,如承销商业票据等,但其收入不得超过附属机构总收入的5%。而之后,这一收入占比一再放宽,直至1998年放宽至25%,并且,"不重要的"行为系列扩大到包括承销、交易债券及股票。随着1999年《金融服务现代化法案》的颁布,银行控股公司的经营范围进一步扩大,转变为金融控股公司的银行控股公司所能从事的业务被扩充至证券承销和自营买卖、保险代理及承销业务和商人银行业务。

高盛和摩根士丹利选择成为银行控股公司是有原因的,金融危机发生后,花旗银行、瑞银的投资银行业务亏损额比五大投资银行要高,却能在金融危机中屹立不倒,欧洲的全能银行应对危机的能力也相对较强,这些都是源于银行控股公司的优势。

1. 多元化经营提高了银行控股公司的风险应对能力

银行控股公司不仅经营商业银行业务、保险业务、证券业务,而且经营资产管理以及参股非金融工商业子公司,经营的多元化为其提供了更有效地规避市场风险或分散风险的能力。相比之下,独立投资银行的业务模式相对单一,受证券市场波动的影响大,更容易被风险击中。比如,根据2005年的年报,雷曼兄弟的资产主要集中于金融工具和其他资产头寸(43%)以及抵押贷款协议(45%),该两项业务占总资产的88%;而花旗银行资产业务相对分散,有38%的贷款、20%的交易账户资产以及15%的出售的联邦基金、证券和回购协议。

2. 商业银行的信用卡业务和金融零售业务风险较低,风险防范能力较强

以花旗银行为例,2007 年的收入构成中,消费金融业服务(包括信用卡、消费信贷、金融零售业务和商业业务)占总收入的 69.7%,这些业务风险相对较小,来源分散,决定了其收入相对稳定并且经营风险较低,抵御风险的能力也相对较强。

3. 救助渠道的保障作用

在面临金融危机时,银行控股公司能得到中央银行作为最后贷款人的融资支持,而且有联邦保险公司提供保险,这些都保证了银行控股公司流动性相对充裕,同时,银行控股公司还可以通过其控股的商业银行机构吸纳大量低成本存款,增加其流动性,降低资金成本。金融危机发生后,花旗银行、摩根士丹利、美国银行和关联银行就在美联储贴现窗口借贷 20 亿美元。而投资银行是非联储成员,在法律上是没有资格向美联储的贴现窗口拆借资金的,只能通过在资本市场上变卖金融债券资产或者通过同业拆借来缓解流动性不足的问题。

当然,银行控股公司模式也有其缺陷。银行控股公司很容易引起内部风险在各部门机构间传递,引起一损俱损。同时在银行控股公司的经营中容易出现利益冲突,形成内幕交易、关联交易等,所以必须建立严格的监管制度。最后,银行控股公司存在贪大求全的经营特点,这会损害到投资银行的专业特色,投资银行被商业银行和其他金融机构的经营文化所同化,影响其专业能力和效率。

第四节　投资银行的业务

一、投资银行的业务范围

投资银行始创于欧洲,主要由 18 世纪至 19 世纪许多销售政府债券和贴现票据的商号演变而来,发展至今已成为国际资本市场最活跃、最成功的金融机构。从历史的角度来看,投资银行业务的演变和发展过程是随着时间的变化而不断推陈出新的。而今,现代投资银行已经突破了证券发行与承销、证券经纪交易、私募发行等传统业务框架,风险投资、衍生工具的交易和创造、资产管理等都已成为投资银行的核心业务。

(一)证券发行与承销

证券发行与承销是投资银行最本源、最基础的业务活动,是投资银行的一项传统核心业务。它是指投资银行接受证券发行的委托,在法律规定或约定的时间范围内,利用自己的良好信誉和销售渠道(营业网点)将拟发行的证券发售给投资者的活动。证券发行与承销的业务能力是衡量投资银行整体实力的重要指标,该业务的目标非常明确,就是帮助证券发行者顺利将债券或股票出售给投资者,从而完成预定的筹资计划。

投资银行承销的职权范围很广,包括本国中央政府、地方政府、政府机构发行的债券、企业发行的股票和债券、外国政府和公司在本国和世界发行的证券、国际金融机构发行的证券等。投资银行在承销过程中一般要按照承销金额及风险大小来选择承销方式。常见的承销方式有以下四种:

1. 包销

包销意味着主承销商和它的辛迪加成员同意按照商定的价格作为大券商购买发行的全部证券,然后再把这些证券卖给客户,先前商定的价差就是它的利润。这时发行人不承担风险,风险转嫁给了投资银行。

2. 投标承购

这种方式是指投资银行通过投标的方式获得拟发行证券全部或部分的承销权,通常是在投资银行处于被动竞争较强的情况下所采用的。采用这种发行方式的证券通常都是信用较高,颇受投资者欢迎的债券。

3. 代销

这种方式意味着投资银行不承担风险,只接受发行者的委托,代理销售其证券,如在规定的期限内该证券没有全部销售出去,则投资银行将剩余部分返回证券发行者,发行风险由发行者自己承担。代销方式一般是由于投资银行认为该证券的信用等级较低,承销风险大。

4. 赞助推销

当发行公司增资扩股时,其主要对象是现有股东,但又不能确保现有股东均认购其证券,为防止难以及时筹集到所需资金,甚至引起本公司股票价格下跌,发行公司一般都要委托投资银行办理对现有股东发行新股的工作,从而将风险转嫁给投资银行。

(二)证券经纪交易

证券经纪交易是投资银行的又一基础性业务。它是指投资银行受客户委托代理其买卖证券,实现证券的交易,同时对客户的投资决策提供指导和咨询。证券二级市场上的买卖者之间并不直接联系、直接交易,他们也不依靠证券交易所作为媒介进行交易,而是依靠投资银行促成交易。投资银行接受客户的委托,按照客户的指令,促成客户所希望的交易,并据此收取一定的佣金。进行证券交易同时还是投资银行自身经营管理的要求。投资银行本身拥有大量的资产,并接受客户委托管理大量的资产,只有通过选择、买入和管理证券组合,投资银行才能获得证券投资收益,也只能通过卖出证券才能重新获得现金,保持流动性。投资银行在运用自己的账户从事证券交易赚取价差利润的同时,也通过不断的买卖报价维持证券价格的相对稳定和证券市场的流动性。

由此可以看出,投资银行在二级市场中扮演着做市商(Market Maker)、经纪商(Broker)和交易商(Dealer)三重角色。作为做市商,投资银行在证券市场上充当通过不断买进或卖出证券以保持市场连续性的角色。在证券发行与承销完毕之后,投资银行要为证券创造一个流动性很强的二级市场,并维持市场稳定。作为经纪商,投资银行代表买方或卖方,按照客户提出的价格代理进行交易。作为交易商,投资银行有自营买卖证券的需要,这是因为投资银行接受客户的委托,管理着大量的资产,必须保证这些资产的保值与增值。

无论是证券自营还是经纪业务,都需要规避风险、防止损失,这就需要投资银行采取套利交易策略,从一种或多种证券的持有中获取收入,这类策略主要包括无风险套利(Risking Arbitrage)和风险套利(Risk Arbitrage)。

(三) 收购与兼并

纵观发达国家之间企业并购的历史，投资银行对企业并购的形成和发展无不起着推动作用。投资银行凭借其高度专业化的优势，通过杠杆收购、公司改组及资产结构重组、收购与兼并的对象、提供有关买卖价格或非价格条款的咨询、帮助猎头公司筹集和融通必要的资金等方式参与企业的并购活动，为企业并购节约信息搜寻成本、合同成本以及多种风险成本，在企业并购中发挥着积极作用，推动了经济体制改革和产业结构调整。

(四) 资产管理

资产管理实际上是指投资银行受客户委托，作为客户的金融顾问或经营管理顾问，利用在证券市场上投资理财的技能和经验而提供咨询、策划或操作，在严格遵循客户委托意见或事先约定的规则前提下，通过证券市场对客户的委托资产进行有效的管理和运营，以实现其资产保值和有效增值。资产管理分为两类：第一类是根据公司、个人或政府的要求，对某个行业、某种市场、某种产品或证券进行深入的研究与分析，提供较为全面的、长期的决策分析资料；第二类是在企业经营遇到困难时，帮助企业出谋划策，提出应变措施，诸如制定发展战略、重建财务制度、出售转让子公司等。

资产管理的典型业务形式包括：基金管理、独立账户管理、现金管理等。目前，国际上许多著名的投资银行都对资产管理业务予以高度重视，设立了专门的资产管理机构负责此项业务，如美林证券设有美林资产管理公司，第一波士顿公司设有第一波士顿资产管理公司，野村证券设有野村投资管理公司。

(五) 基金管理

基金是由基金发起人组织、吸收大量投资者的零散资金，聘请具有专业知识和投资经验的专家进行投资并取得收益的组合投资方式。投资银行可以作为基金的发起人，发起和建立基金（基金的投资者可能是个人，也可能是机构投资者）；也可作为基金管理者管理自己发行的基金；还可以作为基金的承销人，帮助其他基金发行人向投资者发售受益凭证，募集投资者的资金（这一过程和证券的承销过程很相似）。投资银行还常常接受基金发起人的委托，作为基金的管理人，帮助其管理基金，并据此获得一定的佣金。

投资银行为个人投资者和机构投资者管理资产，其目的是利用自身高水平的金融投资专家、迅捷的信息渠道以及先进的金融技术等优势，将基金风险降到最低，争取收益最大化。因此，基金管理实质上就是投资管理，是在收益与风险之间实现最佳组合。

(六) 私募发行

证券发行方式分为公募发行和私募发行两种，前面谈及的证券发行与承销实际上是公募发行。私募发行又称私下发行，仅能以私下的方式将证券销售给数量有限的机构投资者，如保险公司、共同基金、各类养老基金、投资公司等。私募发行不受公开发行的规章限制，除能节约发行时间和发行成本外，又能够比在公开市场上交易相同结构的证券给投资银行和投资者带来更高的收益率，所以，近年来私募发行的规模仍在扩大。但同时，私募发行也具有流动性差、发行面窄、难以公开上市扩大企业知名度等缺点。

在私募发行过程中,投资银行在多方面起着重要作用:

第一,投资银行是私募证券的设计者,它与发行者、潜在的机构投资者一同工作,商讨和设计发行证券的种类、定价、条件等多方面事宜。私募证券具有相当大的灵活性,因此,这一市场是许多金融创新的原生地和试验场所。

第二,投资银行为发行者寻找合适的机构投资者,并按优劣列示这些机构投资者,供发行者选择。

第三,如果发行者自己已经找到了投资者,那么投资银行便仅作为发行者的顾问,提供咨询服务。

(七)风险投资

风险投资又称创业投资,是指对新兴公司在创业期和拓展期进行的资金融通,表现为风险大、收益高。这类公司实现高额潜在收益的过程存在着很大的不确定性,其破产、倒闭的风险也非常大,但有很大的市场潜力。由于风险高,普通投资者往往都不愿涉足,而这类公司又最需要资金支持。投资银行的风险投资业务从事组织制度化的风险资本运作,通过为这些企业发行股票或债券,或直接进行股本投资的方式,为高科技产业的迅速发展提供了巨大的动力。

投资银行涉足风险投资有不同的层次。许多无法筹得贷款,更不可能公开发行股票的新兴公司找到投资银行,要求投资银行通过私募发行为这些公司筹集资本。在私募发行过程中,投资银行向其征收一定的发行报酬。其次,如果投资银行觉得该新兴公司潜力巨大、管理科学、财务稳健,还往往投资于该公司,成为其股东。还有些投资银行专门设有"创业基金"或"风险基金",作为专门向新兴公司提供风险资本的资金来源。当然也有一些非投资银行设立的创业基金,投资银行为新兴公司进行私募发行时,常将证券卖与这类基金。

(八)金融创新

投资银行的业务发展过程同时也是其业务的创新过程。近年来,国际投资银行日益重视金融新产品开发和创新工作,把开发新产品作为提高市场竞争力的一个重要手段。

投资银行利用期货、期权、利率掉期、货币掉期等金融衍生工具控制投资风险,进一步拓展了投资银行的业务空间和资本收益。首先,投资银行可以作为经纪商,代理客户买卖这类金融工具,并向客户收取一定佣金,这与经纪人为顾客买卖股票与债券从而获取佣金的方式完全一样。其次,投资银行也可以获得一定的差价收入,因为投资银行往往作为客户的对手进行衍生工具的买卖,接着它寻找另一客户做相反的抵补交易,获取差价收入。最后,风险控制工具还可被用来保护投资银行自身免受损失。例如,在进行债券承销时,如果市场利率突然上升,会造成投资银行卖出的债券价格不得不下调,给其带来损失。因此,投资银行常常通过利率期货或利率期权来规避这一承销风险。

(九)资产证券化

资产证券化是指经过投资银行把某公司的一定资产作为担保而进行的证券发行,是一种与传统债券筹资十分不同的新型融资方式。进行资产转化的公司称为资产证券发起人。发起人将持有的各种流动性较差的金融资产,如住房抵押贷款、信用卡应收款等,分类整理为一批资产组合,出售给特定的交易组织,即金融资产的买方(主要是投资银行),再由特定的交易组织以买下的金融资产为担保发行资产支持证券,用于收回购买资金。这一系列过程就称为资产证券化。资产证券化的证券即资产证券为各类债务性债券,主要有商业票据、中期债券、信托凭证、优先股票等形式。资产证券的购买者与持有人在证券到期时可获本金、利息的偿付。证券偿付资金来源于担保资产所创造的现金流量,即资产债务人偿还的到期本金与利息。如果担保资产违约拒付,资产证券的清偿也仅限于被证券化资产的数额,而金融资产的发起人或购买人无超过该资产限额的清偿义务。

(十)项目融资

项目融资是对一个特定的经济单位或项目策划的一揽子融资的技术手段,借款者可以只将该经济单位的现金流量和所获收益用作还款来源,并以该经济单位的资产作为借款担保。投资银行在项目融资中起着非常关键的作用,它将与项目有关的政府机关、金融机构、投资者与项目发起人等紧密联系在一起,协调律师、会计师、工程师等一起进行项目可行性研究,进而通过发行债券、基金、股票或拆借、拍卖、抵押贷款等形式组织项目投资所需的资金融通。投资银行在项目融资中的主要工作包括:项目评估、融资方案设计、有关法律文件的起草、有关的信用评级、证券价格确定和证券承销等。

(十一)投资咨询

投资银行的投资咨询业务是联结一级和二级市场,沟通证券市场投资者、经营者和证券发行者的纽带和桥梁。习惯上常将投资咨询业务的范畴定位在对参与二级市场投资者提供投资意见和管理服务。

案例1-1　2020年证券公司经营业绩情况

2020年,面对严峻、复杂的国内外形势,在党中央坚强领导下,资本市场统筹推进常态化疫情防控、防范金融风险和支持经济社会发展,继续全面深化资本市场改革,证券行业正处于重要战略机遇期。在新的发展阶段,证券行业深入贯彻新发展理念,积极服务构建新发展格局,围绕"打造一个规范、透明、开放、有活力、有韧性的资本市场"总目标,坚持"建制度、不干预、零容忍"的政策方针,聚焦加强服务实体经济和居民财富管理能力建设,抓住机遇加快业务转型,资本实力和市场竞争力持续增强,行业高质量发展取得良好进展。

一、着力发挥投资银行专业优势,服务实体经济能力进一步增强

从科创板试点注册制起步,再到创业板实施"存量+增量"改革,注册制改革已经取得突破性进展。2020年,证券行业牢牢把握注册制改革机遇,主动适应发展更多依靠创新、创造、创意的大趋势,坚持回归本源,努力增强服务实体经济能力,通过积极发挥资本市场枢纽功能,推动科技、资本与产业高水平循环。截至2020年年末,我国直接融资比重持续提升,达12.6%。与此同时,2020年度证券行业投资银行业务收入达到670.67亿元,同比增长39.76%,占营业收入比例达15.25%。2020年度证券公司实现股票主承销佣金收入268.52亿元,同比增长115.25%,债券主承销佣金收入252.44亿元,同比增加24.76%,行业服务实体经济直接融资能力进一步提升。

二、加快财富管理业务转型,服务市场投资理财需求能力进一步增强

2020年证券行业持续发力财富管理业务转型,实现经纪业务收入1 279.47亿元,同比增长54.82%。同时,实现代理销售金融产品收入125.72亿元,同比增长188.63%;实现投资咨

询业务收入46.77亿元,同比增长24.01%。客户证券资产规模达61.17万亿元,同比增长37.67%。2020年证券行业代理机构客户买卖证券交易金额达464.37万亿元,同比增长557.65%。在代理销售金融产品业务、证券投资咨询业务、服务机构客户交易等领域,部分中小证券公司表现突出,行业差异化发展、特色化经营初见成效,持续提升服务居民财富管理能力取得良好进展。

三、证券行业规模实力稳步提升,营利能力进一步增强

截至2020年年底,行业总资产为8.78万亿元,净资产为2.23万亿元,分别较上年末增长22.32%、14.02%;行业净资本1.80万亿元,较上年末增长11.80%。2020年度证券行业业绩持续改善,达到最近3年最高水平,全行业实现营业收入4 398.15亿元,同比增长24.93%;实现净利润1 707.78亿元,同比增长39.20%。2020证券行业净资产收益率为7.82%,较上年提高了1.58个百分点,行业整体盈利能力继续增强。

四、持续加大信息技术投入,数字化治理能力进一步增强

证券公司信息技术投入指标发布以来,证券行业对信息科技重视程度不断增强,行业信息技术投入逐年增长。2020年全行业信息技术投入金额262.87亿元,同比增长21.31%,占2019年度营业收入的7.47%。2017年至今证券行业在信息技术领域累计投入达845亿元,行业持续加大信息技术领域的投入为行业数字化转型和高质量发展奠定坚实基础。

五、不断增加公益性支出,社会责任贡献进一步增强

2020年证券行业全行业公益性支出为9.62亿元,较上年同期增加72.37%,近年来保持持续增长。公益性支出在500万元以上的有55家,在1 000万元以上的达到31家。证券公司持续投身服务精准扶贫等国家战略,切实履行社会责任。在本次同步公布的2020年证券公司脱贫攻坚等社会责任履行情况专项数据统计中,证券公司帮扶的307个国家级贫困县实现脱贫,服务贫困地区企业IPO11家,服务贫困地区企业在新三板挂牌7家,服务贫困地区企业融资520.22亿元,服务实体企业通过绿色债券及创新创业公司债券融资1 039.86亿元。

(资料来源:中国证券业协会官网)

二、投资银行业务的发展趋势

(一)投资银行业务多样化趋势

随着信息技术的发展、金融领域的创新和金融管制的放开,20世纪六七十年代以来,西方发达国家开始允许不同的金融机构在业务上适当交叉,为投资银行业务的多样化发展创造了条件。20世纪80年代,由于投资银行业的创新层出不穷,投资银行业务迅速扩展,对原属于其他金融机构的业务领域展开了猛烈的攻势。而随着金融管制的放开,商业银行作为贷款者的重要性也日渐下降,各种融资方式,尤其是投资银行开拓的直接融资方式正在不断取代商业银行的间接融资方式而占据重要地位。越来越多资信高的公司纷纷转向证券市场,通过发行股票、债券和商业票据获取资金,市场竞争的日益激烈以及金融创新工具的不断发展完善,进一步强化了这一趋势。如今,投资银行已经完全跳出传统证券承销与证券经纪的狭窄业务框架,形成了证券承销与经纪、私募发行、收购兼并、项目融资、公司理财、基金管理、投资咨询、资产证券化、风险投资等多样化的业务结构。

(二)投资银行业务国际化趋势

1. 表现

随着世界金融一体化、全球化的发展,国际游资增加,国际融资活动日趋活跃,投资银行也

走出了国别界限,经营着越来越多的国际业务。

早在20世纪60年代以前,投资银行就采用与国外代理行合作的方式帮助本国公司在海外推销证券或作为投资者中介进入国外市场。到了20世纪70年代,为了更有效地参与国际市场竞争,各大投资银行纷纷在海外建立自己的分支机构。20世纪80年代后,随着世界经济、资本市场的一体化和信息通信产业的飞速发展,昔日距离的限制再也不能成为金融机构的屏障,在世界经济高度一体化的今天,全球金融市场已经基本上连成了一个不可分割的整体。市场变得更加国际化,跨国界的资金流动,特别是通过证券市场的流动,显得日益重要。国际金融市场的壁垒被相继打破的趋势还在继续,投资银行全球范围的竞争日趋激烈。业务全球化已经成为投资银行能否在激烈的市场竞争中占领制高点的关键。与此相适应,投资银行已经彻底地跨越了地域和市场的限制,经营着越来越广泛的国际业务,成为全球投资银行。这主要表现在:

(1)全球业务网络已经建立并逐步完善,许多投资银行已经基本上在世界所有的国际或区域金融中心设立了分支机构。投资银行的海外分支机构已经遍布全球。

(2)国际业务规模迅速膨胀,在纽约、伦敦、东京、中国香港、新加坡等证券市场上位居交易量前列的已不再是清一色的本土金融机构,许多海外投资银行已成为这些证券市场中的重要力量。

(3)国际业务的管理机制已经比较完善,全球投资银行都设立了负责协调管理全球业务的专门机构。例如,摩根士丹利公司的财务、管理和运行部,高盛公司的全球协调与管理委员会等。

(4)国际业务多样化、一体化已成为现实。投资银行不仅经营着证券承销、分销、代理买卖和自营买卖等传统业务,而且还在国际范围内从事收购兼并、资产管理、财务咨询、证券清算、风险控制、资金借贷等活动,成为国际金融市场,尤其是资本市场上的"百货公司"。

(5)投资银行拥有大量的国外资产,在全球范围内从事资产组合管理和风险控制等活动来配置资源。

2. 原因

投资银行业务国际化的原因很多,客观来看,主要体现在以下几个方面:

(1)由于各国经济的发展速度、证券市场的发展速度快慢不一,这种世界经济的不平衡发展促使投资银行纷纷以此作为新的竞争领域和利润增长点,发达国家纷纷取消对非本国居民购买本国债券的限制,彻底改变了金融市场以往僵化、落后的运行制度和经营作风,从根本上促进了金融市场的国际化。

(2)国际金融市场在20世纪80年代出现了资产证券化这一新型金融业务手段,而且资产证券化已跨越国界,成为国际性业务。各国证券一级市场出现了明显的一体化倾向,投资者对海外企业股权投资的比重急剧增长。而海外上市、国际存托凭证等业务创新又更进一步加强了不同国家证券市场之间的联系。这些国际金融环境和金融条件的改善,客观上为投资银行实现全球经营准备了条件。

国际化给投资银行带来了前所未有的机会和收益,但也对投资银行提出了新的要求,其中最关键的一点就是要求投资银行必须建立高效的国际业务监督机制,以协调、管理海外的业务活动。否则,在高收益的国际业务背后,可能隐藏着巨大的风险,使庞大的投资银行毁于一旦。

(三)投资银行业务专业化趋势

投资银行是一个知识密集型的行业,需要专业的知识和专门的技能,而专业化分工协作是社会化大生产的必然要求。在整个金融体系多元化的发展过程中,投资银行业务的专业化也成为必然趋势。投资银行业务的专业化主要体现在其扎实的专业投资理论和雄厚的投资知识、丰富的时间经验和畅通的融资渠道、精通的业务能力和行业专长、敏锐的市场洞察力和卓越的远见以及超强的公关技能和公关技巧等方面。投资银行业务的专业化为其在激烈的竞争中生存下来并获得发展打下了扎实的基础。

(四)投资银行业务集中化趋势

20世纪五六十年代,随着第二次世界大战后经济和金融的复苏与发展,各大财团的竞争与合作使金融资本越来越集中,投资银行也不例外。近年来,由于受商业银行、保险公司及其他金融机构业务竞争的影响,如收益债券的承销、欧洲美元辛迪加等,更加剧了投资银行业的集中化趋势。

在这种状况下,各大投资银行业纷纷通过并购、重组、上市等手段扩大规模,如美林与怀特威尔德公司的合并、瑞士银行公司收购英国的华宝等。大规模的并购使投资银行的业务高度集中。

本章小结 >>>

1. 投资银行是与商业银行相区别的、以证券承销业务为本源业务的金融机构。投资银行仅是一种概念与总称。

2. 投资银行和商业银行都是资金盈余者与资金短缺者之间的中介,但是两者在业务、融资手段、融资服务对象、融资利润构成、管理原则等方面存在差异。

3. 投资银行具有创新性、专业性和道德性,其基本功能包括:提供金资金供需服务;构造证券市场;优化资源配置;促进产业整合。

4. 各国投资银行存在的形式不太一样,总的来说,投资银行有合伙制、公司制、银行控股公司等组织形式。

5. 现代投资银行已经突破了证券承销发行、证券私募发行、证券交易经纪等传统框架,企业并购、基金管理、风险投资、资产证券化、金融工程、项目融资、公司理财、财务顾问与投资咨询等都已成为投资银行的核心业务。

6. 国际投资银行的发展是伴随着与商业银行的分分合合而进行的,具体而言,投资银行与商业银行的业务大致经历了合—分—合三个时期。我国投资银行的发展历史较短,与国外投资银行相比,差距主要体现在规模、经营模式、监管模式、负债率等方面。

思考题 >>>

1. 如何理解投资银行的定义?
2. 投资银行和商业银行的差别体现在哪些方面?
3. 投资银行有哪些基本业务?
4. 根据历史的发展,投资银行有哪些组织形式?
5. 投资银行有哪些基本的经济功能?
6. 我国投资银行的发展大致经历了哪几个阶段?
7. 我国投资银行的发展特点是什么?

第二章

股票的发行与承销

> **案例导入** >>>

华谊兄弟传媒股份有限公司(简称华谊兄弟,证券代码300027)是一家主要从事电影、电视剧的制作、发行及衍生业务和艺人经纪服务及相关服务业务的传媒股份公司。公司的创立人和法定代表人同为王中军,注册地址为浙江省东阳市横店影视产业实验区C1-001,办公地址为北京市朝阳区朝阳门外大街18号丰联广场B座917室。

1996年4月22日,刚从美国回来的王中军创立了北京标实企划制作有限公司,之后该公司更名为北京标实企划广告有限公司,主要从事企业形象策划、标牌制作、举办展览展销等业务。之后,该公司再次更名为北京华谊投资有限公司(简称华谊投资)。1998年7月10日,北京华谊兄弟广告有限公司(简称华谊广告)成立,注册资本200万元。2000年8月,华谊广告与太合控股有限责任公司(简称太合公司)共同成立了北京华谊兄弟太合影视投资有限公司(简称华谊太合),注册资本2 600万元。华谊太合在成立之后的2001年1月12日,即与有"内地第一经纪人"之称的王京花共同设立了北京华谊兄弟太合文化经纪有限公司(简称文化经纪),主要从事艺人经纪及相关服务业务。2003年5月,西安电影制片厂进行股份制改造,华谊太合收购了西安电影股份发行公司40%的股权,更名为陕西西影华谊电影发行有限公司(简称西影华谊),主要从事影视作品的发行。之后华谊太合继续增持,持股量上升至54%,完成了对西影华谊的绝对控股。2004年10月11日,华谊国际控股(BVI)在英属维尔京群岛注册并成立,授权股本为5万美元。2004年年底,华谊兄弟收购了太合公司手中的股权,华谊太合变更为华谊投资持有20%、华谊广告持有80%的股权结构,由于太合的退出,华谊太合更名为北京华谊兄弟影业投资有限公司(简称华谊影业)。2004年11月19日,华谊投资与王中军的夫人刘晓梅共同投资设立浙江华谊兄弟影视文化有限公司(简称浙江华谊)。2006年8月14日,浙江华谊正式更名为"华谊兄弟传媒有限公司"(简称华谊有限)。2008年1月21日,华谊有限整体变更为华谊兄弟传媒股份有限公司,并于2009年10月30日在深圳证券交易所国内首个创业板上市。

公司上市概况

1.发行方式:2009年10月30日,经中国证券监督管理委员会证监许可〔2009〕1039号文核准,华谊兄弟获批向社会公众公开发行人民币普通股股票。此次发行采用网下向配售对象询价配售和网上向社会公众投资者定价发行相结合的方式同时进行,由保荐人(主承销商)中信建投证券有限责任公司分别通过深圳证券交易所网下发行电子平台和深交所交易系统实施。

2. 股票种类:人民币普通股(A股)。

3. 发行数量:发行4 200万股,其中网下发行占20%,即840万股;网上发行数量为本次最终发行数量减去网下最终发行数量。

4. 每股面值:人民币1.00元。

5. 发行后总股本:16 800万股。

6. 发行对象:符合资格的询价对象和在深圳证券交易所开户的境内自然人、法人等投资者(国家法律、法规禁止的购买者除外)或中国证监会规定的其他对象。

7. 发行价格:28.58元/股。

8. 发行前每股收益:0.54元/股(按照2008年经审计的扣除非经常性损益前后孰低的净利润除以本次发行前总股本计算)。

9. 发行后每股收益:0.41元/股(按照2008年经审计的扣除非经常性损益前后孰低的净利润除以本次发行后总股本计算)。

10. 发行前市盈率:52.93倍(发行价格除以发行前每股收益)。

11. 发行后市盈率:69.71倍(发行价格除以发行后每股收益)。

12. 发行前每股净资产:2.22元(截至2009年6月30日)。

13. 发行后每股净资产:8.50元(按截至2009年6月30月经审计净资产加上本次发行预计募集资金净额除以本次发行后股本计算)。

14. 市净率:12.87倍(按发行前每股净资产计算),3.36倍(按发行后每股净资产计算)。

15. 承销方式:采取余额包销方式,即由主承销商中信建投证券有限责任公司组建的承销团包销剩余股票。

16. 上市证券交易所:深圳证券交易所。

17. 发行费用:本次发行费用总额约为5 230万元。其中,承销及保荐费用3 800万元;审计、验资及评估费用410万元;律师费用240万元;宣传及信息披露费用490万元;路演推介及差旅费用290万元。

18. 募集资金情况:本次募集资金总额为1 200 360 000元,扣除各项发行费52 121 313.55元,公司募集资金净额为1 148 238 686.45元。

案例思考:公司上市的目的与条件是什么?上市的流程是怎样的?发行价格又是如何确定的呢?

(资料来源:根据华谊兄弟招股说明等资料编写)

作为新兴市场之一的中国证券市场越来越受到关注。2006年是A股融资规模的分水岭,2006年起A股融资规模从未小于1 000亿元,上市企业数量快速上升;同时中小板和创业板的设立给中小型企业带来更多融资机会,2010年中国IPO市场创下了发起企业数量347家、融资规模4 911亿元的历史记录。

这一爆发性成长说明中国正逐步成为全球融资规模最大的市场。从市场企业数量来看,2009年,中国IPO企业数量已经超过美国、西欧、日本等发达国家和地区,融资规模也跻身世界前列;如果再将中国企业赴海外上市这一因素考虑在内,那么中国一级市场的重要性不言而喻。

第一节　企业公开发行股票的优点、约束及条件

一、企业公开发行股票的优点、约束

（一）企业公开发行股票的优点

一是为企业建立了直接融资的平台，有利于提高企业自有资本的比例，优化企业的资本结构，提高企业自身抗风险的能力，增强企业的发展后劲。

二是有利于建立现代企业制度，规范法人治理结构，提高企业管理水平，降低企业经营风险。

三是有利于建立归属清晰、权责明确、保护严格、流转顺畅的现代产权制度，增强企业创业和创新的动力。

四是有利于企业树立品牌，提高企业形象，增强企业的凝聚力、吸引力、兼容性及扩张力。

五是有利于完善激励机制，吸引和留住人才。

六是有利于企业进行资产并购与重组等资本运作，可利用各种金融工具，进行行业整合，迅速做大、做强。

七是建立长期在股市上融资的条件。可通过证券市场的持续融资不断促进企业发展，扩大企业规模。

八是有利于股权的增值并增强流动性，为创业者的资金构筑退出平台。

企业公开发行股票并上市后，企业性质转变为社会公众公司，公司将拥有成千上万的社会公众股东，为了保护社会公众股东的权益，上市公司要接受更为严格的监管，公司的生产经营和运作将处于透明状态，公司的社会责任和压力会更大。

（二）企业公开发行股票的约束

1. 要遵守的法律、法规和规章会增加

企业上市后，要遵守国家各项证券类法律法规、中国证监会和证券交易所颁布的规章规则。

2. 监管和监督的部门会增加

企业上市后，要接受中国证监会、证券交易所等证券监管部门的监管；此外还会受到媒体和社会公众舆论的广泛监督，以及保荐机构等中介机构的持续督导。

3. 公司的透明度将提高

为了保证全体股东及时、全面了解公司的情况，上市公司必须按照《证券法》、中国证监会颁布的信息披露准则和证券交易所颁布的股票上市规则等法律、法规和规章的规定，及时、充分、公平地披露公司信息，公司及其董事、监事、高级管理人员应当保证信息披露内容的真实、准确、完整，没有虚假记载、误导性陈述或重大遗漏。

4. 经营压力会增加

在成熟的资本市场，权益资本成本要高于债务资本成本，投资者购买公司的股票要求获得合理的投资回报，如果公司经营不善，业绩不佳，就会遭到投资者的抛弃。

5. 对大股东的约束力将增加

首先,大股东不能搞"一言堂",必须严格遵守现代企业治理的规则参与公司管理与决策;其次,必须规范运作,大股东不得侵占上市公司资产,损害上市公司权益;最后,公开上市后,大股东持有股权的相对比例会降低,有可能影响其对公司的控制力。

二、企业公开发行股票的条件

申请首次公开发行股票的发行人,应当是依据《中华人民共和国公司法》(以下简称《公司法》)设立的股份有限公司,并满足《证券法》和《首次公开发行股票并上市管理办法》规定的发行条件。首次公开发行的基本条件包括以下几个方面:

(一)主体资格

1. 发行人应当是依法设立且合法存续的股份有限公司。经国务院批准,有限责任公司在依法变更为股份有限公司时,可以采取募集设立方式公开发行股票。

2. 发行人自股份有限公司成立后,持续经营时间应当在3年以上,但经国务院批准的除外。有限责任公司按原账面净资产值折股整体变更为股份有限公司的,持续经营时间可以从有限责任公司成立之日起计算。

3. 发行人的注册资本已足额缴纳,发起人或者股东用作出资的资产的财产权转移手续已办理完毕,发行人的主要资产不存在重大权属纠纷。

4. 发行人的生产经营符合法律、行政法规和公司章程的规定,符合国家产业政策。

5. 发行人最近3年内主营业务和董事、高级管理人员没有发生重大变化,实际控制人没有发生变更。

6. 发行人的股权清晰,控股股东和受控股股东、实际控制人支配的股东持有的发行人股份不存在重大权属纠纷。

(二)独立性

1. 发行人应当具有完整的业务体系和直接面向市场独立经营的能力。

2. 发行人的资产完整。生产型企业应当具备与生产经营有关的生产系统、辅助生产系统和配套设施,合法拥有与生产经营有关的土地、厂房、机器设备以及商标、专利、非专利技术的所有权或者使用权,具有独立的原料采购和产品销售系统;非生产型企业应当具备与经营有关的业务体系及相关资产。

3. 发行人的人员独立。发行人的总经理、副总经理、财务负责人和董事会秘书等高级管理人员不得在控股股东、实际控制人及其控制的其他企业中担任除董事、监事以外的其他职务,不得在控股股东、实际控制人及其控制的其他企业领薪;发行人的财务人员不得在控股股东、实际控制人及其控制的其他企业中兼职。

4. 发行人的财务独立。发行人应当建立独立的财务核算体系,能够独立做出财务决策,具有规范的财务会计制度和对分公司、子公司的财务管理制度;发行人不得与控股股东、实际控制人及其控制的其他企业共用银行账户。

5. 发行人的机构独立。发行人应当建立健全内部经营管理机构,独立行使经营管理职权,与控股股东、实际控制人及其控制的其他企业间不得有机构混同的情形。

6. 发行人的业务独立。发行人的业务应当独立于控股股东、实际控制人及其控制的其他企业,与控股股东、实际控制人及其控制的其他企业间不得有同业竞争或者显失公平的关联交易。

7. 发行人在独立性方面不得有其他严重缺陷。

(三)规范运行

1. 发行人已经依法建立健全股东大会、董事会、监事会、独立董事、董事会秘书制度,相关机构和人员能够依法履行职责。

2. 发行人的董事、监事和高级管理人员已经了解与股票发行上市有关的法律法规,知悉上市公司及其董事、监事和高级管理人员的法定义务和责任。

3. 发行人的董事、监事和高级管理人员符合法律、行政法规和规章规定的任职资格,且不得有下列情形:

(1)被中国证监会采取证券市场禁入措施尚在禁入期的。

(2)最近36个月内受到中国证监会行政处罚,或者最近12个月内受到证券交易所公开谴责。

(3)因涉嫌犯罪被司法机关立案侦查或者涉嫌违法违规被中国证监会立案调查,尚未有明确结论意见。

4. 发行人的内部控制制度健全且被有效执行,能够合理保证财务报告的可靠性、生产经营的合法性、营运的效率与效果。

5. 发行人不得有下列情形:

(1)最近36个月内未经法定机关核准,擅自公开或者变相公开发行证券;或者有关违法行为虽然发生在36个月前,但目前仍处于持续状态。

(2)最近36个月内违反工商、税收、土地、环保、海关以及其他法律、行政法规,受到行政处罚,且情节严重。

(3)最近36个月内曾向中国证监会提出发行申请,但报送的发行申请文件有虚假记载、误导性陈述或重大遗漏;或者不符合发行条件以欺骗手段骗取发行核准;或者以不正当手段干扰中国证监会及其发行审核委员会审核工作;或者伪造、变造发行人或其董事、监事、高级管理人员的签字、盖章。

(4)本次报送的发行申请文件有虚假记载、误导性陈述或者重大遗漏。

(5)涉嫌犯罪被司法机关立案调查,尚未有明确结论意见。

(6)严重损害投资者合法权益和社会公共利益的其他情形。

6. 发行人的公司章程中已明确对外担保的审批权限和审议程序,不存在为控股股东、实际控制人及其控制的其他企业进行违规担保的情形。

7. 发行人有严格的资金管理制度,不得有资金被控股股东、实际控制人及其控制的其他企业以借款、代偿债务、代垫款项或者其他方式占用的情形。

(四)财务与会计

1. 发行人资产质量良好,资产负债结构合理,营利能力较强,现金流量正常。

2. 发行人的内部控制在所有重大方面是有效的,并由注册会计师出具了无保留结论的内部控制鉴证报告。

3. 发行人会计基础工作规范,财务报表的编制符合企业会计准则和相关会计制度的规定,在所有重大方面公允地反映了发行人的财务状况、经营成果和现金流量,并由注册会计师出具了无保留意见的审计报告。

4. 发行人编制财务报表应以实际发生的交易或者事项为依据;在进行会计确认、计量和报告时应当保持应有的谨慎;对相同或者相似的经济业务,应选用一致的会计政策,不得随意变更。

5. 发行人应当完整披露关联方关系并按重要性原则恰当披露关联交易。关联交易价格公允,不存在通过关联交易操纵利润的情形。

6. 发行人应当符合下列条件:

(1)最近3个会计年度净利润均为正数且累计超过人民币3 000万元,净利润以扣除非经常性损益前后较低者为计算依据。

(2)最近3个会计年度经营活动产生的现金流量净额累计超过人民币5 000万元;或者最近3个会计年度营业收入累计超过人民币3亿元。

(3)发行前股本总额不少于人民币3 000万元。

(4)最近一期末无形资产(扣除土地使用权、水面养殖权和采矿权等后)占净资产的比例不高于20%。

(5)最近一期末不存在未弥补亏损。

7. 发行人依法纳税,各项税收优惠符合相关法律法规的规定。发行人的经营成果对税收优惠不存在严重依赖。

8. 发行人不存在重大偿债风险,不存在影响持续经营的担保、诉讼以及仲裁等重大或有事项。

9. 发行人申报文件中不得有下列情形:

(1)故意遗漏或虚构交易、事项或者其他重要信息。

(2)滥用会计政策或者会计估计。

(3)操纵、伪造或篡改编制财务报表所依据的会计记录或者相关凭证。

10. 发行人不得有下列影响持续营利能力的情形:

(1)发行人的经营模式、产品或服务的品种结构已经发生或者将发生重大变化,并对发行人的持续营利能力构成重大不利影响。

(2)发行人的行业地位或发行人所处行业的经营环境已经发生或者将发生重大变化,并对发行人的持续盈利能力构成重大不利影响。

(3)发行人最近1个会计年度的营业收入或净利润对关联方或者存在重大不确定性的客户存在重大依赖。

(4)发行人最近1个会计年度的净利润主要来自合并财务报表范围以外的投资收益。

(5)发行人在用的商标、专利、专有技术以及特许经营权等重要资产或技术的取得或者使用存在重大不利变化的风险。

(6)其他可能对发行人持续营利能力构成重大不利影响的情形。

(五)募集资金运用

1. 募集资金应当有明确的使用方向,原则上应当用于主营业务。除金融类企业外,募集资金使用项目不得为持有交易性金融资产和可供出售的金融资产、借予他人、委托理财等财务性投资,不得直接或者间接投资于以买卖有价证券为主要业务的公司。

2. 募集资金数额和投资项目应当与发行人现有生产经营规模、财务状况、技术水平和管理能力等相适应。

3. 募集资金投资项目应当符合国家产业政策、投资管理、环境保护、土地管理以及其他法律、法规和规章的规定。

4.发行人董事会应当对募集资金投资项目的可行性进行认真分析,确信投资项目具有较好的市场前景和营利能力,有效防范投资风险,提高募集资金的使用效率。

5.募集资金投资项目实施后,不会产生同业竞争或者对发行人的独立性产生不利影响。

6.发行人应当建立募集资金专项存储制度,募集资金应当存放于董事会决定的专项账户。

前面已经介绍了主板市场的上市条件。实际上我国有关法律、法规对股票初次公开发行在主板、中小企业板、创业板、"新三板"以及上市公司再次发行股票都分别设置了条件,我国"新三板"、创业板和主板的发行条件见表2-1。

表2-1　　"新三板"、创业板、主板发行条件比较

项目	"新三板"	创业板	主板
经营年限	依法设立且存续满2年	持续经营时间在3年以上	持续经营时间在3年以上
盈利要求	最近2个完整会计年度,的营业收入累计不低于1 000万元;因研发周期较长导致营业收入少于1 000万元,但最近一期末净资产不少于3 000万元的除外	最近2年连续盈利,最近两年净利润累计不少于1 000万元;或者最近一年盈利,最近一年营业收入不少于5 000万元	最近3个会计年度净利润均为正数且累计超过3 000万元 最近3个会计年度经营活动产生的现金流量净额累计超过5 000万元或者最近3个会计年度营业收入累计超过3亿元 最近一期末不存在未弥补亏损
资产要求	报告期末每股净资产不低于1元/股	最近一期末净资产不少于2 000万元,且不存在未弥补亏损	最近一期末无形资产(扣除土地使用权、水面养殖权和采矿权等后)占净资产的比例不高于20%
股本要求	报告期末股本不少于500万元	发行后股本总额不少于3 000万元	发行前股本总额不少于3 000万元
主营业务	业务明确,具有持续经营能力	最近2年内没有发生重大变化	最近3年内没有发生重大变化
实际控制人	合法合规	最近2年内未发生变更	最近3年内未发生变更
董事及管理层	合法合规	最近2年内未发生重大变化	最近3年内未发生重大变化
成长性及创新能力	创新型、创业型、成长型中小微企业	两高五新企业	无限制
投资人	具备一定的证券投资经验和相应风险识别和承担能力的投资者	具备一定风险承受能力的投资者	无限制
管理制度	注册制	核准制	核准制

注:根据《公司法》《证券法》及其他有关法规、办法等整理而得,表中数字单位均为人民币。

第二节　新股发行体制

新股发行体制,是指首次公开发行股票时新股定价、承销和发售的制度安排。一般而言,新股发行体制主要包括三个方面:新股发行监管体制(发行审核等)、新股发行配售体制和新股发行定价体制。

一、新股发行监管体制

(一)审批制

审批制是一国在证券市场的发展初期,为了维护上市公司的稳定和平衡复杂的社会经济关系,采用行政计划的办法分配股票发行的指标和额度,由地方或行业主管部门根据指标推荐企业发行股票的一种发行体制。公司发行股票的首要条件是取得指标和额度,也就是说,如果取得了指标和额度,就等于取得了保荐资格,股票发行仅仅是走个过场。因此,审批制下公司发行股票的竞争焦点主要是争夺股票发行的指标和额度。

1. 优点

在审批制执行中,证监会与地方政府之间形成了"委托-代理"关系。作为委托方的证监会对地方政府推荐的企业进行审查,根据发行额度来批准通过审查的企业是否上市。地方政府作为代理方主要负责挑选上市公司,一般都从自己管辖区域内挑选企业改制为股份有限公司。因为企业经营绩效与地方政府的收入密切相关,所以地方政府不仅有积极性,而且还可以非常便利地收集和获得本地企业的信息,并且可以利用手中的控制权对企业进行"拉郎配"式的组合和剥离不良资产。因此,地方政府对推荐的上市企业的内在价值比证监会更具信息优势。

2. 缺点

这种"委托-代理"关系中缺乏委托方对代理方的约束机制,因为证监会和地方政府处于同样的行政级别上,所以证监会无权以行政手段来激励和约束地方政府,于是在现实中出现"(证监会)对违规事件加以处罚时,违规者拒绝执行"的现象也就不足为奇了。而上市指标的分配以行政区域的经济实力为依据,地方政府即使有某些违规的行为,证监会也无法采用使地方政府退出的手段,所以地方政府不可能有积极性公开更多的信息。因此,审批制这种单纯的审查机制增加了委托人的监督成本,地方政府在与证监会的博弈中占据主导地位。所以一些与地方政府和主管部门联系密切的国有企业更易获得发行指标和额度,其中不乏一些业绩比较差的通过"拉郎配"组合上市的企业,这些企业上市以后就容易出现"一年绩优,两年绩差,三年亏损"的现象。

审批制包括"额度管理"和"指标管理"两个阶段。

1. "额度管理"阶段(1993—1995年)

1993年4月22日,国务院颁布了《股票发行与交易管理暂行条例》,标志着审批制的正式确立。在审批制下,股票发行由国务院证券监督管理机构根据经济发展和市场供求的具体情况,在宏观上制定一个当年股票发行总规模(额度或指标),经国务院批准后,下达给计委,计委再根据各个省级行政区域和行业在国民经济发展中的地位和需要,进一步将总额度分配到各省、自治区、直辖市、计划单列市和国家有关部委。省级政府和国家有关部委在各自的发行规模内推荐预选企业,证券监管机构对符合条件的预选企业的申报材料进行审批。对企业而言,需要经历两级行政审批,即企业首先向其所在地政府或主管中央部委提交额度申请,经批准后报送证监会复审。证监会对企业的质量、前景进行实质审查,并对发行股票的规模、价格、发行方式、时间等做出安排。额度是以股票面值计算的,在溢价发行条件下,实际筹资额远大于计划额度,在这个阶段共确定了105亿元发行额度,共有200多家企业发行,筹资400多亿元。

2. "指标管理"阶段(1996—2000年)

1996年,国务院证券委员会公布了《关于1996年全国证券期货工作安排意见》,推行"总量控制、限报家数"的指标管理办法。由国家计委、证券委共同制定股票发行总规模,证监会在确定的规模内,根据市场情况向各省级政府和行业管理部门下达股票发行家数指标,省级政府或行业管理部门在指标内推荐预选企业,证券监管部门对符合条件的预选企业同意其上报发行股票正式申报材料并审核。1997年,证监会下发了《关于做好1997年股票发行工作的通知》,同时增加了拟发行股票公司预选材料审核的程序,由证监会对地方政府或中央企业主管部门推荐的企业进行预选,改变了两级行政审批下单纯由地方推荐企业的做法,开始了对企业的事前审核。1996年、1997年分别确定了150亿股和300亿股的发行量,共有700多家企业发行,筹资4 000多亿元。

(二)核准制

核准制是介于审批制和注册制之间的中间形式。一方面,取消了指标和额度管理,并引进证券中介机构的责任,判断企业是否达到股票发行的条件;另一方面,证券监管机构同时对股票发行的合规性和适销性条件进行实质性审查,并有权否决股票发行的申请。在核准制下,发行人在申请发行股票时,不仅要充分公开企业的真实情况,而且必须符合有关法律和证券监管机构规定的必要条件,证券监管机构有权否决不符合规定条件的股票发行申请。证券监管机构对申报文件的真实性、准确性、完整性和及时性进行审查,还对发行人的营业性质、财力、素质、发展前景、发行数量和发行价格等条件进行实质性审查,并据此做出发行人是否符合发行条件的价值判断和是否核准申请的决定。

1. 优点

一方面,核准制吸收了注册制公开原则的合理内核,投资者可以依据发行人披露的信息做出投资判断;另一方面,政府通过实质性审核对发行人披露文件的真实性和发行人的质量进行实质判断,可以使投资者受到双重保障。此外,核准制可以在一定程度上发现一些弄虚作假的发行人,并对其股票发行申请拥有否决权。

2. 缺点

政府行为有其能力边界,政府虽然在股票公开发行审核中投入大量的人力、物力,但想要做到每一件审查都正确是很难达到的;而且,政府拥有的股票发行审核权容易导致权力寻租行为的产生,这将降低审核效果的可依赖性。此外,因为公开发行的股票是经过政府审查才予以核准发行的,投资者容易产生依赖心理,而较少对发行人质量再进行仔细、独立的考察和判断,若一旦因为发行人原因遭受损害,则往往会将责任归咎于政府。

核准制包括"通道制"和"保荐制"两个阶段。

1. "通道制"阶段(2001—2004年)

1999年7月1日正式实施的《中华人民共和国证券法》(以下简称《证券法》)明确了核准制的法律地位。1999年9月16日,证监会推出了《股票发行核准制实施细则》。随后,证监会又陆续制定了一系列与《证券法》相配套的法律、法规和部门规章,例如《中国证监会股票发行审核委员会条例》《中国证监会股票发行核准程序》《股票发行上市辅导工作暂行办法》等,构建了股票发行核准制的基本框架。新的核准程序包括:第一,省级人民政府和主管部委批准改制设立股份有限公司;第二,拟发行公司与有资格的证券公司签订辅导(保荐)协议,报当地证管办备案,签订协议后,每两个月上报一次辅导材料,辅导时间为期一年;第三,辅导期满,拟发行公司提出发行申请,证券公司依法予以推荐(保荐);第四,证监会进行合规性初审后,提交发行审核委员会审核,经发审委专家投票表决,最终经证监会核准后,决定其是否具有发行资格。

核准制以强制性信息披露为核心,旨在强化中介机构的责任,减少行政干预。

核准制的第一个阶段是"通道制"。2001年3月17日,证监会宣布取消股票发行审批制,正式实施股票发行核准制下的"通道制"。2001年3月29日,中国证券业协会对"通道制"做出了具体解释:每家证券公司一次只能推荐一定数量的企业申请发行股票,由证券公司将拟推荐企业逐一排队,按序推荐。所推荐企业每核准一家才能再报一家,即"过会一家,递增一家"(2001年6月24日又调整为"每公开发行一家才能再报一家",即"发行一家,递增一家"),具有主承销资格的证券公司拥有的通道数量最多8条,最少2条。当2005年1月1日"通道制"被废除时,全国83家证券公司一共拥有318条通道。

"通道制"改变了由行政机制遴选和推荐发行人的做法,使主承销商在一定程度上承担起股票发行的风险,同时也获得了遴选和推荐股票发行人的权利。

2."保荐制"阶段(2004年至今)

2003年12月,证监会制定了《证券发行上市保荐制度暂行办法》等法规,这是适应市场需求和深化股票发行制度改革的重大举措。"保荐制"起源于英国,全称是保荐代表人制度。中国的"保荐制"是指有资格的保荐人推荐符合条件的公司公开发行证券和上市,并对所推荐的发行人的信息披露质量和所做承诺提供持续训示、督促、辅导、指导和信用担保的制度。其主要内容包括:建立保荐机构和保荐代表人的注册登记管理制度;明确保荐期限;分清保荐责任;引进持续信用监管和"冷淡对待"的监管措施等方面。"保荐制"的重点是明确保荐机构和保荐代表人的责任并建立责任追究机制。与"通道制"相比,"保荐制"增加了由保荐人承担发行上市过程中连带责任的内容。保荐人的保荐责任期包括发行上市全过程,以及上市后的一段时期(比如2个会计年度)。2004年5月10日,首批共有67家证券公司、609人被分别注册登记为保荐机构和保荐代表人。

(三)注册制

注册制是在市场化程度较高的成熟证券市场所普遍采用的一种发行制度。证券监管部门公布股票发行的必要条件,只要达到所公布条件要求的企业即可发行股票。发行人申请发行股票时,必须依法将公开的各种资料完全准确地向证券监管机构申报。证券监管机构的职责是对申报文件的真实性、准确性、完整性和及时性做出合规性的形式审查,而将发行公司的质量留给证券中介机构来判断和决定。这种股票发行制度对发行人、证券中介机构和投资者的要求都比较高。

1.优点

第一,形式审查,限制较少。注册制要求审核的内容和标准主要是企业将自己真实、标准、完整的信息按照规定如实披露,最重要的要求是对信息披露义务的要求。第二,机会均等,市场选择。发行人只要保证自己的信息准确、完整、真实就可以获准发行,对于发行者的发行规模、发行人的盈利预测等不做硬性规定。第三,审核程序简化,审核效率较高。

2.缺点

股票公开发行注册制的理论设计是市场经济条件下的证券市场,其成功实施对于各种条件的要求比较高,包括:市场化程度较高;市场运作比较规范;有较完善的法律、法规作为保障;发行人和承销商等中介机构有较强的自律能力;投资者需具备比较成熟的投资理念;管理层的市场化监管手段比较成熟;等等。如果在新兴市场国家法律、法规尚不完善、诚信意识薄弱、市场不够成熟、投资者保护体系尚未完全建立的时候实施注册制,由于公开发行股票门槛较低,容易导致较多的股票欺诈发行行为、证券市场整体质量下降、投资者利益受损。

三种发行制度的代表国家(地区)和三种发行制度的比较分别见表2-2和表2-3。需要注意的是,无论是审批制、核准制,还是注册制,都必须坚持以信息披露为中心,确保企业能够真实、准确、完整、及时披露相关信息。事实上,即使是实行注册制的市场,对新股公开发行的审查也是非常严格和细致的,并非像有些意见认为的仅是简单备案。

表2-2　　　　　　　　　　　三种发行制度的代表国家(地区)

发行审核制度	代表国家(地区)
审批制	中国大陆(1999年以前)
核准制	英国、德国、中国香港、中国台湾(2006年以前)、中国大陆(2001年至今)
注册制	美国、日本、中国台湾(2006年至今)

表2-3　　　　　　　　　　　　三种发行制度的比较

项目	审批制	核准制	注册制
发行指标和额度	有	无	无
发行上市标准	有	有	无
主要推荐人	主管部门政府或行业	中介机构	中介机构
对发行做实质性判断的主体	证监会	中介机构、证监会	中介机构
发行监管性质	证监会实质性审核	中介机构和证监会分担实质性审核职责	中介机构实质性审核、证监会形式审核

二、新股发行配售体制

(一)认购证抽签配售方式

认购证抽签配售方式就是新股发行采用认购申请表摇号抽签来决定配售对象的发行方式。凡持有中签认购证者,可按照招募文件披露的证券发行价格认购定量证券,未中签的认购证作废。认购证抽签配售方式包括限量出售认购证和无限量出售认购证两种形式。在限量出售认购证摇号中签发行方式下,当出现股票供不应求情况时可以通过时间优先原则解决供求矛盾,在一定程度上体现了公平性。但由于这种方式要先购买申请表,既增加了投资成本,又出现了认购申请表与认购中签表的黑市交易,严重扰乱了金融市场,甚至引发社会矛盾。因此,1993年7月后股票发行采取无限量发售认购申请表方式。相比之下,这种方式有效地消除了排队抢购表和以权谋私等现象,更能体现公平原则。但这种方式同样也存在一些弊端,如造成社会资源的极大浪费,大大提高了认购成本,导致股市资金的净流失,股市"失血"严重。

案例2-3　深圳"8·10"事件

深圳股市的热浪席卷深圳,席卷全国。中国股民们终于盼来了这两天——1992年8月9日(星期天)和8月10日(星期一)。股民盼望已久的新股认购抽签表发行了。

各售表门前提前三天就有人排队,据说有人以每天50元的报酬,从外地雇用1 500人赶来排队。

成捆的身份证,特快邮递至深圳,深圳银行存、汇款就有30亿元。排队者不分男女老少,前心贴后背地紧紧靠在一起长达10小时。尽管下午4时下起了倾盆大雨,但人们"九千个雷霆也难轰"。至8月9日晚9时,500万张新股认购表全部发放完毕。但是,徇私舞弊暗中套购认购表的行为被许多群众发现。发售网点前炒卖认购表猖獗,100元一张表已炒到300元至500元。银行此时发布公告,将认购表回收期限延长到8月11日。许多人觉得这里有诈,因为大量认购表走后门后,购买者来不及找许多身份证或还没有脱手卖掉,可见认购表的售表工作的漏洞。于是,愤怒的人们决定到市政府去评理。

8月10日晚11时,深圳市市长助理出面,见了请愿者,宣布了市政府的五项通告,决定再增发500万张认购表以缓解购买压力。但是人们仍不散去……午夜12时,警察与示威者开始发生冲突。

8月11日下午2时,新增发的500万张新股认购表兑换券开始发售,次日全部售完,秩序良好。

8月11日晚,当时任职于深圳市市长郑良玉发表电视讲话:"10日晚,有极少数不法分子利用我市发售新股认购表供不应求和组织工作中的一些缺点,聚众闹事,严重破坏了社会治安,危害了特区的安定团结。……我们每一位市民都要识大体,顾大局,珍惜特区来之不易的安定团结局面,……"

"8·10"风波中股票舞弊者历经4个月清查终于水落石出:全市11个金融单位共设300个发售点,有10个单位共95个发售点受到群众举报;从2900多件(次)群众投诉中筛选出重点线索62件,涉及金融、监察、工商、公安等5个系统20个单位75人,其中处级以上干部22人。到12月10日止,已清查出内部截留私买的认购表达105 399张,涉及金融系统干部、职工4 180人。其中,金融系统内部职工私买近6.5万张,执勤、监管人员私买2万多张,给关系户购买近2万张。群众投诉的62条重点线索已核查57件68人,属实和部分属实的38件,涉及43人。其中,处级干部11人,科级干部22人,一般干部职工10人;党员23人;属金融系统30人,工商系统8人,公安系统4人,企业单位1人。最后被公开处理的"罪大恶极"的9人,其中7人是单位或部门的负责人。某证券部副经理截留一箱(5 000张)抽签表私分,已开除公职。

"8·10"风波后,深圳股市曾一度受重创,股价指数从8月10日的310点猛跌到8月14日的285点,跌幅为8.1%。同时元气大伤,深证指数从此一直猛跌到11月23日的164点才止跌反弹。上海股市受深圳"8·10"风波影响,上证指数从8月10日的964点暴跌到8月12日的781点,跌幅达19%。这在上海股市实在罕见。

1992年10月底,也就是"8·10事件"发生两个月后,国务院证券监督管理委员会成立,这是中国内地最高证券管理权力机关,负责证券市场管理,保护投资者合法权益。

(资料来源:作者根据相关网络资料整理)

(二)与储蓄存款挂钩的配售方式

1993年10月,上海证券交易所率先采用与储蓄存款挂钩的配售方式:承销商在招募期通过指定银行向社会发售专项定期定额存单,并根据存单发售数量、批准发行股票数量及每张存单可认购股份数量确定中签率,根据号抽签的中签者按规定要求办理缴款手续。在实践中通常有两种做法:一是股款全额存入;二是存款与股款分离。与储蓄存款挂钩的配售方式避免了投资者购买认购证所造成的资金损失,降低了发行市场的投资成本和风险,减轻了股市"失血"的程度,并且可以吸收社会闲置资金,吸引新股民入市。这种方式也存在一定的缺陷,如未中签存单在较长时期内转为储蓄而使股市资金冻结,仍会造成股市"失血";容易造成资金大转移,给银行管理带来一定困难;容易出现高价转售认购表的现象,投机性很强。

(三)全额预缴款配售比例方式

这种方式是储蓄存款挂钩方式的延伸。投资者在不定期的申购时间内,将全部申购款存入主承销商在收款银行设立的专户中,并在对到账的申购股款进行验证和确定有效申购总量后,根据拟发行总量计算配售比例。

全额预缴款配售方式始于1994年,包括"全额预缴、比例配售、余额即退"和"全额预缴、比例配售、余款转存"两种模式。这两种模式的区别不大,只是对余额的处理方式不同。全额预缴款配售方式使所有参加申购的投资者都能按配售比例认购到股票,这是较其他配售方式有所改进的地方,而且在激发上市企业所在地居民的投资热情、吸引各地游资、增加当地银行资金存量及增加地方政府的收入等方面具有优势。但是,这种方式使得巨额的资金长期频繁地流动于全国各地,脱离金融运作的正常循环,给金融系统造成较大的冲击;认购范围和资金来源主要集中于发行人所在的城市,大大降低总体认购资金量,且对全国其他地区投资者不公平;发行透明度欠缺,易出现机构大户透支认购、申购余额提前解冻等不良行为。

(四)上网竞价配售方式

上网竞价配售方式是指发行人和主承销商利用证券交易所的交易系统,由主承销商作为新股的唯一卖方,以发行人宣布的发行底价为最低价格,以新股实际发行量为总的卖出数,由投资者在指定的时间内进行竞价委托申购,发行人和主承销商以价格优先的原则确定发行价格并发行股票。认购数量恰好等于发行数量时的价格,即发行价格。凡是大于或等于该价格的有效申报均可按价认购,由交易系统自动成交。这种方式在当时市场过热和股民缺乏风险意识的情况下,加之竞价时只设底价不设价格上限及市场环境欠佳、投机性强、不可控因素多,出现了大量的非理性报价,使竞价远远高于同类可比股票的平均市场价格,造成发行价过高,导致这些股票在二级市场上市开盘低开低走,致使原始股股东全线套牢,投资者和券商都承担着很大的风险。此外,上网竞价发行方式透明度较差,不能杜绝发行公司与承销商联手操纵市场的现象。因此,该发行方式在1994年6月至1995年1月进行试点后,没有再被采用。

(五)上网定价配售方式

上网定价配售方式是发行人和主承销商利用证券交易所的交易系统,由主承销商作为新股的唯一卖方,以发行人决定的发行价格发售股票的配售方式。发行人和承销商通过招股说明书和发行公告,向投资者发出招股要约,凡符合条件的投资者可在规定的发行期限内通过证券交易所的交易系统申报认股承诺;认购期满后,承销商按规定程序对确认有效的全部认股序号进行尾数抽签,中签者的认购将生效并交割证券,而未中签者的认购资金予以返还。发行的股票于认购期满时未能全部售完的部分,由承销商买入。

这种方式具有公平、公正、高效、节省的优点,1996年后我国股票发行基本上都采用这种方式。该方式有利于吸引新增资金进入股票市场,在全流通条件下增加资金供给,有利于股票市场的长远健康发展。同时也要求申请上网发行的上市公司,财务报表和经营状况必须真实可靠,投资者将据此来判断上市公司投资价值;要求券商、会计师事务所等中介机构要恪尽职守,承担相应法律责任,以避免出现欺诈上市的类似事件。但这种方式在实践中也暴露出一些严重的弊端:它排斥了市场原则,无法形成合理的价格发现机制,由此造成一级市场成为一个无风险的暴利市场,巨额资金长期滞留于一级市场,二级市场"失血"严重;投资者申购踊跃,承销商的承销工作几乎感觉不到来自市场的任何压力,承销变成了几乎毫无风险的业务,这不利于承销商提高业务水平和服务质量,也不利于承销商优胜劣汰,兼并重组;还使得企业发行上市的好处大部分落到了一级市场上的认购者手中,这无疑不利于发行公司的成长。

(六)新股市值配售方式

在新股发行时,将一定比例的新股由上网定价发行改为向二级市场投资者配售,投资者根据持有上市流通证券的市值和折算的申购限量,自愿申购新股。2000年2月14日,中国证监会发布了《关于向二级市场投资者配售新股有关问题的通知》,具体方式为:按照确定的价格将本次发行量的50%进行市值配售,其余50%上网定价发行;投资者每持有上市流通证券市值10 000元,限申购新股1 000股,不足10 000元的部分,不赋予申购权;每一个股票账户最高申购量不得超过发行公司公开发行总量的千分之一;每一个股票账户只能申购一次,重复的申购视为无效申购。由于交易系统承载等问题,该方式在沿用了半年、经过数十家企业的试点后,逐渐恢复为原来的上网定价发行。2002年5月21日,交易系统重新完成技术准备后,中国证监会发布了《关于向二级市场投资者配售新股有关问题的补充通知》,重新启动市值配售方案,根据该通知精神,为照顾中小投资者利益(其基本原则是优先满足市值申购部分),因此,实际操作中基本上都采用100%市值配售方式。

(七)向法人配售和向一般投资者上网发行相结合的配售方式

向法人配售和向一般投资者上网发行相结合的配售方式,是我国股票发行普遍采用的一种方式。公司发行股票时将发行的股数分为两部分,一部分对具有一定资格的法人投资者发行,另一部分对一般投资者上网发行,参加配售的法人投资者分为战略投资者和一般法人两类。战略投资者是指与发行公司业务关系紧密且较长时期持有发行公司股票的法人,一般是定向配售;一般法人则通过网下向询价对象询价配售,战略投资者和一般法人的持股锁定时间不同,前者比后者要长。对一般投资者上网发行和对法人配售的发行价格相同。推出向法人配售和向一般投资者上网发行相结合的发行方式,目的在于:改善投资者结构,培育机构投资者;增强承销商和发行人的风险意识,提高承销商的业务能力;让投资者参与定价,促进发行价格的合理化和发行方式的市场化。但是从实施情况看,这种股票发行方式的潜在问题也不断地暴露出来,尤其容易造成股票市场发行过度热销的假象。

(八)取消新股申购预先缴款制度

2015年11月,我国新股发行重启。此次改革的最大亮点在于"预缴款"变为"后缴款",即取消新股申购预先缴款制度,改为确定配售数量后再进行缴款。同时,强调新股申购自主决策、自担风险、自负盈亏,券商不得接受投资者全权委托申购新股。取消新股申购预先缴款制度的考虑主要是坚持网上市值申购同时,取消"预缴款",可大幅减少投资者在"打新"时需要动用的资金数量。这意味着,以后股民打新股不用专门卖"老股"筹备"打新"资金,而是按照市值配售去申报,中了签再缴款。根据证监会数据,2015年6月初25家公司集中发行时,冻结资金峰值最高为5.69万亿元,若采用新规,投资者实际仅需缴纳申购资金为414亿元。如果投资者中签新股却不缴款,将会受到"惩戒":连续12个月内累计出现3次中签后未足额缴款的情形,6个月内不允许参与新股申购。这一规定有利于提高资金使用效率,也为了抑制"巨资炒新"。

三、新股发行定价体制

（一）竞价机制

竞价机制的最主要特征是其较高的市场化程度。在这一机制中，价格的确定是在收集信息之后进行的，同时股份的分配也根据事先的规则在现有竞价基础上进行，因此，承销商和发行人的影响力比较有限。在IPO发售中，具体竞价方法包括统一价格竞价和差别价格竞价。这两种方法都要求所有投资者在规定时间内申报申购价格和数量，申购结束后主承销商对所有有效申购按价格从高到低进行累计，累计申购数量达到新股发行量的价格就是有效价位，在其上的所有申报都中标，唯一不同的是，在统一价格竞价中，这一有效价位就是新股发行价格，所有中标申购都按该价格成交。而在差别价格竞价中，这一价位是最低价格，各中标者的购买价格就是自己的出价。此外，各国还存在多种略有变化的竞价机制，较广泛运用的是"肮脏拍卖"，即发行人在竞价拍卖的时候将价格设定在低于出清价格的水平上，由此产生一个人为的抑价。澳大利亚、比利时、芬兰、法国、匈牙利、新西兰、英国和美国都曾使用这一方法，在比利时、法国和英国的IPO中较为常见。有些国家对竞标申购也存在与固定价格发售类似的申购上限限制，体现对小投资者的政策倾斜，或通过剔除过高的申购而限制"搭便车"现象的出现。

竞价机制的操作过程可分为两个阶段：

1. 卖方定价阶段

在这一阶段，由承销商对拟上市公司进行尽职调查，充分全面地掌握拟上市公司的真实情况，并对其盈利能力与未来前景做出预测与估计。尽职调查是指投资银行等中介机构以行业公认的业务标准和道德规范，对股票发行人及市场的有关情况及有关文件的真实性、准确性、完整性进行核查验证。尽职调查的对象是发行人的财务、经营、债权债务等各个具体细节，它是保证拟上市公司信息完整、准确披露的基础，也是解决发行人、承销商、投资者三者之间信息不对称的有力手段。在尽职调查之后，投资银行即会按照已经掌握的情况，结合目前比较通用的公司估值模型，如可比公司估值法或现金流贴现法等来大致确定拟上市公司的股票价格，将其作为拍卖的底价。

2. 拍卖阶段

在拍卖阶段，将在证券交易所举行拟上市公司新股的拍卖会。承销商在拍卖开始之前向到场的投资者介绍其承销的拟上市公司，公布投资者关注的各类基本信息以及拍卖底价。在承销商介绍完成后即进入拍卖环节，投资者在底价之上报出其申购价格与申购数量。承销商将投资者报价从高到低依次排列，依次加总其申购数量，使得申购数量等于发行总量的最后一个报价将作为最低中标价，在最低中标价以上的报价即中标。但如果无人在底价上认购，出现流拍，新股即发行失败。值得注意的是，在拍卖阶段存在着两种不同的拍卖认购方法，即荷兰式拍卖和美式拍卖。在荷兰式拍卖中，当确定了最低中标价时，会以最低中标价为发行价格，所有中标的投资者不论其申购价格为多少，均以发行价格认购新股；而美式拍卖中，中标的投资者均按照其申报的价格认购新股。这两种不同的认购方法，会对新股的定价产生不同的影响。比较来说，由于荷兰式拍卖法以最低中标价格为最后发行价格，所以会产生"搭便车"的现象，即所有投资者都敢于申报高的认购价来保证自己中标，中标后再以最低的中标价认购新股。故采用荷兰式拍卖将会抬高新股的发行价格。

(二)固定价格机制

固定价格机制是指承销商事先按照一定的标准确定发行价格,然后再由投资者进行申购。这一方式下,承销商和发行人在定价时并未充分获取相关的定价信息和市场需求信息。根据定价之后 IPO 的分配情况,固定价格机制可以进一步分为允许配售和公开发售(Public offer)两种。美国的尽力推销(Best offer)方法是前者的典型例子,在股份发售时,承销商拥有分配股份的权利。固定价格公开发售方法则更为熟悉和多见,欧洲、亚洲的许多国家以及新兴市场国家都曾经或正在使用这种方法。

从 1990 年到 1998 年底大约 8 年的时间里,中国新股发行定价主要采取这种固定价格模式,且普遍采用市盈率定价法,根据发行企业的每股收益和一个相对固定的市盈率水平来确定,即"新股发行价格＝每股税后利润×市盈率"。由此可见,对新股发行价格确定起重要作用的是每股税后利润和市盈率两个因素,但具体的计算方式又历经了几个发展过程,例如,1996 年以前,发行定价是用固定的市盈率和盈利预测倒推得出的,1996 年之后以过去三年已实现的每股税后利润的算术平均数为基础计算市盈率。

(三)衍生发行机制

随着资本市场的日益发展成熟,为解决基础发行定价机制执行中出现的种种问题与不足,人们又在基础发行定价机制之上衍生出了一些新的新股发行机制。这些机制由于其先进的特性而成为目前全球资本市场新股发行机制的主流。

1. 累计订单询价机制

累计订单询价机制是一套目前在西方发达国家使用较为广泛的新股发行定价机制。这种机制通过设立一段长时间的信息交流过程,买卖双方在定价过程中通过各自的研究、分析同掌握的信息进行互相博弈,新股的发行价格在博弈中慢慢逼近新上市公司的真正市场价值,最终获得比较合理的新股发行价。累计订单询价机制的基本精神是在保护投资者权益的基本前提下最大限度地发挥市场的功能。

2. 累计订单询价机制的操作过程

累计订单询价机制的操作过程一般可分为以下三个阶段:

(1)卖方定价阶段

承销商在对拟上市公司进行例行的尽职调查后,总结上市公司的情况,确定一个发行指导性价格区间。以美国的情形来看,这一范围只是指导性的,最后的新股发行价格仍可能在此范围之外,当然这种可能性并不是很大。在获得指导性价格区间后,投资银行会评估有哪些潜在的投资者或投资机构可能申购这一价格区间的此拟上市公司股票,以及目前是否处于一个合适的股票发行时机。如果评估后认为有较大的发行失败的可能,或者发行价格区间低于拟上市公司的心理价位,则有可能终止此上市项目;如一切顺利则将进入路演询价阶段。

(2)路演询价阶段

在这一阶段,展开由承销商、发行人和机构投资者共同参与的路演,路演是证券发行过程中一项十分关键的推销活动,通过承销商对上市公司的全面推介,让发行人能够有机会与机构投资者进行沟通交流,让投资者对发行人有一个全面的了解。在参考询价区间并对新股进行估价的基础上,投资者报出新股申购的价格以及在相应的价格下愿意申购的新股数量。投资银行在对新股进行最后定价之前通常要"建立一个账簿(Build a Book)",这在美国已是一个标准的新股发行操作模式。在账簿中通常记录了有关新股发行所有的相关信息,包括每一个提交的报价(如果存在着申购限定价格的话),其对应的报价机构投资者名称及申购新股的数量(或申购资金总额)。在账簿中还报出了投资者申购的日期以及其后每一次的价格修正(包括取消申购的信息)。在国外的美式累计订单询价机制中,报价可以分成三类,即"市价报价(Strike Bid)""限价报价(Limit Bid)""分步报价(Step Bid)"等。市价报价是一种只报出一定申购数量的股票或申购金额而不考虑发行价格的报价(如购买100万股股票或总市值为500万美元的股票)。在限价报价中,申购者要报出他愿意购买该新股的最高价格(最高限价)。在一个分步报价中,申购者实际上向承销商提供的是一个对新股的需求曲线,换句话讲,一个分步报价是一系列限制性报价的集合(申购者针对不同的限价报价而报出一系列相对应的申购量)。在实践中,大部分的申购报价是直接报价。在全面了解了投资方的意见之后投资银行会根据收到的信息调整原先的定价预期,与拟上市公司沟通投资方的意见,然后决定是否进入最后的投标阶段。如果投资方与发行方的分歧较大,使得上市方案有较大变动的,会重新进行路演。这一阶段中从路演到修改方案到再路演,这一过程会反复进行多次,直到买卖双方达成共识,以保证新股发行的成功。

(3)投标定价阶段

在第三阶段,承销商通过询价、路演收集到一系列申购报价及对应的申购数量等信息并依据这些信息确定最后的发行价格。美式累计订单询价机制最为明显的特点是,最终发行价格的确定是在承销商征求愿意购买新股的投资者的意见后确定的,换句话说,在美式累计订单询价机制中承销商在最终确定发行价格时已经拥有了相当多的有关新股方面的信息。在询价过程结束时,由于所有投资者对股票的需求都被汇总到账簿管理者手里的单一账簿中,承销商便可以对相关报价信息进行汇总以形成一条需求曲线,再根据事前确定的发行总量,把最后价格定在至少能够满足发行总量的水平上,从而形成最终的新股发行价格。股票最终发行价格的确定并未依据任何事先确定的规则,而是由投资银行与上市公司依据其对投资者申购新股信息的理解相互协商,斟酌决定。一般来说,发行价格的确定并不是在股票的总需求与总供给相交的那一点上。由于根据发行价格可以对需求量进行调节,因此承销商在确定发行价格时可以有效地控制市场对新股的需求,投资银行在设定新股发行价格时通常要使其需求超过供给,使新股发行出现超额认购,即最后的定价要在市场出清价格之下。从具体的发行实践来看,承销商在确定最后的发行价时一般要留出15%左右的上涨空间。在国外,投资银行从机构投资者那里搜集报价的时间大约为两周。在封闭账簿后,投资银行立即确定最后的发行价格,然后将股票按照各种(自定的)规则分配给投资者。这也是美式累计订单询价机制与拍卖制的一个较为明显的区别,即在美式累计订单询价机制中新股定价及分配新股的规则并不对外公布,而是交由投资银行来决定。在美式累计订单询价机制中,投资者的报价并不代表一种必须购买的承诺,然而由于投资者与投资银行之间所建立的长期关系及不断进行着重复的交易,因此投资者很少对其所报出的价格违约。

(四)累计订单询价与固定价格公开认购的混合方式

累计订单询价与固定价格公开认购的混合新股发行方式由香港所采用。其主要目的是让香港本地的散户投资者也能参与到新股的认购中来。由于散户投资者缺乏准确地为新股定价的能力,故其在与机构投资者共同参与累计订单询价时处于劣势地位,而采用累计订单询价机制后新股的发行价与其在二级市场的价格之间往往存在10%到15%的价差,一定程度上使无法参与新股申购的中小投资者的利益受损。所以为了使中小投资者也能参与到新股的申购中来,就必须使中小投资者与机构投资者分开申购。这种混合机制将拟上市公司的股份分为了两部分,大部分由承销商组织累计订单询价方式发行(一般占全部股份的80%~90%),主要面对机构投资者,而剩余一小部分股票则采用固定价格方式发行,面对香港本地的中小投资者,由于中小投资者缺乏对新股的定价能力,故其固定价格发行价参照累计订单询价的结果决定。

累计订单询价与固定价格混合机制的操作流程主要分为三个阶段:

1. 累计订单询价阶段

在这一阶段采用标准的美式订单询价制度确定新股的发行价格。承销商向所有参与认购的机构投资者进行路演推介拟上市公司的新股,并根据机构的反馈修正发行计划,最后由机构集合投标决定各自的申购价格与申购数量,同样承销商也有自由选择配售方案的权利。

2. 固定价格公开认购阶段

在累计订单询价阶段机构投资者的集合投标完成后,就将进入与固定价格发行方式一样的公开认购阶段。中小投资者可以向承销商提出新股认购申请。承销商将使用集合投标结果中最低的中标价格作为新股的公开认购价格,也就是说公开认购的固定价格是由机构投资者决定的。从另一个角度来说,也就是中小投资者搭了机构投资者的便车,借助机构投资者的议价实力享受了新股的合理价格,从而达到保护中小投资者利益的目的。

3. 调整配售阶段

在公开认购期结束后,承销商将会统计累计投标认购和固定价格认购的情况,重新调整股份的配售比例。根据中国香港地区实行的办法,如果公开认购部分的认购特别踊跃,当超额认购率达到一定比率时,将会从累计投标部分回拨一定比例的股份到公开认购部分(但是有一个上限,仍然保持机构认购部分占大部分),用以满足中小投资者的需求。反之,则将从公开认购部分回拨到累计投标部分(没有回拨上限)。对于公开认购部分超额认购的处理,中国香港地区有较为独特的"红鞋机制",尤其在处理国有公司上市时采用得比较多。"红鞋机制"以申购新股的账户数为基础分配股票,保证所有有效申购的认购者至少能配售到一手新股股份,所以也称为"一人一手"制。此机制保证参与申购的中小投资者人人有份,使得新股申购机制向中小投资者倾斜。

第三节 新股发行主要流程

由于发行主体必须为股份有限公司,在目前核准制发行审核体制下,首次公开发行并上市的流程主要包括股份有限公司的设立、上市辅导、发行申报与审核、股票发行与上市等阶段。保荐机构和中介机构的尽职调查贯穿于整个过程,各阶段主要内容如下:

一、股份有限公司的设立

(一)设立原则

根据《中华人民共和国公司法》(以下简称《公司法》)第二条、第三条的规定,公司是依照《公司法》在中国境内设立的有限责任公司和股份有限公司。在公司设立的原则上,我国《公司法》第六条规定,设立公司,符合《公司法》规定的设立条件的,由公司登记机关分别登记为有限责任公司或者股份有限公司,但法律、行政法规规定设立公司必须报经批准的,应当在公司登记前依法办理批准手续。我国《公司法》第九十三条规定,以募集方式设立股份有限公司公开发行股票的,还应当向公司登记机关报送国务院证券监督管理机构的核准文件。由此可见,股份有限公司的发起设立或向特定对象募集设立,均实行准则设立原则。但某些特殊行业在申请登记前,必须经行业监管部门批准,如证券公司的设立必须经中国证监会批准,即核准设立为例外;股份有限公司的公开募集设立,实行核准设立制度。

(二)设立方式

根据《公司法》第七十八条的规定,股份有限公司的设立可以采取发起设立或者募集设立两种方式。发起设立是指由发起人认购公司发行的全部股份而设立公司。在发起设立股份有限公司的方式中,发起人必须认购公司发行的全部股份,社会公众不参加股份认购。募集设立是指由发起人认购公司应发行股份的一部分,其余股份向社会公开募集或者向特定对象募集而设立公司。应当注意的是,在《公司法》颁布之前,《股份有限公司规范意见》将募集设立分为定向募集设立和社会募集设立两种。1994年6月19日,原国家体改委发出通知,停止审批定向募集股份有限公司。1993年12月29日,第八届全国人民代表大会常务委员会第五次会议通知的《公司法》规定我国募集设立的公司均指向社会公开募集设立的股份有限公司。2005年10月27日修订实施的《公司法》将募集设立分为向特定对象募集设立和公开募集设立两种方式。

(三)设立条件

1. 发起人符合法定人数要求

根据《公司法》第七十九条的规定,设立股份有限公司,应当有2人以上200人以下为发起人,其中必须有半数以上的发起人在中国境内有住所。

2. 发起人认购或募集的股本达到法定资本最低限额

股份有限公司注册资本的最低限额为人民币500万元。法律、行政法规对股份有限公司注册资本的最低限额有较高规定的,从其规定。股份有限公司采取发起设立方式设立的,注册资本为在公司登记机关登记的全体发起人认购的股本总额。公司全体发起人的首次出资额不得低于注册资本的20%,其余部分由发起人自公司成立之日起两年内缴足。其中,投资公司可以在5年内缴足。在缴足前,不得向他人募集股份。股份有限公司采取募集设立方式设立的,注册资本为在公司登记机关登记的实收股本总额。以募集方式设立的,发起人认购的股份不得少于公司股份总数的35%,但是,法律、行政法规另有规定的,从其规定。发起人、认股人缴纳股款或者交付抵作股款的出资后,除未按期募足股份、发起人未按期召开创立大会或者创立大会决议不设立公司的情形外,不得抽回资本。

3. 股份发行、筹办事项符合法律规定

发起人必须依照规定申报文件,承担公司筹办事务。

4. 发起人制定公司章程,采用募集方式设立的须经创立大会通过

公司章程是公司最重要的法律文件,发起人应当根据《公司法》《上市公司章程指引》或《到境外上市公司章程必备条款》及相关规定的要求,起草、制定章程草案。采用募集方式设立的股份有限公司,章程草案须提交创立大会表决通过。发起人向社会公开募集股份的,须向中国证监会报送公司章程草案。

5. 有公司名称,建立符合股份有限公司要求的组织机构

拟设立的股份有限公司应当依照工商登记管理规定的要求确定公司名称。公司名称应当由行政区划、字号、行业、组织形式依次组成,法律、法规另有规定的除外。公司只能使用一个名称。经公司登记机关核准登记的公司名称受法律保护。股份有限公司应当建立股东大会、董事会、经理和监事会等公司的组织机构。

6. 有公司住所

公司以其主要办事机构所在地为住所。公司住所是确定公司登记注册级别管辖、诉讼文书送达、债务履行地点、法院管辖及法律适用等法律事项的依据。经公司登记机关登记的公司住所只能有一个,公司住所应当在其公司登记机关辖区内。公司住所变更的,须到公司登记机关办理变更登记。

(四)设立程序

1. 确定发起人,签订发起人协议

发起人应当签订发起人协议,明确各自在公司设立过程中的权利和义务。

2. 制定公司章程

3. 向设区的市级以上工商行政管理部门申请名称预先核准

设立公司应当申请名称预先核准。法律、行政法规或者国务院决定规定设立公司必须报经批准,或者公司经营范围中属于法律、行政法规或者国务院决定规定在登记前须经批准的项目的,应当在报送批准前办理公司名称预先核准,并以公司登记机关核准的公司名称报送批准。预先核准的公司名称保留期为6个月。预先核准的公司名称在保留期内,不得用于从事经营活动,不得转让。

4. 申请与核准

向社会公开募集股份设立股份有限公司的,应取得中国证监会的核准。

5. 股份发行、认购和缴纳股款

(1)股份发行。股份的发行实行公平、公正的原则,同种类的每一股份应当具有同等权利。同次发行的同种类股票,每股的发行条件和价格应当相同;任何单位或者个人所认购的股份,每股应当支付相同价格。公司发行的股票,可以为记名股票,也可以为无记名股票。公司向发起人、法人发行的股票,应当为记名股票,并应当记载该发起人、法人的名称或者姓名,不得另立户名或者以代表人姓名记名。发起人的股票,应当标明"发起人股票"字样。公司发行记名股票的,应当置备股东名册,记载下列事项:①股东的姓名或者名称及住所;②各股东所持股份数;③各股东所持股票的编号;④各股东取得股份的日期。发行无记名股票的,公司应当记载其股票数量、编号及发行日期。

(2) 发起人的出资方式。发起人可以用货币出资,也可以用实物、知识产权、土地使用权等可以用货币估价并可以依法转让的非货币财产作价出资;但是,法律、行政法规规定不得作为出资的财产除外。发起人以货币、实物、知识产权、土地使用权以外的其他财产出资的,其登记办法由国家工商行政管理总局会同国务院有关部门规定。发起人不得以劳务、信用、自然人姓名、商誉、特许经营权或者设定担保的财产等作价出资。对作为出资的非货币财产应当评估作价,核实财产,不得高估或低估作价。土地使用权的评估作价,依照法律、行政法规的规定办理。

全体发起人的货币出资金额不得低于公司注册资本的30%。

(3) 以发起设立方式设立公司的股份认购。以发起设立方式设立股份有限公司的,发起人应当书面认足公司章程规定其认购的股份;一次缴纳的,应缴纳全部出资;分期缴纳的,应即缴纳首期出资。首次出资是非货币财产的,应当在公司设立登记时提交已办理其财产权转移手续的证明文件。发起人不依照规定缴纳出资的,应当按照发起人协议承担违约责任。发起人首次缴纳出资后,应当选举董事会和监事会,由董事会向公司登记机关报送公司章程、由依法设定的验资机构出具的验资证明以及法律、行政法规规定的其他文件,申请设立登记。

(4) 以募集设立方式设立公司的股份认购。第一步,发起人认购股份,并缴纳股款;第二步,发起人向特定对象或社会公开募集股份,认股人缴纳股款。发起人向社会公开募集股份,必须公告招股说明书,并制作认股书。认股书应当载明下列事项:①发起人认购的股份数;②每股的票面金额和发行价格;③无记名股票的发行总数;④募集资金的用途;⑤认股人的权利、义务;⑥本次募股的起止期限及逾期未募足时认股人可以撤回所认股份的说明。认股人在认股书上填写认购股数、金额、住所,并签名、盖章。认股人按照所认购股数缴纳股款。发起人向社会公开募集股份,应当由依法设立的证券公司承销,签订承销协议。发起人向社会公开募集股份,应当同银行签订代收股款协议。代收股款的银行应当按照协议代收和保存股款,向缴纳股款的认股人出具收款单据,并负有向有关部门出具收款证明的义务。

(5) 发行股份的股款缴足后,必须经依法设立的验资机构验资并出具验资证明。

6. 召开创立大会,并建立公司组织机构

采用发起设立方式的,发起人缴付全部股款后,应当召开全体发起人大会,选举董事会和监事会(指股东代表监事)成员,并通过公司章程草案。采用募集设立方式的,发起人应当自股款缴足之日起30日内主持召开公司创立大会。创立大会由发起人、认股人组成。发行的股份超过招股说明书规定的截止期限尚未募足的,或者发行股份的股款缴足后,发起人在30日内未召开创立大会的,认股人可以按照所缴股款并加算银行同期存款利息,要求发起人返还。发起人应当在创立大会召开15日前将会议日期通知各认股人或者予以公告。创立大会应有代表股份总数过半数的发起人、认股人出席,方可举行。

7. 设立登记并公告

设立股份有限公司,应当由董事会向公司登记机关申请设立登记。以募集方式设立股份有限公司的,应当于创立大会结束后30日内向公司登记机关申请设立登记。董事会向公司登记机关报送下列文件:(1)公司登记申请书;(2)创立大会的会议记录;(3)公司章程;(4)验资证明;(5)法定代表人、董事、监事的任职文件及其身份证明;(6)发起人的法人资格证明或者自然人身份证明;(7)公司住所证明。公司住所证明是指能够证明公司对其住所享有使用权的文件。以募集方式设立股份有限公司公开发行股票的,还应当提交国务院证券监督管理机构的核准文件。公司申请登记的经营范围中属于法律、行政法规或者国务院决定规定在登记前须经批准的项目的,应当在申请登记前报经国家有关部门批准,并向公司登记机关提交有关批准文件。根据我国现有的法规规定,股份有限公司的登记机关为设区的市(地区)工商行政管理局以上的工商行政管理部门。依法设立的公司,由公司登记机关发给"企业法人营业执照",签发日期为公司成立日期。公司凭公司登记机关核发的"企业法人营业执照"刻制印章,开立银行账户,申请纳税登记。

设立股份有限公司并同时设立分公司的,应当就设立分公司向公司登记机关申请登记,领取营业执照。公司成立后,应当进行公告。

8.发放股票

公司的股份采取股票的形式。股票是公司签发的证明股东所持股份的凭证。股票采用纸制形式或者国务院证券监督管理机构规定的其他形式。股份有限公司成立后,即向股东正式交付股票。公司成立前不得向股东交付股票。

二、股票发行前期工作

股票发行前期策划这一阶段,投资银行主要的工作是调查拟发行人的情况,在双向选择后,进行股票发行可行性研究并签订承销协议。

(一)投资银行对发行人的选择

发行人素质如何,将关系到投资银行承销所承担的风险,并可能直接决定股票承销的成败。不是所有的公司都可以发行股票筹措资金,投资银行为了确保发行顺利进行以实现收益或提高利润,会谨慎选择发行人开展业务。投资银行承销业务的第一步就是在众多的公司当中,选择那些适合公开发行的公司。一般地,投资银行在选择发行人时,要考虑的因素包括:第一,是否符合股票发行条件,即股票的发行应该符合国家的相关法律规定及证券监管部门的要求。第二,是否受市场欢迎,一般讲发展迅速行业中的引人注目的公司、有良好业绩和获利记录的公司、掌握独特技术或拥有专利的公司比较受市场欢迎。第三,公司是否有良好的增长潜力。第四,管理层是否具有优秀的素质等。

(二)拟发行人选择投资银行

投资银行想得到一个理想的客户从而名利双收,拟发行公司也是如此。尤其是首次公开发行的公司如果第一次发行就遭遇失败,那以后在股票市场再行,有被加大筹资成本如压低发行价格等的可能。所以拟发行公司也慎地选择投资银行,其依据的标准是:

1.投资银行的从业资格。这主要包括投资银行中证券从业人员的专业水平、投资银行的决策水平、股票承销的经验等。

2.投资银行的资金实力。在股票发行中,一般发行人希望能采用证券包销的方式以加快筹资进度以及转嫁筹资风险等,这样投资银行就需要有较为充足的资金购入发行股票的全部(全额包销方式下)或者剩余部分(余额包销方式下),以减少麻烦,解除后顾之忧。

3.投资银行的分销能力。投资银行组团承销时,各个承销商尤其是主承销商的分销力非常重要,这主要涉及投资银行的分销经验、分销经营网点和分销业务人员的市场营销推广能力等。

4. 佣金多少。

(三)拟发行人和投资银行签订承销协议

在完成了拟发行人和投资银行的双向选择后,两者会先签订承销意向书,该文件不具有法律约束力,只是有利于双方沟通了解和发行可行性研究的开展。接下来投资银行对公司发行股票进行可行性研究,包括以下四个方面:

(1)股票发行市场近期的供求状况分析。在股票大量发行的时候再去发行或许不是一个好时机;股票流通市场的股票交易情况也是应该考虑的因素,在流通市场交投清淡的情况下发行股票不容易成功。

(2)发行股票的用途。如果筹资的目的是项目建设,那么朝阳产业或者新兴项目的筹资容易发行成功。

(3)股票发行的规模和种类。

(4)其他。如认购申请期限、股票款项缴纳的期限等。

完成股票发行的可行性研究之后,如果公司董事会表决通过发行计划,那么拟发行公司和投资银行就可以签订具有法律效力的承销协议书。在美国,承销协议书具体规定了双方的权利义务,有固定的格式,其基本条款是:有关发行证券的情况;向投资银行支付价款的规定;承销团成员的名单,以及各承销商所分销的数量;证券发行和销售的时间、交付方式和价款支付方式;各承销商购买证券应承担的基本义务;证券发行公司对有关事项的承诺,包括支付印刷费和其他费用,提供发行说明书的副本等;证券发行公司对登记文件以及其他材料的准确性承担担保责任;证券发行公司保证赔偿承销商因登记文件或者发行说明书存在虚假陈述或者重大遗漏而承担的民事责任,但是,如果该登记文件或者发行说明书存在虚假陈述或者重大遗漏是因为承销商提供的信息而造成的,不在此限。如果各承销商提供给证券发行公司的信息存在虚假陈述或者重大遗漏的,各承销商应当为证券发行公司承担由此造成的损失。如果其中部分承销商违反协议没有承购证券,证券发行公司可以另行物色其他承销商。在承销完毕之前,如果遇到特殊情况,允许承销商终止承销。

(四)尽职调查

尽职调查是指中介机构(包括投资银行、律师事务所和会计师事务所等)在股票承销时,以本行业公认的标准和道德规范,对股票发行人及市场的有关情况及有关文件的真实性、准确性、完整性进行核查、验证等专业调查。作为承销商的投资银行进行尽职调查,一方面直接关系到其承销风险和承销利益;另一方面也直接关系到承销商对招股说明书的保证责任。

投资银行尽职调查的主要内容有以下四个方面:

1. 拟发行人是否符合发行的条件。这在实施核准制管理的国家中尤为重要,拟发行人的资本规模、产业结构、经营性质等都直接关系着能否被证券主管部门批准发行,所以投资银行必须认真考虑这些因素,否则很可能辛苦一场而无所收获。

2. 拟发行人的资质条件。这主要是指投资银行要认真研究拟发行人的信用状况、先前发行(如果有的话)的情况等。一个信用状况不好或者前次发行失败的公司很难再次发行成功。

3. 拟发行人提出的条件。这主要是指投资银行必须研究拟发行人拟发行股票的总量、结构(优先股、普通股比例)、拟发行人要求的承销方式等。对于条件苛刻不易成功的发行主体,投资银行应当考虑放弃,否则一旦发行失败,对于投资银行的声誉影响很坏。

4.当前股票市场的供求情况。如果现在股票二级市场交投活跃,则一级市场上股票发行容易成功,也是发行的良好时机;如果二级市场上交投清淡,离场气氛浓,则一级市场上的发行也就较为困难。所以投资银行应该根据市场情况决定是否发行以及合理选择发行的时机。

投资银行在尽职调查过程中,要按照法定程序,对发行人所提供和填写的申报材料做全面、细致的核查。主要包括:对公司管理层的背景情况进行直接询问;与公司的主要客户、供应商及其他当事人(如发行人的律师事务所、会计师事务所、资产评估机构等)举行会谈,开展调研取证;对有关行业资料要向权威部门查证;由主承销商的律师事务所对发行人所签订的全部法律文书、合同进行审查等。

三、首次公开发行股票的辅导

为了保障股票发行核准制的实施,提高首次公开发行股票公司的素质及规范运作的水平,保证从事辅导工作的保荐机构(保荐人)在首次公开发行股票过程中依法履行职责,中国证监会分别于2006年5月、2008年12月实施了《首次公开发行股票并上市管理办法》和《证券发行上市保荐业务管理办法》。根据规定,保荐机构(保荐人)在推荐发行人首次公开发行股票并上市前,应当对发行人进行辅导。保荐人及其保荐代表人应当遵循勤勉尽责、诚实守信的原则,认真履行审慎核查和辅导义务,并对其所出具的发行保荐书的真实性、准确性、完整性负责。中国证监会不再对辅导期限做硬性要求。保荐机构辅导工作完成后,应由发行人所在地的中国证监会派出机构进行辅导验收。

(一)辅导流程与方式

实施辅导的一般流程包括签订辅导协议、辅导备案、实施辅导、报送报告、辅导总结和辅导验收等。

1.辅导机构与辅导对象签订辅导协议,辅导机构针对辅导对象成立辅导工作小组,制订辅导工作计划和实施方案。

2.辅导协议签署5个工作日内,辅导机构向辅导对象所在地的中国证监会派出机构备案。

3.辅导机构按照辅导工作计划对辅导对象的董事、监事、高级管理人员及持有5%以上(含5%)股份的股东(或其法定代表人)进行培训,督促辅导对象全面学习证券法律、法规知识,确信其理解发行上市有关法律、法规和规则,理解作为公众公司规范运作、信息披露和履行承诺等方面的义务和责任,增强其法治观念和诚信意识。同时,在此期间,辅导机构还将与其他中介机构对辅导对象开展尽职调查,共同指导辅导对象解决历史遗留问题,督促其按照现代企业制度的要求,完善法人治理结构,建立健全并真正落实内部约束机制,确保辅导对象资产权属清晰、经营体系独立完整、财务管理与会计体系健全、内部决策和控制制度规范。同时辅导机构应对律师事务所、会计师事务所等证券服务机构出具的专业意见报告进行审慎复核。

4.在辅导期间,辅导机构将根据辅导的情况向辅导对象当地中国证监会派出机构报送辅导工作备案报告,同时视中国证监会当地派出机构的要求,就接受辅导、准备首次公开发行股票等事项在当地两种主要报纸上至少公告两次以上(含两次)。

5.在辅导工作结束后,辅导机构向辅导对象当地中国证监会派出机构报送辅导工作总结报告,提出辅导评估申请,派出机构应按规定出具"辅导监管报告"。

6.辅导机构结束辅导工作、派出机构出具"辅导监管报告"后,保荐机构(保荐人)可结合辅导总结报告、尽职调查情况、内部核查结论向中国证监会进行首次公开发行股票的推荐。

辅导机构实施辅导过程中可采取灵活多样的辅导方式,主要包括组织自学、座谈会、进行集中授课与考试、问题诊断与专业咨询、中介机构协调会、经验交流会、案例分析等方式。

(二)辅导内容

辅导的主要内容包括但不限于以下几个方面:

1.对公司的董事(包括独立董事)、监事、高级管理人员及持有5%以上(含5%)股份的股东(或其法定代表人)进行全面的证券法律、法规知识学习和培训,聘请机构内部或外部的专业人员进行必要的授课,确信其理解发行上市有关法律、法规和规则,理解作为公众公司规范运作、信息披露和履行承诺等方面的责任和义务。

2.协助辅导对象初步建立符合现代企业制度要求的公司治理结构,协助辅导对象完善和建立公司管理、投资决策和内部控制制度。

3.核查辅导对象在公司设立、改制重组、股权设置和转让、增资扩股、资产评估、资本验证等方面是否合法、有效,产权关系是否明晰,股权结构是否符合有关规定。

4.协助和督促辅导对象实现独立运营,做到业务、资产、人员、财务、机构独立完整,主营业务突出,形成核心竞争力。

5.协助和督促辅导对象按规定妥善处置商标、专利、土地、房屋等的法律权属问题。

6.规范辅导对象与控股股东及其他关联方的关系。

7.督促辅导对象建立和完善规范的内部决策和控制制度,形成有效的财务、投资以及内部约束和激励制度。

8.协助和督促辅导对象建立健全公司财务会计管理体系,杜绝会计虚假。

9.协助辅导对象形成明确的业务发展目标和未来发展计划,并制定可行的募股资金投向及其他投资项目的规划。

(三)辅导验收

辅导工作结束后,辅导机构认为辅导工作已经达到预期效果,辅导对象已经具备了进入证券市场的必备知识和条件,可向辅导对象所在地中国证监会派出机构报送辅导工作总结报告,提出辅导评估申请,申请辅导验收。

中国证监会派出机构对辅导进行验收主要是在日常监管的基础上,对辅导机构"辅导工作备案报告"和"辅导工作总结报告"进行综合评估后出具"辅导监管报告",对辅导效果明确发表评估意见。

中国证监会派出机构的辅导调查评估工作分为书面核查、现场调查、评估报告三个阶段,其中现场调查时间一般不超过5个工作日,总体时间一般不超过20个工作日(不含辅导机构和公司补充、修改材料以及整改落实的时间)。

书面核查阶段主要是对辅导机构上报的备案材料、期末上报的辅导工作总结报告、辅导机构提交的尽职调查报告、律师事务所出具的法律意见书、经审计的财务报告、派出机构日常监管(包括调查与专项核查)所掌握的其他材料等进行书面审阅核查。重点关注以下内容:

1.辅导计划和实施方案是否得到有效实施。

2.辅导内容是否完整。

3. 辅导程序是否符合要求。
4. 辅导工作备案报告和辅导工作总结报告是否存在重大虚假或重大遗漏。
5. 是否达到辅导目标。

现场调查是在书面核查的基础上,到发行人现场进行调查核实。现场调查组成员一般由中国证监会派出机构正式工作人员组成,必要时将聘请会计师、律师协助调查。现场调查期间,中国证监会派出机构将组织对发行人董事、监事及其高级管理人员的法律、法规考试,并将考试结果体现在辅导监管报告中。调查人员将抽查、调阅公司有关规范运作原始档案材料、"三会"运作会议记录和决议、发行人管理、决策和内控制度、财务会计资料、辅导机构辅导工作底稿,实地调查公司生产经营场所,通过约谈方式要求辅导人员、发行人董事、监事及其高级管理人员,参与发行人改制、辅导业务的会计师事务所、律师事务所等相关中介机构的当事人,就涉及事项做出解释或说明。辅导机构、发行人及相关中介机构人员应予以配合。现场调查及书面核查中发现辅导工作存在问题的,中国证监会派出机构可要求辅导机构和发行人进行限期整改。

评估报告阶段主要是针对书面核查和现场调查所掌握的情况,评估辅导机构的辅导工作效果,并结合日常监管及相关限期整改情况,形成"辅导监管报告"报证监会。存在下列情形之一的,中国证监会派出机构将在"辅导监管报告"中建议中国证监会认定辅导机构辅导工作不合格:

1. 因辅导机构不认真履行职责或公司不积极配合而使辅导未达到计划目标的。
2. "辅导工作备案报告"和"辅导工作总结报告"中存在虚假记载、误导性陈述或重大遗漏的。
3. 发行人存在重大法律障碍或风险隐患而未在"辅导工作总结报告"中指明的。
4. 中国证监会派出机构认定的其他情形。

四、发行申报与审核

(一)准备工作

申请文件制作的前期准备工作如下:
1. 建立相关工作底稿。
2. 召开本次发行的董事会、股东大会。
3. 取得政府部门的相关批文或文件。
4. 聘请中介机构出具相关专业意见。
5. 准备好各类申请文件的原件,并汇总制作申请文件。

(二)审核程序

1. 主板上市的审核程序

(1)申报。发行人应当按照中国证监会的有关规定制作申请文件,由保荐人保荐并向中国证监会申报。特定行业的发行人应当提供管理部门的相关意见。

(2)受理。中国证监会收到申请文件后,在5个工作日内做出是否受理的决定。

(3)初审。中国证监会受理申请文件后,由相关职能部门对发行人的申请文件进行初审。中国证监会在初审过程中,将征求发行人注册地省级人民政府是否同意发行人发行股票的意见,并就发行人的募集资金投资项目是否符合国家产业政策和投资管理的规定征求国家发改委的意见。

(4) 预先披露。根据《证券法》第二十一条的规定,发行人申请首次公开发行股票的,在提交申请文件后,应当按照国务院证券监督管理机构的规定预先披露有关申请文件。因此,发行人申请文件受理后、发审委审核前,发行人应当将招股说明书(申报稿)在中国证监会网站预先披露。发行人可以将招股说明书(申报稿)刊登于其企业网站,但披露内容应当与中国证监会网站的完全一致,且不得早于中国证监会网站的披露时间。

(5) 发审委审核。相关职能部门对发行人的申请文件初审完成后,由发审委组织发审委会议进行审核。

(6) 决定。中国证监会依照法定条件对发行人的发行申请做出予以核准或者不予核准的决定,并出具相关文件。自中国证监会核准发行之日起,发行人应在 6 个月内发行股票;超过 6 个月未发行的,核准文件失效,须重新提请中国证监会核准后方可发行。此外,发行申请核准后、股票发行结束前,发行人发生重大事项的,应当暂缓或者暂停发行,并及时报告中国证监会,同时履行信息披露义务。影响发行条件的,应当重新履行核准程序。股票发行申请未获核准的,自中国证监会做出不予核准决定之日起 6 个月后,发行人可再次提出股票发行申请。

2. 创业板上市的审核程序

发行人董事会应当依法就首次公开发行股票并在创业板上市的具体方案、募集资金使用的可行性及其他必须明确的事项做出决议,并提请股东大会批准。决议至少应当包括下列事项:股票的种类和数量,发行对象,价格区间或者定价方式,募集资金用途,发行前滚存利润的分配方案,决议的有效期,对董事会办理本次发行具体事宜的授权以及其他必须明确的事项。

发行人应当按照中国证监会有关规定制作申请文件,由保荐人保荐并向中国证监会申报。保荐人保荐发行人发行股票并在创业板上市,应当对发行人的成长性进行尽职调查和审慎判断并出具专项意见。发行人为自主创新企业的,还应当在专项意见中说明发行人的自主创新能力。

中国证监会收到申请文件后,在 5 个工作日内做出是否受理的决定。中国证监会受理申请文件后,由相关职能部门对发行人的申请文件进行初审,并由创业板发行审核委员会审核。中国证监会依法对发行人的发行申请做出予以核准或者不予核准的决定,并出具相关文件。

发行人应当自中国证监会核准之日起 6 个月内发行股票;超过 6 个月未发行的,核准文件失效,须重新提请中国证监会核准后方可发行。发行申请核准后至股票发行结束前发生重大事项的,发行人应当暂缓或者暂停发行,并及时报告中国证监会,同时履行信息披露义务。出现不符合发行条件事项的,中国证监会撤回核准决定。

股票发行申请未获核准的,发行人可自中国证监会做出不予核准决定之日起 6 个月后再次提出股票发行申请。

五、股票发行

(一) 估值

新股估值定价是为了估计出首次公开发行股票公司的内在价值。发达市场的新股发行定价是根据投资者实际需求情况由主承销商和发行人协商确定发行价格,可以说投资者的实际认购需求是新股发行定价的决定因素。但在投资者认购新股需求之前,主承销商必须在发行人的配合下提供发行企业的合理价格,以此作为投资者做出认购决策的依据。国际主要证券市场通用的估值方法主要有以下三种:

1. 现值评估法

现值评估法就是把企业未来特定期间内的预期股利或现金流量还原为当前现值。贴现模型主要包括股息贴现模型、股权现金流贴现模型、公司自由现金流贴现模型等。现值评估法是投资估价中运用最多的方法之一,它是以内在价值理论为理论基础,核心是通过对折现率和未来收益的估计得到企业价值。

（1）股息贴现模型

股息贴现法认为股票的投资价值是未来全部股利的现值。这种方法适用于持续稳定发放股利的企业,对于盈利能力波动较大、股息支付率不稳定的企业并不适用。计算公式如下：

$$V = \sum_{t=1}^{n} \frac{D_t}{(1+k_e)^t} + \frac{P_n}{(1+k_e)^t}$$

其中,V 代表股票的内在价值,D_t 代表第 t 年的现金红利；P_n 代表第 n 年年末股票的预期价格,即终值；贴现率 k 应当为权益资本成本,用 k_e 表示；n 为股票的持有期。

同时,根据对未来股息增长速度的不同假设,股息贴现法又可以演变成固定增长模型、两阶段股息折现模型等。

（2）高顿增长模型（固定增长模型）

高顿增长模型（Golden Model）假设企业未来长期稳定、可持续地增长。在固定增长的情况下,股票当前价值是下期股息的函数。高顿增长模型揭示了股票价格、预期基期股息、贴现率和股息固定增长率之间的关系,计算公式如下：

$$V = \frac{D_1}{k-g}$$

此处的 $D_1 = D(1+g)$ 为下一期的股利,而非当期股利,g 为固定增长率,贴现率 k 应当为权益资本成本。高顿增长模型是利用股息贴现评估股票价值的众多模型中计算最为简便的一种方法,适用于增长速度于名义经济增长率相当的公司；同时这些公司必须建立完善的股息支付政策（一般情况下稳定增长的公司通常会支付大量股息）。但该模型对于增长率十分敏感,如果公司增长率趋近于贴现率则会出现股票价值趋近无穷大的情形。

（3）两阶段模型

生命周期理论中,企业的发展会经历幼稚期、成长期、成熟期和衰退期这四个阶段。这些阶段中股利并非简单的不增长或固定增长。成长期与成熟期的时间最长,因此假设企业在 0 到 t 时刻以较高的平均增长率 G 保持增长,在 t 到 $t+n$ 时刻以一个较低的增长率 g 增长。可得公式：

$$V = \sum_{t=1}^{n} \frac{FCF_t}{(1+k)^t} + \frac{FCF_{n+1}}{(k-g)(1+k)^n}$$

其中 FCF_t 表示第 t 年的自由现金流量；FCF_{n+1} 为第 $n+1$ 年的自由现金流量；贴现率 k 应当为权益资本成本。

例如：某百货公司 2011—2015 年为超常增长时期,其对应的自由现金流量分别为 1.18 亿元、1.26 亿元、1.36 亿元、1.47 亿元、1.58 亿元,该阶段的资本加权平均成本为 9.725%。从第六年开始进入稳定增长时期,每年的自由现金流量都为 3.86 亿元,该阶段的资本加权平均成本为 10.65%。

$$\text{高速成长期 FCF 的现值} = \frac{1.18}{1+9.725\%} + \frac{1.26}{(1+9.725\%)^2} + \frac{1.36}{(1+9.725\%)^3} +$$

$$\frac{1.47}{(1+9.725\%)^4} + \frac{1.58}{(1+9.725\%)^5} = 5.15 \text{亿元}$$

$$\text{稳定增长期FCF的现值} = \frac{3.86}{(10.65\%-5\%)(1+9.725\%)^5} = 42.96 \text{亿元}$$

$$\text{公司价值} = 5.15 + 42.96 = 48.11 \text{亿元}$$

总体而言,股息贴现模型适用于数量有限的稳定增长、高股息支付企业,由于中国存在众多低股息甚至是零股息的企业,虽然有成熟的理论支持但该估值方法在新股估值中运用较少。同时,无论是何种股息贴现模型,运用该方法得到的股票价值都存在两方面的不足之处:首先,模型中各个变量值很难准确估计,特别是贴现率和未来股息/股利支付率的估计值。其次,没有充分考虑到风险的因素。未来红利分配变化的风险、未来的价格风险以及贴现率的变动风险等都很难在贴现模型中体现出来。因此股息贴现模型在新股定价的实际操作中一直难以被大范围使用。

(4)股权自由现金流贴现法

股权自由现金流是支付完所有的利息和本金以及用于维持现有资产和增加新资产的资本支出以后的剩余现金流量。该模型又可根据增长率的不同假设演变出股息贴现模型中的几大类别,基本计算公式如下:

$$V = \sum_{t=1}^{\infty} \frac{FCFE_t}{(1+K)^t}$$

其中:

股权自由现金流(FCFE)=净利润+折旧-资本支出-营运资本变动-归还本金+新债发行

在以下两种情况下股权自由现金流贴现法得到的估值结果与股息贴现模型相同:一是股息与股权自由现金流相等时;二是股权自由现金流大于股息,但超出部门投资于净现值为零的项目。但在大部分情况下,两个模型得到的股票评估价值不相同。一般而言,股权自由现金流模型评估价值大于股息折现模型的部分可以看作公司的控制价值,即公司股息政策制定权的价值。

(5)公司自由现金流贴现法

公司自由现金流量贴现法是用公司未来一段时间内预测的自由现金流量和公司末期价值的贴现现值来估算公司市场价值的方法。这种模型的基本思想是任何资产(包括企业或股权)的价值是其产生的未来现金流量的现值,比较适用于对未来具有稳定现金流量的公司估值,如公用事业型公司。对于市场波动较大的公司,中长期假设不可靠,现金流量贴现法就不太适用。公司自由现金流量贴现法的计算公式如下:

$$V = \sum_{t=1}^{\infty} \frac{FCFF_t}{(1+WACC)^t}$$

其中:

公司自由现金流(FCFF)=息税前利润×(1-税率)+折旧-资本支出-营运资本变动

加权平均资本成本(WACC)=权益资本成本*(1-资本负债率)+负债成本*资本负债率*(1-所得税率)

新股发行价格=(新股发行公司总价值-新股发行公司净债务)/总股本

与股息折现模型和股权自由现金流折现模型不同,利用公司自由现金流折现得到的不是股权价值而是公司总价值,需要从公司总价值中减去未偿清债务的市场价值来得到股权价值。该模型最适用于那些拥有较高杠杆或者正在调整杠杆比例的企业,在这种情况下股权自由现金流受债务支付大幅波动影响而难以计算,对于增长和风险的假设更为敏感;公司自由现金流作为一种债前数值出现负值的可能性较小。

2. 可比公司估值法

可比公司估值法是通过将目标公司与具有相同行业和财务特征的上市公司比较,来对公司市场价值进行估值的方法。根据参数选择的不同,可比公司估值法可以分为市盈率倍数法、市净率倍数法等。

(1)市盈率倍数法

市盈率倍数法是可比公司估值模型中应用最广泛的具体形式,能将公司盈利能力与股票价格直观的联系起来,同时公司的盈利数据也较易获得。该计算公式如下:

$$发行市盈率=可比公司每股市场价格/可比公司每股收益$$

$$新股发行价格=发行公司每股收益×发行市盈率$$

市盈率倍数法适用于行业发展成熟(例如制造业、消费品、软硬件等)、有同类型可比公司的公司估值,将最受投资者关注的企业盈利能力反映在股票定价中,符合市场化定价的要求。但是市盈率定价法也有其固有的缺点:首先,由于市盈率定价法简便的特点,其所包含的信息量有限,相对其他定价法而言,市盈率定价法没有将公司未来的增长等因素考虑进去,加大了定价风险;此外,可比公司的选择受主观因素的影响,使市盈率定价法的有效性受到威胁;与后面提到的其他可比估值方法相比,企业利润容易受到操控,不能真实反映公司的盈利水平。

(2)市净率倍数法

市净率倍数法是根据可比公司每股净资产与公司股票价格之间的关系来估计目标公司股票价格的方法。市净率倍数的计算公式如下:

$$可比公司市净率=可比公司每股市场价格/可比公司每股净资产$$

$$新股发行价格=发行公司每股净资产×可比公司市净率$$

对于银行、房地产行业来说,公司股本的市场价值完全取决于有形账面价值,采用市净率倍数法能有效通过公司有形账面值与公司股本市值之间关系来估算发行公司股本的市场价值。市净率模型的主要有点有三:首先,适用与净利润为负的企业,净资产账面价值为负的企业很少;其次,净资产账面价值稳定,较少收到经济周期影响;最后,如果会计标准合理并且各企业会计政策抑制,市净率的变化可以反映企业价值的真实变化。与此同时,市净率倍数法最大的缺点也在于会计政策选择的影响,如果各企业执行不同的会计标准或者会计政策,市净率会失去可比性。

(3)价格账面值倍数法(P/BV)

该法也称为有形账面值倍数法,是根据可比公司有形账面值与公司股本市值之比来估算目标公司股本市场价值的方法。对于某些行业来说,公司的市场价值完全取决于有形账面值,如银行、房地产等行业。有形账面倍数法计算公式为:

$$可比公司有形账面值倍数=可比公司股本市值/可比公司有形账面值$$

$$有形账面值=普通股股东权益-商誉-其他无形资产$$

这一方法的原理是资产的市场价值反映了资产的盈利能力和预期未来现金流,而账面值反映的是初始成本,如果在获得一项资产后,其盈利能力显著增加或降低,则市场价值就会与账面价值产生显著差异。运用这一方法的优点:一是账面价值提供了一个对价值相对稳定和直观的度量,投资者可以用它作为与市场价格相比较的依据。对于那些从不相信使用未来现金流贴现法所计算的价值的投资者而言,账面价值提供了一个非常简单的比较标准。二是此法提供了一种合理的跨企业的比较标准,投资者可以通过比较同行业中不同公司的这一比率来发现价值被高估或被低估的企业,为下一步的投资提供依据。三是即使那些盈利为负,从而无法使用市盈率进行估值的企业也可以使用此法来进行衡量。这一方法的缺点则表现在企业账面价值会受到折旧方法与其他会计政策的影响,不能用这种方法对采用不同会计制度的公司进行比较;有形账面价值对没有太多固定资产的服务行业来讲意义不大;如果公司持续多年亏损,则公司权益的账面价值可能为负,这一比率也为负。

(4)价格/销售收入倍数法(P/S)

这一方式是根据可比公司销售收入与公司总价值之间的关系来估算目标公司总价值的方法。

可比公司销售收入倍数＝可比公司总价值/可比公司销售收入

市盈率倍数法和有形账面值倍数法可能会是负值而影响股票估值,这一方法在任何时候都可以使用甚至对最困难的公司也是适用的;公司的销售收入不像利润与账面值那样受到折旧、存货和非经常性支出所采用的会计政策的影响,因此,这种方法具有稳定性。当然如果公司的成本控制出现问题,这一方法也可能出现问题。因为尽管利润和账面值显著下降,但销售收入可能不会大幅下降。

(5)企业价值倍数〔EV/EBIT(EBITDA)倍数〕法

企业价值倍数是一种被广泛使用的公司估值指标,也可称为 EV/EBIT 或 EV/EBITDA 倍数。

可比公司 EV/EBIT(EBITDA)倍数＝可比公司总价值/可比公司 EBIT(EBITDA)

公式中所用的公司总价值与市盈率倍数法中所用的公司股本市场价值不同,公司总价值等于公司股本市场价值加上公司净债务。EV/EBIT 倍数法排除了公司利息支出和所得税的不同对公司盈利的影响,能够更准确地反映公司的盈利能力。EV/EBITDA 倍数法进一步将折旧和摊销也计算在内,强调公司创造现金流团的能力,通常应用于需要大量先期资本投入的行业和推销负担较重的行业,如电信、石油天然气、航空等行业。

3. 经济附加值法

经济附加值(Economic Value—Added,EVA)的基本理念是:资本获得的收益至少要能补偿投资者承担的风险,也就是说,股东必须赚取至少等于资本市场上类似风险投资回报的收益。站在股东的角度,只有当一个公司赚取了超过其资本成本的利润时,才能为公司的股东带来价值,公司的价值才会增长。

EVA 实质上是一个经济利润,它与传统会计利润不同,还必须减去所投入的资本的费用(包括债务资本成本和股权资本成本的机会成本),也就是说,EVA 是衡量公司税后利润(Net Operating Profit Adjusted for Tax,NOPAT)超过其资本成本(Capital Charge,WACC)的部分:

$$EVA = NOPAT - WACC$$

公司的市场价值由两个部分组成:一是当前的营运价值,这是对公司当前营运业务的市场价值的一种度量;二是公司未来增长价值,用于度量公司期望增长价值的贴现值,是公司将来能够得到的每年一系列 EVA 的折现值。

公司的市场价值＝股权资本总额＋预期经济附加值的现值

知道了公司的市场价值后,再将其除以总股本则可计算出股票的内在价值。

(二)路演

路演是股票发行一系列推介活动的总称。在路演过程中,企业及保荐机构在主要的路演地点对可能认购的投资者进行巡回推介活动,加深投资者对即将发行的股票的认知程度,并从中了解投资人的投资意向,发现投资需求和价值定位,确保股票的成功发行。目前,我国市场A股IPO采取询价制发行,路演推介贯穿于发行定价的始终,发行人应在公告招股意向书后开始进行推介和询价,有的放矢的路演推介对获得理想的定价起到非常重要的促进作用。

路演推介包括预路演(分析师预路演、管理层预路演)、正式路演和网上路演三个阶段。预路演阶段,推介团向证监会认定的六类可参加网下申购的询价机构推介,获得其对发行价格区间的反馈,并在推介结束后确定发行价格区间。正式路演主要面向非询价对象的机构投资者推介。网上路演主要面向公众投资者推介。正式路演和网上路演期间,同时进行网下和网上申购簿记路演结束后,根据投资者报价和申购情况进行定价配售。

根据证监会《关于新股发行公司通过互联网进行公司推介的通知》(证监发行字〔2001〕12号)规定,企业在新股发行前,必须通过互联网采用网上直播(至少包括图像直播和文字直播)方式向投资者进行公司推介的活动,也可辅以现场推介。证监会同时规定了路演的参加人员,即新股发行公司的董事长、总经理、财务负责人、董事会秘书和保荐机构的项目负责人必须出席公司推介活动,公司的其他高级管理人员则不限。同时,证监会对路演的公告刊登及路演电子文件的报备等事宜都做出了明确规定。

从目前首发公司的推介情况来看,发行人和保荐机构通常会选择北京、上海、深圳、广州四个城市进行推介,分别采取"一对一"或"一对多"的形式与询价对象进行现场沟通,其中保荐机构投资价值研究报告的撰写者将介绍投资价值报告的内容,发行人和保荐机构有关人员回答机构投资者的问题。

(三)投资价值研究报告

保荐机构(主承销商)应根据发行安排适时撰写投资价值研究报告,同时可组织承销团其他成员撰写投资价值研究报告。在股票首次公开发行的初步询价阶段,保荐机构应向询价对象提供投资价值研究报告。投资价值研究报告在初步询价前完成,仅限于向询价对象提供,不应以任何形式公开发表或披露;承销团以外的其他机构撰写的投资价值研究报告不得作为推介询价的资料。

投资价值研究报告的撰写应遵守以下原则:独立、审慎、客观;资料来源具有权威性;对发行人所在行业的评估具有一致性和连贯性;无虚假记载、误导性陈述或重大遗漏。投资价值研究报告应当对影响发行人投资价值的因素进行全面分析,至少包括下列内容:

1. 发行人的行业分类、行业政策,发行人与主要竞争者的比较及其在行业中的地位。
2. 发行人经营状况和发展前景分析。
3. 发行人盈利能力和财务状况分析。
4. 发行人募集资金投资项目分析。
5. 发行人与同行业可比上市公司的投资价值比较。
6. 宏观经济走势、股票市场走势以及其他对发行人投资价值有重要影响的因素。

投资价值研究报告除应包括《关于首次公开发行股票试行询价制度若干问题的通知》(证

监发行字〔2004〕162号)规定的内容外,还应包括以下内容:

1. 发行人所在行业的供求关系、竞争格局、上下游产业链以及行业政策等方面的分析,以及发行人与主要竞争者的比较分析。

2. 发行人盈利模式、产量、成本、销售价格、销售量、市场占有率等影响盈利能力因素的分析及预测。

3. 发行人经营风险、财务风险等风险因素对定价的影响。

4. 宏观经济走势、行业走势、股票市场走势对定价的影响。

此外,投资价值研究报告应当在上述分析的基础上,运用行业公认的估值方法对发行人股票的合理投资价值进行预测。

(四)询价与定价

1. 股票发行询价制度的完善与发展

2004年12月11日,中国证监会发布了《关于首次公开发行股票试行询价制度若干问题的通知》(证监发行字〔2004〕162号)及其配套文件《股票发行审核标准备忘录第18号——对首次公开发行股票询价对象条件和行为的监管要求》,规定首次公开发行股票的公司及其保荐机构应通过向询价对象询价的方式确定股票发行价格,从而确定了股票发行询价制度。

询价制度的出台对证券市场发展具有重大意义,标志着我国首次公开发行股票市场化定价机制的初步建立。询价制度改革和完善了股票发行机制,机构投资者拥有了股票发行定价的话语权,减少了发行定价的主观性和随意性,使股票发行价格更好地体现市场供求的状况,有利于更好地发挥资本市场资源配置的功能。

2006年9月18日,中国证监会发布了《证券发行与承销管理办法》(证监会令第37号)(以下简称《管理办法》)。《管理办法》对首次公开发行股票的询价、定价以及股票配售等环节进行了规范,整合了《关于首次公开发行股票试行询价制度若干问题的通知》和《对首次公开发行股票询价对象条件和行为的监管要求》的主要内容,并在询价制度实践的基础上进行了完善。

2009年6月10日,中国证监会发布了《关于进一步改革和完善新股发行体制的指导意见》(以下简称《指导意见》)。本次改革的原则是坚持市场化方向,在新股定价方面,完善询价和申购的报价约束机制,淡化行政指导,形成进一步市场化的价格形成机制。《指导意见》提出,询价对象应真实报价,询价报价与申购报价应当具有逻辑一致性,主承销商应当采取措施杜绝高报不买和低报高买。发行人及其主承销商应当根据发行规模和市场情况,合理设定每笔申购的最低申购量。对最终定价超过预期价格导致募集资金量超过项目资金需要量的,发行人应当提前在招股说明书中披露用途。2010年10月11日,按照新股发行体制改革的统一安排,中国证监会发布了《关于深化新股发行体制改革的指导意见》和《关于修改〈证券发行与承销管理办法〉的决定》。本阶段的改革是2009年新股发行体制改革措施的延伸和继续。

2. 初步询价与累计投标询价

根据询价制度的规定,询价分为初步询价和累计投标询价两个阶段。发行人及其主承销商应当通过初步询价确定发行价格区间,在发行价格区间内通过累计投标询价确定发行价格。

初步询价是指发行人及其保荐机构向询价对象进行询价,并根据询价对象的报价结果确定发行价格区间的过程。初步询价通过上交所网下发行电子化申购平台进行。询价对象参与初步询价时,以其管理的配售对象为报价主体,由询价对象

累计投标询价

代为报价。配售对象可自主决定是否参与初步询价,任一配售对象只能选择网下或者网上其中一种方式进行新股申购。配售对象参与初步询价报价时,须同时申报拟申购价格和拟申购数量。配售对象在初步询价阶段填写的多个"拟申购价格",如其中有一个或一个以上报价落在发行价格区间之内或区间上限之上(以下简称"有效报价"),则该配售对象可以进入累计投标询价阶段申购新股,且必须参与网下累计投标询价。

累计投标询价是指询价对象在发行人及其保荐机构确定的发行价格区间内按照不同的价格申报认购数量,保荐机构将所有投资者在同一价格之上的申购量累计计算,得出一系列在不同价格之上的总申购量;最后,综合考虑总申购量超过网下发行量的一定倍数(超额认购倍数)确定发行价格的过程。累计投标询价通过上交所网下发行电子化申购平台进行。配售对象在参与累计投标询价时,其申购数量之和不得低于"有效报价"所对应的"拟申购数量"之和。

3. 询价对象

询价对象是指符合《证券发行与承销管理办法》(2010年10月11日修订)规定条件的证券投资基金管理公司、证券公司、信托投资公司、财务公司、保险机构投资者、合格境外机构投资者、主承销商自主推荐的具有较高定价能力和长期投资取向的机构投资者,以及经中国证监会认可的其他机构投资者。

询价对象及其管理的证券投资产品(以下称股票配售对象)应当在中国证券业协会登记备案,接受中国证券业协会的自律管理。询价对象的名称及其联系方式等信息在中国证券业协会网站公告。询价对象可以自主决定是否参与初步询价,询价对象申请参与初步询价的,主承销商无正当理由不得拒绝。未参与初步询价或者参与初步询价但未有效报价的询价对象,不得参与累计投标询价和网下配售。

询价对象应承诺获得本次网下配售的股票持有期限不少于3个月,持有期自本次公开发行的股票上市之日起计算。

六、发行完成后申请在交易所上市

发行人在股票发行申请通过证监会发审会后及取得证监会核准批文前,应向上交所发行上市部提交书面申请文件,申请股票代码和简称。申请文件内容应包括企业简介,发行人、保荐机构和保荐代表人联系电话,初步拟定的股票简称和股票代码等。发行上市部发行上市小组负责受理申请,并在发行人取得证监会核准批文后正式确定股票简称和股票代码。

发行人和保荐机构应在取得证监会核准批文后,T-3日之前(T日为新股网上发行日)将发行申请文件提交上交所发行上市部审核。应向上交所发行上市部报送以下文件:

1. 证监会核准批文。
2. 股票发行表格。
3. 关于通过上交所交易系统上网定价发行股票的申请。
4. 股票发行公告。
5. 招股说明书全文及必备附件。
6. 路演公告。
7. 电子文件与书面文件一致的承诺函。
8. 保荐机构经办人员的证明文件、保荐机构出具的由董事长或者总经理签名的授权书。
9. 发行人经办人员的证明文件、发行人出具的由董事长或者总经理签名的授权书。

发行人向上交所申请其股票上市时,控股股东和实际控制人应当承诺:自发行人股票上市之日起36个月内,不转让或者委托他人管理其已直接和间接持有的发行人首次公开发行股票前已发行股份,也不由发行人回购该部分股份;但转让双方存在控制关系,或者均受同一实际控制人控制的,自发行人股票上市之日起1年后,经控股股东和实际控制人申请并经交易所同意,可豁免遵守欠款条约。发行人应当在上市公告书中披露上述承诺。

本章小结 >>>

  1. 公开发行股票的优点:有利于筹集大量资金,股权具有流动性,提高声望;公开发行股票的缺点:成本较高,可能分散公司股权,组织成本增加、信息披露有压力,股价波动等。

  2. 企业首次公开发行股票的基本条件包括以下几个方面:主体资格、独立性、规范运行、财务与会计、募集资金运用。

  3. 新股发行体制包括:准入体制(发行审核等)、新股发行配售体制和新股发行定价体制。

  4. 新股发行监管制度包括审批制、核准制和注册制。

  5. 新股发行配售体制包括:认购证抽签配售方式、与储蓄存款挂钩的配售方式、全额预缴款配售方式、上网竞价配售方式、上网定价配售方式、新股市值配售方式、向法人配售和向一般投资者上网发行相结合的配售方式、取消新股申购预先缴款制度等。

  6. 新股发行定价体制包括:竞价机制、固定价格机制、衍生发行机制、累计订单询价与固定价格公开认购的混合方式等。

  7. 在目前核准制发行审核体制下,首次公开发行并上市的流程主要包括股份公司设立、股票发行前期工作、上市辅导、发行申报与审核、股票发行与上市等几个阶段。

  8. 目前国际主要证券市场通用的估值方法主要有以下三种:现值评估法、可比公司估值法、经济附加值法。

  9. 路演是股票发行一系列推介活动的总称。路演过程中,企业及保荐机构在主要的路演地点对可能的投资者进行巡回推介活动,加深投资者对即将发行的股票的认知程度,并从中了解投资人的投资意向,发现投资需求和价值定位,确保股票的成功发行。

  10. 初步询价是指,发行人及其保荐机构向询价对象进行询价,并根据询价对象的报价结果确定发行价格区间的过程。

  11. 累计投标询价是指,询价对象在发行人及其保荐机构确定的发行价格区间内按照不同的价格申报认购数量,保荐机构将所有投资者在同一价格之上的申购量累计计算,得出一系列在不同价格之上的总申购量;最后,综合考虑总申购量超过网下发行量的一定倍数(超额认购倍数)确定发行价格的过程。

思考题 >>>

  1. 企业发行股票的优点是什么?
  2. 企业上市的条件包括哪些?
  3. 什么是绝对估值法?什么是相对估值法?简要说明两者之间的不同之处。
  4. 简述我国股票发行审核制度的演进历程。
  5. 简述我国股票发行定价制度的历史演进。
  6. 简述新股发行的主要流程。

第三章

债券的发行与承销

案例导入 >>>

厦门住宅建设集团有限公司成立于2006年5月,系根据厦门市人民政府国有资产监督管理委员会(简称"厦门市国资委")出具的《厦门市人民政府国有资产监督管理委员会关于设立厦门住宅建设集团有限公司的通知》(厦国资产〔2006〕122号文),由厦门市住宅建设总公司、原厦门市东区开发公司(现已更名为厦门市东区开发有限公司)、原厦门经济特区工程建设公司(现已更名为厦门特工开发有限公司)和原厦门建设工程有限公司(现已更名为厦门万银投资发展有限公司,简称"万银投资")4家原厦门市城建国有资产投资有限公司下属企业合并组建成立的国有独资公司,出资人为厦门市国资委。集团为国家住房和城乡建设部核准的一级资质房地产开发企业,主营房地产开发与经营、政府工程总承包(委托代建)和与房地产产业链相关的投资管理与资产经营等业务。截至2014年年底,公司注册资本金26.1516亿元,净资产50.73亿元,总资产199.71亿元。

2015年6月23日,公司董事会2015年第8次会议审议通过了《关于公司符合面向合格投资者公开发行公司债券条件的议案》《关于公司面向合格投资者公开发行公司债券的议案》,上述议案2015年7月17日经公司控股股东厦门市国资委审批通过,并出具了《厦门市人民政府国有资产监督管理委员会关于厦门住宅建设集团有限公司申请公开发行2015年公司债券相关事项的批复》(厦国资产〔2015〕206号文)。经中国证券监督管理委员会证监许可〔2015〕2116号文核准,厦门住宅建设集团有限公司(以下简称"发行人")获准向社会公开发行总额不超过20亿元(含20亿元)的公司债券。

债券发行概况:

1. 票面金额和发行价格:本次债券面值100元/张,按面值平价发行。
2. 债券期限:5年期,附第3年年末发行人赎回选择权、上调票面利率选择权和投资者回售选择权。
3. 发行方式:本期债券发行采取网下面向符合《公司债券发行与交易管理办法》规定的合格投资者询价配售的方式。网下申购由簿记管理人根据簿记建档情况进行配售。
4. 发行对象:网下发行的对象为在登记机构开立合格证券账户的合格投资者(法律、法规禁止购买者除外),包括未参与网下询价的合格投资者。合格投资者的申购资金来源必须符合国家有关规定。
5. 债券利率和还本付息方式:本期公司债券票面利率通过簿记建档方式确定。本期公司债券票面利率在债券存续期的前3年保持不变;如发行人行使上调票面利率选择权,未被回售部分债券在存续期限后2年票面年利率为债券存续期限前3年票面年利率加上上调基点,在债券存续期限后2年固定不变。本期债券采用单利按年计息,不计复利。发行人和簿记管理人于2015年10月13日在网下向合格投资者进行了票面利率询价,根据网下向合格投资者询价统计结果,经发行人和主承销商充分协商和审慎判断,最终确定本次债券票面利率为3.99%。

6.债券发行的主承销商及承销方式:本次债券主承销商为兴业证券股份有限公司。本次发行由主承销商兴业证券负责组建承销团,以余额包销的方式承销。

7.债券信用等级:经上海新世纪评级公司综合评定,发行人的主体信用等级为AA+,本期债券的信用等级为AA+。

8.募集资金的验资确认:本次债券合计募集人民币20亿元,扣除承销费用部分,已于2015年10月15日汇入发行人指定的银行账户。发行人已于2015年10月16日出具《关于厦门住宅建设集团有限公司2015年公司债券募集资金到账确认书》。

那么公司发行债券的目的与条件是什么?债券发行的流程是怎样的?发行价格又是如何确定的呢?

(资料来源:厦门住宅建设集团有限公司债券募集说明书等资料)

中国人民银行2021年1月26日发布的数据显示,2020年我国债券市场共发行各类债券57.3万亿元,较2019年增长26.5%。

中国人民银行公布的金融市场运行情况显示,2020年我国债券市场发行规模显著增长。其中,国债发行7万亿元,地方政府债券发行6.4万亿元,金融债券发行9.3万亿元,同业存单发行19万亿元,公司信用类债券发行12.2万亿元。

另外,2020年我国债券市场现券交易量明显增加,债券收益率整体上移。2020年,我国债券市场现券交易量253万亿元,同比增长16.5%。

此外,我国债券市场投资者数量进一步增加,结构进一步多元化。截至2020年年末,我国银行间债券市场各类参与主体共计27 958家,较2019年年末增加3 911家。

债券市场无论是发行规模、现券交易还是投资者的数量都在逐年平稳增长,债券已成为政府与企业融资非常重要的手段。

第一节 债券概述

一、债券的概念与种类

(一)债券的概念及特征

债券是投资者向政府、公司或金融机构提供资金的债权债务合同,该合同载明发行者在指定日期支付利息并在到期日偿还本金的承诺,其要素包括期限、面值、利息、求偿等级(seniority)、限制性条款、抵押与担保及选择权(如赎回与转换条款)。这些要素使得债券具有与股票不同的特征。

1. 股票一般是永久性的,因而是无须偿还的;而债券是有期限的,到期日必须偿还本金,且每半年或一年支付一次利息,因而对于公司来说若发行过多的债券就可能资不抵债而破产,而公司发行越多的股票,其破产的可能性就越小。

2. 股东从公司税后利润中分享股利,而且股票本身增值或贬值的可能性较大;债券持有者则从公司税前利润中得到固定利息收入,而且债券面值本身增值或贬值的可能性不大。

3. 在求偿等级上,首先股东的排列次序在债权人之后,当公司由于经营不善等原因破产时,债权人有优先取得公司财产的权利,其次是优先股股东,最后才是普通股股东。但通常,破产意味着债权人要遭受损失,因为剩余资产不足以清偿所有债务,这时债权人实际上成了剩余索取者。尽管如此,债权人无权追究股东个人资产。同时,债券按索取权的排列次序也区分为不同等级,高级(senior)债券是指具有优先索取权的债券,而低级或次级(subordinated)债券是指索取权排名于一般债权人之后的债券,一旦公司破产清算,先偿还高级债券,然后才偿还次级债券。

4. 限制性条款涉及控制权问题,债权人一般没有投票权,但对重要的投资决策有一定的发言权,这主要表现在债务合同常常包括限制经理及股东职责的条款,如在公司进行重大的资产调整时要征求债权人的意见。另外,在公司破产的情况下,剩余控制权将由股东转移到债权人手中,债权人有权决定是清算公司还是重组公司。

5. 权益资本是一种风险资本,不涉及抵押担保问题,而债务资本可要求以某一或某些特定资产作为保证偿还的抵押,以提供超出发行人通常信用地位之外的担保,这实际上降低了债务人无法按期还本付息的风险,即违约风险(default risk)或信用风险(credit risk)。

6. 在选择权方面,股票主要表现为可转换优先股和可赎回优先股,而债券则更为普遍。一方面,多数公司在公开发行债券时都附有赎回(redemption或call)条款,在某一预定条件下,由公司决定是否按预定价格(一般比债券面值高)提前从债券持有者手中购回债券。另一方面,许多债券附有可转换性(convertible),这些可转换债券在到期日或到期日之前的某一期限内可以按预先确定的比例(称为转换比率)或预先确定的价格(转换价格)转换成股票。

(二)债券的种类

债券的种类繁多,按发行主体不同可分为政府债券、公司债券和金融债券三大类,而各类债券根据其要素组合的不同又可细分为不同的种类。

1. 政府债券

政府债券是指中央政府、政府机构和地方政府发行的债券,用政府的信誉做保证,因而通常无须抵押品,其风险在各种投资工具中是最小的。

(1)中央政府债券。中央政府债券是中央政府财政部发行的以国家财政收入为保证的债券,也称为公债。其特点首先表现为一般不存在违约风险,故其称为"金边债券";其次是可享受税收优惠,其利息收入可豁免所得税。

在美国,国债按期限可分为1年以内的短期国债(treasury bills)、1~10年的中期国债(treasury notes)和10~30年的长期国债(treasury bonds),前者属货币市场工具,是一种贴现证券(discount securities),后两者属资本市场工具,是一种息票证券(coupon securities),通常是每6个月付一次利息,到期偿还本金。此外,按是否与物价挂钩,国债可分为固定利率公债和保值公债。前者在发行时就确定名义利率,投资者得到的真实利率取决于投资期的通货膨胀率,而后者的本金则随通货膨胀指数做调整,利息是根据调整后的本金支付的,因而不受通货膨胀影响,可以保护债券的价值。

(2)政府机构债券。在美国、日本等国家,除了财政部外,一些政府机构也可发行债券。这些债券的收支偿付均不列入政府预算,而是由发行单位自行负责。有权发行债券的政府机构有两种:一种是政府部门机构和直属企事业单位,如美国联邦住宅和城市发展部下属的政府国民抵押协会(吉利美);另一种是虽然由政府资助却属于私营的机构,如联邦国民抵押协会(房利美)和联邦住宅贷款抵押公司(房地美),这些政府有关机构或资助企业具有某些社会功能,它们通过发行债券增加信贷资金以及降低融资成本,其债券最终由中央政府做后盾,因而信誉也很高。

(3)地方政府债券。在多数国家,地方政府可以发行债券,这些债券也是由政府担保,其信用风险仅次于国债及政府机构债券,同时也具有税收豁免特征。若按偿还的资金来源,可分为普通债券(General Obligation Bonds)和收益债券(Revenue Bonds)。普通债券是以发行人的无限征税能力为保证来筹集资金用于提供基本的政府服务,如教育、治安、防火、抗灾等,其偿还列入地方政府的财政预算。收益债券是为给某一特定的营利建设项目(如公用电力事业、自来水设施、收费公路等)筹资而发行的,其偿付依靠这些项目建成后的营运收入。

2. 公司债券

公司债券是公司为筹措资金而发行的债券,该合同要求不管公司业绩如何都应优先偿还其固定收益,否则将在相应破产法的裁决下寻求解决办法,因而其风险小于股票,但比政府债券高。公司债券的种类很多,通常可分为以下几类:

(1)按抵押担保状况,分为信用债券、抵押债券、担保信托债券和设备信托证。

信用债券(Debenture Bonds)是完全凭借公司信誉,不提供任何抵押品而发行的债券。其持有者的求偿权排名在有抵押债权人对抵押物的求偿权之后,对未抵押的公司资产有一般求偿权,即和其他债权人排名相同,发行这种债券的公司必须有较好的声誉,一般只有大公司才能发行而且期限较短,利率较高。

抵押债券(Mortgage Bonds)是以土地、房屋等不动产为抵押品而发行的一种公司债,也称为固定抵押公司债。如果公司不能按期还本付息,债权人有权处理抵押品以资抵偿。在以同一不动产为抵押品多次发行债券时,应按发行顺序分为第一抵押债券和第二抵押债券,前者对抵押品有第一留置权,首先得到清偿;后者只有第二留置权,只能待前者清偿后,用抵押品的剩余款偿还本息。

担保信托债券(Collateral Trust Bonds)是以公司特有的各种动产或有价证券为抵押品而发行的公司债券,也称流动抵押公司债。用作抵押品的证券必须交由受托人保管,但公司仍保留股票表决及接受股息的权利。

设备信托证(Equipment Trust Certificates)是指公司为了筹资购买设备并以该设备为抵押品而发行的公司债券。发行公司购买设备后,即将设备所有权转交给受托人,再由受托人以出租人的身份将设备租赁给发行公司,发行公司则以承租人的身份分期支付租金,由受托人代为保管及还本付息,到债券本息全部还清后,该设备的所有权才转交给发行公司。这种债券常用于铁路、航空或其他运输部门。

(2)按利率不同,分为固定利率债券、浮动利率债券、指数债券和零息债券。

固定利率债券(Fixed Rate Bonds)是指事先确定利率,每半年或一年付息一次,或一次还本付息的公司债券。这种公司债券最为常见。

浮动利率债券(Floating Rate Bonds)是在某一基础利率(如同期限的政府债券收益率、优惠利率、LIBOR等)之上增加一个固定的溢价,如100个基点即1%,以防止未来市场利率变动可能造成的价值损失。对某些中小型公司或状况不太稳定的大公司来说,发行固定利率债券困难或成本过高时,可考虑选择浮动利率债券。

指数债券(Indexed Bonds)是通过将利率与通货膨胀率挂钩来保证债权人不致因物价上涨而遭受损失的公司债券,挂钩办法通常为:债券利率＝固定利率＋通货膨胀率。有时,用来计算利息的指数并不与通货膨胀率相联系,而与某一特定的商品价格(油价、金价等)挂钩,这种债券又称为商品相关债券(Commodity-Linked Bonds)。

零息债券(Zero-Coupon Bonds)即以低于面值的贴现方式发行,到期按面值兑现,不再另付利息的债券,它与短期国库券相似,可以省去利息再投资的麻烦,但该债券价格对利率变动极为敏感。

(3)按内含选择权,分为可赎回债券、偿还基金债券、可转换债券和带认股权证的债券。

可赎回债券(Redemption Bonds)是指公司债券附加早赎和以新偿旧条款(Call and Refund Provisions),允许发行公司选择于到期日之前购回全部或部分债券。当市场利率降至债券利率以下时,赎回债券或代之以新发行的低利率债券对债券持有人不利,因而通常规定在债券发行后至少5年内不允许赎回。

偿还基金债券(Sinking Fund Bonds)是要求发行公司每年从盈利中提取一定比例存入信托基金,定期偿还本金,即从债券持有人手中购回一定量的债券。这种债券与可赎回债券相反,其选择权在债券持有人一方。

可转换债券(Convertible Bonds)是指公司债券附加可转换条款,赋予债券持有人按预先确定的比例(转换比率)转换为该公司普通股的选择权。大部分可转换债券都是没有抵押的低等级债券,并且是由风险较大的小型公司所发行的。这类公司筹措债务资本的能力较低,使用可转换债券的方式将增强对投资者的吸引力。此外,可转换债券可被发行公司提前赎回。

带认股权证的债券(Bonds With Warrants)是指公司债券可把认股权证作为合同的一部分附带发行。与可转换债券一样,认股权证允许债券持有人购买发行人的普通股,但对于公司来说,认股权证是不能赎回的。

3. 金融债券

金融债券是银行等金融机构为筹集资金而发行的债券。在西方国家,由于金融机构大多属于股份公司,因此金融债券可纳入公司债券的范围。

发行金融债券,表面看来同银行吸收存款一样,但由于债券有明确的期限规定,不能提前兑现,所以筹集的资金要比存款稳定得多。更重要的是,金融机构可以根据经营管理的需要,主动选择适当时机发行必要数量的债券以吸引低利率资金,故金融债券的发行通常被看作银行资产负债管理的重要手段,而且银行的资信度比一般公司要高,金融债券的信用风险也较公司债券低。

二、债券发行的目的

发行债券是为了筹措资金以达到某种目的。对于政府来说,发行债券是为了筹措资金用以弥补财政赤字和扩大公共投资;对于金融机构来说,发行债券主要是为了增加资金以扩大贷款规模;而对企业来说,发行债券的目的是多方面的。

(一)扩大资金来源

企业的资金来源,除了自身资本增值积累之外,还包括银行贷款、发行股票和债券等途径。企业通过发行债券,又增加了一条集资渠道,增添了一种筹资方式,从而扩大企业的资金来源。

(二)降低资金成本

公司债券与银行贷款相比,贷款的条件往往较为苛刻,债券的条件则较为宽松;比起股票公司债券的付息低一些。因为债券具有安全性特点,其价格波动比较平缓,到期不仅可以收回本金,且收益也比较稳定,风险较小,因而债券利息率就可以定得低一点。因此,公司债券能以相对低的价格售出,使公司筹集资金的成本相对较低。

(三)减少税收支出

在欧美等国,公司债券利息属于公司的一种经营费用,列支在公司经营成本项目中。因此,可以从公司应纳税项目中扣除,这样,企业发行公司债券就可以减少税收支出。

(四)公司发行债券既可以获得经济方面的好处,又不会影响股东对公司的控制权

债券购买者同公司的关系是债权债务关系,他们无权过问公司管理,不会改变公司股东的结构,因而不能分散原有股东对公司的控制权。

三、债券发行的条件

按照《证券法》规定,公司发行债券应该符合以下条件:

(一)股份有限公司的净资产额不低于人民币 3 000 万元,有限责任公司净资产额不低于人民币 6 000 万元

净资产是指公司所有者权益,也就是股东权益。股份公司要发行公司债券,其净资产额不低于人民币 3 000 万元,这样,发行债券的公司的资产数额比较大,从而保证它在发行公司债券后,有足够的偿还能力。有限责任公司不同于股份有限公司,它具有封闭性的特征,社会公众无法了解其具体情况,对其业务难以实施监督,为了保障投资者权益,降低有限责任公司发行债券风险,规定其净资产额不低于人民币 6 000 万元。

(二)累计债券总额不得超过公司净资产额的 40%

累计债券总额是指公司设立以来发行而未偿还的所有债券金额的总和。累计债券总额较大的公司,其所负的债务就较多,如果再发行公司债券,就容易出现无力偿还的情况,损害投资者的利益。要求发行公司债券的公司,其累计债券总额不得超过公司净资产额的 40%,就使得购买公司债券的社会公众的债权能够得到保障。

(三)最近三年平均可分配利润足以支付公司债券一年的利息

可分配利润是指公司依法缴纳各种税金,依法弥补亏损并提取公积金、法定公益金后所剩余的利润。如果在发行公司债券之前的三年中,公司所有的可分配利润平均之后一年的可分配利润足以支付公司债券的一年的利息,那么公司就可以按照约定的期限向债券持有人支付约定的利息,而不会发生迟延支付利息的情况,从而保障投资者的利益。

(四)筹集资金的投向符合国家产业政策

公司筹集资金的投向符合国家的产业政策,公司资金流向国家急需或者大力发展的产业,有利于国家经济在总体上的发展。

(五)债券利率不得超过国务院限定的利率水平

公司在发行债券时,债券的利率越高,它所要偿还的债务就越多,如果公司债券的利率过高,就会因为负债过多而可能无法清偿其债务,损害债权人的利益。所以公司发行债券的利率

不得超过国务院限定的利率水平。根据《企业债券管理条例》的规定,企业债券的利率不得高于银行同期限居民储蓄存款利率的40%。

(六)国务院规定的其他条件

国务院可以根据经济发展的情况,规定一些其他条件。一旦国务院予以规定,公司就必须符合这些规定才可发行债券。

第二节 债券的信用评级

债券评级是指由债券信用评级机构根据债券发行者的要求及其提供的相关资料,通过调查、预测、比较、分析等手段,对拟发行的债券的风险及债券发行者按期按量偿付债券本息的清偿能力和清偿愿望做出的独立判断,并赋予其相应的等级标志。债券的等级反映了投资于该债券的安全程度或该债券的风险大小。

债券的信用评级最早起源于美国,目前世界上最著名的债券评级公司,如穆迪公司和标准－普尔公司,均为美国公司。我国的债券评级工作是近年来才开展起来的,中国人民银行规定,凡是向社会公开发行的企业债券,均需由中国人民银行及其分行指定的资信评估机构或公正机构进行评估。

一、债券的等级标准

国外通常根据债券的风险状况,由A至D分成不同的等级标准。表3-1中给出了穆迪公司、标准－普尔公司和中诚信国际信用评级责任有限公司(以下简称"中诚信")关于债券等级标准的划分及各等级的定义。

表3-1　　　　　　　　关于债券等级标准的划分及各等级的定义

穆迪公司		标准—普尔公司		中诚信	
级别	级别说明	级别	级别说明	级别	级别说明
Aaa	最高质量,最小信用风险	AAA	最高评级,偿还债务能力极强	AAA	最高质量,违约风险最低
Aa	高质量,非常低的信用风险	AA	偿还债务能力很强,与最高评级差别很小	AA	很高信用质量,很低的违约风险
A	中上等级,低信用风险	A	偿还债务能力较强,会受外在环境及经济状况变动等不利因素影响	A	高信用质量,低违约风险
Baa	有一定的信用风险,中等级别,可能具有一定的投机性	BBB	目前有足够偿债能力,但若在恶劣的经济条件或外在环境下其偿债能力可能较脆弱	BBB	不错的信用质量,违约风险较低,最低的投资级别
Ba	具有投机因素,明显具有信用风险	BB	相对于其他投机级评级,违约的可能性最低	BB	一般资信质量,有一定的违约风险
B	投机性级别,高信用风险	B	目前仍有能力偿还债务,但恶劣的商业、金融或经济情况可能削弱还债能力	B	高投机性,有较大可能违约

(续表)

穆迪公司		标准-普尔公司		中诚信	
级别	级别说明	级别	级别说明	级别	级别说明
Caa	状况差,很高的信用风险	CCC	目前有可能违约	CCC CC C	这几级具有较高的风险,违约的可能性很大
Ca	高度投机,可能在近期内违约,可以收回一些本金和利息	CC	目前违约的可能性较高		
C	最低级别,通常可能违约,本金和利息收回的可能性和比例很小	C			
		D	正在申请破产或已做出类似行动	D	已违约或已破产

为进一步对债券的偿债能力做出更细致的评价,上述评级公司都采用了在基本级别的基础上更加细化的子级别进行区分。如穆迪公司利用在每一级别后加1、2、3的做法来将自Aa级至Caa级之间的一个级别细化为三个级别,其顺序是A1优于A2,A2优于A3。标准-普尔公司将其从AA级别到CCC级别的债券用+号或-号将一个级别细化为三个级别,如A+、A和A-,且A+优于A,A优于A-。中诚信也利用+号或-号对每一个级别进行微调,其含义与标准-普尔公司相同。

在上述级别当中,标准-普尔公司和穆迪公司的前四个级别(标准-普尔公司的AAA级至BBB级,穆迪公司的Aaa至Baa级)是投资级别的债券。但AAA(Aaa)级和AA(Aa)级由于安全性很高,风险很低,故投资收益也很低。而A级和BBB(Baa)级,虽然风险比前两个级别高,但投资收益也较高。BB(Ba)、B、CCC(Caa)、CC(Ca)和C几个级别为投机性债券,债券发行者有较大可能无法还本付息,这种债券能否按时得到本息有很大的不确定性。而D(C)级别的债券则已处于违约状态。中诚信采用的是三等十级制,一等为投资级别,包括AAA、AA、A和BBB四个等级;二等为投机级别,包括BB、B、CCC和CC四个级别;三等包括C和D两个级别。

二、债券的评级程序

债券评级由债券发行者向债券评级机构提出申请(又称评级委托)开始。申请人在提出申请的同时,应向评级机构提供准备好的评级资料。这些资料包括:(1)发行概要;(2)发行债券的用途;(3)长期负债与股东权益的构成;(4)企业状况介绍;(5)财务数据;(6)债券的发行条件。其中企业状况介绍与财务数据是最为重要的资料。企业状况介绍包括企业的历史沿革、经营目标、组织结构、经营者状况、经营活动内容、市场销售状况、企业财务政策等;财务数据则反映了企业在过去5~10年的实际数据和未来5年的预测数据。对于债券发行者提供的上述资料,评级机构负有保密义务,对其中尚未公开的部分,只能用于评级目的,一律不得用于评级机构之外,评级负责部门以外的人员也不得利用。另外,在公布评级结果时如需公布评级依据,则所公布的资料只限于企业已公布的资料。

债券发行者提出评级申请并提供有关资料后负责小组用1至2周时间对其进行研究,将需要向发行债券者提出质询的事项列表,然后,负责小组访问预定发行债券者,就必要事项进行面谈,经过最后分析,向评级委员会(由5至7人组成)提交评级方案。评级委员会经过投票决定级别,并通知预定发行债券者,求得其同意。预定发行债券者如果同意,则用该"级别"作为最终级别,预定发行债券者即可开始债券发行工作。如预定发行债券者不同意评级机构的"级别",可提出申请变更级别,但变更申请仅限一次。评级机构要考虑预定发行债券者提出的变更理由,要重新进行审查,再度表决。评级委员会做出的第二次决定是不可变更的。接受这一结果,则可依第二次决定的级别进行发行债券准备,如仍不同意第二次决定的级别,则需要变更筹集资金的方法,或者缩小投资计划。发行债券者所同意的级别,自发行债券起,到偿还完毕,评级机构要经常进行跟踪,在必要时可变更级别,并通知投资者。

三、债券评级分析

债券评级是定性分析与定量分析相结合的结果,评级委员会的成员依靠自己的经验、学识和判断力,就评级对象的产业特点、经营状况、财务状况和债券合同等内容进行深入的分析,以确定债券的信用级别。例如,穆迪公司的工业债券评级主要从行业前景、国家的政治和商业管制环境、企业管理层的能力和对待风险的态度、企业的经营状况和竞争地位、企业的财务状况和资金来源、公司结构、公司各种债务的权益和偿还次序、母公司对债务合同的承诺程度,以及特殊事件风险等方面进行分析。

四、债券评级的作用

穆迪公司认为,债券评级的作用是通过一个简单的符号系统,向投资者提供一个关于债券信用风险的客观、独立的观点,这一观点可作为投资者进行债券风险研究的参考,但并不是投资者自身风险研究的替代。债券评级衡量的是在债券持续期内发生损失的期望值,它包括债券发行者违约的可能与债券发行者违约后投资者损失的大小。但每一债券的发行者实际上是否会违约以及违约后给投资者造成实际损失显然不是期望值所能衡量的。因此,债券评级只是向投资者提供一个关于债券违约可能的参考。总体来看,高级别债券违约的可能性低于低级别债券,但是债券级别并不能保证投资者不受损失。此外,在不同的时期和地点,同一级别债券的实际违约率也会有一定的差异。

(一)债券评级对投资者的作用

1. 减少投资的不确定性,提高市场的有效性

由于市场是不完善的,债券评级可以帮助投资者了解债券风险的大小,增加信息的传递,减少投资者的不确定性,提高市场的有效性。

2. 拓展投资者的眼界

即便是专业的投资者,也不可能对所有潜在的投资机会都有所了解。专业债券评级公司的专业评级人员的工作,可以帮助一般的专业投资者对特定债券的性质有更广泛和更深入的了解。

3. 作为投资者选择投资对象的标准

对于许多投资者来说,其投资对象往往受到一定的限制,比如,某些机构投资者(如养老基金)只能投资于某一级别之上的债券。因此,债券级别是投资者选择投资对象的重要依据。

4. 作为投资者确定风险报酬的依据

由于债券级别反映了债券违约可能的大小,投资者根据这种可能判断债券风险的大小,进而确定自己所要求的风险报酬的高低。

(二)债券评级对发行者的作用

1. 更广泛地进入金融市场

由于债券级别是一个为广大投资者所了解和认同的关于债券信用风险的指标,通过债券评级可以使许多对发债企业不了解的投资者也敢于购买相关债券,大大地扩大了债券投资者的范围。在国际经济日益全球化的今天,语言、文化以至于会计制度等方面的差异使得国际投资者难以亲身对发债企业有较深入的了解,而债券级别这一共同语言使得债券发行者有可能吸引更多的投资者。

2. 提高了发行者的筹资灵活性

债券评级使得债券发行变得相对容易,发行成本也大为降低,这些都使得债券发行更经济,也更频繁。

第三节 我国债券发行定价方式的演变

债券发行定价是债券发行阶段的一项重要工作。债券发行定价机制是指以什么方式来确定债券的价格。毫无疑问,它与债券二级市场上交易价格的形成属于两种不同的机制。发行定价机制通常是指用行政方式还是用市场方式来确定价格,用拍卖方式还是用议价方式来确定价格。这些问题,在债券二级市场交易中一般不存在,因为二级市场交易在无数个买者与无数个卖者之间进行,与债券发行时一个卖者面对若干个买者的情况有着本质区别,这种具体的交易价格只能随行就市。合理的定价机制对于债券的成功与有效发行、对于建立良好的债券市场运行机制都具有重要意义。

一、发行定价方式的演变

我国债券发行定价方式经历了从行政定价方式向市场定价方式、从单一定价方式向多元化定价方式的演变。

(一)行政定价方式的存在与改变

在很长一段时期里,我国债券发行的价格是由发行主体单方面决定的。所谓单方面决定,是指发行人定下一个价格——利率,就按这个价格卖给认购人。今天,人们对于这种单方面定价的做法可能感到很不习惯,因为除了财政部向个人发行储蓄国债,其他债券都没有再用这种方式确定发行价格。但是,从1979年恢复国债发行到20世纪90年代中期,这种定价方式一直是我国债券发行的基本定价方式。

定价是商品交换中确定价格的一种活动。在正常情况下,应由交换双方共同决定。单方面决定价格,只在以下两种特殊情况下才会出现:一种情况是商品严重供不应求,另一种情况是商品严重供过于求。但这里说的债券发行定价机制,是正常情况下的一般做法。我国在很长一段时间里存在单方面定价的现象,这显然不是正常的运行机制,出现这种现象有其历史和现实的原因。

从历史原因来看,单方面定价机制的存在既与我国债券市场长期以国债市场为主有关,也与我国多年实行计划经济有关。国债在改革开放前是我国债券市场的唯一债券品种,那时候我们把群众认购国债看作是一种政治上爱国的表现,因此都无所谓利率的高低,政府发行国债也就顺理成章地采取单方面定价的方式。这种情况延续下来,即使向机构发行的国债不再由财政部单方面定价,面向群众发行的储蓄国债依然实行单方面定价。当然财政部有时会采取一些补偿性措施,例如把储蓄国债的利率定得比银行同期的储蓄存款利率高一些;或者允许延长缴款期限使债券起息日早于认购日从而提高了债券的实际收益率。

国债单方面定价的做法也与我国长期实行的计划经济体制有关。在计划经济时代凡事都由国家计划来确定。商品由国家统一定价很正常,国债由国家统一定价更无可非议。即使是企业债券在很长一段时间里也由债券审批部门会同利率管理部门一起确定。随着其他债券品种发行量的增加,国债在债券市场中的比例逐步下降,特别是面向居民个人的储蓄型国债发行量的减少,由发行人单方面定价的情况也在逐步减少。

尽管单方面定价的方式在很长时间里处于实际上的统治地位,但随着市场经济体制的逐步建立,这种定价机制所固有的弊端也逐步显现。它与市场经济体制之间的矛盾日益突显起来。明显的一点就是国债发行在这种定价机制下变得困难。当机构投资者日益成为国债市场认购主体的时候,已经难以用传统的爱国口号来要求投资者认购国债。购买国债既然是一种投资,就必须讲究投资回报,如果投资者在认购国债时连议价的权利都没有,谁还会踊跃投资国债,国债又怎么能顺利发行出去?随着这一矛盾的加深,对行政定价机制的改革也就提上了议事日程。

案例 3-1　陈云与人民胜利折实公债

1949年初,面对全国迅速发展的革命形势,中共中央和毛泽东在指挥全国解放战争的同时,开始筹划迎接革命在全国胜利的各项准备工作。建立中央财经委员会,统一全国财经工作,是当时中央考虑的重要问题。中共七届二中全会正式决定建立中央财经委员会。中央财经委员会成立后,面临两个非常棘手又亟待解决的问题:一是物价飞涨,二是财政困难。其中,第二个问题又是第一个问题产生的重要原因。当时,财政困难是不可避免的。因为全国尚未完全解放,人民解放战争还在继续进行,军费开支仍是财政支出的重要部分,其他方面百废待兴,开支浩大,人民政府不得不通过发行货币弥补财政上的赤字。

为了稳定金融物价,解决财政困难,1949年7月27日至8月15日,由陈云主持,在上海召开了有华东、华北、华中、东北、西北5个地区的财经部门领导干部参加的金融贸易会议,研究、部署了以稳定金融物价为中心的经济工作。8月8日,陈云在会上对财经形势做出客观分析的前提下,明确指出解决目前财经困难的途径无非是两条:"一是继续发票子,二是发行公债。"当时中央最大的顾虑是,发行公债会引起银根收紧,对工商业的恢复和发展会产生不利影响。如何应对这个问题,陈云在8月15日上海财经会议上做总结时提出三项措施:注意调剂通货,避免发行时市场银根过紧;发行公债数量、时间,各月按市场银根情况,灵活掌握;银行收兑黄金、美钞数量,也依银根而定。陈云说:"我们要善于运用这三个手段,使其服从一个目的,即达到我们所预期的金融物价保持稳定的良好的状态,保证粮食和其他重要物资的供应。"12月2日,中央人民政府委员会第四次会议在北京召开。陈云在会上以稳定物价和发行公债为主题做了报告。会议讨论并通过了《一九五〇年度全国财政收支概算》《关于发行人民胜利折实公债的决定》,责成政务院根据本决定制定人民胜利折实公债条例,公布实行。12月3日,中央人民政府委员会颁布了《关于发行人民胜利折实公债的决定》。中央经过反复调研、酝酿了近半年的公债发行决策正式出台了。

根据以上决定,政务院于1949年12月16日召开第十六次政务会议,决定并公布了1950年第一期人民胜利折实公债条例:

中华人民共和国中央人民政府为支援人民解放战争,迅速统一全国,以利安定民生,走上恢复和发展经济的轨道,特发行1950年人民胜利折实公债。本公债募集及还本付息,均以实物为计算标准,其单位定名为"分",总额为两亿分,于1950年内分期发行,第一期债额为一亿分,于一月五日开始发行。本期公债每分值依下列规定计算:每分所含之实物为:大米六市斤,面粉一市斤半,白细布四市尺,煤炭十六市斤。上项实物之价格以上海、天津、汉口、西安、广州、重庆六大城市之批发价,用加权平均法计算之,其权重定为:上海百分之四十五,天津百分之二十,汉口百分之十,广州百分之十,西安百分之五,重庆百分之十。每分公债应折金额由中国人民银行依照本条一、二两项规定之法计算,每旬公布一次,以上旬平均每分折合金额为本旬收付债款之标准。本期公债票面额分为:一分、十分、一百分、五百分四种。本期公债分五年做五次偿还,自一九五一年起,每年三月三十日抽签还本一次,第一次抽还总额为百分之十;第二次抽还总额为百分之十五;第三次抽还总额为百分之二十;第四次抽还总额为百分之二十五,其余百分之三十于第五年还清。本期公债利率定为年息五厘,照本条例第三条所规定之折实计算标准付给。自一九五一年起,每年三月三十一日付息一次。认购公债人须按缴款时中国人民银行公布每分之折合金额用人民币缴纳,换取债票。本公债发行及还本付息事宜,指定由中国人民银行及其所属机构办理;中国人民银行尚未设置机构地区的,由中国人民银行委托其他机关代理。本公债不得代替货币流通市面,不得向国家银行抵押,并不得用作投机买卖。

(资料来源:中国共产党新闻网,迟爱萍:陈云与人民币制度的确立。)

(二)从行政定价到市场定价

20世纪90年代初,我国国民经济正处在重要的历史关头,加快改革、促进发展是当时最为紧迫的任务。这需要中央财政加大国债发行力度,扩大发行规模,但是当时国债的发行相当困难。在20世纪80年代恢复国债发行初期,各级政府还是采取政治口号加行政分配(所谓行政分配实际上就是行政摊派)的方式发行国债。但是随着国债发行数量的增加,特别是20世纪90年代初股票及企业债券的发行,传统的方式已经难以为继。在这种情况下,1991年财政部引入了市场化的发行机制。当时,财政部组织了国债的承销团,70多家证券中介机构参加了承销团,包销了四分之一的国债,地方各级财政部门也各自组织了承销团,使全国大约四分之三的国债都通过这种方式得以销售。正是由于进行了这一改革,才顺利地完成了当年的国债销售任务。改变销售方式之所以能够促进国债销售,根本原因就在于承购包销方式引入了市场化的定价机制。在承购包销方式下,参加承销团的金融机构可以和债券发行主体展开博弈。从承销团成员来说,我可以承诺包销,但你的价格必须合理;从发行主体来说,我可以给你合理的甚至优惠的价格,但你必须实现承诺。价格是双方争议的焦点,而解决的办法就是商议。由发行主体单方面定价的传统方式在这里是行不通的。1991年引入的承购包销制度改变了我国债券市场传统定价机制的基础。这为日后市场化定价机制的建立、为多样化定价方式的采用奠定了基础。

1996年国债的定价机制向市场化方向又迈出了重要一步,随着发行方式由承购包销方式向公开招标方式的过渡,其定价方式由承销团成员集体与发行者之间的商议变为投资者按自己的意愿投标,由竞标的结果决定发行的价格。这里,价格的决定既取决于投资者和发行者之间的博弈,也取决于投资者之间的竞争。供求关系对于价格的影响乃至决定性作用得到了充分的发挥。这是市场化定价机制的进一步完善。

国债发行定价机制的改革和变化对整个债券市场定价机制向市场化方向的转变起到了极为重要的作用。在我国债券市场上,国债是一个重要的债券品种,其每年的发行量占整个债券市场当年发行量的10%以上,如果不算为调节货币供应量而发行的中央银行票据,则国债的年发行量差不多是全部债券发行量的四分之一。它的定价采取什么方式,对整个债券市场的影响非常之大。如果国债的定价能够采取市场化方式,其他债券就更没有理由继续采用行政定价机制。同时,国债作为一种无信用风险的债务工具,其收益率曲线是其他各类债券的定价基准,国债通过市场化定价机制形成的价格,自然更具有基准性、权威性。其他债券的发行价自然也要参照,否则根本不可能得到市场的认同。以政策性金融债券为例,国家开发银行等三家政策性银行先后进入银行间债券市场发行金融债券,它们的债券虽然也是准政府信用,但信用等级毕竟低于国债。20世纪90年代中期,国家开发银行率先发行债券,但它是在央行的组织下强制性地向四大国有商业银行摊派的,价格也是由央行定下基调后再与商业银行谈判,价格相对较高。之后不到两年,国债开始通过招标发行方式,价格完全由市场决定。这对国家开发银行是一个极大的鼓舞。1997年起国家开发银行也采取了招标发行的方式。

二、招标发行方式

招标发行方式是债券发行方式中市场化程度最高的一种发行方式。招标发行的基本原理就是发行人将拟发行债券的信息公告投资者,然后让投资者发出标书,提出自己希望认购的数量和价格。最后按投标人出价的高低,决定所发行债券的价格和投标人中标与否、中标数量,明确债券的发行价格。

招标发行有多种形式,主要有数量招标和价格招标两种。数量招标是发行人确定价格后投资人根据其对这种价格的认可程度投下标书,提出认购的数量。在这种招标方式下,价格是确定的,因此投资人在定价上的发言权相对较少。但是,它和传统的发行人单方面定价有本质区别。因为投资人在认购数量上表示了其对价格的看法。如果投资人不认可这一价格,就不会认购或只认购较少的数量,这样发行就难以成功,并影响发行人下次发行时报出的价格。

价格招标是发行人只确定发行规模,不确定债券价格,由投资人提出某一价格下的认购数量,最后将达到发行规模时的报价作为发行价格的一种定价方法。价格招标发行方式背后隐含着一种新的债券发行定价机制。从前面的分析可以看出,招标发行方式下的定价机制是在投资人与发行人、投资人与投资人之间进行博弈的情况下,以投资人报出的合理价格作为发行价格。人们往往会在电影里看到这样的情景:在一家拍卖行里,拍卖师宣布拍卖开始后,被拍卖商品从最低价开始进行拍卖,竞买人会不断地提高价格,到最后,当没有人能出新的更高价时,拍卖师一锤定音,宣布成交,最后一人的报价即成交价。拍卖的定价机制,在一定程度上反映了债券发行价格招标方式下的定价机制。

(一)价格招标中的"荷兰式"中标

债券价格竞标有两种典型的中标方式,即"荷兰式"中标和"美国式"中标。这两种典型的中标方式,体现了两种不同的定价机制。

"荷兰式"中标又称统一价位中标或单一价位中标,其做法是在竞标结束后发行系统将各承销商有效投标价位按一定顺序进行排序(利率、利差招标由低到高排序,价格招标由高到低排序),并将投标数额累加,直至满足预定发行额为止。此时的价位点便称为边际价位点,中标的承销商都以此价格或利率中标。下面举例说明这种定价机制。

例1：假设债券发行总量为100亿元，采用利率招标、"荷兰式"中标发行。共有4家承销商参与投标，各家投标价位、投标量分别为：

甲承销商 3.6%　　30亿元
乙承销商 3.5%　　24亿元
丙承销商 3.8%　　60亿元
丁承销商 3.7%　　36亿元

发行系统对各承销商投标价位由低到高进行排序，并累加各投标价位点投标量，直至满足预定发行额为止，确定中标量：由于累加至3.8%时已募满100亿元，此时对应的价位3.8%便为中标价位，4家承销商的中标价位均为3.8%，见表3-2。

表3-2　　　　　　　　　　利率招标中的"荷兰式"中标方式

序号	承销商	投标价位(%)	投标量(亿元)	累计投标量(亿元)	中标量(亿元)
1	乙	3.5	24	24	24
2	甲	3.6	30	54	30
3	丁	3.7	36	90	36
4	丙	3.8	60	150	10

例1是利率招标下的中标及定价方式。如果采用价格招标，即竞价时按债券的买价报价，则"荷兰式"中标方式是按报价由高向低的顺序排列，以达到招标数额时的价格为中标价。现以例示之。

例2：假设债券发行总量为100亿元采用价格招标、"荷兰式"中标发行。共有4家承销商参与投标，各家投标价位、投标量分别为：

甲承销商 93(元/百元面值)　　60亿元
乙承销商 91(元/百元面值)　　30亿元
丙承销商 92(元/百元面值)　　36亿元
丁承销商 90(元/百元面值)　　24亿元

发行系统对各承销商投标价位由高到低进行排序，并累加各投标价位点投标量，直至满足预定发行额为止确定中标量和价格：在本例中，累加至91(元/百元面值)时已募满100亿元，则此时对应的价位91(元/百元面值)为中标价位，3家承销商的中标价位均为91(元/百元面值)。价格招标中的"荷兰式"中标方式，见表3-3。

表3-3　　　　　　　　　　价格招标中的"荷兰式"中标方式

序号	承销商	投标价位(元/百元面值)	投标量(亿元)	累计投标量(亿元)	中标量(亿元)
1	甲	93	60	60	60
2	丙	92	36	96	36
3	乙	91	30	126	4
4	丁	90	24	150	0

就基本原理而言，例2与例1是一样的，因为以债券买入价报价是按贴现计算收益的方式，它可以换算成利率。因此，买入价由高向低的排序与利率由低向高的排序并无区别。

(二)价格招标中的"美国式"中标

"美国式"中标是在投标结束后,发行系统将各承销商的有效投标价位按一定顺序进行排序(利率、利差招标由低到高排序,价格招标由高到低排序)直至募满预定发行额为止,在此价位以内的所有有效投标均以各承销商的各自出价中标。所有中标价位、中标量加权平均后的价格为该期债券的票面价格或票面利率。下面以例示之。

例3:假设债券发行总量为100亿元,采用利率招标、美国式中标发行。共有4家承销商参与投标,各家投标价位、投标量分别为:

甲承销商 3.6%　　30亿元

乙承销商 3.5%　　24亿元

丙承销商 3.8%　　60亿元

丁承销商 3.7%　　36亿元

发行系统对各承销商投标价位由低到高进行排序,并累加各投标价位点投标量,直至满足预定发行额为止确定中标量:累加至3.8%时已募满100亿元,投标价位在3.8%以上(含3.8%)的承销商按各自投标价位中标。所有中标价位、中标量加权平均后的利率为票面利率,票面利率计算方法如下:$3.5 \times 24/100 + 3.6 \times 30/100 + 3.7 \times 36/100 + 3.8 \times 10/100 = 3.632$,则3.632%为债券票面利率。利率招标中的"美国式"中标方式见表3-4。

表3-4　　利率招标中的"美国式"中标方式

序号	承销商	投标价位(%)	投标量(亿元)	累计投标量(亿元)	中标量(亿元)
1	乙	3.5	24	24	24
2	甲	3.6	30	54	30
3	丁	3.7	36	90	36
4	丙	3.8	60	150	10

虽然承销商按各自报价支付认购债券的款项,但承销商各自的报价并不是债券的发行价格,因为一只债券不可能存在多个发行价格,经加权平均后的票面利率才是发行价格。发行人按此利率支付利息,债券持有人按此利率取得利息收入。

如果招标采用的是价格报价而非利率报价,则"美国式"中标定价方式与例3会有所不同。下面以例示之。

例4:假设债券发行总量为100亿元,采用价格招标、"美国式"中标发行。共有4家承销商参与投标,各家投标价位、投标量分别为:

甲承销商 93(元/百元面值)　　60亿元

乙承销商 91(元/百元面值)　　30亿元

丙承销商 92(元/百元面值)　　36亿元

丁承销商 90(元/百元面值)　　24亿元

发行系统对各承销商投标价位由高到低进行排序,并累加各投标价位点投标量,直至满足预定发行额为止,确定中标量:累加至91(元/百元面值)时已募满100亿元,投标价位在91(元/百元面值)以上(含91)的承销商按各自投标价位中标。所有中标价位、中标量加权平均后的价格为票面价格,票面价格计算方法:$93 \times 60/100 + 92 \times 36/100 + 91 \times 4/100 = 92.56$,则92.56(元/百元面值)为债券票面价格。价格招标中的"美国式"中标方式见表3-5。

表 3-5　　　　　　　　　价格招标中的"美国式"中标方式

序号	承销商	投标价位(元/百元面值)	投标量(亿元)	累计投标量(亿元)	中标量(亿元)
1	甲	93	60	60	60
2	丙	92	36	96	36
3	乙	91	30	126	4
4	丁	90	24	150	0

（三）价格招标中的"混合式"中标

"荷兰式"中标和"美国式"中标是价格招标中两种典型的中标方式，也是两种典型的定价方式。但在实际运作中完全的、纯粹的定价方式并不多见。在市场上广泛运用的做法，往往是将几种主要的方式混合起来形成一些新的方式。这里介绍一种混合式中标方式。"混合式"中标也分为利率招标和价格招标两种情形。

价格招标中的"混合式"中标

利率招标"混合式"中标是指在投标结束后，发行系统将各承销商有效投标价位由低到高排序，直至募满预定发行额为止，此时的价位点称为边际价位点。对低于边际价位点（含该点）的各投标价位及对应中标量计算加权平均价位，作为该期债券的票面利率。对低于或等于票面利率的投标价位，按票面利率中标对高于票面利率的投标价位按各自投标价位中标。

价格招标"混合式"中标是指在投标结束后，发行系统将各承销商有效投标价位进行由高到低排序，直至募满预定发行额为止，此时的价位点称为边际价位点。对高于边际价位点（含该点）的各投标价位及对应中标量计算加权平均价，作为该期债券的票面价格。对高于或等于票面价格的投标价位，按票面价格中标；对低于票面价格的投标价位按各自投标价位中标。下面以例说明之。

例5：假设债券发行总量为100亿元，采用利率招标、"混合式"中标发行。共有4家承销商参与投标各家投标价位、投标量分别为：

甲承销商 3.6%　　30亿元
乙承销商 3.5%　　24亿元
丙承销商 3.8%　　60亿元
丁承销商 3.7%　　36亿元

发行系统对各承销商投标价位由低到高进行排序，并累加各投标价位点投标量，直至满足预定发行额为止确定中标量。累加至3.8%时已募满100亿元。利率招标中的"混合式"中标方式见表3-6。

表 3-6　　　　　　　　　利率招标中的"混合式"中标方式

序号	承销商	投标价位(%)	投标量(亿元)	累计投标量(亿元)	中标量(亿元)
1	乙	3.5	24	24	24
2	甲	3.6	30	54	30
3	丁	3.7	36	90	36
4	丙	3.8	60	150	10

按"美国式"中标原则计算票面利率（3.5×24/100＋3.6×30/100＋3.7×36/100＋3.8×10/100＝3.632），则3.632%为债券票面利率。对低于3.632%的投标价位按照3.632%确定

中标,即乙和甲承销商的中标价位均为3.632%,对高于3.632%的投标价位按各自投标价位确定中标,即丁和丙承销商的中标价位分别为3.7%和3.8%。在此例中,债券票面利率是按"美国式"中标原则计算的,低于票面利率的中标价位按票面利率计算,这是按"荷兰式"中标原则处理的,而高于票面利率的中标价位按各自投标价位确定中标利率,则又是按"美国式"中标原则处理的,这里体现的一个思想就是把两种中标方式结合起来,使报价低的投资者能够按平均票面利率得到利息不至于太吃亏,使报价高的投资者中标量相对小,使其实际得到的利益不至于太高。

在以价格招标的情况下,"混合式"中标的做法与上例有所不同。下面以例示之。

例6:假设债券发行总量为100亿元,采用价格招标、"混合式"中标发行。共有4家承销商参与投标,各家投标价位、投标量分别为:

甲承销商93(元/百元面值)　　60亿元
乙承销商91(元/百元面值)　　30亿元
丙承销商92(元/百元面值)　　36亿元
丁承销商90(元/百元面值)　　24亿元

发行系统对各承销商投标价位由高到低进行排序,并累加各投标价位点的投标量,直至满足预定发行额为止,确定中标量:累加至91(元/百元面值)时已募满100亿元,价格招标中的"混合式"中标方式见表3-7。

表3-7　　　　　　　价格招标中的"混合式"中标方式

序号	承销商	投标价位(元/百元面值)	投标量(亿元)	累计投标量(亿元)	中标量(亿元)
1	甲	93	60	60	60
2	丙	92	36	96	36
3	乙	91	30	126	4
4	丁	90	24	150	0

按"美国式"中标原则计算票面价格($93×60/100+92×36/100+91×4/100=92.56$),则92.56(元/百元面值)为债券票面价格。对高于92.56(元/百元面值)的投标价位按照92.56(元/百元面值)确定中标,即甲承销商的中标价位为92.56(元/百元面值);对低于92.56(元/百元面值)的投标价位按各自投标价位确定中标,即丙和乙承销商的中标价位分别为92(元/百元面值)和91(元/百元面值)。

在此例题中,确定中标票面价格是按"美国式"中标原则计算的,对高于票面价格的投标价位按票面价格计算是按"荷兰式"中标原则处理的,对低于票面价格的投标价位按各自报价处理,这是按"美国式"中标原则处理的。这里所体现的理念与例5是一样的。

通过招标方式来确定债券的发行价格是市场化程度最高的一种定价方式。无论是从这种定价方式所体现的理念来看还是所采取的程序来看,都排除了人为因素,完全按照事先设定的招标规则科学地进行。从定价机制来看,它体现的是交易双方公平的竞价。在这里"价格优先"是它始终坚持的原则,对于发行人来说,谁出高价(低利率)就卖给谁。对于投标者来说,谁卖价低(高利率)就买谁的。将这个原则输入发行系统,发行系统就根据投标的价位自动生成中标利率、中标票面价格,自动进行认购人、认购量的选择。由于招标发行是通过发行系统进行的,这个系统是一个完全中立的物理系统。在发行过程中,这个系统按照设定的规则运行,对谁的报价都按同样的原则处理,不存在任何偏袒。因此市场对此是完全认可的。

三、簿记建档发行的定价方式

簿记建档发行定价是债券发行的另一种定价方式。其定价方式,是簿记管理人(一般由承销商承担)记录投资者认购价格和认购数量意向,在考虑市场利率水平和资金充裕程度的基础上,分析拟发行债券的定价区间,最终根据发行期内(簿记建档期间)实际的投标情况确定发行价格的一种定价方法。

(一)簿记建档定价的原理和步骤

簿记建档定价的原理,是主承销商在与债券投资者不断沟通、推荐的过程中了解价格的可能范围并逐步缩小价格区间,然后根据投资人投标(下单)时的报价与发行人一起商讨最终确定价格。簿记建档定价是与发行过程同时进行的,定价既是发行过程的一个重要组成部分,又是决定发行能否取得成功的一个重要因素。因此,簿记建档既是发行方式,也是定价方式。

簿记定价发行的基本步骤:

1. 主承销商在对投资者询价的基础上确定投资者报单的利率区间。
2. 主承销商公告该利率区间并邀请投资者在规定时间内报单。
3. 主承销商整理全部订单。
4. 主承销商与发行人一起商定超额认购倍数和相应的债券利率。
5. 以确定的利率和簿记情况按比例配售和公开零售。

在现实情况中,有些债券的主承销商在向发行审批机关报送发行申请材料时,还会将利率作为一项需要说明乃至需要审批的内容进行报告。例如,按有关规定企业债券、公司债券发行利率是需要报请主管机关审批的。短期融资券、中期票据等债券发行实行注册制,不需要对利率进行审批。但主承销商在申报发行材料时仍需要对利率的确定情况进行说明,注册部门也会视情况进行一些指导。即某些债券的发行定价,主管机关也在一定程度上提供了参考意见。

(二)簿记建档定价方式的评价

由于簿记建档定价过程是发行人、承销商、投资者共同参与的过程,定价时考虑了债券的供需情况、资金充裕程度和当时的利率水平,总体而言,这是一种市场化的定价。为了保证簿记建档定价过程中定价和配售的公平性和公正性,其程序和操作过程还常常经律师见证或公证。因此这种定价机制是应当予以肯定的。

但是,由于主管机关在一定程度上参与了债券的发行定价,这多少带有某些行政色彩。尽管这种做法在一定时期或许尚有必要,在稳定债券市场发行价格中也会起一些正面作用,但是,它毕竟不是完全市场化定价的做法。近年来,这些债券的定价机制也在进行改革,例如企业债券原来必须由中国人民银行确定发行利率,现转变为由中国人民银行确定一个利率区间。

撇开主管部门参与债券发行利率定价这一点不谈,簿记建档发行的定价机制虽然基本原理和招标发行定价是相同的,但是,这种定价方式的市场化程度和科学性还是略逊招标发行定价方式一筹。究其主要原因,在于这种定价机制里定价是由与发行人直接相关的主承销商来定的,难免带上一些主观因素,这是与招标发行方式定价最重要的区别。对于招标发行方式定价来说,它通过与发行人无直接利害关系的发行系统来实现,完全排除了各种主观因素。如果严格按照有关的程序进行,人为因素的影响可以减少到最低限度。

(三)簿记建档定价与招标发行定价的比较

簿记建档定价与招标发行定价作为目前我国债券发行时主要的两种定价方式,运用十分广泛。一般而言国债、金融债券、大型企业发行的企业债券,多数都采用招标发行定价方式;中小企业发行公司债券、短期融资券、中期票据,以及每次发行数量不多的企业类债券,则更多地采用簿记建档方式定价方式。为什么会形成这种状况呢?原因主要有三个:

第一,招标发行是在规定的时间里(一般是两三个小时)进行的,各投资人投标报价必须在这一时间内完成。由于投资人之间、投资人和主承销商之间、投资人和发行人之间都是背对背、互不沟通的,它们只能根据自己对市场以及对这只债券价值的判断,报出价格和数量,这就要求投资人事先做好充分准备,否则,在发行当日是无法仔细进行研判的。而簿记建档则因事先各方已作沟通而且簿记建档的时间本身也较长,因此即使原来考虑得不是很成熟,在发行期内也可以调整,其紧张程度要低于招标发行定价。国债、金融债券等信用等级较高的债券由于需要考虑的因素相对较少,因此,通过招标发行定价显得比较合适。反之,企业债券、公司债券等信用等级相对较低的债券用簿记建档方式发行和定价,可能更为合适。

第二,招标发行和簿记建档发行都可以建立承销团,但是两者有关承销团的责任、约束并不同。在招标发行情况下,承销团成员一般并没有承购包销的责任,他们是否参与投标完全取决于他们对发行债券带来收益的预期。簿记建档发行方式下,承销团成员负有一定的承购包销责任,同时也能得到相应的收益。因此,承销团成员在发行过程中,一方面看本期债券承销中的收益,而且还要考虑长期的收益,一般都会履行承购包销的责任。另一方面在发行承销团的成员中,资金实力雄厚的金融机构居多,它们有条件承购包销。这样,从发行成功的角度来看,簿记建档方式发行成功的概率会比招标发行更大些。由于发行是否成功直接关系定价能否成功,因此采用簿记建档方式定价,对于那些由知名度不高的发行人发行的企业类债券相比招标方式定价,会显得更容易些。

第三,招标发行定价方式要求有足够多的投标者参与,否则投标者的报价离散度很高,很难形成合理的价格。要使投标者足够多,发行的债券数量就必须足够大。而簿记建档发行定价则无此类要求。国债之所以都以招标方式发行和定价,一个重要原因就是每次国债的发行量都比较大,通常都是数百亿元,有时甚至是上千亿元。金融债券中的政策性金融债券,如国家开发银行、农业发展银行等每次发债数额也在数百亿元以上。因此,这些债券通过招标系统发行、定价都比较顺利。反之,多数企业债券每次的发行量在数十亿元,有的只有几亿元。如果通过招标系统发行,可能单一家机构认购的数量都会超出其总的发行量,价格的公平性也就难以保证。短期融资券、中期票据企业债券等都属于这种情况。

综上所述,债券究竟是通过招标系统发行、定价,还是通过簿记建档发行、定价,应根据所发行债券的信用等级、发行数量、发行的难易程度等因素来选择。一般而言,信用等级较高、发行量大、认购者多的债券发行,其定价可采用招标发行方式;反之,信用等级较低、发行量小、发行难度大的债券宜采用簿记建档发行方式。当然有些债券不论采用何种定价方式都可以,这些债券的发行及定价就要看采用哪种方式更经济。一般而言,发行量较大的债券,如果通过招标发行系统发行,所花的费用较簿记建档发行要低,而发行量很小的债券,通过簿记建档方式发行的费用可能低于招标发行方式。

本章小结 >>>

1.债券是投资者向政府、公司或金融机构提供资金的债权债务合同,该合同载明发行者在指定日期支付利息并在到期日偿还本金的承诺,其要素包括期限、面值、利息、求偿等级、限制性条款、抵押与担保及选择权(如赎回与转换条款)。

2.债券分为政府债券、公司债券和金融债券。

3.企业发行债券的目的包括:扩大资金来源,降低资金成本,减少税收支出以及不会影响股东对公司的控制权。

4.债券评级是由债券信用评级机构根据债券发行者的要求及提供的有关资料,通过调查、预测、比较、分析等手段,对拟发行的债券的风险及债券发行者按期按量偿付债券本息的清偿能力和清偿愿望做出的独立判断,并赋予其相应的等级标志。债券的信用等级反映了投资于该债券的安全程度或该债券的风险大小。

5.债券定价是债券发行阶段的一项重要工作,债券定价机制是指以什么方式来确定债券的价格。

6.我国债券发行定价方式经历了从行政定价方式向市场定价方式、从单一定价方式向多元化定价方式的演变。

7.我国债券发行定价有招标发行定价与簿记建档发行定价两种方式。

8.网上发行是指以确定的发行利率或利率区间通过竞价系统以场内挂牌的方式向社会公众公开销售,网下发行是指由承销团自行询价、销售、簿记,向特定投资者协议发行。

思考题 >>>

1.企业发行债券的目的是什么?

2.债券发行前为什么要进行信用评级?

3.企业发行债券的条件有哪些?

4.什么是招标发行定价?什么是簿记建档发行定价?两者有何区别?

5.简述公司债券发行的流程。

第四章

证券交易

> **案例导入** >>>

2015年7月21日,中国国际金融股份有限公司(以下简称中金公司)在生日之际向香港交易所低调地递交了IPO申请,计划募资10亿美元。这个中国首家合资投资银行,曾被认为是最具有"蓝血气质"的公司,在几度延迟上市计划后,终于在2015年9月登陆H股。

作为国内首家中外合资投资银行,中金公司的起点颇高。1995年7月31日,中金公司成立,发起人为前中国人民建设银行、摩根士丹利国际公司、中投保(当时称中国经济技术投资担保公司)、GIC(新加坡政府投资有限公司)和名力(当时称名力集团),分别持有42.5%、35.0%、7.5%、7.5%及7.5%的股权。截至2010年10月,在A股和中资企业海外IPO中,中金公司总承销金额分别达6 460亿元和924亿美元,占A股和中资企业海外IPO总融资金额的36%和40%,遥遥领先于其他境内外投资银行,并在前十大A股IPO和前十大中资公司海外IPO中分别主承销了9家;作为财务顾问参与的兼并收购交易规模超过2 000亿美元,在中国市场也位列所有投资银行第一。在中金公司成立后的前十多年,它在中国投资银行界一枝独秀,无可匹敌。它的"唯一性"表现在,只要有海外上市,中金公司就要参与其中。

这场迟到太久的IPO,似乎没有引起中国香港资本市场的太多关注。因为,募集金额只有10亿美元(当时约合77.5亿港币)。资本市场最现实,2015年4月11日,内地的另一家券商广发证券登陆H股,募集资金280亿港元。5月,华泰证券H股上市,募集资金净额超过339亿港元,成为今年亚太地区最大规模的IPO。相比广发证券和华泰证券数百亿的募资,中金公司的77.5亿港元募资申请虽然被业内认为偏保守,但也许这是当时形势下,最为稳健的方法。毕竟,中金公司这几年的净利润,一直都在券商的30名开外,而广发证券和华泰证券都在前5名,总资产几乎是中金公司的十倍。中金公司财务数据显示,其2014年净利润达11.18亿元,而在此之前的2011年、2012年和2013年,其净利润皆仅约为0.26亿元、3.07亿元和3.70亿元。值得注意的是,中金2014年净利润的大幅度提升,来自国内重启IPO业务,IPO的重启使所有券商都实现了营业收入大幅度增长。中国证券业协会发布的统计数据显示,2014年,如果按照收入排名,中金公司排名第20名,前5名分别为国泰君安、中信证券、海通证券、广发证券和国信证券。若按净利润排名,中金公司排名第42名。即使再回溯近十年的数据,结果也并不理想。2005年,中金公司的净利润还是行业第1位;2006年则下滑至第10位,2007年中金公司仅以12.29亿元的利润排在国内券商投资银行业第27位。所有数据都在阐述一个冷冰冰的事实,如果不是中金海外投资银行业务依然存在较大优势,中金公司早已跌出了第一券商梯队。

为什么中金公司会跌出第一券商梯队?

（资料来源：中国国际金融股份有限公司官网）

从证券公司的收入结构来看，证券经纪业务和证券自营业务仍是证券公司收入的主要来源，两项业务收入合计占收入总额比例的70％左右；资产管理业务尽管收入占比较低，但随着证券公司资产管理产品数量和规模的增长，收入占比呈上升趋势；融资融券业务方面，随着创新业务的发展，市场交易规模的扩大，参与者数量的持续增加，融资融券业务收入快速增长，2013年之后融资融券业务收入占比已超过10％，成为证券公司新的主要收入来源。可见，二级市场的证券交易业务仍是投资银行的传统和主要业务之一，投资银行在二级市场上为市场投资者提供多种服务。

第一节 证券交易概述

一、证券交易的概念及特征

（一）证券交易的概念

证券是用来证明证券持有人有权取得相应权益的凭证。证券交易是指已发行的证券在证券市场上买卖的活动。证券交易与证券发行有着密切的联系，两者相互促进、相互制约。一方面，证券发行为证券交易提供了对象，决定了证券交易的规模，是证券交易的前提；另一方面，证券交易使证券的流动性特征显示出来，从而有利于证券发行的顺利进行。

（二）证券交易的特征

证券交易的特征分别为证券的流动性、收益性和风险性，这三个特征又互相联系在一起。证券需要有流动机制，因为只有通过流动，证券才具有较强的变现能力。而证券之所以能够流动，就是因为它可能为持有者带来一定的收益。同时，经济发展过程中存在许多不确定因素，所以证券在流动中也存在因其价格的波动给持有者带来损失的风险。

二、证券交易的要素

（一）证券交易的种类

证券交易的种类通常是根据交易对象来划分的。证券交易对象就是证券买卖的标的物。在委托买卖证券的情况下，证券交易对象也就是委托合同中的标的物。按照交易对象的品种划分，证券交易种类有股票交易、债券交易、基金交易以及其他金融衍生工具的交易等。

（二）证券投资者

证券投资者是指买卖证券的主体，既可以是自然人，又可以是法人。相应地，证券投资者可以分为个人投资者和机构投资者两大类。其中，机构投资者主要有政府机构、金融机构、企业和事业法人及各类基金等。

就投资者买卖证券的基本途径来看，主要有两条：一是直接进入交易所自行买卖证券，如投资者在柜台市场上与对方直接交易；二是委托经纪商代理买卖证券。在证券交易所的交中,除了按规定允许的证券公司自营买卖外,投资者都要通过委托经纪商代理才能买卖证券。此时,证券投资者也就是委托人。所以,在证券经纪业务中,委托人是指依国家法律、法规的规定,可以进行证券买卖的自然人或法人。

另外,我国对证券投资者买卖证券还有一些限制条件。例如,《中华人民共和国证券法》规定,证券交易所、证券公司和证券登记结算机构的从业人员、证券监督管理机构的工作人员以及法律、行政法规禁止参与股票交易的其他人员,在任期或者法定限期内,不得直接或者以化名、借他人名义持有、买卖股票,也不得收受他人赠送的股票。

随着我国证券市场的对外开放,我国证券市场的投资者不仅包括境内的自然人和法人,还包括境外的自然人和法人,但是对境外投资者的投资范围有一定的限制。一般境外投资者可以投资在证券交易所上市的外资股(B股);而合格境外机构投资者则可以在经批准的投资额度内投资在交易所上市的除B股以外的股票、国债、可转换债券、企业债券、权证、封闭式基金、经中国证监会批准设立的开放式基金,还可以参与股票增发、配股、新股发行和可转换债券发行的申购。所谓合格境外机构投资者,是指符合中国证监会、中国人民银行和国家外汇管理局发布的《合格境外机构投资者境内证券投资管理办法》规定的条件,经中国证监会批准投资于中国证券市场,并取得国家外汇管理局额度批准的中国境外基金管理机构、保险公司、证券公司以及其他资产管理机构。合格境外机构投资者应当委托境内商业银行作为托管人托管资产,委托境内证券公司办理在境内的证券交易活动。

(三)证券市场中介机构

证券市场的中介机构主要包括:

(1)证券交易所。其主要职责在于:提供交易场所与设施;制定交易规则;监管在该交易所上市的证券以及会员交易行为的合规性、合法性,确保市场的公开、公平、公正。

(2)证券承销商和证券经纪商。

(3)具有证券律师资格的律师事务所。

(4)具有证券从业资格的会计师事务所或审计事务所。

(5)资产证券评级机构。

(6)证券投资咨询与服务机构。

(四)自律性组织

我国证券业自律性组织包括证券交易所和证券业协会。我国的证券交易所是提供证券集中竞价交易场所的不以营利为目的的法人。证券业协会是证券业的自律性组织,是社会团体法人。它发挥政府与证券经营机构之间的桥梁和纽带作用,促进证券业的发展,维护投资者和会员的合法权益,完善证券市场体系。我国证券业自律性机构包括上海证券交易所、深圳证券交易所、中国证券业协会和中国国债协会。

(五)证券监管机构

依据《中华人民共和国证券法》规定,证券监管机构是依法制定有关证券市场监督管理的规章、规则,并依法对证券的发行、交易、登记、托管、结算,证券市场的参与者进行监督管理的部门,主要包括中国证券监督管理委员会和地方证券监管部门。中国证监会是我国证券管理体制中的核心构成部分,其核心地位由《中华人民共和国证券法》第七条和第一百六十五条加以明确。《中华人民共和国证券法》第七条规定,国务院证券监督管理机构依法对全国证券市场实行统一监督管理。《证券证》第一百六十五条规定,证券业协会章程由会员大会制定,并报国务院证券监督管理机构备案。这两条总括了中国证监会的法律地位:中国证监会是我国最高的证券监管机构,是专门的证券监管机构。

第二节 证券经纪业务

一、证券经纪业务概述

(一)证券经纪业务的概念

证券经纪业务是指证券公司通过其设立的证券营业部,接受客户委托,按照客户的要求代理客户买卖证券的业务。在证券经纪业务中,证券公司不赚取买卖价差,只收取一定比例的佣金作为业务收入。证券经纪业务可分为柜台代理买卖和证券交易所代理买卖两种。从我国证券经纪业务的实际内容来看,柜台代理买卖比较少。因此,证券经纪业务目前主要是指证券公司按照客户的委托,代理其在证券交易所买卖证券的有关业务。

在证券经纪业务中,包含的要素有:委托人、证券经纪商、证券交易所和证券交易对象。所谓证券经纪商,是指接受客户委托、代客买卖证券并据此收取佣金的中间人。证券经纪商以代理人的身份从事证券交易,与客户是委托代理关系。证券经纪商必须遵照客户发出的委托指令进行证券买卖,并尽可能以最有利的价格使委托指令得以执行,但证券经纪商并不承担交易中的价格风险。证券经纪商向客户提供服务以收取佣金作为报酬。

证券交易佣金是证券公司经纪业务收入的主要来源,交易佣金的多少除受代理交易量的影响外,还与佣金费率水平直接相关。我国最早的证券交易佣金采用的是3.5‰的固定佣金比例,其市场化程度较低。2010年10月7日,中国证券业协会发布《关于进一步加强证券公司客户服务和证券交易佣金管理工作的通知》,规定证券公司要按照"同类客户同等收费""同类服务同等收费"的原则,制定证券交易佣金标准。

过去10年来,证券行业佣金费率一直处于下滑趋势。证券公司经纪业务竞争趋于同质化,未能提供差异化、满足客户需求的增值服务。一方面,随着营业部的增加、证券经纪人制度的实施等,证券业务的竞争加剧导致佣金费率下滑;另一方面,网上交易等非现场交易方式的发展也降低了经纪业务营运成本。特别是2014年以来,随着互联网金融的发展,部分证券公司推出网络、手机开户"零佣金",进一步加速了佣金费率的下调。行业交易佣金费率2012年为0.78‰,同比下降3.70%;2013年稳中略升,保持在0.79‰的水平;2014年1—9月则下降为0.68‰。

(二)证券经纪商的作用

目前,我国具有法人资格的证券经纪商是指在证券交易中代理买卖证券,从事经纪业务的证券公司。

在证券代理买卖业务中,证券公司作为证券经纪商发挥着重要作用。由于证券交易方式的特殊性、交易规则的严密性和操作程序的复杂性,决定了广大投资者不能直接进入证券交易所直接买卖证券,而只能委托由经过批准并具备一定条件的证券经纪商进入交易所进行交易,投资者则需委托证券经纪商代理买卖来完成交易过程。因此,证券经纪商是证券市场的中坚力量,其作用主要表现在以下两个方面:

第一,充当证券买卖的媒介。证券经纪商充当证券买方和卖方的经纪人,发挥着沟通买卖双方并按一定要求迅速、准确地执行指令和代办手续的媒介作用,提高了证券市场的流动性和效率。

第二,提供信息服务。证券经纪商和客户建立了买卖委托关系后,客户往往希望证券经纪商能够提供及时、准确的信息服务。这些信息服务包括:上市公司的详细资料、公司和行业的研究报告、经济前景的预测分析和展望研究、有关股票市场变动态势的商情报告等。

(三)证券经纪业务的特点

1. 业务对象的广泛性

所有上市交易的股票和债券都是证券经纪业务的对象,因此,证券经纪业务的对象具有广泛性。同一种证券在不同时间点上会有不同的价格,因此,证券经纪业务的对象还具有价格变动性特点。

2. 证券经纪商的中介性

证券经纪业务是一种代理活动,证券经纪商不以自己的资金进行证券买卖,也不承担交易中证券价格涨跌的风险,而是充当证券买方和卖方的代理人,发挥着沟通买卖双方和按一定的要求和规则迅速、准确地执行指令并代办手续,同时尽量使买卖双方按自己意愿成交的媒介作用,因此具有中介性的特点。

3. 客户指令的权威性

证券经纪商要严格按照委托人的要求办理委托事务,这是证券经纪商对委托人的首要义务。证券经纪商必须严格地按照委托人指定的证券、数量、价格、有效时间买卖证券,不能自作主张,擅自改变委托人的意愿。如果情况发生变化,即使是为维护委托人的利益不得不变更委托人的指令,也应事先征得委托人的同意。

4. 客户资料的保密性

在证券经纪业务中,委托人的资料关系到其投资决策的实施和投资盈利的实现,关系到委托人的切身利益,证券经纪商有义务为客户保密,但法律另有约定的除外。

二、证券经纪业务的程序

(一)申请会员资格和席位

投资银行参加证券交易所组织的证券交易,无论从事证券经纪还是从事自营业务,首先要成为证券交易所的会员。证券交易所通常是从申请入会的证券经营机构的经营范围、证券营运资金、承担风险及责任的资格和能力、组织机构、人员素质等方面规定入会的条件。在我国,上海和深圳证券交易所对此的规定基本相同、主要条件有:

(1)经中国证监会依法批准设立、具有法人地位的证券经营机构。

(2)具有良好的信誉和经营业绩。

(3)组织机构和业务人员符合中国证监会和证券交易所规定的条件。

(4)符合证券交易所对经营场所、内部管理制度、技术系统以及风险防范等提出的各项要求。

(5)承认并遵守证券交易所章程和业务规则,按规定缴纳各项会员经费。

(6)中国证监会和证券交易所要求的其他条件。

具备上述条件的证券经营机构向证券交易所提出申请,并提供必要文件,经证券交易所理事会批准后,即可成为交易所会员。成为会员后,证券经营机构还要申请交易席位。目前,沪、深证券交易所有两种席位:一种是有形席位;另一种是无形席位。两者的差别在于报盘方式的不同。

(二)开通业务的准备

投资银行从事证券经纪业务,除了必须取得证券交易所会员资格和交易席位外,还必须具备开通业务的技术手段和相应的条件。主要包括以下几个步骤:

(1)准备用于接收投资者委托指令的柜台委托系统。

(2)准备传输买卖指令的手段和设备,如通信线路、计算机网络、通信设备等。

(3)建立用于播放证券交易所发布的即时行情、成交回报和信息公告等的信息披露系统。

(4)派员参加证券交易所的出市代表、清算员的培训。

(5)向证券交易所划拨结算保证金和清算头寸,开立资金结算账户等。

(三)受理投资者委托,代理证券买卖

1. 开设账户

受理投资者委托,代理证券交易业务的第一步就是开设账户,即投资者在证券经纪商处开立证券账户和证券交易结算资金账户。只有开设证券账户才能买卖上市证券。所谓证券交易结算资金账户,是指投资者用于记录买卖证券引起的资金变动情况(购买证券需存入资金和卖出证券所取得的价款)和余额的专用账户。投资者在证券经纪商处办妥证券交易结算资金账户后,就具备了办理证券交易委托的条件,这也就意味着证券经纪商与投资者之间建立了经纪关系。因此,证券经纪商与投资者必须签订证券买卖代理协议,详细说明代理交易的权限范围、操作程序、使用各种交易方式所面临的风险等。证券交易结算资金账户主要分为现金账户和保证金账户两种。

(1)现金账户(Cash Account)

开设这一账户的客户最为普遍,在这种账户下只能采用现金交易方式,因此只要能迅速地付款和缴付证券,客户就可以在这种账户下委托经纪商进行证券买卖。现金账户在我国证券市场上主要有个人现金账户和法人现金账户,目前大部分个人和几乎所有大额投资者,如保险公司、投资基金等,开设的都是这种账户。

(2)保证金账户(Margin Account)

在这种账户下,客户可以用少量的资金买进大量的证券。其余资金由证券经纪商以贷款的形式垫付给投资者,所有的信用交易(如买空和卖空交易及大部分期权交易)一般都在这种保证金账户下进行。

客户在开立证券交易结算资金账户时,应采用实名制。投资银行应根据客户的开户资料和资金来源验明客户的身份及其资金的性质,并妥善保管这些开户资料。

2. 委托买卖

客户在开设账户之后,即可办理委托买卖。委托买卖是指证券经纪商接受客户委托,代理客户买卖证券,从中收取佣金的交易行为。

(1) 委托指令或订单

委托指令是客户要求证券经纪商代理买卖证券的指示。在委托指令中,需要反映客户买卖证券的基本要求或具体内容,这些主要体现在委托指令的基本要素中。以委托单为例,委托指令的基本要素包括:①证券账号。②日期,即客户委托买卖的日期。③品种,即客户委托买卖证券的名称,它是填写委托单的第一要点,其方法有全称、简称和代码三种(有些证券品种没有全称和简称的区别,仅有一个名称),通常的做法是填写代码及简称,这种方法比较方便快捷,且不容易出错。④买卖方向,即买进证券还是卖出证券。⑤数量,即买卖证券的数量,可分为整数委托和零数委托。整数委托是指委托买卖证券的数量为1个交易单位或交易单位的整数倍,1个交易单位俗称"1手"。零数委托是指客户委托证券经纪商买卖证券时,买进或卖出的证券不足证券交易所规定的1个交易单位,目前,我国只在卖出证券时才有零数委托。⑥价格,即委托买卖证券的价格。⑦时间,即客户填写委托单的具体时点。⑧有效期,即委托指令的有效期间。⑨签名,客户签名以示对所做的委托负责。⑩其他内容,如涉及委托人的身份证号码、资金账号等。

(2) 委托价格方式

客户下达给经纪商的委托指令有多种:按委托价格方式,一般分为市价委托、限价委托、停止损失委托、停止损失限价委托;按委托时效分为当日、当周、当月委托等。我国证券交易中目前采用的是当日限价委托。①市价委托(Market Order),是指委托人自己不确定价格,而委托经纪人按市面上最有利的价格买卖证券。市价委托的优点是成交速度快,能够快速实现投资者的买卖意图;缺点是当行情变化较快或市场深度不够时,执行价格可能与发出委托时的市场价格相差甚远。②限价委托(Limit Order),是指投资者委托经纪人按其规定的价格,或比限定价格更有利的价格买卖证券。具体地说,对于限价买进委托,成交价只能小于或等于限定价格;对于限价卖出委托,成交价只能大于或等于限定价格。限价委托克服了市价委托的缺陷,为投资者提供了以较有利的价格买卖证券的机会,但限价委托常常因市场价格无法满足限定价格的要求而无法执行,使投资者错失良机。③停止损失委托(Stop Order),是一种限制性的市价委托,是指投资者委托经纪人在证券价格上升到或超过指定价格时按市价买进证券,或在证券价格下跌到或低于指定价格时按市价卖出证券。④停止损失限价委托(Stop Limit Order),是停止损失委托与限价委托的结合,当时价格达到指定价格时,该委托就自动变成限价委托。

(3) 委托指令形式

客户发出委托指令形式有柜台委托和非柜台委托两大类。

①柜台委托,是指委托人亲自或由其代理人到证券经纪商营业部交易柜台,根据委托程序和必需的证书采用书面方式表达委托意向,由本人填写委托单并签章的形式。采用柜台委托方式,客户和证券经纪商面对面办理委托手续。

②非柜台委托,主要有电话委托、自动终端委托、网上委托(互联网委托)、传真委托和函电委托等形式。

第一，电话委托。这种委托是指委托人通过电话方式表明委托意向，提出委托要求。在实际操作中，电话委托又可分为电话转委托与电话自动委托两种。电话转委托是指客户将委托要求通过电话报给证券经纪商；证券经纪商根据电话委托内容代为填写委托书，并将委托内容输入交易系统申报进场；委托人应于成交后办理交割时补盖签章。电话自动委托属于自助委托方式，是指证券经纪商把计算机交易系统和普通电话网络连接起来，构成一个电话自动委托交易系统，客户通过普通的双音频电话，按照该系统发出的指示，借助电话机上的数字和符号键输入委托指令，以完成证券买卖的一种委托形式。

第二，自助终端委托。这是指委托人通过证券经纪商设置的专用委托计算机终端，凭证券交易磁卡和交易密码进入计算机交易系统委托状态，自行将委托内容输入计算机交易系统，以完成证券交易的一种委托形式。证券经纪商的委托系统应对自助终端委托过程有详细记录。

第三，网上委托。网上委托是指证券经纪商通过基于互联网或移动通信网络的网上证券交易系统，向客户提供用于下达证券交易指令，获取成交结果的一种服务方式，包括须下载软件的客户端委托和无须下载软件、直接利用证券经纪商网站的页面客户端委托。网上委托的上网终端包括电子计算机、手机等设备。

第四，传真委托和函电委托。这是指委托人填写委托内容后，将委托书采用传真或函电方式表达委托意向，提出委托要求；证券经纪商接到传真委托书或函电委托书后，代为填写委托书，并经核对无误以后，及时将委托内容输入交易系统申报进场，同时将传真件或函电作为附件附于委托书后。

3. 委托受理

证券经纪商在收到客户委托后，应对委托人身份、委托内容、委托卖出的实际证券数量及委托买入的实际资金余额进行审查。经审查符合要求后，才能接受委托。

(1) 验证

验证主要对证券委托买卖的合法性和同一性进行审查。

(2) 审单

审单主要是审查委托单的合法性及一致性。证券经纪商业务员要根据证券交易所的交易规则，对委托单上填写的买卖证券的品种、数量、价格等内容是否符合规则进行审查。同时，要注意审查委托单上买卖证券代码与名称是否一致，有无涂改或字迹不清。

(3) 验证资金及证券

客户在买入证券时，证券经纪商应查验客户是否已按规定存入必需的资金；而在卖出证券时，必须查验客户是否有相应的证券。

4. 委托执行

证券经纪商接受客户买卖证券的委托后，应当根据委托指令载明的证券名称、买卖数量、出价方式、价格幅度等，按照证券交易所交易规则代理买卖证券。买卖成交后，应当按规定制作买卖成交报告单交付客户。

(1) 申报原则

证券经纪商将客户委托传送至证券交易所交易撮合主机，称为"申报"或"报盘"。证券经纪商接受客户委托后应按"时间优先，客户优先"的原则进行申报竞价。时间优先是指证券经纪商应按受托时间的先后次序为委托人申报；客户优先是指当证券经纪商自营买卖申报与客户委托买卖申报在时间上相冲突时,应让客户委托买卖优先申报。证券经纪商在接受客户委托,进行申报时还应该注意:在交易市场买卖证券均必须公开申报竞价;在申报竞价时,须一次完整的报明买卖证券的数量、价格及其他规定的因素;在同时接受两位以上委托人买进委托与卖出委托且种类、数量、价格相同时,不得自行对冲完成交易,仍应向证券交易所申报。

(2)申报方式

证券经纪商执行客户委托指令有两种申报方式,即有形席位申报和无形席位申报。有形席位申报是指在证券经纪商采用有形席位申报进行交易的情况下,其业务员在受理客户委托后,要按受托先后顺序用电话将委托买卖的有关内容通知场内交易员,由场内交易员通过场内计算机终端将委托指令输入证券交易所计算机主机。而无形席位申报是指在证券经纪商采用无形席位申报进行交易的情况下,证券经纪商的计算机系统要与证券交易所交易系统计算机主机联网。客户的委托指令经证券经纪商计算机审查确认后,由前置终端处理机和通信网络自动传送至证券交易所交易系统计算机主机;或是由证券经纪商业务员在进行委托审查后,将委托指令直接通过终端机输入证券交易所交易系统计算机主机,无须场内交易员再行输入。

(3)申报时间

上海证券交易所和深圳证券交易所规定,交易日为每周一至周五;接受会员竞价交易申报的时间为每个交易日 9:15—9:25、9:30—11:30、13:00—15:00。

5. 委托撤销

委托人发出委托指令后,在委托有效期内,只要买卖还未成交,就有权变更或撤销原来的委托指令。但是,如果在有效期内受托人已经按委托指令的内容促使买卖成交,那么委托人必须承认交易结果,如期履行交割手续,否则为违约。在委托指令下达后但还没有成交时,委托人需要变更或撤销委托,应尽快将新的委托指令传达给证券经纪商。受托人接到通知后,按变更后的委托内容代理买卖,撤销委托的,停止执行原委托指令。

(四)竞价与成交

证券市场的市场属性集中体现在竞价与成交环节上,特别是在高度组织化的证券交易所内,会员经纪商代表众多的买方和卖方按照一定规则和程序公开竞价,达成交易。

1. 竞价原则

证券交易所内的证券交易按"价格优先、时间优先"的原则竞价成交。价格优先原则表现为:较高价格的买入申报优先于较低价格的买入申报,较低价格的卖出申报优先于较高价格的卖出申报。时间优先原则表现为:买卖方向、价格相同的,先申报者优先于后申报者;先后顺序按交易主机接受申报的时间确定。

2. 竞价方式

目前,我国证券交易所内证券交易一般采用两种竞价方式:集合竞价和连续竞价。

(1)集合竞价(Call Auction)

集合竞价是指对在规定的一段时间内接受的买卖申报一次性集中撮合的竞价方式。首先,系统对所有买方有效委托按照委托限价由高到低的顺序排列,限价相同者按照进入系统的时间先后排列;所有卖方有效委托按照委托限价由低到高的顺序排列,限价相同者也按照进入系统的时间先后排列。其次,系统根据竞价原则自动确定集合竞价的成交价,所有交易均以此价格成交。集合竞价确定成交价的原则为：第一，可实现最大成交量的价格；第二，高于该价格的买入申报与低于该价格的卖出申报全部成交的价格；第三，与该价格相同的买方或卖方至少有一方全部成交的价格。最后，系统依序将排在前面的买方委托与卖方委托配对成交，即按照"价格优先，同等价格下时间优先"的成交顺序依次成交，直到不能成交为止（所有买入委托的限价均低于卖出委托的限价），所有成交都以同一成交价成交；集合竞价中未能成交的委托，自动进入连续竞价。

（2）连续竞价（Continuous Auction）

连续竞价是指对买卖申报逐笔连续撮合的竞价方式。连续竞价方式的特点是，每一笔买卖委托输入计算机自动撮合系统后，当即判断并进行不同的处理，能成交者予以成交，不能成交者等待机会成交，部分成交者则让剩余部分继续等待。连续竞价时，成交价格的确定原则为：第一，最高买入申报与最低卖出申报价格相同，以该价格为成交价；第二，买入申报价格高于市场即时的最低卖出申报价格时，以即时揭示的最低卖出申报价格为成交价；第三，卖出申报价格低于即时揭示的最高买入申报价格的时候，以即时揭示的最高买入申报价格为成交价。竞价申报时还涉及证券价格的有效申报范围。根据先行制度规定，无论买入或卖出，股票（含A、B股）、基金类证券在一个交易日内的交易价格相对上一个交易日收市价格的涨跌幅度不得超过10%，其中ST股票和*ST股票价格涨跌幅度不得超过5%。属于以下情形的，首个交易日不实行价格涨跌幅限制：首次公开发行上市的股票（上海证券交易所还包括封闭式基金）；增发上市的股票；暂停上市后恢复上市的股票；证券交易所或中国证监会认定的其他情形。

3. 竞价结果

竞价结果有三种可能：第一，全部成交，委托买卖全部成交，证券经纪商应及时通知委托人按规定的时间办理交割手续；第二，部分成交，委托人的委托如果未能全部成交，证券经纪商在委托有效期内可继续执行，等待机会成交，直到有效期结束；第三，不成交，委托人的委托如果未能成交，证券经纪商在委托有效期内继续执行，等待机会成交，直到有效期结束。对委托人失效的委托，证券经纪商须及时将冻结的资金或证券解冻。

4. 交易费用

投资者在委托买卖证券时，须支付多项费用和税收，如佣金、过户费、印花税等。

（1）佣金（Commission）

佣金是投资者在委托买卖证券成交后按成交金额一定比例支付的费用，是证券经纪商为客户提供证券代理买卖服务收取的费用。此项费用由证券经纪商经纪佣金、证券交易所手续费及证券交易监管费等组成，佣金的收费标准因交易品种、交易场所的不同而有所差异。

根据各国情况，证券经纪商佣金制度大体上分为固定佣金制和浮动佣金制。固定佣金制是指无论证券交易量大小和投资者的类型，均按交易额的一定比例收取佣金。浮动佣金制是指证券经纪商根据市场状况、投资者情况和交易量大小自主决定所收取的佣金水平或者决定是否收取佣金的制度。我国现行的证券交易佣金制度是浮动佣金制："A股、B股、证券投资基金的交易佣金实行最高上限向下浮动制度，证券公司向客户收取的佣金（包括代收的证券交易监管费和证券交易所手续费等）不得高于证券交易金额的3‰，也不得低于代收的证券交易监管费和证券交易所手续费等。A股、证券投资基金每笔交易佣金不足5元的，按5元收取；

B股每笔交易佣金不足1美元或5港元的,按1美元或5港元收取"。

目前全球佣金制度有三个方面的变革:

第一,佣金自由化趋势,即客户可与证券经纪商根据市场供求状况、交易量大小及各自的实际情况自由决定按照何种标准收取佣金或者是否收取。

第二,佣金差别化趋势,即根据客户群的不同设置不同的佣金费。例如,对机构投资者的佣金费率比较低,而对个人投资者的佣金费率相对比较高。

第三,佣金下降趋势,即对投资者的佣金率呈下降态势,降低投资者的证券交易成本。

(2)过户费(Transfer Fee)

过户费是委托买卖的股票、基金成交后,买卖双方为变更证券登记所支付的费用。这笔收入属于证券登记清算机构的收入,由证券经纪商在同投资者清算交收时代扣。

(3)印花税(Stamp Tax)

印花税是根据国家税法规定,在A股和B股成交后对买卖双方投资者按照规定的税率分别征收的税金。现阶段,我国证券印花税的收费标准是按股票成交金额的1‰进行单项收取,基金、债券等均无此项费用。

(五)清算交割

1. 清算交割的含义

清算交割,也可称为证券结算,是一笔证券交易达成后的后续处理,是证券清算和交割交收的过程。它关系到买卖达成后交易双方责权利的了结,直接影响到交易的顺利进行,是证券交易持续进行的基础和保证。证券清算是指在每一个交易日中对每个经纪商成交的证券数量与价款分别予以轧抵,对证券和资金的应收或应付净额进行计算的处理过程。当买卖双方达成交易后,应根据证券清算的结果,在事先约定的时间内履行合约。买方需交付一定款项获得所购证券,卖方需交付一定证券获得相应价款。在这一钱货两清的过程中,证券的收付称为交割,资金的收付称为交收。

2. 证券清算交割的方式

清算交割反映了投资者证券买卖的最终结果,它是维护证券买卖双方正当权益,确保证券交易顺利进行的必要手段。

(1)证券清算方式主要有逐笔清算和净额清算两种。逐笔清算是指买卖双方在每一笔交易达成后,对应收、应付的证券和资金进行一次清算,可以通过清算机构进行,也可以由买卖双方直接进行。这种清算方式比较适合以大宗交易为主、成交笔数少的证券市场和交易方式,主要是为了防止在证券风险特别大的情况下净额清算风险累积情况的发生。

净额清算方式,又称差额清算,就是在一个清算期中,对每一个证券经纪商价款的清算只计各笔应收、应付款项相抵后的净额,对证券的清算只计每一种证券应收、应付相抵后的净额。净额清算的主要优点是可以简化操作手续,提高清算效率。值得注意的是,在清算价款时,同一清算期内发生的不同种类证券的买卖价款可以合并计算,但发生在不同清算期内的价款则不能合并计算;在清算证券时,只有在同一清算期内且同一证券才能合并计算。该方式比较适合于投资者较为分散、交易次数频繁、每笔成交量较小的证券市场和交易方式。一般情况下,对于证券交易所达成的交易多采用净额清算,且通常需要经过两次清算,首先由证券交易所的清算中心与证券经纪商之间进行清算,称为一级清算;其次由证券经纪商与投资者之间进行清算,称为二级清算。

(2)证券交割方式主要有当日交割、次日交割、例行交割、例行递延交割和卖方选择交割。当日交割是指买卖双方在成交后的当日就办理完交割事宜。次日交割是指成交后的下一个营业日正午前办理完交割事宜,如逢法定假日,则顺延一天。例行交割即自成交日起算,在第五个营业日内办理完交割事宜,这是标准的证券交易交割方式。一般地,如果买卖双方在成交时未说明交割方式,即一律视为例行交割方式。例行递延交割是指买卖双方约定在例行交割后,选择某日作为交割时间的交割,如买方约定在次日付款,卖方在次日将证券交给买方。卖方选择交割是指卖方有权决定交割日期,其期限从成交后5天至60天不等,买卖双方必须签署书面契约。

目前我国上海、深圳证券交易所A股股票、基金、债券及其回购,实行"T+1"交割制度,即在委托买卖的次日(第二个交易日)进行交割。B股股票实行"T+3"交割制度,即在委托买卖后(含委托日)的第四个交易日进行交割。

对于不记名证券来说,清算交割完成后,整个交易过程就算完成。而记名证券还要过户,即证券的所有者向新所有者转移有关证券全部权利的记录行为。对于记名证券来说,通过过户确认完整的证券所有权,才是交易过程的最后一个环节,具有重要的法律意义。

第三节 证券自营业务

一、证券自营业务概述

(一)证券自营业务的概念

证券自营业务是指经中国证监会批准经营证券自营业务的证券公司用自有资金和依法筹集的资金,用自己名义开立的证券账户买卖依法公开发行或中国证监会认可的其他有价证券,以获取盈利的行为。具体来说有以下四层含义:

1. 只有经中国证监会批准经营证券自营的证券公司才能从事证券自营业务。从事证券自营业务的证券公司其注册资本最低限额应达到1亿元,净资本不得低于5 000万元。

2. 自营业务是证券公司以营利为目的,为自己买卖证券,通过买卖价差获利的一种经营行为。

3. 在从事自营业务时,证券公司必须使用自有或依法筹集可用于自营的资金。

4. 自营买卖必须在以自己名义开立的证券账户中进行;并且只能买卖依法公开发行的证券或中国证监会认可的其他有价证券。

(二)证券自营业务的买卖对象

证券自营业务的买卖的对象主要有两大类:

1. 依法公开发行的证券

这类证券主要是股票、债券、权证、证券投资基金等,这是证券公司自营买卖的主要对象。这类证券主要是上市证券,上市证券的自营买卖是证券公司自营业务的主要内容。

2. 中国证监会认可的其他证券

目前,这类证券主要是已发行在外但没有在证券交易所挂牌交易的非上市证券。这类证券的自营买卖主要通过银行间市场、证券公司的营业柜台实现。

此外,证券公司在证券承销过程中也可能有证券自营买入行为。如在股票、债券承销中采用包销方式发行股票、债券时,由于种种原因未能全额售出,按照协议,余额部分由证券公司买入。同样,在配股过程中,投资者未配部分,如协议中要求包销,也必须由证券公司买入。

(三)证券自营业务的特点

自营业务与经纪业务相比较,根本区别在于自营业务是证券公司为营利而自己买卖证券,经纪业务是证券公司代理客户买卖证券。证券自营业务的特点具体表现在以下几点:

1. 决策的自主性

证券公司自营业务的首要特点为决策的自主性,这表现在:交易行为的自主性,选择交易方式的自主性,选择交易品种、价格的自主性。证券公司在进行自营买卖时,可根据市场情况,自主决定买卖品种与价格。

2. 交易的风险性

风险性是证券公司自营业务区别于经纪业务的另一重要特点。由于自营业务是证券公司以自己的名义和合法资金直接进行的证券买卖活动,证券交易的风险性决定了自营买卖业务的风险性。在证券的自营买卖业务中,证券公司作为投资者,买卖的收益与损失完全由证券公司自行承担。而在代理买卖业务中,证券公司仅充当代理人的角色,证券买卖的时机、价格、数量都由委托人决定,由此而产生的收益和损失也由委托人承担。

3. 收益的不确定性

证券公司进行证券自营买卖,其收益主要来源于低买高卖的价差。但这种收益有很大的不确定性,有可能是收益,也有可能是损失,而且收益与损失的数量也无法事先准确预计。

二、证券公司证券自营业务管理

证券公司应根据公司经营管理的特点和业务运作状况,建立完备的自营业务管理制度、投资决策机制、操作流程和风险监控体系,在风险可测、可控、可承受的前提下从事自营业务。同时,应当建立健全的自营业务责任追究制度。自营业务出现违法违规行为时,要严肃追究有关人员的责任。

(一)证券自营业务的决策与授权

证券公司应建立健全相对集中、权责统一的投资决策与授权机制。自营业务决策机构原则上应当按照"董事会—投资决策机构—自营业务部门"的三级体制设立。

1. 董事会是自营业务的最高决策机构,在严格遵守监管法规中关于自营业务规模等风险控制指标规定的基础上,根据公司资产、负债、损益和资本充足等情况确定自营业务规模、可承受的风险限额等,并以董事会决议的形式进行落实。自营业务具体投资运作管理由董事会授权公司投资决策机构决定。

2. 投资决策机构是自营业务投资运作的最高管理机构,负责确定具体的资产配置策略、投资事项和投资品种等。

3.自营业务部门为自营业务的执行机构,应在投资决策机构做出的决策范围内,根据授权负责具体投资项目的决策和执行工作。

证券公司应建立健全自营业务授权制度,明确授权权限、时效和责任,对授权过程进行书面记录,保证授权制度的有效执行。同时,要建立层次分明、职责明确的业务管理体系,制定标准的业务操作流程,明确自营业务相关部门、相关岗位的职责。

自营业务的管理和操作由证券公司自营业务部门专职负责,非自营业务部门和分支机构不得以任何形式开展自营业务。自营业务中涉及自营规模、风险限额、资产配置、业务授权等方面的重大决策,应当经过集体决策并采取书面形式,由相关人员签字确认后存档。

(二)证券自营业务的运作管理

根据证券公司自营业务的特点和管理要求,自营业务运作管理重点主要有以下几个方面:

1. 控制运作风险

应通过合理的预警机制、严密的账户管理、严格的资金审批调度、规范的交易操作及完善的交易记录保存制度等,控制自营业务运作风险。自营业务必须以证券公司自身名义,通过专用自营席位进行,并由非自营业务部门负责自营账户的管理,包括开户、销户、使用登记等。建立健全自营账户的审核和稽核制度,严禁将自营账户借给他人使用,严禁使用他人名义和非自营席位变相自营、账外自营。加强自营业务资金的调度管理和自营业务的会计核算,由非自营业务部门负责自营业务所需资金的调度和会计核算。自营业务资金的出入必须以公司名义进行,禁止以个人名义从自营账户中调入、调出资金,禁止从自营账户中提取现金。

案例4-1 "老鼠仓"的秘密

"老鼠仓"是指庄家在用公有资金拉升股价之前先用个人(机构负责人、操盘手及其亲属、关系户)的资金在低位建仓,待公有资金拉升到高位后卖出获利。

2010年4月,X证券公司的"老鼠仓"事件曝光,一位自称是X证券公司内部员工的人在网上举报称,该证券公司某部门副总经理Y利用自己的职权,跟踪公司自营账户买卖;并提供了Y亲属的交易账户与X证券公司自营账户的"对照交割单"。

X证券公司随即发表公开声明,称Y违反相关法规的规定,用其家属名义开立股票账户进行股票交易的情况属实,并随即撤销其行政职务,暂停其工作。在声明中,X证券公司并没有使用敏感的"老鼠仓"这一说法,而称"其系个人违规进行股票交易行为"。

基金行业的"老鼠仓"一直是相关部门监管的重点,自从投摩根基金被举报有"老鼠仓"并被查实后,相关部门对"老鼠仓"的打击力度逐渐加大。2009年2月28日出台的《刑法修正案(七)》,将严重的"老鼠仓"行为认定为刑事犯罪。

(资料来源:证券日报,2003—3—10)

2. 确定运作原则

应明确自营部门在日常经营中自营总规模的控制、资产配置比例控制、项目集中度控制和单个项目规模控制等原则。完善可投资证券品种的投资论证机制,建立证券池制度。自营业务部门只能在确定的自营规模和可承受风险限额内,从证券池内选择证券进行投资。建立健全自营业务运作止盈止损机制。止盈止损的决策、执行与实效评估应当符合规定的程序并进行书面记录。

3. 建立运作流程

建立严密的自营业务运作流程,确保自营部门及员工按规定程序行使相应的职责;应重点加强投资品种的选择及投资规模的控制、自营库存变动的控制,明确自营操作指令的权限及下达程序、请示报告事项及程序等。投资品种的研究、投资组合的制定和决策以及交易指令的执行应当相互分离,并由不同人员负责;交易指令执行前应当经过审核,并强制留痕。同时,应建立健全自营业务数据资料备份制度,并由专人负责管理。

4. 专人负责清算

自营业务的清算应当由公司专门负责结算托管的部门指定专人完成。

第四节 融资融券业务

一、融资融券业务概述

(一)融资融券的概念

国务院《证券公司监督管理条例》规定,融资融券业务是指在证券交易所或者国务院批准的其他证券交易场所进行的证券交易中,证券公司向客户出借资金供其买入证券或者出借证券供其卖出,并由客户交存相应担保物的经营活动。

(二)融资融券业务管理的基本原则

开展融资融券业务试点的证券公司从事融资融券业务应遵守以下原则:

1. 合法合规原则

证券公司开展融资融券业务应遵守法律、行政法规和有关管理办法的规定,加强内部控制,严格防范和控制风险,切实维护客户资产的安全。证券公司开展融资融券业务必须经证监会批准。未经证监会批准,任何证券公司不得向客户融资、融券,也不得为客户与客户、客户与他人之间的融资融券活动提供任何便利和服务。证券公司向客户融资,应当使用自有资金或者依法筹集的资金;向客户融券,应当使用自有证券或者依法取得处分权的证券。

2. 集中管理原则

证券公司对融资融券业务实行集中统一管理。证券公司融资融券业务的决策和主要管理职责应集中于证券公司总部。公司应建立完备的融资融券业务管理制度、决策与授权体系、操作流程和风险识别、评估与控制体系。

融资融券业务的决策与授权体系原则上按照"董事会—业务决策机构—业务执行部门—分支机构"的架构设立和运行。

董事会负责制定融资融券业务的基本管理制度,决定与融资融券业务有关的部门设置及各部门职责,确定融资融券业务的总规模。

业务决策机构由有关高级管理人员及部门负责人组成,负责制定融资融券业务操作流程,选择可从事融资融券业务的分支机构,确定对单一客户和单一证券的授信额度、融资融券的期限和利率(费率)、保证金比例和最低维持担保比例、可充抵保证金的证券种类及折算率、客户可融资买入和融券卖出的证券种类。

业务执行部门负责融资融券业务的具体管理和运作,制定融资融券合同的标准文本,确定对具体客户的授信额度,对分支机构的业务操作进行审批、复核和监督。

分支机构在公司总部的集中监控下,按照公司的统一规定和决定,具体负责客户征信、签约、开户、保证金收取和交易执行等业务操作。证券公司应当加强对分支机构融资融券业务活动的控制,禁止分支机构未经总部批准向客户融资、融券,禁止分支机构自行决定签约、开户、授信、保证金收取等应当由总部决定的事项。

3. 独立运行原则

证券公司应当健全业务隔离制度,确保融资融券业务与证券资产管理、证券自营、投资银行等业务在机构、人员、信息、账户等方面相互分离、独立运行。

4. 岗位分离原则

证券公司融资融券业务的前台、中台、后台应当相互分离、相互制约。各主要环节应当分别由不同的部门和岗位负责,负责风险监控和业务稽核的部门和岗位应当独立于其他部门和岗位,分管融资融券业务的高级管理人员不得兼管风险监控部门和业务稽核部门。

二、融资融券交易操作

(一)融资融券交易的一般规则

1.证券公司接受客户融资融券交易委托,应当按照交易所规定的格式申报。申报指令应包括客户的信用证券账户号码、席位代码、标的证券代码、买卖方向、价格、数量、融资融券标识等内容。

2.融资买入、融券卖出的申报数量应当为100股(份)或其整数倍。

3.融券卖出的申报价格不得低于该证券的最新成交价;当天没有产生成交的,申报价格不得低于其前一日的收盘价。低于上述价格的申报为无效申报。

4.客户融资买入证券后,可通过卖券还款或直接还款的方式向证券公司偿还融入资金。

5.客户融券卖出后,可通过买券还券或直接还券的方式向证券公司偿还融入证券。

6.客户卖出信用证券账户内证券所得价款,须先偿还其融资欠款。

7.未了结相关融券交易前,客户融券卖出所得价款除买券还券外不得他用。

8.客户信用证券账户不得买入或转入除担保物和交易所规定标的证券范围以外的证券,不得用于从事交易所债券回购交易。

9.客户未能按期交足担保物或者到期未偿还融资融券债务的,证券公司应当根据约定采取强制平仓措施,处分客户担保物,不足部分可以向客户追索。

10.证券公司根据与客户的约定采取强制平仓措施的,应按照交易所规定的格式申报强制平仓指令。申报指令应包括客户的信用证券账户号码、席位代码、标的证券代码、买卖方向、价格、数量、平仓标识等内容。

(二)标的证券

客户融资买入、融券卖出的证券,不得超出证券交易所规定的范围。可作为融资买入或融券卖出的标的证券(以下简称"标的证券"),一般是在交易所上市交易并经交易所认可的四大类证券,即符合交易所规定的股票、证券投资基金、债券、其他证券。

1. 标的证券为股票的,应当符合下列条件

(1)在本所上市交易超过3个月。

(2)融资买入标的股票的流通股本不少于1亿股或流通市值不低于5亿元,融券卖出标的股票的流通股本不少于2亿股或流通市值不低于8亿元。

(3)股东人数不少于4 000人。

(4)在最近3个月内没有出现下列情形之一:日均换手率低于基准指数日均换手率的15％,且日均成交金额小于5 000万元;日均涨跌幅平均值与基准指数涨跌幅平均值的偏离值超过4％;波动幅度达到基准指数波动幅度的5倍以上。

(5)股票发行公司已完成股权分置改革。

(6)股票交易未被本所实施风险警示。

(7)本所规定的其他条件。

2. 标的证券为交易型开放式指数基金的,应当符合下列条件

(1)上市交易超过5个交易日。

(2)最近5个交易日内的日均资产规模不低于5亿元。

(3)基金持有户数不少于2 000户。

(4)本所规定的其他条件。

3. 标的证券为上市开放式基金的,应当符合下列条件

(1)上市交易超过5个交易日。

(2)最近5个交易日内的日平均资产规模不低于5亿元。

(3)基金持有户数不少于2 000户。

(4)基金份额不存在分拆、合并等分级转换情形。

(5)本所规定的其他条件。

4. 标的证券为债券的,应当符合下列条件

(1)债券托管面值在1亿元以上。

(2)债券剩余期限在1年以上。

(3)债券信用评级达到AA级(含)以上。

(4)本所规定的其他条件。

(三)保证金及担保物管理

证券公司向客户融资融券,应当向客户收取一定比例的保证金。保证金可以标的证券以及交易所认可的其他证券充抵。

1. 有价证券充抵保证金的计算

充抵保证金的有价证券,在计算保证金金额时,应当以证券市值按下列折算率进行折算:上证180指数成分股股票及深证100指数成分股股票折算率最高不超过70％,其他股票折算率最高不超过65％;交易所交易型开放式指数基金折算率最高不超过90％;国债折算率最高不超过95％;其他上市证券投资基金和债券折算率最高不超过80％。

交易所遵循审慎原则,审核、选取并确定试点初期可充抵保证金证券的名单,并向市场公布。交易所可根据市场情况调整可充抵保证金证券的名单和折算率。证券公司公布的可充抵保证金证券的名单,不得超出交易所公布的可充抵保证金证券范围。证券公司可以根据流动性、波动性等指标对可充抵保证金的各类证券确定不同的折算率,但证券公司公布的折算率不得高于交易所规定的标准。

2. 融资融券保证金比例及计算

客户融资买入证券时,融资保证金比例不得低于50％。融资保证金比例是指客户融资买入时交付的保证金与融资交易金额的比例,计算公式为:

$$融资保证金比例 = 保证金/(融资买入证券数量 \times 买入价格) \times 100\%$$

客户融券卖出时,融券保证金比例不得低于50％。

融券保证金比例是指客户融券卖出时交付的保证金与融券交易金额的比例,计算公式为:

融券保证金比例＝保证金/(融券卖出证券数量×卖出价格)×100％

3. 保证金可用余额及计算

客户融资买入或融券卖出时所使用的保证金不得超过其保证金可用余额。保证金可用余额是指客户用于可充抵保证金的现金、证券市值及融资融券交易产生的浮盈经折算后形成的保证金总额，减去客户未了结融资融券交易已占用保证金和相关利息、费用的余额。其计算公式为：

保证金可用余额＝现金＋∑(可充抵保证金的证券市值×折算率)＋∑[(融资买入证券市值－融资买入金额)×折算率]＋∑[(融券卖出金额－融券卖出证券市值)×折算率]－∑融券卖出金额－∑融资买入证券金额×融资保证金比例－∑融券卖出证券市值×融券保证金比例－利息及费用

公式中，融券卖出金额＝融券卖出证券的数量×卖出价格，融券卖出证券市值＝融券卖出证券数量×市价，融券卖出证券数量指融券卖出后尚未偿还的证券数量；∑[(融资买入证券市值－融资买入金额)×折算率]、∑[(融券卖出金额－融券卖出证券市值)×折算率]中的折算率是指融资买入、融券卖出证券对应的折算率，当融资买入证券市值低于融资买入金额或融券卖出证券市值高于融券卖出金额时，折算率按100％计算。

4. 客户担保物的监控

证券公司向客户收取的保证金以及客户融资买入的全部证券和融券卖出所得全部资金，整体作为客户对证券公司融资融券债务的担保物。证券公司应当对客户提交的担保物进行整体监控，并计算其维持担保比例。维持担保比例是指客户担保物价值与其融资融券债务之间的比例，计算公式为：

维持担保比例＝(现金＋信用证券账户内证券市值总和)/(融资买入金额＋融券卖出证券数量×当前市价＋利息及费用总和)

客户信用证券账户内的证券，出现被调出可充抵保证金证券范围、被暂停交易、被实施风险警示等特殊情形或者因权益处理等产生尚未到账的在途证券，证券公司在计算客户维持担保比例时，可以根据与客户的约定按照公允价格或其他定价方式计算其市值。

客户维持担保比例不得低于130％。当该比例低于130％时，证券公司应当通知客户在2个工作日内追加担保物。客户追加担保物后的维持担保比例不得低于150％。

维持担保比例超过300％时，客户可以提取保证金可用余额中的现金或充抵保证金的有价证券，但提取后维持担保比例不得低于300％。交易所认为必要时，可以调整融资、融券保证金比例及维持担保比例，并向市场公布。证券公司公布的融资保证金比例、融券保证金比例及维持担保比例，不得超出交易所规定的标准。证券公司应按照不同标的证券的折算率相应地确定其保证金比例。客户不得将已设定担保或其他第三方权利及被采取查封、冻结等司法措施的证券提交为担保物，证券公司不得向客户借出此类证券。

第五节　证券做市商业务

一、证券做市商业务的内涵

证券做市商业务是指投资银行运用自己的账户从事证券买卖，通过维持证券交易报价的均衡性和连续性，从而为证券市场创造证券价格的稳定性和市场的流动性，并从买卖报价的差额中获取利润的一项业务。在证券做市商业务中,投资银行充当做市商(dealers)的角色。做市商是在证券二级市场上不断向公众投资者报出某些特定证券的买卖价格(双向报价),并在该价位上接受投资者的买卖要求,以自有资金和证券与投资者进行交易,并从中获利的证券自营商。

与证券经纪商相比,做市商不依靠佣金收入,而是靠买卖差价来赚取收入。另外,尽管做市商与自营商一样都是靠买卖差价来赚取收入,但两者之间也有明显差别:第一,做市商从事交易的主要动机是创造市场并从中获利,而自营商持有证券头寸是希望从价格变动中获利;第二,做市商通常在买卖报价所限定的狭窄范围内从事交易,所赚的差价是有限的,因而做市商冒的风险相对小一些,而自营商是为从差价中赚取盈利,差价越大越好,相应风险也较大。

案例 4-2　做市商

"做市商"的起源是一个偶然。1875 年,在纽约证券交易所,所有的证券经纪商都拿着客户的委托单在交易所大厅里来回走动,以减价的方式向别的证券经纪商竞买和竞卖。有一天,一个叫鲍德的经纪商把腿摔断了,他不能在大厅里跑来跑去为客户买卖证券。因此,非常苦恼。后来,他终于想出了一个办法,他搬来一把椅子,坐在大厅里,左手举着买价,右手举着卖价,宣称只买卖西方联合公司的股票,而大厅里其余的经纪商只要接到西方联合公司股票的订单,自然来找鲍德,所有的经纪商都因此得到了方便,鲍德也获得了买卖之间的差价。这样,他无意中开创了一种新的股票交易方式,与"竞价交易"完全不同的"报价交易"方式,而从事"报价交易"的证券交易商,便被称为"做市商"。如今,鲍德坐过的椅子已成为文物,收藏在纽约证券交易所里,但"报价交易"却保留了下来,并逐渐演变成了成熟证券市场上流行的交易制度。

在"做市商"制度下,证券的买卖双方无须等待对方的出现,只要有"做市商"出面承担另一方的责任,交易便算完成。为确保每一只股票在任何时候交投活跃,通常每个"做市商"需要用足够的自有资金,先期购入足够的做市证券作为库存,以随时应付任何买卖。然后,"做市商"便不断向投资者进行连续的买卖双向报价,并随时准备在其所报价位上,接受任何投资者的买卖要求,当接到投资者卖出该种证券的指令时,以自有资金执行买入;当接到投资者购买该种证券的订单时,用其库存证券执行卖出;如果数量不够,就需要向其他"做市商"买足,以完成其交易承诺。这样,"做市商"仿佛构造了一个证券的"蓄水池",用自己的资金,以"为卖而买"和"为买而卖"的方式,联合了证券买卖双方,引导市场活动。同时,也为证券转手大行方便,从而维持了证券的正常交易和价格稳定。

二、做市商制度的特点

(1)做市商对特定证券做市,就该证券给出买进和卖出报价,且随时准备在该价位上买进或卖出。

(2)客户的买进订单和卖出订单不直接匹配,相反,所有客户均与做市商进行交易,做市商充当类似于银行的中介角色。

(3)做市商从其买进价格和卖出价格之间的差额中赚取差价。

(4)做市商有义务维护市场交易的连续和价格稳定。在价格大幅波动时,垄断做市商有义务维持市场的稳定。如果市场存在多个做市商,在市场波动过于剧烈时,某个做市商觉得风险过大,也可以退出做市,不进行交易,其退出不会影响市场的正常运作。

(5)在大多数做市商市场上,做市商的报价和客户的买卖订单都是通过电子系统传送的。

三、做市商制度的类型

做市商制度是欧美金融市场早期在柜台市场条件下为了促成交易或者降低交易成本而引入的制度安排,现在已经广泛地被债券、外汇、股票及衍生品等各类场内和场外金融市场所采用。

(一) 按照是否具备竞争性,做市商制度分为垄断型和竞争型

1. 垄断型做市商制度。每只证券有且仅有一个做市商,这种制度的典型代表是纽约证券交易所,垄断的做市商是每只证券唯一的提供双边报价并享受相应权利的交易商,必须具有很强的信息综合能力,能对市场走向做出准确的预测,因其垄断性通常也可以获得高额利润,这种类型的优点在于责任明确,便于交易所的监督考核,缺点是价格的竞争性较差。

2. 竞争型做市商制度。又叫多元做市商制度(Multiple Dealer System),即每只证券有多个做市商,且在一定程度上允许做市商自由进入或退出,这种制度的典型代表是美国的"全美证券协会自动报价系统"(NASDAO系统),自1980年以来,该市场的平均单位证券的做市商数目不低于7个。目前,平均每只证券有10家做市商,一些交易活跃的股票要有40家或更多的做市商。多元做市商制度的优点是通过做市商之间的竞争,减少买卖价差,降低交易成本,也会使价格定位更准确。在价格相对稳定的前提下,竞争也会使市场比较活跃,交易量增加。但由于每只证券有几十个做市商,使各个做市商拥有的信息量相对分散,降低了市场预测的准确度,减少了交易利润,同时也降低了做市商承受风险的能力。

(二) 根据和竞价制度的共存模式,做市商制度分为纯粹型和混合型

所谓纯粹型做市商制度,是指某一产品的交易完全通过做市商来完成。所谓混合型做市商制度,是指某一产品的交易既可能通过竞价交易完成,又可能通过做市商来完成,属于竞价和做市商共存的模式。

1. 纯粹型做市商模式。目前纯粹型做市商模式主要存在于场外市场,少数场内市场也采用纯粹型做市商模式。纯粹型做市商模式大体上可以分为场外零售市场、场外机构市场、场内市场三种。

(1) 场外零售市场纯粹型做市商模式。场外零售市场主要指中介机构通过为个人投资者提供买卖报价,满足个人投资者买卖需求的市场。这类市场的特点是中介机构为了满足个人投资者的需求,为个人投资者进行做市。主要代表是1997年前的纳斯达克(NASDAQ)市场,当时的个人投资者仍然只能与做市商进行交易,却无法通过网上系统与其他投资者直接交易。

(2) 场外机构市场纯粹型做市商模式。这种模式主要指在机构间市场里,某一机构通过为其他机构提供买卖报价,满足其他机构投资者买卖需求的市场。由于机构市场具有交易量大、交易频率低的特点,即使给予较大的让价仍难以找到对手盘。为了增加交易机会和活跃市场,需要引入做市商作为对手盘,因而形成了场外机构市场的纯粹型做市商模式。这类模式的主要代表有我国的银行间债券市场和银行间外汇市场。

(3) 场内市场纯粹型做市商模式。这种模式主要应用在流动性较差的部分场内市场,尤其是创业板市场。具体形式是交易所通过指定部分中介机构作为做市商,个人投资者或者其他机构投资者通过与做市商进行交易而完成自己的买卖,主要代表有1998—2008年的日本证券商自动报价系统(JASDAQ)。1991年10月,日本建立了JASDAQ,沿用了主板市场的竞价交易制度。由于JASDAQ市场上部分股票流动性不强,对投资者缺乏吸引力,因此从1998年

12月开始,JASDAQ尝试在部分股票上引入了做市商制度,并切断其竞价交易系统的交易。2004年,JASDAQ获准成为证券交易所。到2008年3月,978只JASDAQ交易股票中只有199只在采用做市商的制度,因此做市商制度被宣告停止。从2008年3月24日开始,JASDAQ市场的交易全部采用连续竞价拍卖的交易制度。从2008年4月1日开始,作为做市商制度的升级,JASDAQ市场导入流动性提供商(LP)制度、以促进市场活跃。

2. 混合型做市商模式。混合型做市商模式主要存在于场内市场,这种模式的特点是竞价交易和做市商交易同时存在,现在很多场外市场也逐渐具有了这种混合交易的特征。这种模式大体上也可以分为单一做市商、完全竞争多做市商和不完全竞争多做市商三种。

(1)单一做市商模式。在这种模式下,每只证券仅有唯一的做市商,因此,该模式又称为垄断做市商模式。这种模式因做市商的垄断地位而容易导致买卖价差较大,执行成本较高,因此采用这种模式的市场较少,主要有纽约证券交易所。之后,纽交所从专家制(Specialist System)改为指定做市商制(Designated Market Maker),但仍然没有改变单一做市商的特征。

(2)完全竞争多做市商模式。这种模式有多个做市商同时做市,各做市商的权利、义务都一样,处于完全竞争状态。主要代表有美国纳斯达克(NASDAQ)、中国香港期货交易所、中国台湾期货交易所、韩国交易所等市场。例如,目前纳斯达克的每一家挂牌公司至少有两家做市商,平均每只股票有近10个做市商,一些交投活跃的股票甚至超过50个做市商。

(3)不完全竞争多做市商模式。这种模式同样有多个做市商同时做市,但各做市商的权利、义务不尽相同,表现为同一产品上有不同的做市商类型。目前国际成熟市场多数都采用这种模式,如芝加哥期权交易所(CBOE)、欧洲期货交易所(EUREX)等。

芝加哥期权交易所(CBOE)有一般做市商、指定做市商、电子交易指定做市商等不同类型。一般做市商是个人或公司,在交易所登记,只能自营,不能代理,没有优先权;指定做市商都是交易所会员,作为某种证券的做市商,既可以自营,又可以代理,还管理指定证券的报价工作。

欧洲期货交易所(EUREX)有指定做市商、一般做市商、永久做市商、高级做市商四种不同类型,这四类做市商的权利和义务都不一样。指定做市商适用于期货品种,其他三类主要适用于期权。其中一般做市商只负责询价回答,适用于流动性差的期权;永久做市商适用于所有期权;高级做市商适用于事先定好的股票期权和固定收益期权。

四、做市商制度的优、缺点

(一)做市商制度的优点

1. 成交及时。客户可按做市商报价立即进行交易,而不用等待交易对手的买卖指令。特别是做市商制度在处理大额买卖指令方面的及时性,更是竞价制度所不可比的。

2. 价格稳定性。做市商具有平抑价格波动的功能。这是因为,做市商报价受交易所规则约束,能及时处理大额指令,减缓它对证券价格变化的影响,在买卖出现不均衡时,做市商插手其间,可平抑价格波动。

3. 矫正买卖指令不均衡现象。在发生买卖不均衡的时候,做市商可以及时采取措施,通过承接买单或卖单来缓和买卖指令的不均衡,并平抑相应的价格波动。

4. 抑制证券价格操纵。做市商对某种证券持仓做市,使得证券价格操纵者会有所顾忌。证券价格操纵者既不愿意"抬轿",又担心做市商抛压,抑制证券价格。这对我国证券市场来说尤其具有重要意义。

(二)做市商制度的缺点

1. 缺乏透明度。在报价驱动制度下，买卖盘信息集中于做市商手中，交易信息发布到整个市场的时间相对滞后。为抵消大额交易对价格的可能影响，做市商可能会要求推迟发布或免发布大额交易信息。

2. 增加客户负担。做市商聘用专门操作人员，投入大量资金购买设备，承担做市义务，具有较大风险。因此，做市商会对其提供的服务和所承担的风险要求补偿，如提高交易费用等，这将会增大运行成本，增加客户的负担。

3. 可能增加监管成本。采取做市商制度，要制定详细的监管制度与做市商运作规则，并动用资源监管做市商活动。这些成本费用最终也会由客户来承担。

4. 可能滥用特权。做市商的经纪角色与做市商功能可能存在冲突，另外做市商之间可能会合谋串通，这都需要进行强有力的监管。

五、投资银行开展做市商业务的原因及风险

(一)投资银行开展做市商业务的原因

1. 开展新的盈利模式。在投资银行原有业务的基础之上，开展做市商业务可以从买卖报价中赚取差价，这可以看作市场对做市商发挥维持市场功能的报酬。在市场比较稳定时，做市商提供买卖报价，应交易对手的请求成交，只要价格准确，符合市场供求关系，他们就在市场上不断买卖证券，所持头寸就可保持相对稳定，并同时赚取买卖差价。如果做市商报价高于市场均衡时的出清价，就会有更多的人愿意向他出售证券，致使做市商买进的股票数量超过卖出的数量，他的头寸，即股票存量就会上升，发出降低报价的信号；相反，其证券存货将减少，甚至可能为空头(负数)。作为做市商是不希望他所持有的股票大起大落的，所以他必须控制头寸并相应地调整他的价格。买卖价差的高低一般取决于做市商选择的证券种类和竞争对手数量，若目标证券活跃，竞争者众多，则买卖价差会相应减少。

2. 发挥自身定价技巧，便利承销业务的开展。做市商业务可以使投资银行在二级市场上积累丰富的定价经验，获得娴熟的定价技巧，并培养一批拥有先进资产定价知识的人才，投资银行将这种定价技术运用到一级市场新股发行中，就能在承销和分销业务中为发行公司订立一个较优的发行价格，为发行公司尽可能募集到更多的资金，并降低发行风险。投资银行也可因此获得业界更多的认可，增强其在发行和承销业务中的竞争能力。

(二)做市商业务面临的风险

与自营业务相似，投资银行进行做市业务也要面临风险。由于投资者购买和出售股票的决定常常不能配合，因此做市商必然主动或被动地保有一定的头寸，股票价格瞬息万变，这部分头寸必然要承担价格风险。

价格风险主要包括系统性风险和非系统性风险。由于价格水平变动基本上不受做市商控制，系统性风险和部分非系统性风险是垄断做市商也难以预见的，所以风险管理是做市商成功操作的重要要素。一般来说，系统性风险要比非系统性风险容易管理。对付系统性风险，做市商可以根据它预期会遭受风险的头寸数额购买相应数量的股票指数期货来防范，而非系统性风险却难以防范。如果一家投资银行充当多种股票的做市商，且这些股票的结构同市场上的股票的构成结构相同或相近，那么这家投资银行的做市业务从理论上来说只遭受系统性风险，而不会遭受非系统性风险。但是，这种投资银行在现实中是极为少见的。

六、我国证券市场的做市商制度

我国做市商制度的探索和运用始于证券市场。成立于1990年12月的原"全国证券交易自动报价系统(STAQ)"曾经试行做市商制度。由于是在市场规则极不规范的环境下运行,因而最终停止运行。随着我国证券市场的迅猛发展,做市商制度广泛应用到多层次金融市场领域。

(一)银行间债券市场的做市商制度

我国银行间债券市场做市商制度的发展历程起步于2001年的双边报价制度。2001年4月,中国人民银行发布了《关于规范和支持银行间债券市场双边报价业务有关问题的通知》,详细规定了双边报价商的申请条件和双边报价业务规范;同年8月,中国人民银行批准中国工商银行、中国农业银行等9家商业银行为首批双边报价商,构建了初步意义上的债券做市商制度。

随着市场的不断发展,双边报价机制不能完全适应市场发展的需要,尤其是在债券行情走低时,凸显了很多问题,如为了避免被动持仓风险,双边报价商的报价多次出现中断现象;报价的券种日趋减少,或者流于形式;虽有报价,但买卖价差过大,远远偏离市场等。另外,双边报价机制在促进市场流动性提高方面的作用发挥还不够充分,如2004年、2005年通过双边报价达成的交易量分别只占同期双边报价总量的2.88%和3.42%。

2007年1月,中国人民银行颁布《全国银行间债券市场做市商管理规定》,确定了银行间债券市场做市商制度的基本框架,降低了做市商准入标准,进一步加大了对做市商的政策支持力度,标志着我国做市商制度的正式建立。2008年,银行间市场交易商协会发布了《银行间债券市场做市商工作指引》,建立了做市商评价指标体系,并在2010年进行修订。之后,做市商队伍不断扩大,主体涵盖了主要的中外资银行和证券公司。

2014年6月11日,全国银行间同业拆借中心发布了《银行间债券市场尝试做市业务规程》,规范尝试做市业务(是指尝试做市机构通过交易中心交易系统连续报出做市债券买卖双边报价,以及根据其他银行间债券市场参与者的报价请求合理报价,并按其报价与其他市场参与者达成交易的行为)。做市机构的扩充有利于改善投资者结构问题,还能通过尝试做市制度进行公开连续竞价,提升市场的活跃度和价格透明度,同时也有助于提升国债期货价格的有效性。2016年8月,银行间交易商协会发布《银行间债券市场做市业务指引》和《银行间债券市场做市业务评价指标体系》,根据当前市场变化,完善做市商制度和评价指标。

2016年9月,财政部联合中国人民银行发布《国债做市支持操作规则》,支持国债做市,为做市商制度查缺补漏,提高做市商的做市积极性。

截至2017年4月,银行间债券市场共有做市商30家,尝试做市机构51家(44家综合做市机构、7家专项做市机构)。

(二)"新三板"市场的做市商制度

2001年,为解决主板市场退市公司与两个停止交易的法人股市场公司的股份转让问题,由中国证券业协会出面,协调部分证券公司设立了代办股份转让系统,被称为"三板"。2006年,中关村科技园区非上市股份公司进入代办转让系统进行股份报价转让,称为"新三板"。2012年,经国务院批准,决定扩大非上市股份公司股份转让试点,首批扩大试点新增上海张江高新技术产业开发区、武汉东湖新技术产业开发区和天津滨海高新区。2013年12月31日起，股转系统面向全国接收企业挂牌申请。目前，"新三板"（全国中小企业股份转让系统，简称"全国股转系统"）是经国务院批准，依据证券法设立的继上交所、深交所之后第三家全国性证券交易场所，也是我国第一家公司制运营的证券交易场所。

2013年年底，随着"新三板"市场扩容至全国所有符合条件的企业，使其获得跨越式发展。然而，"新三板"市场的快速发展也使得至关重要的流动性不足问题逐步凸显出来。为增强"新三板"市场流动性、活跃市场交易，2014年8月全国股转系统首次引入做市商制度。基于境外市场的经验和"新三板"市场的特点，全国股转系统选择采用传统竞争性做市商制度，主要目的是发挥做市商在提供流动性、价格发现和稳定市场方面的功能，解决挂牌股票估值难、流动性不足的难题。因此，证券公司和"新三板"企业的关系不仅仅是主办券商（推荐挂牌和持续督导），还有为其提供做市业务。目前，我国"新三板"市场股票交易转让方式主要有集合竞价和做市转让两种。

截至2020年10月20日，新三板共有570只股票采取做市转让的交易方式。其中，250家属于创新层公司，占比43.86%。2020年以来，成交额超过1亿元的做市交易股票有68只。这68只股票贡献了超过八成的做市交易成交额，做市成交额居前的18只股票贡献了一半份额，头部效应显著。共有111只做市交易股票的做市商数量在5家及以上。其中，21只股票超过10家，华强方特、粤开证券、圣泉集团、新道科技等挂牌公司的做市商数量居前。

"新三板"做市转让的有关规定：

1. 股票转让方式。股票可以采取做市转让方式、竞价转让方式、协议转让方式进行转让。

有两家以上做市商为其提供做市报价服务的股票，可以采取做市转让方式；除采取做市转让方式的股票外，其他股票采取竞价转让方式。

单笔申报数量或转让金额符合全国股份转让系统规定标准的股票转让，可以进行协议转让。

因收购、股份权益变动或引进战略投资者等原因导致的股票转让，可以申请进行特定事项协议转让。特定事项协议转让的具体办法另行制定。

2. 做市转让的条件。股票挂牌时拟采取做市转让方式的，应当具备以下三个条件：

（1）两家以上做市商同意为申请挂牌公司股票提供做市报价服务，且其中一家做市商为推荐该股票挂牌的主办券商或该主办券商的母（子）公司。

（2）做市商合计取得不低于申请挂牌公司总股本5%或100万股（以最低为准），且每家做市商不低于10万股的做市库存股票。

（3）全国股转公司规定的其他条件。

3. 股票转让方式的变更。挂牌公司提出申请并经全国股份转让系统公司同意，可以变更股票转让方式。

（1）采取做市转让方式的股票，挂牌公司申请变更为集合竞价转让方式的，应当符合以下条件：该股票所有做市商均已满足《转让细则》关于最低做市期限的要求，且均同意退出做市；全国股转公司规定的其他条件。

（2）采取做市转让方式的股票，为其做市的做市商不足两家，且未在30个转让日内恢复为两家以上做市商的，如挂牌公司未按规定提出股票转让方式变更申请，其转让方式将强制变更为竞价转让方式。

(3)采取集合竞价转让方式的股票,挂牌公司申请变更为做市转让方式的,应当符合以下条件:两家以上做市商同意为该股票提供做市报价服务,并且每家做市商已取得不低于10万股的做市库存股票;全国股转公司规定的其他条件。

4. 做市转让方式。我国"新三板"市场做市转让应符合以下条件:

(1)做市商应在全国股份转让系统持续发布买卖双向报价,并在其报价数量范围内按其报价履行与投资者的成交义务。做市转让方式下,投资者之间不能成交。全国股份转让系统公司另有规定的除外。

(2)投资者可以采用限价委托方式委托主办券商买卖股票;全国股份转让系统接受主办券商的限价申报,做市商的做市申报;全国股份转让系统接受限价申报,做市申报的时间为每个转让日的9:15~11:30、13:00~15:00;全国股份转让系统公司可以调整接受申报的时间。

(3)做市商应最迟于每个转让日的9:30开始发布买卖双向报价,履行做市报价义务;做市商每次提交做市申报应当同时包含买入价格与卖出价格,且相对买卖价差不得超过5%;相对买卖价差计算公式为:

$$相对买卖价差=(卖出价格-买入价格)\div 卖出价格\times 100\%$$

(4)做市商持有库存股票不足1 000股时,可以免于履行卖出报价义务;单个做市商持有库存股票达到挂牌公司总股本20%时,可以免于履行买入报价义务。出现以上情形,做市商应及时向全国股份转让系统公司报告并调节库存股票数量,并最迟于该情形发生后第3个转让日恢复正常双向报价。

(5)每个转让日的9:30~11:30、13:00~15:00为做市转让撮合时间;做市商每个转让日提供双向报价的时间应不少于做市转让撮合时间的75%。

(6)全国股份转让系统对到价的限价申报即时与做市申报进行成交;如有两笔以上做市申报到价的,按照"价格优先、时间优先"原则成交。成交价以做市申报价格为准,限价申报之间、做市申报之间不能成交。

5. 做市商管理。证券公司在全国股份转让系统开展做市业务前,应向全国股份转让系统公司申请备案。

(1)做市商开展做市业务,应通过专用证券账户进行;做市专用证券账户应向中国结算和全国股份转让系统公司报备;做市商不再为挂牌公司股票提供做市报价服务的,应将库存股票转出做市专用证券账户。

(2)做市商证券自营账户不得持有其做市股票或参与做市股票的买卖。

(3)做市商的做市库存股票可通过以下方式取得:股东在挂牌前转让;股票发行;在全国股票转让系统买入;其他合法方式。

(4)挂牌时采取做市转让方式的股票,后续加入的做市商须在该股票挂牌满3个月后方可为其提供做市报价服务;采取做市转让方式的股票,后续加入的做市商应当向全国股份转让系统公司提出申请;全国股转公司接受申请的时间为每个转让日的15:30~17:00。

(5)挂牌时采取做市转让方式的股票和由其他转让方式变更为做市转让方式的股票,其初始做市商为股票做市不满6个月的,不得退出为该股票做市;后续加入的做市商为股票做市不满3个月的,不得退出为该股票做市;做市商退出做市的,应当事前提出申请并经全国股份转让系统公司同意;做市商退出做市后,1个月内不得申请再次为该股票做市。

本章小结 >>>

1. 证券公司的业务主要包括经纪业务、自营业务与融资融券业务。
2. 证券交易是指已发行的证券在证券市场上买卖的活动。证券交易与证券发行有着密切的联系,两者相互促进、相互制约。
3. 在证券交易所市场中,证券交易的基本程序包括开户、委托、成交、结算等步骤。
4. 证券经纪业务是指证券公司通过其设立的证券营业部,接受客户委托,按照客户的要求代理客户买卖证券的业务。在证券经纪业务中,证券公司不赚取买卖价差,只收取一定比例的佣金作为业务收入。
5. 证券自营业务是指经中国证监会批准经营证券自营业务的证券公司用自有资金和依法筹集的资金,用自己名义开立的证券账户买卖依法公开发行的证券或中国证监会认可的其他有价证券,以获取盈利的行为。
6. 证券经纪业务的程序包括:申请会员资格和席位、开通业务的准备、受理投资者委托、代理证券买卖、竞价与成交、清算交割。
7. 融资融券业务是指在证券交易所或者国务院批准的其他证券交易场所进行的证券交易中,证券公司向客户出借资金供其买入证券或者出借证券供其卖出,并由客户交存相应担保物的经营活动。
8. 证券做市商是指投资银行运用自己的账户从事证券买卖,通过维持证券交易报价的均衡性和连续性,从而为证券市场创造证券价格的稳定性和市场的流动性,并从买卖报价的差额中获取利润的一项业务。
9. 按照是否具备竞争性,做市商制度分为:垄断型和竞争型;根据和竞价制度的共存模式,做市商制度分为:纯粹型和混合型。
10. 做市商制度的优点包括:成交及时、价格稳定性、矫正买卖指令不均衡现象、抑制证券价格操纵。
11. 做市商制度的缺点包括:缺乏透明度、增加客户负担、可能增加监管成本、可能滥用特权。
12. 投资银行开展做市商业务的原因包括:开展新的盈利模式和发挥自身定价技巧,便利承销业务的开展。做市商业务面临的风险主要是价格风险。
13. 我国证券市场的迅猛发展,做市商制度广泛应用到多层次金融市场领域主要包括:"新三板"市场的做市商制度和银行间债券市场的做市商制度。

思考题 >>>

1. 查找相关资料说明证券公司收入主要来自哪些业务?
2. 证券公司的经纪业务指的是什么?
3. 证券公司的自营业务指的是什么?
4. 证券公司的融资融券业务指的是什么?
5. 查找相关资料说明中金公司为什么会跌出券商第一梯队?

第五章

企业并购

> **案例导入** >>>
>
> 沃达丰(Vodafone)是英国较大的无线通信公司,曼内斯曼(Mannesmann)是德国第二大公司,以电信业务为主。这两家公司与美国的空中通信(Airtouch)在规模上、市值上差不多。沃达丰和曼内斯曼相约:任何一家如果受到来自空中通信的威胁,另一家应该出来拯救,充当白衣骑士。
>
> 然而,曼内斯曼没有想到的是1999年初沃达丰收购了空中通信,令曼内斯曼感到受到很大威胁,1999年10月,曼内斯曼突然收购了与沃达丰同处于英国本土的另一家移动通信公司奥兰奇(Orange)公司。沃达丰空中通信担心其挺进欧洲大陆的战略受挫,因而提出以1990亿美元收购曼内斯曼,整合欧洲的移动通信行业,此举被称为并购史上最具野心的收购。
>
> 这宗当时的史上最大收购案几乎集结了世界所有的顶尖的投资银行。沃达丰空中通信所请的投资银行是瑞银华宝和高盛,曼内斯曼所请的投资银行是摩根士丹利和美林。在全球,瑞银华宝调动了超过500名专业人士加入此项目。
>
> 最后,沃达丰空中通信和曼内斯曼达成了收购协议:58.96股沃达丰空中通信换1股曼内斯曼;曼内斯曼的股东占合并后集团的49.5%股份。沃达丰空中通信和曼内斯曼合并后,以2000年2月4日的市值计算,是在微软、美国通用、思科排名之后的世界第4大公司,市值高于英特尔、日本NTT、美孚。这两个公司合并之后成为世界上最大的电信公司。
>
> 案例思考:什么是并购?并购与反并购有哪些形式?投资银行如何参与并购呢?
>
> (资料来源:金融界网站)

人们常说,投资银行主要是搞资本运营的。收购兼并与资产重组是资本运营的高级形式,是投资银行施展自身特长的最适合的舞台。

收购兼并与资产重组是一个很广的概念,它包括了企业的存在形式、所有权、资产、负债、人员、业务等要素的重置。在企业并购重组过程中,投资银行可以发挥专业顾问的作用,为企业量身定做并购重组方案。投资银行作为资本运作高手,常常在资本市场中创造出让人眼花缭乱而惊叹不已的并购重组故事,体现了高超的资源整合能力和金融创新能力,有力地促进了企业的优化重组,创造了巨大的市场价值。

收购兼并与资产重组是一项充满挑战的任务,只有投身实践才能感受到并购过程的艰辛和乐趣,旁观者则很难获得切身体会。事实上转型期的中国经济本身就处在结构调整的大背景之中,企业并购重组一定会层出不穷,但愿本章列举的案例能够启发和帮助学习者寻找到一些接触并购的机会。

第一节 企业并购概述

一、并购的基本概念

与并购的含义密切相关的三个概念是合并、兼并、收购。合并(Consolidation)相当于我国《公司法》中的"新设合并",指两个或两个以上企业合成一个新的企业,特点是伴有产权关系的转移,多个法人变成一个新的法人(新设公司),原合并各方法人地位都消失,用公式表示就是A+B=C。一般意义上的兼并(Merger)则相当于我国《公司法》中的"吸收合并",即A公司兼并B公司,A公司保留存续(简称兼并公司),B公司解散(并入A公司,称为被兼并公司),丧失法人地位,用公式表示就是A+B=A。而正统意义上的收购(Acquisition)专门指A公司通过主动购买目标B公司的股权或资产,以获得对目标B公司的控制权,收购后的两个企业仍为两个法人,只是控制权发生转移,通常也只进行业务重组而非企业重组。

从经济意义上而不是从法律意义上来说,这三种方式通常并无大的差别。我们经常讨论的并购(M&A)是指上述三个概念的全部或部分含义。企业并购活动是在一定的财产权利制度和企业制度条件下进行的,在企业并购过程中,某一个或某一部分权利主体通过出让所拥有的对企业的控制权而获得相应的收益,另一个或另一部分权利主体则通过付出一定代价而获取这部分控制权。企业并购的过程实质上是企业权利主体不断变换的过程。

并购机制是一种利益分配机制,通过市场机制实现的成功企业并购行为必然伴随着可支配资源向高效企业集中。并购的过程同时也就是企业重组的过程,通过并购与重组,企业可以重新整合资源,获得新的发展动力。

案例5-1 通用公司——并购的产物

通用公司是美国三大汽车公司之一,一度是全球最大的汽车公司,而这家公司基本上是通过并购而形成的,这个特点使它明显异于对手福特公司、丰田公司这些由产业发展而来的公司。

通用公司的创始人杜兰特是一个企业管理者和成功的推销员,先后经营过木材厂、专利药品、雪茄和房地产。1886年,杜兰特开始建立一家马车制造公司,经过15年的精心经营和不断收购(杜兰特的企业最南到亚特兰大,最北到多伦多),成为当时美国最大的马车制造商。

1904年,杜兰特购买了别克公司股份,持有别克公司65%的股份并成为别克公司董事长。1908年,别克已经成为美国顶尖的汽车制造商,别克产品也成为当时市场上最畅销的一个品种。

1908年9月,作为一次资本运作,早期的通用公司成立并在数天后以375万美元的价格收购了别克公司,杜兰特开始运作对美国其他车企的并购而构建现在通用汽车公司的基本框架;他采用了换股收购的方式收购了包括凯迪拉克(Cadillac)、奥兹莫比尔(Oldsmobile)、奥克兰(Oakland,庞蒂亚克汽车公司的前身)在内的20多家汽车制造厂、汽车零部件制造厂及汽车销售公司。但在收购福特汽车的时候出现了麻烦,亨利·福特同意以800万美元的价格出售,但必须支付现金,最终这笔交易没有达成。

杜兰特认为汽车产品需要市场细分,通过各种款式和各种品牌来满足不同的收入阶层的不同喜好。通用生产凯迪拉克、别克、奥克兰、卡特凯特等十多种不同样式的汽车,给消费者提供了更多的选择余地。而福特汽车提倡的是"一个型号适合所有人"。

尽管通用公司的多品牌战略在一开始获得了成功,但是到1911年,通用汽车公司陷入了亏损的泥潭,出现了严重的资金危机。内因是扩张太快,下属企业缺少整合,没有形成统一的管理机制;外因是亨利·福特生产的T型车,由于价格低廉、没有任何装饰,变得更为畅销。最终,通用公司被摩根财团收购,杜兰特被逐出通用公司。

此后,杜兰特和雪佛兰创建了另外一家汽车公司,开始制造雪佛兰汽车,并将手中部分雪佛兰股份换成通用汽车的股份,最终于1916年将通用公司从银行家的控制下重新夺了回来,使其变成了雪佛兰的一家子公司。后来,杜兰特成立了股份制的新通用公司,通过新通用公司换股收购了老通用公司。到1920年,通用公司规模扩大为1916年的8倍。但是之后,通用公司遭遇了1920—1921年的严重危机,令杜邦和摩根财团实现了对通用公司的控制。

截至2009年,在金融危机重组之前,通用公司有7个分部,即GMC商用车分部、凯迪拉克分部、别克分部、雪佛兰分部、庞蒂亚克分部、奥兹莫比尔分部和土星分部。其中,只有土星分部是1985年通用公司为抵御外国轿车大规模进入美国市场而决定建立的,这是通用公司唯一从内部建立起来的公司,其他分部都是通过并购而建立的。

(资料来源:黄嵩,李昕旸.兼并与收购[M].北京:中国发展出版社,2008.)

二、并购的基本分类

(一)按并购前企业间市场关系分类

1. 横向并购

横向并购是指并购企业的双方或多方原属同一产业,生产同类产品。并购方的主要目的是扩大市场份额或消灭竞争对手。在我国,钢铁、汽车、电力等行业都属于产能极其过剩的行业,这些过量产能消化的过程,就是一个产业通过横向并购实现产业整合的过程。例如,一汽集团的系列并购案例。汽车工业是最典型的具有规模经济性的产业。目前,我国汽车制造业的最大特点,就是规模小、厂家多、集中度低。一汽集团通过并购吉林轻型车、沈阳金杯、哈尔滨星光、长春轻型车、长春轻型发动机、长春齿轮等公司,重新整合了同类企业的资源,使之上规模和系列化。

2. 纵向并购

纵向并购是指企业并购的双方或多方之间有原材料生产、供应和加工及销售的关系,分别处于生产和流通过程的不同阶段,是大企业全面控制原材料生产、销售的各个环节,建立垂直控制体系的基本手段。例如:中国石油出资2.16亿美元,购入印度尼西亚戴文能源集团的油气资产,包括石油田和天然气田,就是通过上游资源的并购降低生产成本。又如,重庆市将重庆港务(集团)有限责任公司和重庆市物资(集团)有限责任公司整合,组建成重庆港务物流集团有限公司,把港口、物资、仓储、配送等物流链延伸联系起来,建成西部最大的现代综合物流集团,打造了长江上游最大的综合中转港和集装箱枢纽港。

3. 混合并购

混合并购是指同时发生横向并购和纵向并购,或并购双方或多方是属于没有关联关系的企业。如钢铁企业并购石油企业,因而产生多种经营企业。企业混合并购有利于产业结构的调整和优化,可以使企业资产存量不断得以流动和重组,使企业能够根据市场需求的变化以及科学技术的发展,迅速进入或退出某一产业,及时实现结构转换,通常发生在某一产业试图进入利润率较高的另一产业时;企业混合并购能够影响企业的迅速发展,相对于自身以固定资产投资来实现扩大再生产而言,通过企业混合并购,可以缩短建设周期,迅速扩大企业规模,可以较快地获得新的经营管理人才和生产技术人才,可以迅速调整产品结构和扩大产品的市场占有率。所以混合并购常与企业的多元化战略相联系。

案例 5-2　多元化赶超的百事可乐

世界上第一瓶可口可乐于 1886 年诞生于美国,12 年之后,世界上第一瓶百事可乐同样诞生于美国。由于可口可乐的名声早就深入人心,而且控制了绝大部分碳酸饮料市场,百事可乐的出现,给人以山寨的感觉。尽管 1929 年开始的大危机和第二次世界大战期间,百事可乐为了生存,不惜将价格降至 5 美分,是可口可乐价格的一半,百事可乐仍然未能摆脱困境,倒是留下了一句美国人熟知的"5 分镍币可以多买 1 倍的百事可乐"的口头禅。

既然在碳酸饮料的主业方面难以超越可口可乐,百事可乐寻找了另一条道路:多元化。1965 年,百事可乐与世界最大的休闲食品制造与销售商菲多利公司合并,组成了百事公司,将休闲食品纳入公司核心业务,从此开始了多元化经营。

从 1977 年开始,百事公司进军快餐业,先后将必胜客、Taco Bell 和肯德基收归麾下。

1992 年,百事公司与立顿公司形成伙伴关系,在北美市场生产即饮茶饮料品牌——立顿茶。

1997 年,百事公司将市场经营重点重新回归到饮料和休闲食品,将必胜客、肯德基和 Taco Bell 业务上市,使之成为一家独立的上市公司,即百胜全球公司(Tricon Global,现公司名为 YUM)。

1998 年,百事公司以 33 亿美元全盘收购了世界鲜榨果汁行业排名第一的纯品康纳公司。

2001 年,百事公司以 134 亿美元成功收购了世界著名的桂格公司。桂格旗下的佳得乐在美国运动饮料市场拥有绝对份额。通过这次百事公司历史上最大的并购,百事可乐非碳酸饮料的市场份额一下上升至 25%,是当时可口可乐同领域的 15 倍,在非碳酸饮料市场超越了可口可乐。

2005 年 12 月 12 日,纽约证交所的电子屏幕上的数字显示:百事公司市值首次超过了雄踞纽约证交所食品业龙头位置近一个世纪的可口可乐;而 10 年前,可口可乐 1 330 亿美元的市值还是百事公司的 2 倍多。

目前,软饮料、休闲食品和快餐成为百事公司的三大主营业务,通过这些业务的综合实力,百事公司超越了可口可乐公司的百年龙头地位。当然,在多元化投资并购的过程中,百事公司有很多企业管理方面的成功经验,这才保证了多元化之路不至于演变成为多元恶化。

可口可乐也有过多元化经营的经历。自 20 世纪 70 年代开始,可口可乐公司大举进军与饮料无关的其他行业,在水净化、葡萄酒酿造、养虾、水果生产、影视等行业大量投资,并购和新建这些行业的企业,其中包括 1982 年 1 月,公司出资 75 亿美元收购哥伦比亚制片厂的巨额交易。但是,这些投资给公司股东的回报少得可怜,其资本收益率仅有 1%。直到 20 世纪 80 年代中期,可口可乐公司集中精力于主营业务,才使利润出现直线上升。

(资料来源:作者根据网络资料编写)

(二)按并购的出资方式分类

1. 用现金购买资产

用现金购买资产指并购公司支付一定数量的现金,购买目标公司的资产,以实现对目标公司的控制。

2. 用现金购买股票

用现金购买股票指并购公司支付一定数量的现金,购买目标公司的股票,以实现对目标公司的控制。

3. 用股票购买资产

用股票购买资产指并购公司向目标公司发行并购公司自己的股票,以交换目标公司的资产。

4. 用股票交换股票

用股票交换股票又叫作"换股",指并购公司采取直接向目标公司的股东增发本公司股票,以新发行的股票交换目标公司的股票。特点是无须支付现金,不影响并购的现金流状况,同时目标公司的股东不会失去其股份,只是股权从目标公司转到并购公司,从而丧失了对目标公司的控制权。

5. 用资产收购股份或资产

用资产收购股份或资产指并购公司使用资产购买目标公司的股份或资产,以实现对目标公司的控制。

(三)按并购的动机分类

1. 善意并购

善意并购指并购公司事先与目标公司经营者接触,愿意给被并购的目标公司提出比较公道的价格,提供较好的条件,双方在相互认可的基础上协商制订并购计划(协议)。

2. 恶意并购

恶意并购又称为"黑衣骑士",指并购公司首先通过秘密收集被并购目标公司分散在外的股票等非公开手段对之进行隐蔽而有效的控制,然后在事先未与目标公司协商的情况下突然提出并购要约,使目标公司最终不得不接受苛刻的条件把公司出售。恶意并购的企图暴露后,往往会遇到目标公司董事会的反击(反并购行动),甚至爆发激烈的股票收购战。虽然该并购行动遭到目标公司的反对,但并购者仍要强制并购,双方成为敌人和对手,因此也称为"敌意并购"。

(四)按持股对象针对性分类

1. 要约并购

要约并购是指并购人为了取得上市公司的控股权,向所有的股票持有人发出购买该上市公司股份的并购要约,收购该上市公司的股份。公开并购要约要写明并购价格、数量及要约期间等并购条件。

2. 协议并购

协议并购指并购人为了和上市公司特定的股票持有人就并购该公司股票的条件、价格、期限等有关事项达成协议,由公司股票的持有人向并购人协议转让股票,并购人则按照协议条件支付资金,达到并购目的。

(五)按是否有委托第三者出面进行并购划分

1. 直接并购

直接并购是由并购方直接向目标公司提出所有权要求,双方通过一定的程序进行磋商,共同商定完成并购的各种条件,在协议的条件下达到并购的目标。

直接并购可以分为向前并购和反向并购两类,区别在于前者的存续公司是买方,后者卖方仍然存续。

向前并购是指目标公司被买方并购后,买方为存续公司,目标公司的独立法人地位不复存在,目标公司的资产和负债均由买方公司承担。

反向并购一般是指买(借)壳上市,即由非上市公司发起并购上市壳公司。一般以有壳公司(目标公司)向借壳方(并购方)发行股份的方式完成控股权的转移。有壳公司被收购后,并不消失,而是继续存在(名字可以更改),只是将大部分或相对多数股权交由收购公司所有,收购方通过资产置换等方式将自己的资产和业务注入上市壳公司,完成反向并购。

2. 间接并购

间接并购是指并购方首先设立一个子公司或控股公司,然后再以该公司名义并购目标企业,可分为三角并购和反三角并购两种方式

三角并购(图 5-1)发生在目标企业和收购方的子公司之间,而不是直接发生在目标企业与收购方之间,收购方对目标企业的债务不承担责任,而由其子公司负责。收购方对子公司的投资是象征性的,资本可以很小,因此,又叫作空壳公司(Sell Subsidiary),其设立的目的是收购而不是经营。收购方采取三角并购,可以避免股东表决的繁杂手续,而母公司的董事会则有权决定子公司的并购事宜,简单易行、决策迅速。

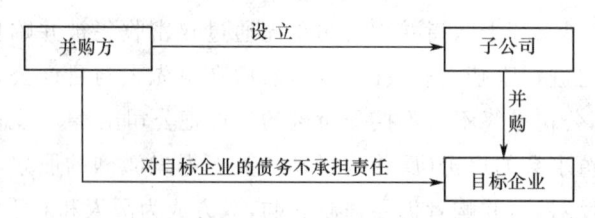

图 5-1 三角并购结构

反三角并购(图 5-2)相对比较复杂,并购方首先设立一个全资子公司或控股公司,然后该子公司被目标企业并购,并购方用其拥有其子公司的股票交换目标企业新发行的股票,同时目标企业的股东获得并购方的股票或现金等其他资产,以交换目标企业的股票。其结果是目标企业成为并购方的全资子公司或控股公司,子公司注销。采用这种方式一般是由于存在执照、租赁、贷款担保、管制要求等限制情形,有必要保留目标企业的独立法人地位。

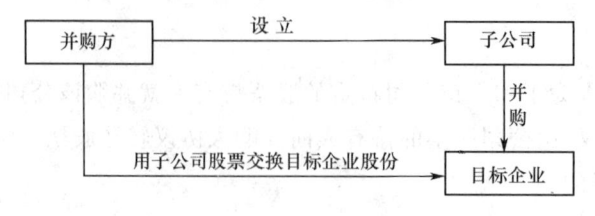

图 5-2 反三角并购结构

（六）按交易条件不同分类

1. 承担债务式并购

承担债务式并购，即在被兼并企业的资产与负债等价的情况下，兼并企业以承担被兼并企业的债务为条件接受其资产。被兼并企业所有资产整体归入兼并企业，法人主体资格丧失。兼并企业取得被兼并企业财产后，不得拒绝承担其债务。这种兼并可以视为一种特殊的购买净资产式兼并，即兼并方以数目为零的现金购买资债相抵为零的净资产。兼并的性质是合并还是收购，按照购买净资产式兼并的处理方式确定。这一并购方式的优点一是不用付现款。二是容易得到政府在贷款、税收等方面的优惠政策支持。三是在筹资过程中，债务承担中的债务、利息可以转化为财务费用，可税前列支。四是目标企业的生产、组织和经营受破坏程度低。

2. 资产置换式并购

资产置换式并购即公司将优质资产置换到被并购企业中，同时把被并购企业原有的不良资产连带负债剥离，依据资产置换双方的资产评估值进行等额置换，以获取对被并购企业的控制权与经营管理权。这种方式如果运作成功，则可以实现两方面的目的，一方面可以植入优质资产，另一方面可以将企业原有的不良资产、低盈利资产置换出去，实现企业资产的双向优化。

案例5-3 苏州中茵收购S*ST天华

S*ST天华（600745）是一家湖北的纺织业上市公司，由于经营不善以及控股股东的恶意掏空而出现连续亏损，2007年如果继续亏损，则将退市。

2007年4月，为支持天华股份重组，实现全体股东利益最大化，河南戴克实业有限公司等4家股东向中茵集团以象征性价格出让其部分股份，受让完成后，中茵集团持有天华股份24.06%的股份，成为天华股份第一大股东。上述股权转让已于2007年5月8日办理完毕。

此次股权转让，苏州地产开发商中茵集团仅以4元（每家股东1元）的象征性代价成为S*ST天华的大股东，其代价一是承债，二是注入三家房地产企业的优质资产。中茵集团承诺在公司股改实施日起一年内解决公司不低于5 000万元账面债务，后按承诺实现。

2007年9月27日，天华股份与中茵集团签订《新增股份购买资产协议》，约定天华股份向中茵集团发行205 630 000股新股购买中茵集团持有的净值总额为54 903.58万元的三家房地产公司股权。本次收购完成后，天华股份的总股本变为327 374 896股，中茵集团持有239 921 000股，占上市公司总股本的73.29%，成为绝对控股股东。

2008年4月18日，中茵股份（2008年3月13日，S*ST天华更名为中茵股份）和中茵集团分别正式获得中国证券监督管理委员会《关于核准湖北天华股份有限公司向苏州中茵集团有限公司定向发行股份购买资产等资产重组行为的批复》（证监许可〔2008〕506号）和《关于核准苏州中茵集团有限公司公告湖北天华股份有限公司收购报告书并豁免其要约收购义务的批复》（证监许可〔2008〕507号）。4月29日，定向增发的股权登记工作完成。

用于置换天华股份股权的是中茵集团控制的三家房地产企业：江苏中茵置业有限公司100%股权、连云港中茵房地产有限公司70%股权及昆山泰莱建屋有限公司60%股权。这三家公司2007年、2008年实现的归属于公司的净利润分别为7 841.29万元和9 560.21万元。

此次重大资产重组完成后，天华公司由一家亏损的纺织品公司转型为房地产公司，极大改善了公司的财务状况、持续经营能力和盈利能力。中茵集团在收购过程中，实际的支付代价比较小,耗费的现金非常少,对三家房地产企业的所有权虽有所稀释,但比例非常小(从100%稀释到73.29%),中茵集团获得了一家上市公司,并且其持有的234 921 000股中茵股份市值大约为8亿元(按2008年年底的股价计算)。

(资料来源:中财网)

3. 杠杆并购

杠杆并购(Leveraged Buy-Outs),是指并购者用自己很少的本钱为基础,然后从投资银行或其他金融机构筹集、借贷大量、足够的资金进行并购活动,并购后公司的收入(包括拍卖资产的营业利益)刚好支付因并购而产生的高比例负债,这样能达到以很少的资金赚取高额利润的目的。这种并购战略曾于20世纪80年代风行美国。例如,香港盈科数码动力集团收购香港电信就是这种资本运作方式的经典手笔。由小超人李泽楷执掌的香港盈科数码动力集团相对于在香港联交所上市的蓝筹股香港电信而言只是个小公司。李泽楷以将被收购的香港电信资产作为抵押,向中国银行集团等几家大银行筹措了大笔资金,从而成功地收购了香港电信,此后再以香港电信的运营收入作为还款来源。

三、全球并购浪潮

从19世纪末至今,全球爆发了五次并购浪潮。美国可以说是企业并购的发源地,每次世界性并购浪潮的出现,无一不是先从美国兴起,而且每一次浪潮都直接导致了大型公司与跨国公司的产生,每一次浪潮都是产业和经济结构的调整,对美国经济和世界经济产生了深远的影响。

在前四次的并购浪潮高峰期间,并购交易的数量分别为530、916、1 650和3 000起;从20世纪90年代至今的第五次并购浪潮更加来势凶猛,1993年和1994年都超过5 000起,1996年更达到10 000起,巨额并购不断出现。

(一)五次并购浪潮

1. 第一次并购浪潮:横向并购时代,促进了以商品为中心的行业垄断

首次大规模并购行为发生在1883—1904年,这次并购浪潮以横向兼并为主,产生了杜邦、全美烟草、阿纳康达铜业等巨型公司。这次并购浪潮中形成的大型企业创造了前所未有的规模经济和垄断优势,支撑起了美国的工业结构。在钢铁、石油、烟草等行业,兼并后的企业控制了50%以上的市场。

2. 第二次并购浪潮:纵向并购时代,形成寡头垄断

1915—1929年的第二次并购浪潮规模超过第一次,兼并形式开始多样化,纵向兼并增加,善意的收购兼占据上风,目标公司也由被动兼并变为主动出售。此次并购浪潮使近12 000家企业从美国经济生活中消失,工业以外的产业发生了大量兼并,至少有2 750家公用事业、1 060家银行和10 520家零售商进行了兼并,汽车制造业、石油工业、冶金工业及食品加工业都相继完成了兼并的过程。

3. 第三次并购浪潮:混合并购时代,追求跨行业的多元化经营

1954—1969年第三次收购与兼并浪潮兴起,1960—1970年兼并收购达2 500多起,被兼并收购的企业超过20 000个。这个时期混合兼并盛行,产生了许多巨型的跨行业公司。据统

计表明,在20世纪60年代后期,混合兼并方式占兼并总数的70%以上;就动因而言,股票市场的兴旺导致收购与兼并大量出现,企业也试图通过兼并活动寻求经营上的保障。因此,企业在混合兼并中,掌握了互不相干甚至是负相关的证券品种,可以有效地分散经营风险,使企业集团在经营上增强保险系数,以获得平稳、高额的利润。

4. 第四次并购浪潮:投资并购时代,通过买卖企业获利

1975—1991年,第四次并购浪潮徐徐展开。此次并购浪潮从表现形式上看以投资性并购为特点,并购形式集中于相关行业和相关产品上。这次兼并席卷全球,大量的公开上市公司被兼并,还出现了杠杆收购、管理层收购等新的收购方式。在1985年的高峰期,兼并事件达3 000多起,兼并收购金额达到3 358亿美元。涉及行业广泛,包括食品烟草、连锁超市、大众传播媒体、汽车、化学、银行、医药品、太空航空、电信通信、电子、石油钢铁等众多领域。但是,由于这次并购浪潮比以往更加疯狂,且发展方向不够明确,许多并购的动因就在于通过买卖企业频繁转手投机获利,对美国经济造成了一定的伤害,也使世界经济元气大伤。

5. 第五次并购浪潮:战略并购时代,面对经济全球化的选择

1994年后并购浪潮发展到了一个新阶段。1998年,全球并购额达到了25 000亿美元,比1997年上升了54%,比1996年增长了两倍,其中美国发生的并购额达到16 000亿美元,比1997年上升了78%;并且个案涉及价值连创历史新纪录,数百亿美元的巨型并购案接连出现。此次兼并收购行为真正出现了全球性热潮。1998年欧洲并购额达到8 200亿美元左右,比1996年上升了60%,亚洲地区的日本、韩国、马来西亚等国家的并购额大幅上升。

此次并购浪潮中有几个十分明显的特征:(1)属于从战略上考虑的巨额投资行为,更多的是跨行业和跨国兼并,出现了势不可挡的跨国并购热,1998年以来,国际上许多巨型公司和重要的产业都卷入了跨国并购浪潮,有三分之二的项目分布在金融服务业、医疗保险业、电信业、大众传播业、国防工业;(2)强强联合显著增多,并购额增大。强强并购对全球并购的影响是十分巨大的,它极大地冲击了原有市场结构,刺激更多的企业为了维持在市场中的竞争地位,不得不卷入更狂热的并购浪潮之中;(3)1998年以来横向并购几乎发生于所有行业,如汽车、石油等重要支柱产业的横向并购非常引人注目。在横向规模扩张成为潮流以后,并购行为的产业集中化、专业化趋势日渐突出。如1999年初,福特公司收购沃尔沃案,实质是沃尔沃公司主动向福特公司出售了其轿车业务,而集中力量发展卡车和巴士业务。在亚洲金融危机之后的并购重组更是抛弃多元化而追求专业化,比如韩国三星就将其汽车业务卖给了大宇。

1998年以来国际并购的新发展和出现的新动向不是偶然的,它实质上是全球一体化程度加深、国际竞争加剧、技术化进步加快带来的一次跨国重组和结构调整浪潮,并反过来促进全球一体化、国际竞争力提升和技术进步。全球一体化带来的白热化的跨国竞争使许多企业甚至是巨型企业在国际市场上也要重新考虑规模问题,"大即是好"的观念重新流行,小的想变得大些,大的想变得更大些。但通过内部发展和兼并小企业都无法达到迅速扩大规模的目的,而大企业之间的恶意兼并也只会落得两败俱伤的下场。于是巨型企业之间的强强合作型并购便应运而生。各个国家出于本国利益考虑,希望增强本国的综合国力和经济实力,对巨型企业并购的宽容从另一方面促进了企业并购的发展。

(二)我国企业并购历史

我国真正意义上的企业并购历史较短。1978年改革开放以后,随着企业经营自主权的逐渐扩大,企业所有权和经营权逐渐分离,通过并购来促进国有企业经营机制转化、合理配置资源、盘活资产乃至调整和优化产业结构得到了越来越广泛的重视。国内并购史大体可以分为以下四个阶段:

1. 试点起步阶段(1984—1987年)

以河北保定纺织机械厂承担被收购方全部债权债务的方式并购保定针织器材厂为开端,企业并购在武汉、北京、沈阳等九个城市相继出现。这一时期的特点是,并购基本在同一地域同一行业内进行,且数量少、规模小;政府以所有者身份积极介入,大多是为了消灭亏损企业,卸掉财政包袱。

2. 第一次并购浪潮(1987—1989年)

1987年以来,政府出台了一系列鼓励企业并购的政策法规,促成了第一次并购高潮的形成。这一时期的特点是,并购由少数城市向全国扩展;开始出现跨地区、跨行业的并购;在并购形式上,除承债式、购买式和划拨式外,还出现了控股的方式;局部产权交易市场兴起。

3. 第二次并购浪潮(1992—2001年)

1992年中国确立了市场经济的改革方向,企业并购成为国有企业改革的重要组成部分。这一阶段的企业并购伴随着产权市场和股票市场的发育,其主要特点是,企业并购规模大,产权交易市场普遍兴起,上市公司股权收购成为重要形式,中国并购市场开始与国际接轨。

4. 2002年至今

2002年以来,随着中国加入WTO,企业并购活动更为迅速,特别是原国家经济贸易委员会和中国证监会为规范入世后境内并购交易而制定了一系列重大积极政策,预示着中国企业并购新的高潮的来临。预计在新的高潮中,国内产业结构的重新调整和与中国相关的跨国并购都呈急剧发展之势。

第二节　企业并购成因的基本理论

在西方历史悠久的企业并购史中,西方学者从多种视角对企业并购活动进行了不同层面的分析和探讨,提出了许多假说。总的来看,目前西方经济学者对企业并购的理论研究尚未形成一个公认的系统分析框架,没有哪一种理论,能够同时分析所有的并购现象。

一、效率理论

效率理论从并购给企业带来的积极影响解释了并购发生的原因。效率理论分为效率差异理论、经营协同效应理论、经营多样化理论和财务协同效应理论。

(一)效率差异理论

该理论认为,在现实经济生活中,企业经营管理效率存在高低之分,因而可能出现高效率的企业收购低效率的企业,并且通过提高被收购企业的效率来实现潜在的利润的情况。从这个意义上来说,并购不仅给收购者带来利益,也带来了社会经济效率的提高。因此,效率差异理论也可称为管理协同假设。

案例 5-4　海尔的"休克鱼"

海尔在发展的道路上,并购整合是其重要特征,海尔充分发挥其管理优势,在企业兼并方面也取得了重大成功。

海尔的总裁张瑞敏提出了吃"休克鱼"的思路。他认为国际上兼并分三个阶段,当企业资本存量占主导地位、技术含量并不领先的时候,是大鱼吃小鱼,大企业兼并小企业;当技术含量的地位已经超过资本存量的作用时,是快鱼吃慢鱼,像微软起家并不早,但它始终保持技术领先,所以能很快超过一些老牌电脑公司;到 20 世纪 90 年代是一种强强联合,所谓鲨鱼吃鲨鱼,美国波音和麦道之间的兼并就是这种情况。而在中国,国外成功的例子只能作为参考,大鱼不可能吃小鱼,也不可能吃慢鱼,更不能吃掉鲨鱼。在现行经济体制下活鱼是不会让你吃的,吃死鱼你会闹肚子,因此只有吃"休克鱼"。所谓"休克鱼"是指硬件条件很好但管理不良,由于经营不善落到市场的后面的企业。这些企业一旦有一套行之有效的管理制度,把握住市场很快就能重新站起来。恰恰海尔擅长的就是管理,这就找到了结合点。

1991 年,海尔合并了青岛电冰柜总厂和青岛空调器总厂,海尔集团正式成立。1995 年 7 月,海尔将原红星电器有限公司整体划归海尔集团,海尔除了投入资金外,一个显著的特点是将海尔的企业文化与 OEC 管理体系移植到被兼并企业中,创造出一个具有活力的新机制,使企业迅速进入良性发展阶段。红星电器有限公司被改组为海尔洗衣机总公司,在输入成套管理模式的基础上,以对人的管理为重中之重,使企业获得了超常发展:3 个月扭亏,第 5 个月赢利 150 万元,第 2 年一次通过了 IOS9001 国际质量体系认证,荣获中国洗衣机"十佳品牌",到 1996 年年底,其国内市场占有率在全国百家大商场的份额已上升到 22%。1997 年 9 月,海尔集团进入彩电业,标志着海尔黑色家电、信息家电生产领域进程化的开始。同时,海尔以低成本扩张的方式先后兼并了广东顺德洗衣机厂、莱阳电斗厂、贵州风华电冰箱厂、合肥黄山电视机厂等 18 个企业。海尔在多元化经营与规模扩张方面,进入了一个更广阔的发展空间。

(二)经营协同效应理论

经营协同效应是指企业通过并购使生产经营活动效率提高所产生的效应,而与此同时,整个国民经济的整体资源配置效率也将由于这样的扩张性活动而得到提高。1998 年,花旗和旅行者的合并就是基于经营协同效应考虑的。产生经营协同效应的主要原理包括以下两个方面:

1. 规模经济效应

所谓规模经济效应是指企业通过收购兼并扩大经营规模而引起的企业投资和经营成本的降低,从而减少单位成本、获得较高利润的现象。企业并购对规模经济产生直接影响,企业通过并购实现工厂(车间)产量规模的扩大,达到最佳规模经济的要求,使其经营成本最小化;同时并购所带来的生产分工和专业化、连续化生产可以使企业在保持整体产品结构的同时,实现产品深化,减少生产过程的环节间隔,充分利用生产能力。斯蒂格勒认为,随着市场的发展,专业化厂商会出现并发挥功能,在这一方面规模经济是至关重要的,一个厂商通过并购其竞争对手的途径成为巨型企业是现代经济史上一个突出的现象。另一位学者戴维·本丹尼也指出,当代经济已成为竞争力很强的国际商业经济,为了在全球具有竞争力,企业规模必须变得更大。

2. 经营优势互补效应

通过并购能够把不同企业的优势融合到一起,有利于从技术、市场营销、管理、企业文化等环节促进企业的经营优势互补目标。企业并购后,原来分散的市场营销网络的科技力量可以在更大范围内实现优化组合,事实上目前许多规模巨大的厂商已经成为技术进步的源泉。企业并购后经营范围扩大,一方面将更加节约资源,包括管理费用、研发费用、营销费用、售后服务费用、采购费用、融资费用都可能得到统筹节约;另一方面可以在更高的层面上实现资源共享,包括品牌、技术、信用等的互相吸收和共享。现代企业的混合并购就是在追求多元化经营,即减少企业对现有业务范围的依赖,降低经营的风险成本。若将生产活动与不相关(或最好是与负相关)的收益联系起来,就会减少该公司利润率的波动。萨缪尔森和史密斯1968年曾用实证方法很好地证明了企业规模愈大,经营愈多样化,其生产率波动就愈小,从而能够减少目标企业的资本成本。

但是,该理论的解释有时也难以令所有人信服。据调查,西方公司中只有18%承认并购动机与企业规模大小并不完全正相关,同时在实践中也还没有充足证据可以表明并购一定会使成本普遍降低。

(三)经营多样化理论

该理论认为通过并购可以实现经营业务的多元化,减少企业经营的不确定性和避免破产风险,保护了企业的组织资本和声誉资本。

案例5-5　伯克希尔—哈撒韦公司——多元化并购的范例

伯克希尔—哈撒韦公司(Berkshire Hathaway)是一家具有深远影响的投资控股公司,伯克希尔—哈撒韦公司在全世界所有保险公司中,股东净资产名列第一;在2009年《财富》500强中,伯克希尔—哈撒韦公司的账面价值排名第四。任何一种划分公司种类的做法都不适合伯克希尔—哈撒韦公司,伯克希尔—哈撒韦公司的经营范围包括保险业、媒体、银行、非银行性金融、饮料业、糖果业、日用品、汽车业等。伯克希尔—哈撒韦公司是一家混合型公司,这从经营范围上不难看出。根据2009年伯克希尔—哈撒韦公司的年报,伯克希尔—哈撒韦公司经营的保险类公司有10家,非保险类公司有68家,总共78家公司。这些公司还不包括伯克希尔—哈撒韦公司作为证券投资而持有的可口可乐、麦当劳、华盛顿邮报、沃尔玛、强生、宝洁、吉列、美国运通、富国银行、穆迪公司、卡夫食品、康菲石油、通用电气、联合包裹(UPS)、家得宝等公司,这些公司虽然是以证券投资的方式持有,但其在很多公司中都是第一大股东,比如在可口可乐公司中,伯克希尔—哈撒韦公司持有2亿股,占8.67%,为第一大股东,在穆迪公司,伯克希尔—哈撒韦公司持有12.99%的股份,也是第一大股东。

伯克希尔—哈撒韦公司属下员工25.7万多人,但是总部管理人员仅有21人,他们高效地管理着巨大的企业集团和投资。

伯克希尔—哈撒韦公司虽然也像基金公司那样构建投资组合,把这些投资和收购作为整体组合的一枚枚棋子,但是其理念又与基金公司大不相同,伯克希尔—哈撒韦公司持有这些公司的股份往往会"超长期",甚至不考虑出售而实现资本利得,它不是像持有上市公司股票那样持有这些公司的股份,而是更像持有一家非上市公司的控股股份。

伯克希尔—哈撒韦公司从1965年由巴菲特接管到2009年,每股净值增长了4 341倍,年均复利增长20.3%,而同期S&P指数增长543倍,年均复利9.3%。

能够成功地经营如此巨大的多元化的企业集团,巴菲特独特的投资理念起到了决定性作用。在企业收购方面,从1982年起,巴菲特就开始在每年伯克希尔—哈撒韦公司年报上刊登公司收购广告,寻找新的并购对象。一般包括六条原则:一是大宗交易(并购公司的税前收益不得低于1 000万美元,以后逐渐调整,2008年上升到7 500万美元,而且能够在股权资本基础上而非运用大量债务获得这一收入);二是持续盈利能力(我们对未来项目不感兴趣,盈利状况突然扭转也不可取);三是业务收益状况良好,股票投资回报满意,同时目标公司应没有(或很少)负债;四是现成的管理团队;五是业务简单(我们对高技术企业不感兴趣);六是提供收购报价(我们不会花时间与卖方讨论价格未定的交易)。

巴菲特在谈到他的收购理念时,曾经说道:"研究我们过去对于公司和普通股的投资时,你会发现我们偏爱那些不大可能发生重大变化的公司和产业。我们这样选择的原因很简单:在进行收购公司和购买普通股时,我们寻找那些我们相信从现在开始的10年或20年的时间里实际上肯定拥有巨大竞争力的企业。至于那些形势发展变化很快的产业,尽管可能会提供巨大的成功机会,但是它排除了我们寻找的确定性。"

(四)财务协同效应理论

财务协同效应是指企业并购后,由于经营规模和组织结构的改变,会给并购后的企业的财务状况、资金状况和市场价值带来影响,并购会提高证券价格,被并购企业市盈率(或市净率)会提高。

如果A公司的市盈率(或市净率)较高,而B公司由于经营不善,市盈率(或市净率)较低,股票价格甚至低于账面价值(每股净资产),那么它很容易成为并购对象。A公司和B公司合并后,投资者通常会以A公司的市盈率(或市净率)为基准来确定合并后新公司的市盈率(或市净率)水平,于是合并后企业内在价值总额就会大大提高,股价也会出现一定程度的上涨,特别是被并购企业的P/E比率(或市净率)会明显提高。

事实上,从财务角度审视的相对价值关系是企业并购过程中非常重视的一个因素。并购企业购买目标企业的股票时,都必须考虑当时目标企业股票市场价格总额(同时考虑加上并购后税收效应对总价值的实际贡献)与该企业的即时全部重置成本的相对大小,如果前者小于后者,并购的必要性和可能性都比较大,成功率往往很高,反之则相反。托宾把这一原理概括为托宾比率(Tonion Ratio)又称Qration,即企业股票市场价格总额(同时考虑加上并购后税收效应对总价值的实际贡献)与企业重置成本之比。当$Q>1$时形成并购的可能性小;当$Q<1$时形成并购的可能性比较大。20世纪60年代美国企业并购高峰前,Q达到相当高度,1965年曾为1.3,后来逐步缩小,到20世纪80年代初,这一比例下降幅度较大,1981年降至0.52,这意味着并购目标企业比新建一个同样的企业的代价便宜一半,这在很大程度上诱导了20世纪80年代以来的第四次企业并购浪潮。从实践来看,20世纪80年代并购高峰时,美国企业Q一般为0.6的水平,而并购企业投标收购目标企业时一般溢价幅度是50%,那么综合计算可得,并购总成本为目标企业重置成本的0.9倍,这样的并购仍比新建一家企业节省10%左右的代价,而且这种并购一旦完成,即可投入运营,这样的财务协同效应有利于增加合并后新企业的总价值,成为企业并购的极大推动力。

二、财务动机理论

(一)价值低估理论

价值低估理论认为当目标公司股票的市场价格因为某种原因而没能反映其真实价值或潜在价值,或者没有反映出公司在其他管理者手中的价值时,并购活动就会发生。简言之,相信目标公司价值被低估并会实现价值回归驱动并购交易的因素。

(二)税收驱动理论

税收驱动理论认为并购是出于节税的考虑。不同企业、同一企业的资产、不同类型的收益等纳税税率差别较大。按照西方现行税法在会计并购过程中,只要采取适当的财务处理方法,就可以实现合理避税的目标:

1. 利用亏损递延条款避税

所谓亏损递延条款是指如果某公司在一年中出现了亏损,该企业不但可以免去当年的所得税,而且亏损还可以向后几年(一般不超过 5 年)递延,于是未来几年企业实现的盈余首先就用来弥补亏损,弥补完亏损以后的净盈余部分才需要缴纳所得税。因此,亏损企业与盈利企业之间的兼并可以使利润在两个企业间共享,有利于盈利企业减少税收负担。我们发现,亏损企业往往很容易被选择为并购的对象,避税就是其中一个比较重要的原因。

2. 利用换股方式免除纳税义务

在换股过程中未发生现金收付,不需要纳税。因此股票换股票的方式一度成为企业并购和资产重组的主要形式。

三、市场占有论

市场占有论认为,企业并购的主要动因是提高产品的市场占有率,从而控制市场、获取垄断利润。企业并购提高行业集中程度,减少竞争者数量,使行业相对集中,加强进入壁垒;当行业出现寡头垄断时,企业即可凭借垄断地位获取长期稳定的超额利润。这种大公司不易受市场环境变化的影响,在利润方面比较有保证。

(一)横向兼并占有市场

横向兼并常常可以减少竞争对手,防止企业商誉运用上的外部性问题,保证企业生产需要的中间产品质量,还可以形成市场进入壁垒,限制竞争者进入,形成市场垄断。进而,可以控制资源和销售渠道,保证有独断性的资源(如专利权、商业机密)在同一企业内部使用而减少对外泄露的危险,同时集中控制销售渠道,减少同业竞争压力。

(二)纵向兼并占有市场

纵向兼并容易获得价格优势。微观经济学中,价格反映资源的稀缺度,是资源配置的信号。价格机制被认为是最有效的协调和指导资源配置的工具。在此情况下,使用价格机制需要支付成本,企业存在的理由是通过成立一个组织并让某种权利(企业)支配资源,这样部分市场费用可以得到节省;而每一个企业面对的都是有限理性、机会主义动机、不确定性和信息不对称的世界,不同企业之间的并购正好实现进一步节约交易费用的目的,结果是并购后的新企业更容易在激烈的市场竞争中获得价格优势。

事实上,在产品需求下降造成生产能力过剩和削价竞争危险、国际化程度加深导致竞争对手增加垄断经营受到严重威胁或者由于人才流动使技术机密难以内部保有等情况下,企业往往会自发地趋向于进行以增强控制市场能力为目标的并购活动。

由于企业对市场一定程度的控制与对市场完全垄断界限很难界定,在一向崇尚自由竞争的美国,对这种完全基于控制市场目的的并购行为一直存在争议。

四、企业发展论

企业为了生存和扩张的需要,必须提高竞争力,在竞争中处于优势地位。要达到这个目的有两种途径:一是通过内部积累来进行投资,扩大经营规模和市场能力;二是通过并购迅速扩张自己的生产能力,这种方式的发展速度往往更快、效率也更高。通过并购实现企业发展具有很多优点:

(一)减少投资风险和资本成本,缩短投入产出时间

通过并购,可以利用被兼并企业原有的原材料、生产能力、销售渠道和已占领的市场份额,减少投资风险和资本成本,同时也大大缩短了投入产出时间差。

(二)有效降低进入新行业的壁垒和障碍

一个企业打算进入新行业时所面临的壁垒和障碍主要有:规模适应性、产品差异性、筹资风险和资本成本、市场和销售渠道、贸易和技术壁垒、新增生产能力对行业的影响、专营权等。收购方式可以有效突破这些难题,还能避免市场容量一定的情况下直接投资带来的生产能力增加所导致的市场供求关系失衡,减少价格战的可能性。

(三)可以充分利用企业已有的经验

对于一个企业来说,长期来看,单位成本随着生产经验的增多会出现一种不断下降的趋势。经验是企业在长期生产过程中形成和积累下来的,而且这种有用的经验教训是其他企业通过复制、聘请新员工、组织教育培训、购置新系统、使用新技术等手段所无法全部取得的。若一个企业通过并购来吸收另一个企业的优秀文化,那么合并后的新企业就有可能全面继承原有企业的经验教训。

但是企业发展论并不能够适合现实中的每一种并购情形,尤其是在混合并购中企业之间基本情况相去甚远的情形。如果并购后磨合不成功,就有可能出现与预期相反的结果,甚至面临比直接投资设立一家新企业还要高的投资风险和运作成本。如果并购后发现两家企业的文化根本无法融合,那么还有可能导致新企业内部矛盾激化、发生内讧、高管人员不满出走,最终导致并购失败、各自分家的情况。在以促进企业快速发展、减少中间成本为主要动机和目标的并购行为中,一定要注意比较直接投资成本与并购磨合成本之间的大小,对于风格完全相反、融合难度太大的目标企业可以考虑放弃并购,如果勉强整合,非但对本企业的快速发展不利,而且在迟迟不能到位的磨合过程中丧失了市场机会,有可能造成巨大的浪费和损失,正所谓"强扭的瓜不甜""欲速则不达"。从这个角度来看,企业发展论是一种简单逻辑推导中给出结论的宏观理论,它应该与财务动机理论等一些比较注重微观效益、关注企业重置成本的理论相结合来使用,这样就可以使并购行为的驱动机制比较客观、灵活和完善。

五、经理人行为与代理问题理论

前面四种理论都是基于一个假定:企业以追求利润最大化为目标。比如经营协同效应理论强调以规模经济和优势互补来提高利润,财务动机理论强调以减少财务费用、增加股票市值来提高利润,市场占有论强调以扩大市场占有率、增强市场控制力来提高利润,企业发展论强调通过直接利用原有企业的现成的生产能力和经验来提高利润。但是经理人行为与代理问题理论则不同,它是以现代化管理理论为基础,从经理阶层追求的实际目标和由此可能产生的代理问题出发进行研究,强调应以经理人利益(非利润)动机和股东解决代理问题的需要来解释企业的并购活动。该理论的坚持者以美国经济学家 Dennis Mueller 为代表。

经理人行为与代理问题理论认为,由于所有权与经营权的分离,经理实际上在很大程度上控制着公司的实际经营管理权,尤其是在股权分散的大型上市公司中,经理几乎拥有一切决策权,很容易产生内部人控制问题和代理问题。公司的发展包括规模的扩大会使经理层获得更高的收入和地位,所以他们追求的往往首先是增长率(包括规模增长)而非利润率,他们注重权力、高回报的期权收益和短期效应,尽管这对股东来说可能是不利的。同时由于股权分散,个别所有者也不太可能有足够的动力为了监控管理者的行为而花费大量的财力和物力。于是没有所有权或者仅拥有少量股权的经理层就缺乏持续工作的动力,并有可能进行超额消费(如装饰豪华办公室、购置高级汽车、认购商场和俱乐部高级会员卡、频繁举办酒会、参加高尔夫娱乐等)。

解决代理问题有以下两种思路:

一是在现有条件下提高经理人报酬,给予经理人激励,实施员工持股计划和高管人员的管理层收购,但是经理人对于利益的追求是无限的,如果由于外部环境等种种因素使公司的成长速度跟不上经理人的利益增长幅度,那么这种股东的激励不能从根本上消除代理问题。

二是利用并购机制的作用来引导经理人行为。在并购机制的作用下,经理人会产生两种不同的预期并相应调整自身行为:

第一,以约束现有董事会和经理层的权力直接更换新的管理层为目标的并购。这种情况下并购动力常常来自对经理层表现不满意的股东,对并购后前景没有信心的经理人会更加努力。如果经常面临被收购的危险,那么它可能会代替个别股东的努力来对管理者进行监控。通过要约收购或者代理权之争,可以使外部管理者(股东)战胜现有董事会和管理层,从而取得对目标企业的控制权。在这种危机和压力下,经理人会明白只有经营的企业得到真正的发展才不易被吞并,只有得到股东的认可才不易被"夺权",这样自己会有更高的保障程度。

第二,以扩大企业规模和经理人权力为目标的并购。这种情况下并购的最大动力直接来自经理层的支持和推动,对并购后的前景充满信心的经理人会积极主动地推动并购成功。并购扩大了企业的规模,增加了企业可以运用的资源,经理人能够控制更大范围的资产、更多员工、更广泛的产供销渠道,从而扩大了经理人的权力。并且,在更大规模的企业中,经理人的工资保障和各种奖励也有望增加,因此经理人成为企业通过并购获得更大发展的直接受益者,他们将竭诚地为新企业工作和服务。

经理人行为与代理问题理论认为,并购机制是约束和引导经理人行为的有效办法,同时又是经理人追求企业增长和自身发展空间(而非利润率)目标的必然结果。换言之,并购的动因主要来自股东对经理人行为进行约束(解决代理问题)的需要,或者是来自经理人自身追求企业规模增长和自身发展空间(而非利润率)目标的推动。将这两种不同的情形归结到一起,该理论认为,不管并购是由于股东还是由经理层直接推动的,产生并购的根本动因都不在于利润目标,而是在于经理人行为及由此产生的代理问题。

综合以上理论,从总体上来看,企业并购的动机分为两大类:一类是与规模经济、优势互补、财务目标、市场扩张与占有等密切联系的利润动机;另一类是与经理人追求企业规模增长和自身发展的行为、解决代理问题等密切相关的非利润动机。此外,企业并购还与股票投机等因素密不可分。一起并购案例往往是上述几方面因素共同作用的结果。

第三节 企业并购的作用及遵循的原则

一、并购的作用

(一)促进了产业结构的调整,提高了资源的宏观配置效率

当今科学技术日新月异,科技越发达,社会分工越细密,生产社会化程度也越高。与此同时,新兴产业部门不断出现,它们利用科技进步的后发优势,抢占市场竞争的最有利位置,通过并购集中全社会乃至全球范围内的生产要素,谋求规模经营,以获取最大可能的利润;同时推动了全社会存量资产和闲置资产的有序合理流动。夕阳产业为了在市场竞争中求得生存发展,必须通过各种方式进行资本、人才、产品生产和技术开发的调整与协作联合;这样社会各产业部门经过并购机制实现此消彼长,从而实现调整产业结构和优化资源配置的宏观经济目标。

(二)普遍提高了企业的经济效益

据统计分析表明,1960—1974年美国被并购企业平均利润率要比联邦贸易委员会计算的基准利润率高出10个百分点左右。据米尔福德·格林研究的材料,20世纪80年代并购高潮时期,并购公司平均每年利润是高潮前利润额的21倍,其中:横向并购为1.3倍、纵向并购为3.6倍、混合并购为2.1倍。正如学者罗伯特·麦古肯证实:20世纪80年代后期经营不佳的大公司在并购后情况"稍有改善"。

(三)增强了一国经济在国际市场的竞争力和资本集中度

作为革新代表的美国资本市场,近年来的发展很大程度上得益于并购或劳务资本市场份额在行业、产业乃至社会相应总额中的比率不断增加。大企业不仅在国内市场占据垄断优势,而且凭借其雄厚的资金技术和人才实力,在国际市场实施跨国并购,越过准入壁垒,将其生产及销售网络遍布全球,控制了国际市场。如埃克森石油公司的国外销售额所占比重高达68%,雀巢公司的国外销售比重竟达98.1%。

二、并购的负面效应

当然,也有一些投资银行并购行动是不成功的。对企业并购引起的后果应做全面客观的分析。企业实施并购后,容易对市场进行肆意操纵乃至最终形成完全垄断,弱化了竞争机制在资源配置中的杠杆作用,这在以竞争机制为基础的西方市场经济制度中往往是令人难以容忍的。同时,大企业并购后裁员将难以避免。美华银行与大通银行合并后使7.5万名雇员中的1.2万人面临失业威胁,美国第一商业银行兼并第一洲际银行要裁员6 000人,这对本已失业严重的西方国家产生更大的打击,引发工会的激烈抗争,不利于宏观社会的稳定。此外,美国学者的一项研究表明,在20世纪70年代和80年代上半期,并购公司在并购行为后的三年内,平均利润率甚至下降了16%。并购行为有时还被经理人借机用来增加收入和提高职业保障程度。富斯发现并购公司经理在并购后的两年里平均收入增加了33%,而在没有并购活动发

生的公司里,经理人的平均收入只增加20%。

有效并购的关键在于整合,并购绩效不佳乃至失败的关键原因主要与以下几方面有关:

(一)信息不对称

被并购企业本身可能并未上市,发起并购的企业如果要收购那些没有在证券市场上市的企业,信息的来源就比较有限,而且信息往往对被并购企业的弱点和隐患有意进行掩饰。理论上股东价值最大化实现的条件是资本市场无摩擦和信息充分透明,在这种信息不对称的情况下,并购效果很可能与原先的设想不一致。

(二)并购动机不纯

有些并购是源于经理人的非价值最大化动机。大型企业的股权一般高度分散,股东对经理人的控制较弱,因此公司经理人实际上常常比股东更直接地影响合并的决策。由于经理人的收入往往与公司的规模正相关,经理人容易产生并购冲动,尽管这可能对股东不利。

(三)过度与融合不力

并购的效果在很大程度上取决于业务的整合、管理的协同及文化的融合等因素。如果这些问题处理不当,那么并购的"新价值"就无从产生。比如瑞士联合银行与美国的潘·韦伯投资银行合并之后就面临着行业文化、地域文化以及公司文化的三重差异问题,当时很多投资者都对此表示了担心。

三、并购遵循的原则

并购既可能是企业做大做强的利器,也可能是企业走向深渊的噩梦,企业只有掌握好其中的科学性和艺术性,方能趋利避害,最终取得成功。

(一)强化战略竞争优势,增大市场垄断势力

垄断理论认为,并购重组主要用于获取特定市场的垄断地位,从而获得强大的市场势力。强大的市场势力就是垄断权,有利于企业保持垄断利润和原有的竞争优势。垄断理论还认为,并购重组可以有效地降低进入新市场的障碍。

"凡事预则立,不预则废"。在并购重组前,企业应该量身定制战略规划,统领其并购重组行为。企业并购战略的核心是围绕主营业务,发挥比较优势,获取品牌、渠道、技术、原料等,创造企业价值。

(二)选择紧密关联企业,实施同类并购

罗曼尔特(Rumelt)的研究报告(1974年)揭示,在资本回报率上,并购紧密关联型企业最高,并购相关关联型企业次之,并购无关联型企业最低。罗曼尔特的研究报告(1982年)进一步指出,关联型企业一般存在于具有较高进入门槛、较高盈利水平的产业,产业影响力较大。巴迪斯(Bettis)和荷尔(Hall)同年使用罗曼尔特的样本研究产业对企业绩效的影响后指出,多元化矿业公司是一种典型的紧密关联型企业,矿业向来以它的较高盈利水平而著称。1987年赛因(Singh)和蒙特哥玛瑞(Montgomery)对1970—1978年203家样本企业进行案例研究后得出结论,关联型多元化企业比无关联型多元化企业具有更高的超额回报。1988年谢尔顿(Shelton)对1962—1983年218宗并购交易进行研究后得出了相似的结论,即并购关联型企业能够获得巨额回报,而并购无关联型企业对企业绩效有负面影响。

因此在选择并购目标时,企业应该慎之又慎,坚持有利于实现资源的优势互补和有利于最

大限度地发挥资源的协同效应原则,做好尽职调查。目标企业没有最好的,只有最合适的。

(三) 勇于抢抓市场窗口,快速执行并购

1986年杰米逊(Jemison)和斯特金(Sitkin)在研究并购的执行与结果的关系时发现,快速执行是决定并购结果的一个重要变量。

英国《经济学人》信息部(EIU)对全球420名企业家的调查表明,大多数欧美企业家认为并购的关键成功要素是"良好的执行能力"。大多数并购的失败不是因为没有正确的战略,而是正确的战略没有得到良好的执行。

因此在实际操作中,企业必须提高执行力,雷厉风行,切不可拖沓。当然企业也必须既琢之而复磨之,精益求精,达到最佳执行效果。

(四) 控制委托代理成本,防范并购风险

委托代理成本是詹森(Jensen)和梅克林(Meckling)在1976年提出的,他们认为,现代企业最重要的特点是所有权和经营权的分离,所有者和经营者之间存在委托代理关系,当经营者与所有者的利益不一致时,企业就会产生委托代理成本。1979年霍姆斯特姆(Holmstrom)进一步指出,经营者的薪酬水平、权利大小、社会地位与企业规模成正比,因此经营者从自身利益出发,热衷于扩大规模,并购主要选择能扩大企业规模的项目,而不管项目本身是否能够盈利,企业不再单纯追求股东利润最大化。

案例5-6 中国铝业并购蒙古国南戈壁公司

2012年3月27日,中国铝业宣布出资不超过10亿美元要约收购蒙古国南戈壁公司(以下简称南戈壁)不超过60%但不低于56%已发行及流通在外的普通股。根据协议,中国铝业将以市场价格购买南戈壁的煤炭,并为南戈壁提供电力支持。中国铝业希望将南戈壁作为其发展煤炭业务的平台。

南戈壁拥有蒙古国四个煤炭项目,获得了蒙古国颁发的矿产勘探许可。南戈壁在多伦多证券交易所和香港联交所上市。

为了稳定经营层,使其协助完成并购和整合,中国铝业与南戈壁的九名高管签署服务协议,期限为中国铝业终止聘用他们后的12个月内,服务费用为900万美元,并一次性付清。

2012年4月17日,中国铝业公告,蒙古国矿产资源局宣布暂停南戈壁敖包特陶勒盖煤矿的勘探和采矿活动,其正在评估上述事宜对本次并购的影响。

2012年4月25日,中国铝业公告,虽然此次并购交易完全符合蒙古国的法律、法规,但是蒙古国政府已经知会本公司,蒙古国政府正在考虑通过一项有关外商投资的新法案,将为外国投资者建立公平的转移定价机制和税务机制。中国铝业同时公告,将在2012年7月5日或之前发出收购要约,收购需要在要约发出后的36天之内完成。中国铝业完成此次并购交易的前提条件是取得令其满意的所有监管批准,否则可以撤销要约,或者将要约的期限延长至要约日起180天。

2012年7月3日,中国铝业发布公告,延期30天即8月3日发出收购要约,且该要约必须最早在36天之后被接受。2012年8月2日,中国铝业又发布公告,再延期30天即9月4日发出收购要约,且该要约必须最早在36天之后被接受。

2012年9月3日,中国铝业最终发布公告,经过慎重研究,本公司认为此次并购交易在可接受的时间内取得必要监管批准的可能性较低,决定终止此次并购交易。

可以说中国铝业对于此次并购交易竭尽全力,但终因蒙古国政府言而无信、反复无常,只得放弃。

（资料来源:央视网、中国铝业收购南戈壁资源有限公司.2014—4—6）

因此企业要深入研究并购中可能出现的矛盾和问题,高度重视市场财务、员工安置、国别等方面的风险,识别风险因素,评估风险强度,加强风险管理,制订应对预案,完善风控体系。居安思危,思则有备,有备无患。

（五）坚持多元文化驱动,加快核心资源整合

1983年在梳理有关组织文化差异的研究文献基础上,马丁(Martin)指出,并购重组是一个文化冲突过程。在进行整合时,应该更多地考虑组织间的文化兼容性,重视对双方文化要素的理解,增进组织间的相互尊重,进行高度有效的沟通。

研究表明,文化整合一般有四种方式:凌驾、妥协、合成和隔离。凌驾是指并购方用自己的文化强行取代和改造被并购方的文化;妥协是两种文化的折中,求同存异,和而不同,相互渗透,共生共享;合成是通过文化之间的取长补短,形成全新的文化;隔离是双方文化交流极其有限,彼此保持文化独立。

案例5-7 吉利并购沃尔沃

2010年8月2日,吉利完成了对沃尔沃轿车公司的全部股权收购。对此吉利集团董事长李书福表示这是具有重要历史意义的一天,我们感到非常自豪。沃尔沃将坚守安全、质量、环保和现代北欧设计等核心理念,继续巩固欧美市场,积极开拓新兴国家市场,特别是中国市场。

实现上述目标的关键是完成吉利和沃尔沃两家公司的成功整合。近几年,吉利的具体做法如下：

1. 品牌整合

吉利主要生产中低档汽车,沃尔沃主要生产高档汽车,两者之间存在品牌鸿沟。为此李书福表示,吉利是吉利,沃尔沃是沃尔沃。沃尔沃保留瑞典总部、管理团队和经销渠道,继续专注于顶级豪华汽车领域。吉利不生产沃尔沃,沃尔沃也不生产吉利。双方各自独立运营,最大限度地降低品牌的相互干扰。

2. 业务整合

沃尔沃的研发和组装仍然放在瑞典,制造和零部件采购转移到中国,以便降低人工成本。同时增加中国市场的销售量,通过规模效应降低成本。

单独设立欧洲研发中心从事中级车模块化开发,作为沃尔沃和吉利新车型的研发指导机构,共享零部件比例从30%提升到70%,实现技术升级的同时大幅降低研发和生产成本。

沃尔沃向吉利转让GMC(中级车型)升级平台、车内空气质量控制系统和GX7安全革新等技术。

吉利的新型低价车由沃尔沃设计,技术得到提升,换挡器采购自沃尔沃的供货商——康斯博格,产品质量提高,但销售价格不变。

3. 人员整合

整合后,沃尔沃的董事会仍然高度国际化,来自吉利的董事只有李书福一人,其他董事都是外部聘请的,包括奥迪公司原CEO、德国重卡公司原CEO、国际航运巨头马士基公司原CEO、福特公司原高级副总裁等人。

保持沃尔沃的组织架构不变,吉利派出部分人员参与运营和管理,学习其先进的理念和成功经验。

稳定沃尔沃员工的薪酬水平，尽量保留一线生产员工和其他核心员工，以保证产品质量、市场份额和品牌美誉度。

对于沃尔沃的14个工会组织，吉利认真倾听他们的诉求，积极沟通，保持原工会协议不变，赢得了工会的大力支持。并购当年，沃尔沃的员工满意度达到了84%，作为长期养尊处优的北欧高福利国家的员工，满意度达到历史最高水平，实属不易。在李书福看来，西方国家的工会组织性强，对提高企业竞争力、保持企业生命力都是有益的。

4. 文化整合

吉利设立了"联络官"职位，专职解决跨国文化交流问题，使得双方容易了解各自的真实想法，加快整合进程。

吉利还在其拥有的海南大学三亚学院专门设立了全球型企业文化研究中心，聘请了来自美国、加拿大、英国、瑞典、中国香港、中国北京等著名大学和研究机构的近20位专家教授担任研究员，研究如何通过整合各国优秀文化，建立全球型企业文化，为创造企业价值和推动社会进步做出贡献。

经过初步整合，2011年沃尔沃的销量增长了20%，在欧洲增加就业岗位5 000多个。这些成绩是在欧洲部分国家出现经济衰退、许多公司大量裁员的情况下取得的，确实难能可贵。为此欧盟专门写信，感谢中国政府和吉利，比利时政府还给李书福颁发了大骑士勋章。

因此，善始者实繁，克终者盖寡。在交易完成后，企业必须迅速进行业务、资产、财务、机构、人员、管理、文化等方面的充分有效整合，在人事、财务、税务、法律、采购、销售、生产、研发等环节开展业务流程再造，优化土地、资金、技术、人才等生产要素配置，创新管理模式，实现深度融合。每个企业都有独特的文化，文化是企业的基因和软实力，文化整合常常成为并购重组成败的关键。

（六）学会敬畏第四权力，积极引导社会舆论

社会舆论作为"第四权力"，随着资源的逐渐集中，媒体集团的意见和舆论方向不可忽视。

案例 5-8 中海油并购加拿大尼克森公司

2012年7月23日中海油宣布以151亿美元的现金并购加拿大尼克森公司，12月7日此项并购交易获得加拿大政府批准。

对比2005年并购美国优尼科公司，中海油此次做出了许多正确的决策，包括留住加拿大的工作岗位，让卡尔加里成为其国际总部之一，并在多伦多证交所挂牌上市等。其间中海油正确的舆论引导功不可没。

加拿大《星》报报道，加拿大权威贸易专家克拉克认为，"现在中加双边关系非常顺畅，但是如果认为中海油收购失败是加拿大政府的歧视性决策，我不知道需要多久才能修复双方的关系。未来中加关系的关键因素全部在于尼克森收购案的决策。"而且克拉克认为，如果不批准中企收购申请将使中加贸易遭受重大挫折。中加贸易合作可以使加拿大比加入美国主导的TPP（跨太平洋伙伴关系）得到更多的长期利益。

这是中国企业迄今在海外获批的最大金额并购交易，也是加拿大自2008年爆发金融危机以来的最大金额外资并购交易，为未来中国企业"走出去"提供了重要的成功案例。

因此在信息社会和网络时代，企业进行并购重组要高度重视舆情管理，特别是对新媒体、自媒体、社会化媒体的管理。在并购重组时，企业应该尽早开始舆情监控、制定危机公关手册、加强与利益相关方沟通、树立企业正面形象、选择双赢公平交易、说服意见领袖推送正面信息、重视跨文化交流等。

第四节 企业并购业务的主要流程

企业并购程序是一个复杂的过程，涉及《公司法》《中华人民共和国证券法》《信托法》《会计法》《税法》《金融法》以及《反托拉斯法》等多项综合性的法律，并购的策略和技巧也十分复杂，以下仅结合投资银行在并购过程中发挥的作用做简要介绍。

一、企业合并的主要程序

企业合并大致分为以下四个阶段：

1. 合并双方高管层进行接触，商谈合并的意向，同时聘请相关财务顾问和法律顾问协助，就一些技术和法律问题提供解决方案。

2. 合并双方的公司董事会通过相关决议，决议内容应符合有关法律的要求，明确合并的具体条件，明确合并双方的股份、资产、负债的安排计划，明确与合并相关的各方利益主体的权利和义务等。

3. 董事会决议提交股东大会讨论，获得股东大会的有效批准。股东大会是公司的最高权力机构，公司合并对合并双方而言都属于重大事项，必须提交股东大会讨论并获得批准才能有效实施。并由股东大会授予董事会销售权，董事会根据授权具体完成实施工作。

4. 进入具体实施阶段。应在规定的时间内到有关政府部门登记，同时存续公司应当变更登记，新设公司应登记注册，被解散的公司应进行清算和解散登记等，一些特殊行业或涉及垄断等重大问题，需上报政府主管部门特别批准；如涉及上市公司的合并，以上各阶段工作均需按照法律规定，履行信息披露义务。

以上仅是公司合并的一般程序，实际操作中，应根据个案的具体情况做出相应调整。例如在吸收合并与新设合并、上市公司与非上市公司合并方面会有很大差别。

二、企业收购的主要程序

（一）收购对象的选择

收购方在充分策划的基础上对收购对象进行全面、详细的调研，对收购过程中将会涉及的财务、法律等相关重大问题进行详细研究和论证，一般应聘请财务顾问和法律顾问等专业机构参与。

（二）收购时机的选择

公司运行状态、宏观经济形势、法律环境等因素都会对收购成本以及收购成功率造成重大影响。

（三）收购风险分析

构成收购风险的因素是多方面的，公司应谨慎对待，应制定相应的风险防范措施提高成功概率。

（四）目标公司定价

一种常用的定价方法是现金流量法，也称现金流量折现法，将未来公司可预期收益按照一定的折现率折算成现值之和。另一种常见的方法是可比公司价值定价法，即选定若干家同类可比公司作为参照来评估公司价值。

（五）制订融资方案

在权衡资金成本和财务风险的基础上根据实际需要选择一种或多种融资方案。包括（但不限于）公司自有资金、银行贷款、股票、债券或其他有价证券的融资等。

（六）选择收购方式

收购方式可采用现金方式，也可采用非现金方式，如以换股方式或定向股票配售方式等。

（七）谈判签约

通过谈判主要是确定收购方式、价格、支付时间和方式等重大事项。

（八）报批

首先必须由公司董事会通过决议，提交公司股东大会批准，涉及重大事项、重要行业（如军工等）要向政府有关部门报批。涉及国有股权转让的，我国《关于股份有限公司国有股权管理工作有关问题的通知》规定必须经财政部审核批准。

（九）信息披露

若涉及上市公司的收购，应按照《公司法》《中华人民共和国证券法》《上市公司股东持股变动信息披露管理办法》及其他相关法规及时披露有关信息。

（十）登记过户

收购合同生效后，双方办理股权转让的登记过户手续。

（十一）收购后的整合工作

公司收购后必须在公司治理、经营战略、管理制度、资源配置等各方面进行重新整合，提高效益，才能真正达到收购的目的。

以上仅是公司收购的一般程序，在实际操作中，应根据个案的具体情况做出相应的调整。例如在善意收购与敌意收购、对上市公司与非上市公司收购方面将会有很大差别。

三、投资银行在企业并购中的角色

在企业并购业务活动中，并购双方一般都要聘请财务顾问，通常称为"并购顾问"。并购顾问一般由投资银行担任，有时也会由专业咨询机构担任。为维护并购双方各自的利益，一家机构不能同时担任并购双方的财务顾问。投资银行作为并购顾问的主要角色包括以下几个方面：

（一）为收购方（公司）提供服务

投资银行是一种高度智慧型产业，聚集着一大批投资专家，时刻对宏观经济、行业发展、市场状况、公司概况进行分析和预测，并具有丰富的资讯来源。对哪些公司适合通过收购实现发展，哪些公司适合作为收购目标都非常清楚，一旦机会成熟便牵线搭桥，促成并购。或者根据并购买方要求和委托，寻找合适的目标公司，然后根据各方情况制订并购方案并组织实施。大多数投资银行都设有并购部门（一般从属于公司金融部），专门从事并购业务。这些部门平时致力于搜集有关可能发生的兼并交易的信息，包括查明有哪些持有超额（剩余）现金的公司可能想收购其他公司、哪些公司愿意被收购兼并、哪些公司有可能成为引人注目的目标公司等。也就是说，投资银行手里握有大量潜在产权交易的信息。由于具有信息和投资银行长年积累起来的并购技巧及经验等方面的优势,并购中的双方一般都会聘请投资银行帮助策划、安排有关事项。当一家投资银行受聘为收购方的财务顾问后,它所要进行的工作主要包括:

1. 寻找合适的目标公司,并根据收购方战略对目标公司及时评估。
2. 提出具体收购建议,包括收购策略、收购价格、相关收购条件及相关财务安排。
3. 协助与目标公司或大股东洽谈、协商有关事宜。
4. 协助准备所需的相关评估报告、信息披露文件等。
5. 与其他相关中介机构(律师、会计等)的协调工作。

投资银行在提出建议时,应考虑的因素主要包括:公司近期股价的表现、私有化价格的市盈率和股息率、私有化价格对公司资产净值的溢价或折让水平、大股东发动公司私有化的动因及公司的前景等。其基础工作就是做好财务和法律方面的尽职调查。

财务尽职调查内容包括企业基础情况、企业财务报表及其重大财务事项、影响企业财务情况的内外部环境因素等三个方面。对上述三个方面的全面调查和分析,可以更加有效、清晰地反映并协助收购方理解目标企业的财务结果变化的原因以及未来发展趋势。

法律尽职调查应囊括以下几个方面内容:(1)相关资产是否具有卖方赋予的价值;(2)卖方对相关资产是否享有完整的权利;(3)相关资产有无价值降低的风险,特别是其中是否有法律纠纷;(4)有无对交易标的产生负面影响的义务,如税收义务;(5)有无隐藏或不可预见的义务,如环境、诉讼;(6)企业、资产控制关系的改变是否影响重要协议的签订或履行;(7)有无不竞争条款或对目标公司运营能力的其他限制;(8)主要协议中有无反对转让的条款;(9)有无其他法律障碍。

(二)为被收购方(目标公司)提供服务

1. 关注公司的股价变动情况,追踪潜在的收购方(敌意收购),及时向被收购方提供信息。
2. 制订有效的反收购方案,并提供有效的帮助,阻止敌意收购。
3. 协助被收购方与收购方的谈判,为被收购方争取最佳条件。
4. 协助被收购方准备相应的文件、资料,协助进行股东大会等准备工作。
5. 协助被收购方采取相应措施。

投资银行在进行上述工作时应考虑:(1)股价表现。如果目标公司为上市公司,它的股价表现包括股价近期有没有异常的变动、股票的交易状况等。(2)市盈率。收购价的市盈率是否合理,这需要和市场上类似的公司相比较,同时也应考虑目标公司未来的发展前景。(3)股息率。收购价的股息率应与当时市场上类似公司的股息率进行比较。(4)公司的资产净值。收购价是高于还是低于公司的资产净值,公司资产净值的计算应包括有形资产和无形资产(专利、商誉等)。(5)公司的发展潜力。收购价格是否反映了公司的前景,包括公司所处行业的前景、公司的竞争能力和公司管理层的素质等。

四、目标公司并购价格的确定

大多数情况下,并购交易的双方都会聘请投资银行作为各自的财务顾问和代理人就并购条件进行谈判,以便最终确定一个公平合理的、双方都能够接受的并购合同。在恶意收购中,投资银行也会事先帮助收购方确定其收购出价,因为恶意并购成功与否的一个重要条件就是收购方的出价。公司并购的价格,从本质上说,是买方愿意为之付出,卖方愿意为之出让的平衡价格。若收购方出价太低,对目标公司股东没有吸引力,收购行动往往会失败;若出价太高,会影响到收购方公司股东的利益。因此,聘请投资银行制定并购价格至关重要。在企业并购过程中,并购双方谈判的焦点无疑是目标公司价格的确定,而公司价格确定的基础是并购双方对公司本身价值的估算。制定并购价格的方法有很多,目前,国际上通用的实务上的方法有以下三种:

(一)账面价值法

公司每一会计年度的资产负债表最能集中反映公司在某一财务时点的价值状况,揭示企业所掌握的资源,所负担的债务及所有者在企业所拥有的权益。企业资产负债的净值即企业的账面价值。但是若要估算目标公司的真正价值,尚须对资产负债表的各个项目做出必要的调整。其一,对资产项目的调整。在资产负债表上,资产分为流动资产、长期投资、固定资产、无形资产和其他资产等。对这些项目都要进行详细的审查估算,并做相应的调整。如企业开展外贸业务,则应注意汇兑产生的损失;对有价证券,则应注意市价是否低于账面价值等。固定资产的估算一般以签证机构的报告为准。在无形资产方面,目标企业拥有的专利权与商标权的价值,可依市价估算其价值,但买方可依未来自行使用程度估算。商誉属于无形资产,它表现为企业获得超额利润的能力,故收购该企业的价格将高于其账面价值。其二,对负债项目的估算与调整。负债分为流动负债和长期负债。审查时,要把所有负债项目的明细科目详细列明,以供核对是否漏列。在对目标企业财务报表审查评价时,买卖双方应针对这些资产负债,逐项协商,最后也许能找到一个双方均满意的交易价格。可以说,在价格谈判上,双方主要是针对现成厂房设备等资产的市价,再依现成人员及既有市场知名度及客户关系所形成的商誉,作为讨价还价的砝码。因此,在实务上,这种对资产负债项目各项调整的估算方法,对于有形资产庞大的企业,是一个良好的估价方法,尤其亏损的企业常采用此法,视同计算目标企业的清算价值。

(二)市场价值法

市场价值法即将股票市场上最近平均实际交易价格,作为估算目标企业价值的参考。由于证券市场处于均衡状态,因此,股价反映投资人对目标企业未来的现金流量与风险的预期,于是市场价格等于市场价值。比价标准可分为以下三种:

1. 公开交易公司的股价

尤其是未上市公司股价可根据已上市同等级公司股价作为参考。使用此法对公司管理部门和董事会要求较高,需要具备一定的经验和技巧,常见的错误是高估目标企业的经营价值,或是低估其企业清算价值,甚至可能低估目标企业的未来机会或隐藏价值。

2. 相似企业过去的收购价格

尤其是在股权收购的情况下,此法被公认为最佳选择。但运用此法很难找到经营项目、财务绩效、规模等相似的企业,且无法区分不同的收购企业对目标企业溢价比率的估计。

3. 新上市公司发行价

对于目标企业无论是公开发行还是未公开发行,依照公开发行公司的初次公开发行股价与依次计算出的公司市价作为比价标准。但是,很多公开发行股票公司是新成立的,利润低,因此其股价的有效性大为降低,且公开发行市场的发行量、价格变化大,往往比股票集中交易市场具有投机性,且股价更易被操纵,以致股价脱离本质,所有这些都抑制了其作用的发挥。

由于未来的股价不好预测,所以常用的衡量股价的数据是市盈率,即股价收益比例。

P/E＝股票市价/每股收益

(1)P/E表现了股票投资回收期,或指投资者为每年每一元钱净收入所愿付出的价格。

(2)P/E是对公司将来利润的一种预测。成长迅速的电子工业的平均P/E应该比老化成熟的冶金工业的平均P/E高。如果股民对某公司寄予厚望,认为其盈利增长比以往更快,P/E值就会很高。

(3)P/E是衡量公司创利能力的重要依据。大致说来,P/E应相当于公司的利润增长率。如某公司的利润增长率为15%,$P/E<15$,则购买该股票较合算。

从本质上说,市盈率是投资者根据企业以前的盈利状况对企业未来盈利状况所做出的判断;因此,公司的市场价值可以有两种表示方法:

$$公司市场价值＝每股股票价格×公司股票数量$$

或 $$公司市场价值＝市盈率×股东可获收益$$

如果说,公司账面价值反映的是公司历史成本,那么股票市场价值则综合反映了公司的获利能力、现金增值和偿还债务的能力。

(三)未来获利还原法

如果收购方企业对目标企业的收购是着眼于未来的营运绩效,则收购方企业应基于未来收购后的利润资本化后的价值。未来获利还原法即预估目标企业未来现金流,再以某一折现率,将预估的每年现金流折为现值。因此,企业价值即某年限内,每年现金净流入的现金和预估剩余价值的现值的总和。此法是基于"企业持续经营"的假设,将企业的价值利用资本预算技术来结算。由于未来经营是有风险的,因而,收购方企业在估价上常要对目标企业的未来获利打个折扣,此差额就是买方的"风险报酬"。与市场比较法相比,未来获利还原法着重于对目标企业的了解,着重于未来导向,避免了"市场近视"。由于要正确估计目标企业未来的现金流,因此,收购方企业必须对目标企业的行业前景有所了解。

对企业价值的评估方法有很多,各有利弊,收购方企业可根据自己的收购目的来选择对自己较为有利的方法,投资银行作为收购方财务顾问可以帮助企业研究收购的要约价格、最高价格及可能获得目标企业股票的最低价格。而目标企业则可让投资银行对收购方提出的要约价格进行分析判断,帮助它"证明"收购方的开价太低,尽可能提高收购价格,为广大股东争取一个合理的价格,并帮助股东做出售让或保留股票的决策。公司的价值,往往存在于并购后所产生的综合效应,或称企业的非报表价值。收购方基于这种"综合效应",可能愿付出比市价更高的价格收购目标公司。

应该说,对目标企业了解得越详尽,对公司价值的估算就越准确。各种外在因素和不确定性因素以及公司经营风险的大小都会影响公司价值的确认。

五、投资银行并购业务的收费

投资银行从事并购业务的报酬因服务内容而变动,一般没有明确的规定。

(一)按照报酬的形式划分

按照报酬的形式可分为以下三种：

1. 前端手续费。大型投资银行在接受客户委托订立契约时，通常以先收方式要求一定的费用。前端手续费有两种意义：对于投资银行来说，可以补偿牺牲其他精力的损失，同时又是委托人对于并购抱有坚决意志的证明。因此投资银行才能放心而认真地开展筹划工作。不管并购成败如何，委托人必须付给投资银行前端手续费。

2. 成功酬金。并购成功后，委托人按照交易额支付。这是对投资银行服务支付手续费的最普遍的方式。

3. 合约执行费用。

(二)按照计费方式划分

按计费方式可分为以下三种：

1. 固定比例佣金

即无论并购交易金额是多少，投资银行都按照某一固定比例收取佣金。固定比例的确定一般由投资银行和客户谈判确定，并购交易的金额越大，这一固定比例定得越低。

2. 累退比例佣金

即投资银行的佣金随着交易金额的上升而按比例下降。累退比例佣金可以通过莱曼公式计算(表5-2)。

表 5-2　　　　　　　　　　　累退比例佣金

金额等级	佣金比例(%)
第1个100万美元	5
第2个100万美元	4
第3个100万美元	3
第4个100万美元	2
超出400万美元的部分	1

如果某一个并购项目的交易金额为500万美元，则按莱曼公式计算的佣金为：
$100 \times 5\% + 100 \times 4\% + 100 \times 3\% + 100 \times 2\% + 100 \times 1\% = 15$(万美元)

以莱曼公式为基础，投资银行可以与客户协商对交易金额等级和佣金比例进行调整，如以每300万美元作为一个级别，依次每增加300万美元则降低1个百分比点。常用的莱曼公式调整计费的办法，是对第一个500万美元收取5%，第二个500万美元收取2.5%，超过1 500万美元的部分收取0.75%。

3. 累进比例佣金

投资银行与客户事先对并购交易所需金额做出估计预测，除按此估计交易金额收取固定比例佣金外，如果实际发生金额低于估计额，则给予累进比例佣金作为奖励。如估计收购目标公司约需5 000万美元，如果投资银行实际只用4 900万美元就获得了控股权，那么就可获得1个百分点的奖励；如果只用了4 800万美元，就再增加1个百分点。对于并购方的投资银行来说，成交金额越低，获得佣金的比例越高。

(三)杠杆收购的收费

由于在杠杆收购中，收购目标公司的资金主要是通过银行借贷或发行"垃圾债券"(Junk

Bond,下等或次等债务融资)取得的,因而投资银行根据这种购买者主要使用债务资金并且要求保密的特点,可以从四个方面开展工作并收取费用:

1. 提出收购与买进的意见及计划。
2. 安排资金筹措。
3. 安排过渡性融资(也叫桥式筹措,即长期债务资金筹措完成前的临时资金借贷)。
4. 其他咨询费用。其间,投资银行也可能为桥式筹措提供自有资本。另外,在"其他咨询费用"中有些费用是投资银行对收购或兼并目标公司做评估和提供公平意见而收取的,费用的高低经投资银行与兼并目标公司双方磋商决定。

第五节 收购与反收购策略

一、收购策略

(一)中心式多角化策略

中心式多角化策略,是指欲收购目标企业与本企业原经营的行业相关度较高,但不处于同一行业的企业的兼并策略。中心式多角化策略是企业寻求新的收益与利润的最好途径。有很多公司采取了中心式多角化兼并策略,经过技术上的相互支持、销售网的更好利用,迅速在市场上占据了一席之地。实践证明,采取这种策略,确实可以促使企业规模快速扩张。

采取中心式多角化收购策略的风险点常在于"自以为是",以为本身对新开拓的行业有相当的了解而贸然投入,其实对该行业的了解还不够,或者原以为新行业与本行业可以使客户群相通,后来才发现,销售对象并不完全相同。然而当发现这些问题时,为时已晚。如本行业是竞争少而利润高的行业,若跨入利润少而竞争又激烈的相关行业,或对照本行业利润调高产品价格水平等,都可能导致企业业绩下滑,甚至亏损。

如果某汽车厂欲收购电子电器制造厂、飞机制造厂等,其收购目的是希望这些企业的研究开发成果能使整个集团产生更强的竞争优势,这就是采用了中心式多角化收购策略。是否能产生综合效益,必须考虑在研究开发的协调性运作所产生的额外成本,是否会抵消相当大的技术互补利益的问题。

中心式多角化收购策略所面临的风险要比内部发展策略与复合式多角化策略的风险小得多。但应注意的是,新的目标企业的竞争环境是否有利于进入。在一个竞争激烈的市场环境中,即使提供本身的行销、制造、研究开发等支持给新的目标企业,但是否能取得相当强的竞争优势,这是收购前应认真评估的重要项目。

(二)复合式多角化策略

复合式多角化策略,是指欲收购的企业与本企业原经营行业完全无关的收购策略。复合式多角化策略的目的是促进本企业业绩迅速增长,稳定利润。对一家大企业而言,多元化的基本功能是通过收购不同行业的企业活动,避免资金集中于某一产业,而是广泛地涉及不同行业,从而分散投资的风险。高科技产品更新换代很快,其生命周期较短。一旦产品过时,存货价值将损失巨大,而此时,新产品开发又不能跟上市场的要求。在这种情况下,高科技公司必将面临进退两难的境地。多角化可使资金、技术、人才、物力分散,因此,复合式多角化收购策略应该成为大型企业追求长远发展,避免市场风险的最优选择。

同样,复合式多角化收购策略也具有很大的风险,因为所进入的领域是完全陌生的。所以在实施这一策略时,如看好某产业具有很好的发展潜力和前景,可先收购该产业中一家基础较好的公司,然后再以内部成长的方式发展起来,这样就大大降低了进入风险;正是由于采取这种策略风险较大,所以在选择这种策略实施时,应注意以下几点:(1)欲介入的行业必须增长快,是有发展前途的行业,切不可盲目进入"夕阳产业"。(2)新行业的财务控制及企业管理方法最好与本企业相类似。(3)采用这种策略收购时,必须对有关新行业的税法、会计原则有比较透彻的了解。在条件不成熟时,切不可到外国去投资。

企业进行复合式多角化策略的收购,一般将它看作一种纯粹的财务性证券投资,而不重视经营决定的参与。因此,财务分析和产业分析是很重要的。在国外,许多大公司在进行复合式收购时,重点就放在如何评估其产业及谈判价格上,而不是在于如何去经营管理所要收购的目标公司。

在复合式多角化收购策略里,有的企业是为了跨入新产业做准备,有的则是看好目标公司本身的投资报酬,因而即使是收购过来,也不参与具体经营,这实际上就是财务性的证券投资,它以投资后股份高低及股利发放的投资收益为评估重点。

(三)垂直式整合策略

垂直式整合是指通过收购对本企业的上游企业(供应商)和下游(销售商)企业实行整合。

一般来说,某企业收购目标公司的动机是整体策略上的需要,是为了对目标公司进行整合后产生的综合效益,这包括经济规模、获取技术、产品线或市场的扩大。

公司寻求垂直整合一般是为了获得稳定的零部件、原料、成品供应来源,或产品销售市场,总之,是为了获得更多的获利来源。任何厂商都希望加强本企业对上游企业的供应和本企业对下游企业的销售的控制,以此来提高自身经营业绩。

如原联邦德国 BASF 化学公司,比其本国的竞争对手赫怀特公司更重视实行长期的垂直整合策略。对于纤维、油墨、油漆、塑胶等产品,该公司本着只有控制生产的每一个过程,才能获得长期性的成功之信念,把大量资金用于垂直性的投资上,从初级原料到最终产品,均自行生产。在这种策略的指导下,该公司收购了不少企业。该公司 1985 年花费 1 亿美元收购美国一家化工厂。他们认为,虽然化工业的垂直性整合投资额庞大,但就长期性而言,整合所产生的经济利益,必定超过资本的机会成本。

垂直整合将风险分散到上、下游企业,但常需要增加大量固定成本及资本支出,从而愈加深入该产业,反而将风险集中在某一产业了。这是它不利的一面。

进行垂直整合时,事前必须经过相当审慎周密的规划,切不可过于勉强,尤其是不要为了挽救目前的危机企业而贸然行事,以免越陷越深。

有些厂商为了控制货源而收购上游企业,收购目标公司后在管理上,因客户稳定,自然导致成本降低,但是往往因为没有竞争压力,反而造成效率低下,使生产成本比市场上其他竞争对手还高,因而连带影响母公司产品的竞争力。

对下游企业的整合也是如此,切不可使本身业务稳定了,但却以收购来的下游企业为牺牲品,否则,最终还是要连带影响到母公司的经济效益。

此外,对上游企业的整合,可能会发生竞争上的冲突。上游企业整合后若与主要供应商构成竞争,要注意是否有停止供应的危险。在市场竞争的情况下,在工业产品方面,也有可能基于技术泄密的考虑,而有终止原有商业关系的可能。

对下游企业的整合,最易发生的风险是与原客户的冲突。客户与供应商成为竞争对手,可能采取抵制行动。对这一不利因素,应予注意。切勿因收购一家原客户企业,而使众多客户流失。

一般来说,下游企业整合有两种形态:一种是零部件制造商生产产品;一种是成品供应商由被动的生产走向主动的行销。前者考虑的是成品生产技术问题,后者考虑的是市场通路问题。

总之,当企业确定必须进行垂直整合时,则须进一步衡量是由内部自行创设,还是接受现成企业。在此决策上必须考虑在当前竞争状况下的如下问题:是否有足够的时间容许企业的内部成长;收购价格与自行发展的成本相比,哪个更低;收购的目标公司的生产设备以及生产的产品质量等关系到今后营运效益的要素,是否比自行发展要好。

(四)水平式整合策略

采用水平式整合策略,可以得到目标公司现成的生产线和现成的生产技术,其产品的品牌及行销网络往往更是公司的价值所在,所以可以激发收购方强烈的收购欲望。

收购方通过收购活动,可以取得目标公司现成的生产线,这有助于强化收购方在市场上的地位。但在收购决策上,需要考虑收购价格及行销效益发挥的程度,这两个因素是互补的。如果行销效益提高较多,自然收购方的投资回收期短,在此种情况下,可以提高价格予以收购。但还须注意的是,有许多无法预期的因素会在收购后出现,使收购所需的资金投入超过收购前的估计。

在跨国收购上有快速扩大当地市场的好处。如日本富士通以近 11 亿美元,收购英国 ICL 电脑公司的大部分股权。富士通公司自 1983 年起开始给 ICL 公司供应半导体。富士通公司通过此项收购,不仅开拓了本企业产品在英国的销路,而且还以此为基地,逐步挺进,占领欧洲市场,实现了其收购的真正目的。

通过水平式整合以达到扩大产品与市场规模的目的,是比较有效的收购策略。但这一策略在实施中的风险也是存在的,有许多失败的收购实例说明,因为过分乐观,认为通过整合肯定可以取得较好的综合效益,到后来才发现现实并非如此,如收购者以为对方的新产品与自己的产品能起互补作用,实际上并无互补作用。

企业收购是市场竞争常采用的策略之一。在竞争中,有许多方法可以用来与竞争对手抗衡,并逐步打垮对手。但也会出现竞争双方费了很大工夫,也没有使自己在竞争中占上风,甚至搞到两败俱伤的情况。如果换一种方式,将竞争对手予以收购,这是扩大市场占有率和降低竞争压力最快且较有效的办法,当然,能够采取此种方式进行收购行动的企业,必须是实力雄厚并且经营管理有方的企业。

在市场竞争中,能将竞争对手予以收购,是消除市场竞争压力最有效的策略。

二、反收购策略

收购有善意和敌意之分。对于善意收购,收购双方在友好协商的气氛下,平稳地完成收购;对于敌意收购,被收购方的所有者及管理者,特别是高层管理者则会竭力抵御,以防止本企业被收购。下面介绍一些西方国家的企业经常应用的反收购策略与技巧。

(一)事先预防策略

事先预防策略是主动阻止本企业被收购的最积极的方法。一个企业价值的高低特别是股票价格的高低,是由其经营管理状况及经济效益情况所决定的。当企业经营管理不善、经济效益低下时,股票价格自然较低,这种企业最易被列为收购的对象;反之,一个生气蓬勃、经营业绩颇佳的企业,其股票价格必定较高,企业所有者亦不愿放弃本企业,因此收购这类企业时,需要大量资金,给收购带来很大困难。除非企业实力异常雄厚,一般企业轻易不愿冒险。原因很简单,若收购不成功,损失将会很大。而收购股价较低的企业,即便收购失败,在收购交易中也不会造成太大的损失。

所以,最佳的事先预防策略是通过加强和改善经营管理,提高本企业的经济效益和本企业的竞争力。

敌意收购的袭击者被称为"鲨鱼",因而上市公司聘用一些专门负责观察自己公司股票交易情况和各主要股东持股变动情况的专业性公司(鲨鱼),以便及早发现可能发生的收购袭击,及早应对。

(二)提高收购成本、降低收购者的收购收益、增加收购者风险

1. 资产重估

在现行的财务会计中,资产通常采用历史成本来估价。普通的通货膨胀,使历史成本往往低于资产的实际价值。近年来,许多公司定期对其资产进行重新评估,并把结果编入资产负债表,提高了净资产的账面价值。由于收购出价与账面价值有内在联系,提高账面价值会抬高收购出价,抑制收购动机。

2. 股份回购

公司在受到收购威胁时可回购股份,其基本形式有两种:一是公司将可用的现金分配给股东,这种分配不是支付红利,而是购回股票;二是换股,即发行公司债、特别股或其组合以回收股票,通过减少在外流通股数,抬高股价,迫使收购者提高每股收购价。但此方法对目标企业颇危险,因负债比例提高,财务风险增加。

3. 寻找"白衣骑士"

当目标公司遇到敌意收购者进攻时,可以寻找一个具有良好合作关系的公司,以此收购方所提要更高的价格提出收购,这时收购方若不以更高的价格来进行收购,则肯定不能取得成功。这种方法即使不能赶走收购方,也会使其付出较为"高昂"的代价。合作公司则被称为"白衣骑士"。

当然更省事的做法是目标公司可以制造消息,即有更好的买主愿意收购本公司,从而刺激公司股票价格上涨,使收购方收购成本大增而知难而退。

也有目标公司与"白衣骑士"假戏真做的时候,一般称为"防御性收购"。从大量收购案例来看,防御性收购的最大受益者是企业经营者而不是股东。

4. 金降落伞策略

它是指目标企业的董事会提前做出如下决议:一旦目标企业被收购,而且董事、高层管理者都被解职时,这些被解职者可领到巨额退休金,以提高收购成本。我国的上市公司山东阿胶集团就成功实行了"金降落伞策略",把部分参与创业但已不能适应企业发展要求的高层管理者进行了妥善的安排,达到了企业和个人的双赢。在美国,由于高管层得到的经济补偿有时可达到一个天文数字,因此这种补偿反而可能成为高管层急于出售公司的动机,甚至是以很低的价格出售。如果是这样,很显然,股东的利益就将遭受极大的损害。因此这一策略也曾一度饱受争议。

5. 银降落伞策略

它是指规定目标公司一旦落入收购方手中,公司有义务向被解雇的董事以下的几级管理

人员支付较"金降落伞策略"稍微逊色的同类保证金（根据工龄长短支付数周至数月的工资）。

6. 锡降落伞策略

它是指规定目标公司一旦被收购，一般员工若在公司被收购后两年内被解雇的话，则收购方须支付员工遣散费用。

7. 收购其他公司

具体做法有：一是购买一家与实际的或潜在的收购者同行业的企业或者收购者的竞争对手，制造反垄断。

二是购买与收购者的业务范围无关的企业或敌意收购者要避开的属于其已调整的行业的公司。目标公司这时的规模扩大了，业务范围改变了，将提高收购者的成本，削弱其积极性。

8. "毒丸"术

目标公司为避免被其他公司收购，采取了在特定情况下的一些手段，如企业一旦被收购，就会对本身造成严重损害的手段，以降低本身吸引力。收购方一旦收购，就好像吞食了"毒药丸"一样不好处理。常见的"毒药丸"制造术如下：

(1) 出售目标公司有盈利能力的资产。例如，"摇钱树"性质的事业部、专利权、土地等，此方法又叫焦土战术中的出售冠珠。或者大量购置闲置或与经营无关的资产，使企业资产质量下降；或大量增加公司的负债，恶化财务状况，加大经营风险；或进行一些长期才能见效的投资，使公司在短期内资产收益率大减，使企业丧失吸引力。此方法又叫焦土战术中的虚胖战术。

(2) 重拟从前债务偿还时间，即一旦企业抵抗不住被收购，收购方将面临立即还债的难题。相似的做法还有被收购方和友好债权人在借贷契约中约定，当被收购方遭到敌意进攻时，债权人可享有债权立即撤销权，债权持有人则可以要求目标公司赎回，导致收购完成后立即产生的额外的资金压力。此方法又叫债务偿还时间表（债务加速偿还）。

(3) 目标公司可发行"毒药丸"证券或权利，即由目标公司发行一些具有特殊权利的证券或权证，规定这些证券和权证在特定情况下，即目标公司被收购的情况下，可以转换成或可购买一定数量的普通股。目标公司在这种方法的指导下，可以稀释进攻者手中所持的股份。这种方法若遇到强有力的大规模进攻，则无法阻挡。

案例 5-9　新浪的毒丸计划

2005年2月18日，盛大及其某些关联方向美国证监会提交了13-D表备案，披露其已拥有新浪已发行普通股19.5%的股权，成为新浪的第一大股东。

2005年2月22日，新浪宣布，该公司董事会已采纳了股东购股权计划（毒丸计划）。按照该计划，于股权确认日（预计为2005年3月7日）当日记录在册的每位股东，均将按其所持的每股普通股而获得一份购股权。在购股权计划实施的初期，购股权由普通股股票代表，不能于普通股之外单独交易，股东也不能行使该权利。只有在某个人或团体获得10%或以上的新浪普通股或是达成对新浪的收购协议时，该购股权才可以行使，即股东可以按其拥有的每份购股权购买等量的额外普通股。

盛大及其某些关联方的持股已超过新浪普通股的10%，而购股权计划允许其再购买不超过0.5%的新浪普通股，其他股东不能因盛大及其某些关联方这一0.5%的增持而行使其购股权。

一旦新浪10%或以上的普通股被收购（就盛大及其某些关联方而言，再收购新浪0.5%或以上的股权），购股权的持有人（收购人除外）将有权以半价购买新浪公司的普通股。

在一般情况下,新浪可以以每份购股权 0.001 美元或经调整的价格赎回购股权,也可以在某个人或某个团体获得新浪 10% 或以上的普通股以前(或其获得新浪 10% 或以上普通股的 10 天之内)终止该购股权计划。

新浪的另一道防守:铰链型董事会。即新浪董事会共有 9 名成员,设有补偿委员会、委员会和股份管理委员会。董事会的 9 名董事共分为三期,任期 3 年互任期交错,每年只有一期董事任职期满,进行新的董事选举。

由于盛大难以破解新浪的"毒丸",盛大 2006 年无奈抛售 17% 新浪股份,收购以失败告终,但在股票一进一出之间,盛大获利不少。国外媒体评论道:"这是在美国资本市场上第一次一个亚洲公司对另一个亚洲公司进行没有想到的收购。无论对法律界还是投资银行界来说都是里程碑式的事情。"

(资料来源:京华时报)

9. 利用诉讼

西方发达资本主义国家崇尚自由主义经济精神,提倡竞争,禁止垄断,为此,都制定了各自的反垄断法;当收购方提出欲收购某目标公司时,目标公司可向法院提起诉讼,控诉收购方的行为有可能违背反垄断法的规定。但是,这种利用法律进行防御的策略,对于已经下定决心要使收购成功的收购者来说,只能是拖延收购交易的完成时间,很难阻止其采取收购的行动,除非对方真正触犯了反垄断法。在所提起的控诉中,最常见的理由是:公开收购手续不完备,信息披露不充分,收购程序与有关法规相违背,声称对方违反了反垄断法的规定。

当然,收购方也常采用一些相对应策略对付这种起诉。最常见的手法就是以人头分散持股比例,以免受制于有关持股比例规定而受惩罚。

(三)保持公司的控制权

1. 牛卡计划

为了保持控制权,原股东可以采取增加持有所持的股份。(增持股份)如果发行股票,可采用一些股票发行上的技巧,即利用不同股票的性质发行。如可以发行优先股、表决权受限制股及附有其他条件的股票,此方法又称为牛卡计划或不同表决权股权计划。

2. 交叉持股

对于规模较大的集团公司,采用母子公司互相持股的手段,即通过子公司暗中购入母公司股份,达到自我控制,避免股权旁落。有很多公司一开始就采取这种自我保护措施。例如,要求子公司持有母公司一定比例的股权,在任何情况下都不得出售其所持股份,可以有效保护母公司的控制权。中国香港怡和集团为防止华资集团等的收购,就曾精心设计过相互持股系统。此方法又称为交叉持股。

3. 反接受条款

在没有遭受收购打击前,各公司还可以通过在公司章程中加入反收购条款,使将来的收购成本加大,接收难度增加。常见的反收购条款有(这些条款又称为箭猪条款或反接受条款):

(1)每年改选部分董事会成员。如每年改选 1/3 的董事席位,纵使收购方获得多数股,也无法立即取得目标公司的控制权。

(2)限制董事资格,即目标公司在董事任职资格上进行一些特殊的限制,使得公司的董事都由自己方相关联的人来担任,或公司的某些决策须以绝大多数股东投票通过,以增加收购方控制公司的难度。对董事资格的特殊限定应以不违背公司法的要求为前提。

(3)超级多数条款,当要更改公司章程中的反收购条款时,须经过超级多数股东的同意。

超级多数一般应达到股权的80%以上。

(4)公平价格条款。公平价格条款规定收购方必须向少数股东支付目标公司股票的公平价格。所谓公平价格,通常以目标公司股票的市盈率作为衡量标准,而市盈率的确定是以公司的历史数据并结合行业数据为基础的。

4. 劝说股东

管理层或者经营层的另一种常用策略就是积极向其股东宣传反收购的思想。目标公司的经营者以广告或信函的方式向股东们表示他们的反对意见,劝说股东们放弃接受收购方所提要约。此种策略运用的前提是该公司本来经营相当成功,而侵略者的介入可能恶化目标公司的经营状况。

(四)收购收购方

收购收购方,又称为"帕克门"策略。目标企业收购收购方的普通股,以达到保卫自己的目的。帕克门一词源于20世纪80年代美国一款流行的录像游戏,在该游戏中,没有吞下其对手的一方反遭受自我毁灭。

"帕克门"策略进行的前提条件是收购方与被收购方的力量对比并不悬殊。该战略是一场非常残酷的收购战,最后胜利者往往是实力雄厚、融资渠道畅通广泛的企业,如果收购战的双方实力相当,其结果很可能是两败俱伤。帕克门的典型案例是发生在美国贝蒂公司、马丁公司、联合技术公司和伦德公司之间的四角并购大战。在这场商战中,先是贝蒂公司试图收购马丁公司,马丁公司便与联合技术公司一起对贝蒂公司进行反收购,结果贝蒂公司最终只好被"白衣骑士"伦德公司收购。

第六节 跨国并购

对于投资者来讲,跨国并购是最便捷和最经济的投资方式,而对东道国而言,跨国并购是获取外商直接投资的最方便、最容易和规模最大的途径。席卷全球的第五次并购浪潮——跨国并购,其最基本的特点是规模大、速度快、涉及领域广,并购动机由原来降低风险、企业联合等转向战略驱动型的提升核心竞争力的经济活动。本节所指的跨国并购包括外资并购中国企业和中国企业跨国并购海外企业两种。

一、中国资本市场外资并购历程

从1995年北旅股份开启外资并购先河至今,中国资本市场外资并购的历程大致可以分为三个阶段:探索期、培育期和发展期。这三个阶段各有具体案例以及鲜明特点。

(一)探索期(1995—1998年)

在这一阶段,上市公司外资并购这一市场化程度高、与国际接轨力度大的方式首度为人们所关注,其间也相继出现了一些引人瞩目的具体案例,并以其独特的魅力成为证券市场上一道特殊的风景线。值得注意的是,在当时中国尚未加入WTO的背景下,上市公司的外资并购不得不说是超前的,一些案例至今也十分值得回味。

这一期间发生外资并购案例有三大特点引人关注:

首先,率先涉足外资并购的案例发生在制造业。

其次,外资方都是大型国际资本。参与北旅股份案例的是日本五十铃自动车株式会社和伊藤忠商事株式会社,而江铃汽车的合作方则是福特公司。

再次,外资方都将目光瞄准了上市公司股权。

这一期间,外资并购出现了明确的操作模式。其一,股权协议转让模式。1995年7月,日本五十铃自动车株式会社和伊藤忠商事株式会社入股北旅股份,从而首开上市公司外资并购先河。其二,定向增发B股模式。1995年8月福特对江铃汽车的并购就是采取了这种模式。

但是,首度在证券市场亮相的外资并购并非一帆风顺。"北旅事件"之后,1995年9月23日国务院发布暂停向外商转让上市公司国家股和法人股的通知,使悄然兴起的外资并购戛然而止。而北旅股份本身在引入外资后,公司业绩并没有大的改观。其后,上市公司连续亏损,外资方则黯然退出。

(二)培育期(1998—2001年)

这一期间,外资并购在实践中不断探索创新之路,许多上市公司外资并购取得突破性进展的基础工作正是在这一时期完成的,并出现了有别于第一阶段的鲜明特点。

首先,并购范围迅速拓展。第一阶段发生外资并购的案例基本在汽车行业之中,并在此阶段拓展至电子制造、玻璃、橡胶、食品等行业。

其次,间接控股模式浮出水面。

再次,第一大股东位置成为焦点。如2000年发生在两家外资股东之间的耀皮玻璃第一大股东之争。随着上市公司第一大股东变化以及外资方在流通股股权方面的动作,也使得外资并购有了一些"火药味"。

最后,核心资产控制受关注。据分析,与股权收购不同,资产收购绕过了收购上市公司股权所面临的烦琐审批程序。通过这种方式,外资可以控制上市公司的核心资产,法国米其林—轮胎橡胶、达能—上海梅林等外资并购案例便是此类模式的代表。

如果说,第一阶段的外资并购带有"浅尝辄止"的印象,那么在此阶段的外资并购已经将目光集中在实质性的操作之中。尤为引人关注的是,上市公司参与外资并购更多地带有积极改善经营的目的,而外资方进入上市公司一方面仍然有战略性的考虑;另一方面,外资方通过并购直接切入国内市场的目的更加明确。

(三)发展期(2001年至今)

可以发现,目前这轮外资并购的最大特点在于,一方面,在中国面对经济全球化和加入WTO的背景下,外资并购正在全方位地得到发展。另一方面,政策法规的不断完善也积极、有效、稳健地推动外资并购有力展开,使之迎来更为广阔的发展空间。

首先,外资并购进展更快。外资方成为上市公司大股东以及证券市场关注的焦点。比如,2002年8月8日,赛格三星发布公告,公司主要股东赛格集团与三星康宁达成出让部分股权的初步意向,外资方可能成为赛格三星第一大股东。

其次,外资并购涉足力度更深。新桥投资—深发展外资并购案例表明,一些垄断性较强行业的上市公司进入外资并购视野。

最后,外资并购的操作手段更为广泛。比如,青岛啤酒与美国著名啤酒酿造商AB公司的并购案就明显带有金融创新的意味。随着相关政策的陆续到位,一些新的并购模式,包括要约收购、债转股、国内投资机构的替代性收购、支持内地管理层收购或自然人收购、外资上市公司换股收购或者融资收购等,也将在不同程度上成为可能。

不难发现,这些案例表明,在经济全球化的新形势下,同业之间的并购行为在外资并购中担当主要角色。从目前发生的制造、食品、电信、银行的外资并购中表现活跃的外资并购方来看,其外资并购的介入点往往是与其处于同一产业或产业链的企业。同时,回顾外资并购历程可以发现,进入并购范围的行业展示出制造—基材加工—食品、零售—电信—银行—公用事业的循序渐进的步伐,这与中国加入WTO前后,各行业开放次序和进度有着密切关系。随着开放程度的加深,电信、金融、公用事业、物流等行业都会有外资的深层次介入。

伴随中国加入WTO后各项开放政策的陆续实施,以外资为收购主体、以战略收购为特征的外资并购正日益引起各方的关注。尤其是2001年《关于向外商转让上市公司国有股和法人股有关问题的通知》的出台,不仅为外资并购提供了有效的制度安排,同时也迅速充实、完善着并购法律、法规体系。上市公司外资并购即将迎来崭新的历史性机遇。

二、跨国公司并购我国企业的特点

(一)中国成为跨国公司竞争的角逐场

正如哈佛大学经济学家丹利·罗德雷克在其研究报告中指出的那样,"这不是你要不要全球化的问题,而是你如何全球化的问题。"

1. 中国具有示范意义

对于中国这样一个新兴的、具有14亿人口的并在逐步向周边市场辐射的极具有示范意义的市场,跨国公司在中国面临的挑战与机遇并存。约70%的美国公司在华盈利,约41%的公司在华利润率超过其全球的平均利润率。跨国公司今天和未来的战略调整,目标也都是为在这样一个市场有所作为,因为它们笃信"得中国者得世界"。

2. 中国企业在外资并购活动中的弱势地位明显

不少跨国公司的高层主管人员认为,在进行行业分析或者外部基准化时,根本不必考虑中国的国内企业,而是重点分析行业内具有竞争力的外资企业。

尽管受到种种因素的制衡,但在强大的竞争压力和可能带来的利益诱惑下,本土企业不得不纷纷期待着与外资的合作,甚至被收购。选择与跨国公司合作,就意味着在实力强大的跨国公司面前,国内企业大多将处于合作中的从属地位。从近年来国内的外资并购案例中可以看到,许多并购事件中方都是处于被动地位,跨国公司很轻易地将合资企业纳入其经营体系,并通过收购剩余股权,从合资走向独资。

3. 本土企业拥有更多的选择空间

这一点,主要体现在选择外国合作对象方面。

首先,由于跨国公司在中国市场面临着全球性竞争,也亟须不断寻找中国的合作伙伴,这会加大中国企业向外方讨价还价的余地,提高中方在并购中的谈判地位。有利于保证自身的利益。

其次,中方依托本土文化优势,通过采取跟进和学习策略,可与跨国公司形成"你中有我、我中有你"的战略格局。从长远发展的角度来看,中国企业不仅将决定跨国公司在华发展空间,而且通过合作,还可以大大提高自身的核心竞争力,并最终以更强的实力参与到国内外的企业并购活动中去。

(二)母公司主导的对华并购现象突出

1. 母公司系统化投资显著增加

入世后外资流入的另一个重要特征,就是以跨国公司母公司为主的系统化投资显著增加。

母公司在中国追求的目标,是建立主导性的、全国范围的市场地位,开展世界级业务的总体竞争战略。在这种宏伟目标的指导下,母公司直接出面在中国进行大规模的并购活动,重组它们在华投资集团体系。

全世界最大的五百家跨国公司已有近四百家来华投资了两千多个项目,美国排名前五百名的大公司有一半以上到中国投资。自20世纪90年代初起,通用电气(GE)旗下的GE塑料、GE照明、GE医疗系统等就已先后进入中国市场,在这个巨大的市场里尝足了甜头。中国加入WTO后,以母公司为首的GE投资步伐显著加快,先是把GE大中华区的总部从香港移到了上海,2002年9月,又把GE塑料亚太区总部从东京移到上海。这是GE自中国入世后一系列战役中最引人注目的一次。

同GE一样,在中国入世半年后,世界顶级商务软件供应商Oracle(甲骨文)公司创始人、总裁兼首席执行官拉里·埃利森也来到中国,为其在北京建立研发中心和把大中华区总部从香港迁至北京打前站。此外,瑞士ABB集团、美国雪佛龙海外石油公司、德国博世公司、法国普美德斯公司等跨国公司都已经决定把总部搬到中国。而已在中国抢滩成功,并在中国市场占有牢固据点的摩托罗拉公司更是把2001年的该公司全球董事年会的会址选在了北京。

2. 跨国公司地区总部纷纷迁至中国

从跨国公司地区总部在华不断增加的状况来看,外企母公司对中国投资重视程度也可略见一斑。我国的上市公司山东阿胶集团就成功实行了"金色降落伞"计划 把部分参与创业但已不能适应企业发展要求的高层领导人进行了妥善的安排 达到了企业和个人的双赢。在美国 由于高管层得到的经济补偿有时可达到一个天文数字 因此这种补偿反而可能成为高管层急于出售公司的动机 甚至是以很低的价格出售。如果是这样 很显然 股东的利益就将遭受极大的损害。因此这一策略 也曾一度饱受争议。跨国公司在中国设立地区总部,说明母公司开始着眼于在中国市场的整体投资和战略投资,并对在中国分散的单个投资项目进行重新优化组合,以新的重组集团体系产生整体效益。

(三)外资大规模参与中国不良资产重组

1. 外资将通过资本市场并购国有企业

在并购方式上,间接或直接收购、通过购买公司不良资产以债转股方式进入以及以融资方式参与管理层收购等都有可能出现。

2. 流失严重的国有资产与外资的低成本扩张

外资并购国有企业在法律上已不成问题,而且多数地方政府也表现出很高的热情。

并购评估过程中,由于国有企业股份化程度低,企业股权无法得到动态的价值评估,忽视在长期经营中形成的商标、商誉等无形资产价值以及个别人借企业出售之机谋取私利等原因,的确存在外资并购中国有资产流失的问题。

当然,从外商的角度来看,由于存货积压变质、应收账款无法回收、固定资产和对外投资大幅减值等,企业的账面价值中存在大量虚拟资产,国有企业不良资产的市场价值往往低于账面价值。因此,中方的评估依据和评估方法是他们无法接受的。但是,尽可能地压低国有资产的账面价格,并充分利用各地政府为了吸引外资而提供的多种优惠政策,是外资收购我国不良资产过程中实行低成本扩张的主要动力之一。

(四)按WTO时间表抢占战略产业

1. 战略产业均为中外企业必争领域

外资所关注的行业,往往正是东道国进入门槛最高的行业或企业,而这些行业又都是国家经济命脉。

在行业选择方面,应当考虑的问题包括:

第一,该股票没有在香港以及海外其他地方上市,因为目前海外上市的股票价格远低于A股,也就是带H股、B股的A股将不被考虑。

第二,公司管理层的素质、公司财务要具有透明度。

第三,目前处于垄断地位,并且在可预见的期限内其垄断利润将继续维持。具体如机场、港口、高速公路和广电类公司。

第四,成长性行业。行业增长速度明显快于GDP增长速度,而且行业所占GDP比重明显增加。目前处于该范畴的行业有物流类上市公司、汽车类上市公司。

第五,是资源类以及具备中国特色的上市公司,如茅台酒、同仁堂等公司。

与加入WTO承诺相衔接,按照承诺的地域、数量、经营范围、股权比例要求和时间表,中国将进一步开放银行、保险、商业、外贸、旅游、电信、运输以及会计、审计、法律等服务贸易领域。这些既是跨国公司觊觎与竞争进入的领域,同样也是包括民营企业在内的我国本土企业翘首欲入的领域。因此,对于各级政府而言,为国内企业创造与外资企业同等进入的条件,不应只是挂在口头上,而应落实在行动上。

2. 外资已有部署地为全面放开后的收购做准备

由于金融、电信等战略产业长期属于国内行政垄断行业,利润空间巨大。这些行业的开放,对于本土企业而言是想通过合作以提高竞争力。但是,对于跨国公司而言,他们已经开始为全面渗透这些领域进行准备。

按照中国加入WTO时间表,在一些领域跨国公司虽然不能进行超越股权限制的投资,可它们的战略计划都是围绕着以后的全面进入制订的,并在必要和允许的情况下,会采取先下手为强的原则,一旦达到政策允许的时刻,便以并购实现控股甚至独资。以沃尔玛登陆上海为例,它选择从未涉足过零售业的中信集团作为合资伙伴,其目的已昭然若揭。这一案例是跨国公司按照中国WTO时间表进行长期谋略的真实写照。

(五)重视发挥并购中介机构和并购人才的作用

在公司并购活动中,对并购成功起关键和保障作用的是并购合同,如上市公司收购报告书。其中涉及独立财务顾问等专业机构对公司并购出具的资产评估报告、审计报告及包括利润预测等在内的财务信息,还涉及律师负责起草修改的并购合同、相关文件及出具的法律意见书等。因此,中介机构对企业并购事宜也负有诚信义务,有责任向股东提供真实和非误导性的陈述。在一个完善的市场经济中,中介机构应是维持资本市场秩序的最重要力量,是推动并购市场正常运作的关键因素。

外资在中国的企业并购过程,也是争夺国内人才的过程,大量外资企业及其研发中心进入中国市场,对国内人才的需求量也将大幅增加。现在,中国已正式出台政策允许外国人才中介机构进入中国,不仅认可了中国人才市场多元化的现状,而且为中国人才市场的发展指明了方向,促进中国人力资源的市场化、职业化、产业化和全球化。

三、中国企业海外并购

中国企业进行海外并购的动力主要来自三个方面。动力一:占领市场,如联想并购IBM

的 PC 业务，最主要的目的就是占领市场。动力二：能源和资源的战略考虑，如中海油主要靠能源收购一系列海外的企业。动力三：获得核心技术。海外并购为中国企业迅速获得自身最缺乏的产品开发技术、国际市场经验以及具有影响力的品牌提供了一条"捷径"，比如吉利并购沃尔沃。

(一)中国企业海外并购并不顺利

2010 年 6 月，中国最大的有色金属企业中铝集团曾计划投入 195 亿美元，增加对澳大利亚矿业集团力拓的投资，但以失败告终；5 月，50 名美国国会议员阻挠鞍钢入股美国钢铁企业；较早前，华为在美国的收购，因为商业之外的原因，连遭两次失败；更早的 2005 年，中海油收购优尼科石油公司的行动被极度政治化后，遭遇失败。

海外并购不顺利有自身的原因，比如并不是所有的国企都是上市公司，而非上市公司的财务披露不必完全公开透明化。也有外部环境原因，比如外国媒体的非客观报道等。

(二)提高中国企业海外并购成功率的策略

科尔尼公司根据对全球 115 个并购案例的跟踪分析和调研得出结论，在整个并购过程中失败风险最高的有两个阶段：一个是事前的战略规划、目标筛选和尽职调查，另一个是合并后的整合阶段。而这些工作恰恰是中国企业目前普遍不够重视的。对全球重大并购案例的分析，总结出了几条并购成功的策略，正是对这些策略的成功实施，使得企业的并购成功概率大大提高。

1. 制定清晰的规划和战略

企业规划是全面并购整合的基础，并且指导所有战术决策的制定。虽然这个过程会比较繁复，例如制药公司 SmithKline 和 Beecham 的并购规划就是由 8 个规划组花费了几个月时间才完成的，但成效是惊人的——并购后的五年里，SmithKline Beecham 的销售额增长了 40%，经营利润更增长了 60%。

2. 尽快确定管理层的责任

如果不能尽快成立管理团队，无疑将导致混乱，由于每个人的职责没有确定，更可能造成沟通上的误解，所以企业应当迅速行动来避免揣测和迷惑。科尔尼的建议是最高级领导层应当在完成并购后的一周到位，接下来的三周则要决定最佳的管理方法和制订计划实施的目标，并在一个月里指定一层的管理团队。例如，组成工程公司 ABB 的两家公司——瑞典的 Aseaab 和瑞士的 Brown Boveri 在并购后的头三个月里共完成了 500 项管理层的任命，保证了并购后整合工作的顺利进行。

3. 实事求是地评估和发挥协同效应

任何为并购活动付出高额溢价的公司，必须能够清楚地认识到该并购的特定价值来源并确定重点。价值来源由于并购原因的不同而有差异，一些企业争取获得或提供职能性的技能来增强并购后企业的竞争力，还有一些企业通过生产线、分销和经营中的合理化来追求战略优势。戴姆勒与克莱斯勒的并购并没有如预期那样创造出特定的价值，其中相当一部分原因是当初对协同效应的估计过于乐观，结果是两家公司合并后的市值仅仅相当于当初戴姆勒的市值,给股东带来了巨大的损失。

4. 制定和实现"速赢"的目标

那些优秀的新并购企业通常通过制定和实现早期胜利的目标来为企业注入安全感。通常容易犯的错误是简单地将"人员成本的降低"作为"速赢"的目标,其结果有可能导致被收购企业中最优秀的员工流失了。另外还有一个容易被忽视的领域是与核心客户的沟通,如何及时地向大客户沟通并购的意义并缓解客户的忧虑应当成为"速赢"的主要任务。根据科尔尼的经验,通过战略采购能够实现以较小的下降风险换得高额的并购收益的"安全"的"速赢",因为并购后的企业购买力通常比并购前单个企业要大得多,巩固供应基地和平衡购买数量便会有机会降低成本。并购还可以促成新的战略联合和供应商关系,从而创造竞争优势。

5. 控制风险

在并购后整合的过程中,一个项目一个项目地控制好并购所固有的风险,对于一个完美的并购来说是必要的。一项风险管理计划能够在新组建的企业中建立一种通用的语言,用于关于风险的讨论和交流。它使企业得以在紧迫的时间内完成富有挑战性的工作,还能消除那些在机构中可能使管理过程扭曲的权术。风险通常是复杂性和不确定性的结果,通常源于交易前的阶段,参与交易的双方为了使交易能顺利进行而往往把复杂性或不确定性的问题搁置一边,结果解决这些复杂问题便成了整合实施队伍的任务,而他们往往又因为并没有参与初期的谈判而不愿意承担或面对这些风险。跨国的并购整合还将面临一些特殊的、不确定的风险。例如,工会的态度,当地法规的变化等。这就要求收购企业不仅要对风险有足够清醒的认识,还应当运用一系列风险控制的工具——如大通曼哈顿银行在收购化学银行过程中所采用的红、黄、绿标风险分级管理体系。

6. 消除文化障碍

无论是跨国并购还是国内并购都会面临文化的障碍。要想把文化的冲突降到最低程度,就需要建立起一种共同的文化,而非选择一种文化。问题的焦点不应放在两种文化有多大的差异上,而应该权衡长期保持这些差异的利弊得失,成功的企业通常能够在文化整合和企业对一定自主权的需要方面找到平衡,而过于激进但错误的文化整合会直接导致资产价值的流失。例如德国德意志银行和英国的投资银行 Morgan Grenfell 的并购就反映了这种文化的冲突——想把德意志银行保守的文化和 Morgan Grenfell 激进自由的文化简单地融合起来是行不通的,结果是 Morgan Grenfell 的高级管理人员包括四位公司层主管在并购后的两年内纷纷挂冠而去,致使这家投资银行的价值大打折扣。

7. 有效地进行交流

几乎所有的并购后整合都会因一些障碍而受阻,不管这种障碍是来自文化冲突,工作不够投入还是管理层的责任不清,唯一的解决方法是进行有效的交流。交流有助于稳定业务和减少"安全岛"效应的突发。当员工对并购的原因不了解,或不清楚他们应当如何共事时,这种"安全岛"效应便会发生,员工们会退回到最熟悉的老路,以他们从前熟悉的方式做事,就像并购并没有发生一样。此后动力便会一点一点地消失,出现怠工、工作逾期甚至拒绝工作的情况。一旦这种效应形成,再进行交流,效果就会大打折扣了。因此,在整合过程早期建立交流特别工作组是很有必要的,这有助于在员工、客户、供应商和所有其他主要股东中消除疑虑和不确定的感觉。

8. 提高软实力

中国企业要提高软实力,应该在走出去的过程中,尽量淡化政府背景,更好地利用行业协会和民间非政府组织(NGO)来协调事务,这样更有利于西方社会接受。

9. 以平常心面对"不公"

面对被"四化",有些企业愤然,有些企业泰然。2010年,试图收购美国《新闻周刊》受挫的南方报业集团属于后者。"我们不认为那是一次失败,事实上,我们连付学费都算不上。"原南方报业集团董事长杨兴锋在公共外交论坛上接受《国际先驱导报》采访时指出,收购不成的主要原因不在己方,海外市场也不全是按照市场规则来办的。原商务部副部长魏建国也赞成杨兴锋的观点,"企业在走出去过程中,要有一个明确的目标,只要这个目标是按照当前的市场化模式设定的,并且依据两国的法律和国际法进行操作的。这次不行,一定有一天可以成功。要有这种百折不挠的信心。但对于我们企业来说,一定要把困难估计得多一些。"

10. 政治家要努力

中国企业被妖魔化或被阴谋化主要有两种原因:一是有意对中国企业的发展表达不同的成见。这背后可能代表了某种利益,比如同行竞争或影响了它原有的势力范围。二是可能确实对中国企业不了解。有一部分国家和企业认为中国企业透明度不高、政治目的强,有时还会借题发挥,小题大做。

今后,中外政治家要发挥一些积极作用,共谋双方利益。不能听任一部分政客不顾事实的言辞。这样才能使中国企业海外并购的成功概率大大提高。

本章小结 >>>

1. 企业并购是指在企业控制权运动过程中,各权利主体依据企业产权而进行的一种让渡行为,其实质是产权结构的重新配置,实现结构改变后的功能最优化。

2. 按不同的标准,并购可分为不同的类型。

3. 从19世纪末至今,全球爆发了五次并购浪潮。

4. 企业并购成因的基本理论有:效率理论、财务动机理论、市场占有论、企业发展论、经理人行为与代理问题理论。

5. 并购的作用体现在:可以促进产业结构的调整、提高企业的经济效益、增强一国经济在国际市场的竞争力和资本集中度等,当然企业并购也有负面效应,也有不成功的时候,所以企业并购时必须遵循一定的原则。

6. 并购应遵循的原则有:强化战略竞争优势,增大市场垄断势力;选择紧密关联企业,实施同类并购重组;勇于抢抓市场窗口,快速执行并购重组;控制委托代理成本,防范并购重组风险;坚持多元文化驱动,加快核心资源整合;学会敬畏第四权力,积极引导社会舆论。

7. 投资银行能够站在比企业更高的位置来看待并购问题,有利于形成资源的合理流动,它既可以为收购方提供服务,也可以为出让方提供服务。

8. 常见的并购策略有:中心式多角化策略、复合式多角化策略、垂直式整合策略、水平式整合策略。反并购措施有:事先预防策略、提高收购成本、降低收购者的收购收益、增加收购者风险、保持公司的控制权、收购收购方等。

9. 对于投资者来说,跨国并购是最便捷和最经济的投资方式,而对东道国而言,跨国并购是获取外商直接投资最方便的途径,但中国企业跨国并购之路并不顺利,提高并购成功率需采用一定策略。

思考题 >>>

1. 简述企业并购的相关概念。
2. 并购包括哪些类型?
3. 并购的动因主要包括哪些理论,其中效率理论又可以细分为哪些更加具体的动因?
4. 公司并购的一般操作程序是怎么样的?并购时,如何为目标公司估值?
5. 公司并购时有哪些主要的支付方式,各自的特点是什么?各举出一个案例并分析支付方式的得失。
6. 杠杆收购的概念是什么?其融资结构特点?
7. 反收购策略主要包括哪些具体的措施?
8. 投资银行为收购方提供哪些服务?
9. 投资银行为被收购方提供哪些服务?
10. 列举我国要约收购的豁免条件,并考虑如何在不符合豁免条件下规避要约收购?
11. 提高我国企业海外并购成功率的策略有哪些?

第六章

基金管理

案例导入 >>>

1998年3月6日,经中国证监会批准,南方基金管理有限公司作为国内首批规范的基金管理公司正式成立,成为我国"新基金时代"的起始标志。

2018年1月4日,南方基金管理有限公司整体变更设立南方基金管理股份有限公司(以下简称"南方基金")。2019年7月30日,经中国证监会核准,南方基金完成实施员工持股计划,通过员工持股和股东增资,注册资本增至36 172万元。目前,南方基金有8家股东,分别为华泰证券股份有限公司、深圳市投资控股有限公司、厦门国际信托有限公司、兴业证券股份有限公司、厦门合泽吉企业管理合伙企业(有限合伙)、厦门合泽祥企业管理合伙企业(有限合伙)、厦门合泽益企业管理合伙企业(有限合伙)、和厦门合泽盈企业管理合伙企业(有限合伙)。

序号	股东名称	出资额(单位:万元)	出资比例
1	华泰证券股份有限公司	14 888.7	41.16%
2	深圳市投资控股有限公司	9 925.8	27.44%
3	厦门国际信托有限公司	4 962.9	13.72%
4	兴业证券股份有限公司	3 308.6	9.15%
5	厦门合泽吉企业管理合伙企业(有限合伙)	760.433 6	2.10%
6	厦门合泽祥企业管理合伙企业(有限合伙)	766.198	2.12%
7	厦门合泽益企业管理合伙企业(有限合伙)	764.777 6	2.11%
8	厦门合泽盈企业管理合伙企业(有限合伙)	794.590 8	2.20%
	合计	36 172	100%

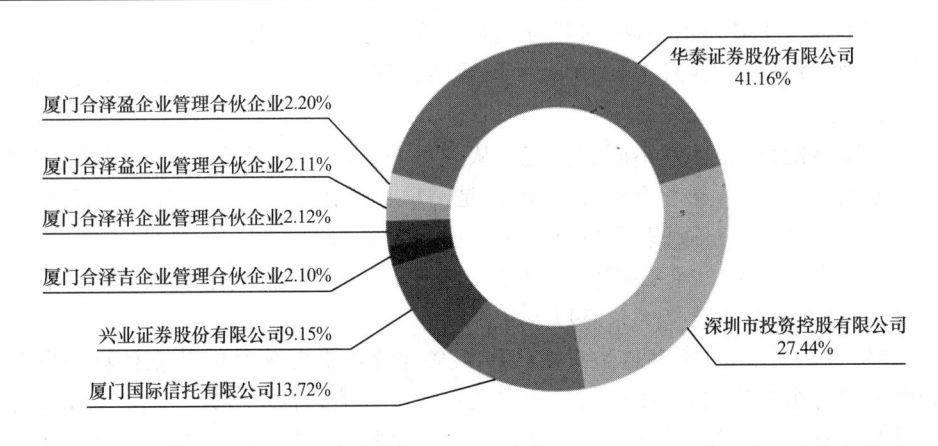

南方基金总部设在深圳,北京、上海、深圳、南京、成都、合肥六地设有分公司,在深圳和香港设有子公司——南方资本管理有限公司(深圳子公司)和南方东英资产管理有限公司(香港子公司)。南方东英是境内基金公司获批成立的第一家境外分支机构;南方资本下设南方股权子公司,主要从事私募股权投资业务。

南方基金以打造"值得托付的全球一流资产管理集团"为愿景,秉承"为客户持续创造价值"的使命,坚持以客户需求为导向,以价值创造为核心,以产品创新为引擎,历经了中国证券市场多次牛熊交替的长期考验,以持续稳健的投资业绩、完善专业的客户服务,赢得了广大基金投资人、社保理事会、年金客户和专户客户的认可和信赖。

截至2021年03月31日,南方基金母子公司合并资产管理规模14 349亿元。其中南方基金母公司规模12 972亿元,位居行业前列。南方基金公募基金规模8 857亿元,客户数量超过1.47亿人,累计向客户分红超过1 374亿元,管理公募基金共242只,产品涵盖股票型、混合型、债券型、货币型、指数型、QDII型、FOF型等。南方基金非公募业务规模4 115亿元,在行业中持续保持优势地位。南方资本子公司规模692亿元,南方东英子公司规模666亿元。南方基金已发展成为产品种类丰富、业务领域全面、经营业绩优秀、资产管理规模位居前列的基金管理公司之一。

(资料来源:南方基金公司官网)

在现今的金融市场中,投资基金是一种非常重要的金融工具。在金融市场中纵横驰骋的投资银行,必然将基金管理作为一项重要的业务。

投资基金在19世纪60年代产生于英国,而繁荣于一战后的美国。近百年来,投资基金以惊人的发展速度成为风靡全球的大众流行投资工具。尤其是20世纪70年代以来,随着世界投资规模的激增和金融创新的浪潮,品种繁多、花样万千的基金不断涌现,形成了一个庞大的产业。以美国为例,到2000年年底,美国共同基金的资产总额已达8万亿美元,超过了商业银行的资产规模(7万亿美元)。这表明,基金产业已经与银行业、证券业、保险业并驾齐驱,成为现代金融体系的四大支柱之一。

本章分别讲述了公募基金和私募基金的运作和管理,其中以讲述我国的公募基金为主。

第一节　投资基金概述

一、投资基金的概念

由于各国发展历史及习惯不同,对投资基金的称谓也有所区别。在美国,投资基金统称为"共同基金"或"投资基金";在日本、韩国和中国台湾地区习惯称为"证券投资信托基金";在中国大陆,一般统称为"投资基金"。

关于投资基金的范畴,存在不同的界定。从广义上讲,投资基金包括养老基金和保险基金等形式。但根据约定俗成,并考虑到投资基金"是一项具有特定性质的基金",我们通常认为投资基金特指共同基金、单位信托基金以及封闭型投资基金。

关于投资基金的定义,也存在不同的解释。在国际上,投资基金是一个内容相当丰富的概念,其在不同环境下的具体含义大致有以下几种:

第一,在资金关系上,投资基金是指专门用于某种特定投资项目的独立核算的资金,无论投资基金采取何种组织形式,它体现出来的都是一种证券信托投资方式。在契约型基金中,基金投资人是基金资产的委托人和受益人,基金管理人和托管人则是基金资产的受托人,这体现了投资人与其他各方当事人之间的信托(契约)关系。在公司型基金中,表现形式略有不同,投资人与基金公司之间是一种所有者关系,基金公司与其他各方当事人之间是一种信托关系,总的来看也还是体现了所有权(股东)关系基础上的信托关系。

第二,在组织性质上,投资基金是一种间接金融工具和中介金融机构。它以其他金融工具为投资对象,其投资人本身不直接参与有价证券的买卖活动,而是由专家具体负责投资决策,投资人通过投资基金这一中介机构间接投资,与亲自买卖股票、债券等投资活动是有区别的。投资基金组织可以是非法人机构(如保险基金),可以是事业型法人机构(如美国的福特基金会),也可以是公司型法人机构。

第三,在组织关系上,投资基金通过对金融资产的经营和运作,根据证券组合理论努力实现收益最大化和风险最小化,以实现投资目标为最终追求。投资基金的组织结构旨在支持资产保值和增值从而赢得投资人的认可,但投资基金管理者并不承担经营风险,投资人按照投资比例承担有限风险责任、支付基金费用并分享投资收益。

第四,在证券市场上,投资基金有时专指投资基金证券。例如,当投资人说"买入(或卖出)基金"时,其真实含义是指买入(或卖出)投资基金证券。另外,有时也可以特指基金管理人运作基金资产的行为。

以上从不同角度对投资基金的含义进行了概括。结合本章的讲述内容,我们认为,在这里对"投资基金"做出的最恰当的定义应该是:投资基金是指一种利益共享、风险共担的集合证券信托投资方式,即通过发行基金单位,将具有相同投资目标的众多投资者的闲散资金集中起来,由专门的基金托管人托管基金资产,并由专门的基金管理人在基金契约或基金公司章程规定的框架内管理和运用资金,从事某种或一篮子金融资产投资,并将投资收益按基金投资者的投资比例进行分配的一种间接投资方式。

二、投资基金的分类

投资基金因各国历史、社会经济、文化等环境的不同,呈现各种各样的形态。世界各国的基金虽然形式多样,我们仍然可以根据不同的标准来对它们进行分类。国际上叱咤风云的投资银行之所以能够利用基金"翻云覆雨",很重要的原因就在于它们对各种投资基金的特点及内在规律十分熟悉;而中国的投资基金在成长过程中存在一些不正常现象,究其深层原因,与投资银行对各种投资基金特征的认识不足以及各方当事人的行为不到位是密切相关的。因此,要想成为能够在基金市场自由行走的投资银行家,首先必须深谙各个基金品种的奥妙。下面就对投资基金的主要类别进行逐一介绍。

(一)按照规模是否固定分为封闭式基金和开放式基金

封闭式基金是指基金发起人在设立基金时,限定了基金单位的发行总额,筹足总额后,基金宣告成立,并进行封闭,在一定时期内不再接受新的投资者认购。基金单位的流通采取在证券交易所上市的办法,投资者日后买卖基金单位都必须通过证券经纪商在二级市场上竞价交易。封闭式基金的封闭期限是指基金存续期,即基金从成立日起到终止日之间的时间。从组合特点来说,由于封闭期限的规定,可以将封闭式基金看作是股份权益的某些特点与债券权益的某些特点相结合的产物。开放式基金是指基金发起人在设立基金时,基金单位的总数是不固定的,可视投资者的需求追加发行新的基金证券或接受赎回本金。投资者可根据市场状况和各自的投资决策,或再买入基金证券、增持基金单位份额,或要求发行机构按当期基金资产净值扣除手续费后赎回基金证券。从组合特点来说,可以将开放式基金看作是股份权益的某些特点与活期存款权益的某些特点相结合的产物。

开放式基金与封闭式基金的不同之处在于：

1. 开放式基金没有固定的期限

投资者在开放日可随时向基金管理人赎回基金单位；而封闭式基金通常有固定的封闭期，一般为10年或15年（经持有人大会通过并经主管机关同意可以适当延长期限）。

2. 规模可变性不同

开放式基金通常无发行规模限制，投资者可以随时提出认购或赎回申请，基金规模因此而增加或减少；而封闭式基金在招股说明书中列明其基金规模，发行后在存续期内基金规模固定，未经法定程序认可不能再增加发行。

3. 交易方式不同

开放式基金只有一级市场，没有二级市场，不挂牌上市交易，首次发行结束后只能通过柜台办理申购或赎回；封闭式基金既有一级市场，又有二级市场，首次发行结束后即正式挂牌上市交易，可以在交易所二级市场流通转让。

4. 可赎回性不同

开放式基金具有法定的可赎回性。投资者可以在首次发行结束一段时间（比如我国规定该期限最长不超过3个月）后，在每一个开放日随时提出赎回申请。封闭式基金在封闭期内不能赎回，挂牌上市的基金可以通过证券交易所进行转让，总的基金份额保持不变。

5. 交易价格计算标准不同

封闭式基金的价格是随行就市，受市场供求关系的影响。供不应求时，基金份额的价格会高于每份基金的资产净值，而供过于求时，基金份额的价格则会低于每份基金的资产净值，所以常出现溢价或折价交易现象，其价格波动并不必然反映基金的资产净值变化。一般而言，封闭式基金会出现折价现象，即基金份额的交易价格低于每份基金的资产净值。2009年12月31日，我国的封闭式基金折价最大的一家为基金丰和，基金净值为1.002 2元，交易价格为0.731元，折价率为27.06%，折价最小的一家为基金裕泽，基金净值为1.282 6元，交易价格为1.160元，折价率为9.56%；而开放式基金的申购价格一般是基金单位资产净值加上一定的购买费，赎回价格是基金单位资产净值减去一定的赎回费，与市场供求情况相关性不大，因此其价格取决于基金的资产净值，反映资产净值的真实变化。

6. 投资策略不同

开放式基金为了应对投资者随时赎回兑现的需求，必须在投资组合上保留一部分现金和高流动性的金融商品；而封闭式基金的基金资本不会减少，有利于长期投资，基金资产的投资组合能在有效的预定计划内进行。

当前，在金融业比较发达的国家和地区，开放型基金的数量远远超过封闭型基金，主要原因是开放型基金灵活性大，容易满足市场需求。但近几年来，封闭型基金又有复苏迹象，特别是投资基金事业刚刚起步的发展中国家，由于各种金融制度并不很完善，同时为了防止外来资本的突然涌入或大量流出而对正发展中的资本市场造成破坏，故一般先采取封闭型基金。事实上，这两种类型的基金并不是互不相容的，如果政策和法律允许的话，在一定条件下它们是可以相互转化的。一般地，如果封闭型投资基金的收益凭证上市已满3年，且市价低于净资产价值的29%时，经投资者大会讨论通过，可转为开放型投资基金，投资者可要求基金管理公司按净资产价值买回手中的所有份额，这样投资者可以赚到市价与净值的差额。反过来，开放型投资基金的规模过大时，基金管理公司可暂停新的收益凭证发放，这时的开放型投资基金类似于封闭型基金。因此开放型基金和封闭型基金之间的差异也就是历史的、相对的、可以调和的。

（二）按照组织形式不同分为公司型基金和契约型基金

契约型基金又称为单位信托基金,是指把受益人(投资者)、管理人、托管人三者作为基金的当事人,通过签订基金契约形式发行收益凭证而设立的一种基金。它是基于契约原理而组织起来的代理投资行为。日本、韩国、中国台湾的证券投资信托、英国与中国香港的单位信托都是契约型基金。中国大陆目前的证券投资基金采取的也是契约型基金形式。

公司型基金是按照《公司法》,以发行股份的方式募集资金而组成的股份有限公司形态的基金,一般投资者认购基金后也就成为基金公司的股东,凭其持有的股份依法享有投资收益。目前,美国投资公司一般为公司型基金,香港互惠基金、英国投资信托均为公司型基金。

公司型基金与契约型基金的不同之处,主要体现在以下几个方面:

1. 法律依据不同

前者依据公司法组建,后者依据基金契约组建。

2. 基金运行的文件性质不同

前者是公司章程,后者是基金契约。

3. 法律地位不同

前者本身是独立法人机构(基金作为一个公司实体而存在),后者无法人资格(基金本身不作为一个实体而存在,没有自身的办事机构系统,本质上是要使基金公司虚置),但它可以通过具有法人资格的基金管理公司来管理。这是公司型基金与契约型基金的重大区别,正是由于它们的生存和发展基础存在如此鲜明的差异,才使得它们在运作保障和治理结构等诸多方面表现出截然不同的特征。

4. 资金的性质不同

前者的资金是公司法人的资本,而后者的资金是信托财产。

5. 资金运作方式不同

前者依据公司经营方针运作资金,后者依据基金契约运作资金。

6. 投资者的地位不同

前者的投资者购买投资公司的股票成为投资公司的股东;后者的投资者购买投资信托的收益证券,只是契约关系的当事人。正因为如此,契约型基金的投资者对资金运用没有发言权,而公司型基金的投资者作为公司股东,可以通过参与股东会进入董事会直接、间接参与对资金运用的经营管理或监督。

关于公司型基金和契约型基金孰优孰劣的争论从来没有停止过。从目前各国的情况来看,美国共同基金选择的基本上都是公司型基金,英国证券投资基金也已经由原先的契约型基金为主转向了以公司型基金为主的格局,出现这种变化趋势是有着深刻的理论背景的。

按照传统说法,公司型基金相对于契约型基金似乎存在税收上的缺陷。比如根据中国目前的实际操作情况来看,基金管理公司对所管理的各个基金的所得缴纳各种税费,但各个基金自身的分配收益,按2001年国家税务总局的有关规定,暂免征收个人所得税。如果基金采取公司型模式,那么,它就必须缴纳与公司运营相关的各种税费,其中必然包括公司所得税。因此,就目前的税收政策而言,契约型基金优于公司型基金。但从国际惯例来看,无论是契约型基金还是公司型基金,一般都要缴纳所得税,只是前者适用于个人所得税,而后者适用企业所得税而已。为了平衡基金组织模式所引发的税收问题,一般对公司型基金征收企业所得税后投资者的所得免征个人所得税。因此,两者在所得税问题上终将获得平等对待,税收问题应该不成为契约型基金优于公司型基金的正当理由。

也有人认为,契约型基金也许比公司型基金更节省经营成本,因而更有效率。理由是在公司型基金中,一旦基金资金以信托方式交给基金管理人运作后,基金公司本身实际上已无多少日常工作,在这种条件下,如果基金公司继续以独立法人实体存在,缺乏足够的"事由",同时还需要支付作为一个实体持续经营所必然发生的各种费用,最终冲减持有人可分配收益;而通过契约方式设立基金,使基金公司虚置,可以节约开支。我们认为,在发展中国家尝试发展基金业的过程中,办事环节过多确实可能会增加麻烦,这种出于成本控制的考虑是有一定道理的,但从投资银行基金管理业务长期发展的需要来看,如果一味单边支持契约型基金,它非常有可能导致基金信用的缺失乃至葬送基金业的前程,权衡利弊之后,节省成本也不应该成为契约型基金优于公司型基金的正当理由。

从深层次来看,问题的主要方面在于,在契约型基金中,由于缺乏代表持有人利益的经常性结构,在持有人大量分散的情况下,两种不合理的情况非常突出:一是普通持有人事实上很少有机会发表意见,持有人对基金管理人的约束机制流于形式,而基金托管人更是沦为复核基金资产净值、出具净值公告的工具,因此普通持有人、托管人想要更换基金管理人,那是"难于上青天";二是"内部人控制"容易造成严重的"基金黑幕",基金的主要发起人(比如某某证券公司)与基金管理人(比如某某基金管理公司)几乎就是一家人,他们难免常常在一起共谋专门应付甚至对付投资者的"方略"。而相对于契约型基金,公司型基金虽然增加了一些日常运行费用,但它具有有效的监督、激励机制,投资者作为股东有权决定投资公司的运作风格和模式,而且作为法人受到工商登记管理部门的各种审查,也有利于规范投资公司的投资行为。公司型基金较好地解决了基金治理结构问题,其设计的主旨在于加强对基金管理人的权利制约,防止其滥用权力而形成"内部人控制",因而治理结构设计的核心落在如何在股东(投资者)、董事会、基金管理人及基金托管人之间合理分配权力。在新世纪全球资本市场信用危机不断的现实之下,我们相信基金公司作为一个独立实体存在对基金管理人进行全面制约所带来的效益会明显高于其运行费用,因为投资银行从事基金管理业务的生命线就在于信用。包括中国在内的发展中国家投资银行基金管理业务面临困惑和瓶颈,其中大部分问题不是一般意义上加强监管所能够解决的,突破口之一就是发展公司型基金。

(三)按照募集方式与流通方式分为私募基金和公募基金

私募基金是指以非公开方式向特定投资者募集资金并以金融工具为投资对象的基金。在投资界,典型的私募基金便是对冲基金。需要指出的是,私下"一对一谈判"所形成的资金委托投资关系,并未经过真正的募集行为,不属于私募基金的范畴。

公募基金是指以公开方式向社会公众投资者募集资金并以金融工具为投资对象的基金。本章大部分内容都是以公募基金为出发点来讲述的,同时最后一节也单独对私募基金形式作了简要的介绍。

(四)按照投资对象的具体品种分为股票基金、债券基金、货币市场基金、衍生证券投资基金等

1. 股票基金

股票基金是指以股票为主要投资对象的投资基金,其投资目标侧重于追求资本利得和长期资本增值。购买股票基金的投资者必须承担较高的风险,因此他们要求获得较高的收益率作为补偿。

2. 债券基金

债券基金是指以投资各类型债券为主的基金,其投资目标侧重于在保证本金安全的基础上获取稳定的利息收入。由于投资的地区和投资债券的信用高低不同,因此债券基金也有风

险大小之分,再加上债券价格对利率的涨跌极为敏感,因此选择债券基金时除了要注意基金所投资债券的信用评级之外,也要注意市场利率的变化。如果对此把握不当,购买债券基金的风险未见得就比购买股票基金低多少。债券基金中有一种叫国债基金,它是以国债为主要投资对象的。由于国债的年利率固定,又以国家信用作为保证,因此,这类基金的风险较低,比较适合稳健型、保守型投资者。

3. 货币市场基金

货币市场基金是以全球的货币市场为投资对象的一种基金,其投资工具期限在一年以内,包括国库券、大额可转让定期存单、银行承兑汇票、商业票据及回购协议等。虽然货币市场基金收益较低,但风险也相对较低,且类似银行的活期存款可以随存随取,因此多被投资者利用来作为短期资金停泊的去处。

4. 衍生证券投资基金

衍生证券投资基金是指一种以衍生证券为投资对象的基金。这种基金的风险最大,因为衍生证券一般是高风险、杠杆作用明显的投资品种。比如期货基金、期权基金都属于衍生证券投资基金。

(五)按投资风格分为成长型基金、收入型基金、平衡型基金

1. 成长型基金

成长型基金注重资本长期增值,投资对象主要集中于成长性较好、有长期增值潜力的企业。成长型基金追求资本增值,但并不追求资本在短期内的最大增值,而是要使基金资产持续长期增长。具体表现在二级市场,成长型基金经理一般认同这样的理念:基金投资组合中持有的股票在可以预测的较长一段时间内的预期价格上涨幅度应当大于同期股价综合指数上涨幅度,尽管基金为执行成长型证券投资组合需要承担较高的风险,但从长期来看这只不过是跑赢大市所必须付出的代价。

2. 收入型基金

收入型基金是以获取当期最大收益为目的,主要投资可带来稳定现金收入的有价证券,收入型基金并不强调长期资本利得,其投资组合中主要包括利息较高的债券、股息固定的优先股(也包括股利相对稳定的一些普通股)以及某些货币市场工具,这些品种共同的特征是收益(利率)稳定,但长期增长的潜力较小,而且当市场利率水平发生波动时,固定收益证券的价格容易大幅震荡,基金净值会因此受到影响,可见,执行收入型证券投资组合同样需要承担风险。

3. 平衡型基金

平衡型基金是以既要获得当期收入,又追求基金资产长期增值为投资目标,把资金分散投资于股票和债券,以保证资金的安全性和营利性的基金。平衡型基金的投资策略是将资金分别投资于两种不同特征的证券上,在以取得收入为目的的债券及优先股和以资本增值为目的的普通股之间进行平衡(在实际中,这种基金一般将25%~50%的资金投资于债券及优先股,其余的投资于普通股)。平衡型基金的风险比较低,但成长潜力一般不大。

(六)按照国别范围分为在岸基金、离岸基金、准离岸基金(准在岸基金)等

1. 在岸基金

在岸基金是指本国投资机构经过本国政府部门同意在国内设立的基金,其所募集的资金来源于国内,基金的投资对象也是国内的有价证券,而且所有有关基金的行为均受国内法律的管辖。在岸基金的特点是适用法律简单明确、监管便利、运作环境相对平稳。

2. 离岸基金

离岸基金是指一国的投资机构在他国发行证券基金并将募集的资金投资于本国或第三国

证券市场的投资基金。离岸基金的特点是适用法律复杂、监管难度较大、运作环境相对多变。

由于在岸基金和离岸基金各有利弊,于是在20世纪80年代后又逐步产生了一些既带有在岸基金性质又具备离岸基金特点的国际性投资基金,亦称为准离岸基金或准在岸基金。其中比较典型的方式有以下三种:

一是合资性基金公司:在该种方式下,基金单位一部分在发起人本国发售,另一部分则在他国发售,而所有基金投资人的权益是平等的。

二是合资性基金管理公司:在该种方式下,本国与他国的投资机构共同发起设立一家合资基金管理公司(注册地在本国),然后将发行基金所募集的资金交给这家基金管理公司运作(可部分或全部投资于海外证券市场)。由于基金管理公司注册地在本国,应遵守本国法律、法规。这种方式多见于发展中国家,我国是从2003年开始批准成立中外合资基金管理公司的。

三是本土化外资基金管理公司:在该种方式下,在本国销售基金所募集的资产交给外资基金管理公司运作(可部分或全部投资于海外证券市场),并且要求外资基金管理公司必须在本国正式注册,应遵守本国法律、法规并接受本国证券监管部门的监管。

(七)其他特殊形式的基金:套利基金、伞型基金、指数基金、保本基金等

1. 套利基金

套利基金是指在国际金融市场利用套汇、套利技巧获取差价收益的基金。它通常是利用不同证券市场上两个或多个金融商品之间的利率(收益率)和换算汇率差异进行低买高卖搭配套利。

2. 伞型基金

伞型基金是指在一个母基金下再设立若干个子基金,各个子基金可以根据不同的投资目标和投资风格进行投资决策。伞型基金最突出的特点是解决了基金品种单调给投资者带来的不便,它在基金内部能够给投资者提供多样化的投资选择,投资者根据行情特点和自身需要可在不同子基金之间自由转换,而且转换费率较低或者不需要支付转换费。

3. 指数基金

指数基金是以追求证券市场平均收益为基本目标,从而试图完全复制某一证券价格指数或者按照证券价格指数编制原理构建投资组合的基金。自20世纪90年代以来,美国华尔街大多数股票基金管理人的业绩都低于同期市场指数的表现,这样,以复制市场指数走势为核心思想的指数基金在全球范围内迅速发展壮大起来,并对传统的证券投资思维形成巨大的冲击与挑战。从理论上讲,指数基金的运作方法简单,基金管理成本低廉,只要选择某一种市场指数,根据构成该指数的每一种证券在指数中占有的比例购买相应比例的证券长期持有即可。但是,市场指数是根据某一时刻证券价格进行数学处理而得到的一个抽象指标,而指数基金并不能直接购买指数,而是要在实际市场条件下通过购买相应的证券来实现,由于交易成本及时间差等因素,指数基金的表现并不能够与其所追踪的指数完全一样,其间必然存在一定的差异,因此,指数基金同样需要投资银行进行专业化的管理。

4. 保本基金

保本基金是一种创新型的基金品种,它是指在一定的投资期限(如3年或5年)内,一方面通过投资低风险的固定收益类金融产品,为投资者提供一定比例的本金安全保证;另一方面还通过其他一些高收益金融工具(普通股票、衍生证券等)的投资,为投资者提供额外回报。保本基金为风险承受能力较低,同时又期望获取高于银行存款利息回报,并且以中长线投资为目标的投资者,提供了一种低风险同时又具有升值潜力的投资工具。

三、投资基金的特点

投资基金与其他投资方式相比,具有自身独特的优势。它的特点可以概括为:集合投资、分散风险、专业理财、提高效率。具体来讲就是:

(一)小额投资,费用低廉

投资基金的本质是汇小钱成大钱,它是按购买基金单位起算的,每单位数额大小有的只有几元、几十元,这样就为中小投资者解决了"钱不多,入市难"的问题。此外,投资基金市场上的激烈竞争亦使投资基金各项费用的收取非常低廉。

(二)分散投资,分散风险

据专家估计,要做到起码的分散风险,至少要持有十种以上的股票,这对于大部分普通投资者来说较为困难。而投资基金一般实力较雄厚,可以把投资者的资金分散投资于各种不同的有价证券,建立合理的证券组合,从而把风险降到最低。

(三)专业管理,专家操作

投资基金管理人员一般都受到专门训练,在投资领域积累了相当丰富的经验,他们对于国内外经济状况及各行业、公司的运营和潜力都有系统的分析。因此,投资基金在投资过程中出现的错误的概率较之个人就小得多。

(四)流动性强,变现能力高

对于封闭型基金,投资者可以通过证券交易市场买卖基金单位;对于开放型基金,投资者可随时向基金管理公司要求申购或赎回基金单位,流动性也很强。

(五)规模经营,成本降低

证券买卖平均成本是随着证券交易数量的增大而递减的。由于投资基金证券交易数额庞大,因此可以实现规模经济、降低交易成本。

(六)资产的管理职能与保管职能相分离,安全性高

无论是公司型基金还是契约型基金,它们在基金资产管理上有一个明显的共同点,即基金的管理操作者与基金的保管者完全分离。这样有利于各机构间的相互监督,防止将基金财产挪作他用,以确保投资者的利益。

第二节　投资基金当事各方关系

一、基金持有人

基金持有人是指持有基金单位或基金股份的自然人和法人,是基金资产所有者和受益人,在公司型基金中还是基金公司的股东。基金契约或基金公司章程会对投资人的权利和义务做出明确规定。

(一)基金持有人的权利

基金持有人一般享有下列权利:
1. 出席或者委派代表出席基金持有人大会或者股东大会。
2. 取得基金收益。
3. 监督基金经营情况,获取基金业务及财务状况的资料。

4. 申购、赎回、转让基金单位,或者购买、出售基金股份。
5. 取得基金清算后的剩余资产。
6. 基金契约或基金公司章程规定的其他权利。

(二)基金持有人的义务

基金持有人一般应当履行下列义务:

1. 遵守基金契约或基金公司章程。
2. 缴纳基金认购款项及规定的费用。
3. 承担基金亏损或者终止的有限责任。
4. 不从事任何有损基金及其他基金投资人利益的活动。

(三)基金有下列情形之一的,应当召开基金持有人大会或股东大会

1. 修改基金契约或基金公司章程。
2. 提前终止基金。
3. 更换基金托管人。
4. 更换基金管理人。

基金持有人大会或者股东大会分别是契约型基金和公司型基金的最高权力机构,是投资人行使表决权的主要途径。

二、基金管理人

基金管理人即基金管理公司,是负责发起设立基金并对基金资产进行运作的机构。契约型基金都必须聘请专门的基金管理公司担任管理人,但一些私募公司型基金就可以不另外聘请管理人,因为它的基金公司本身就是管理型的,通常就是一家可以从事基金管理业务的投资银行,它自己已经具备了管理基金资产的资格和能力。

(一)基金管理人应具备的条件

基金管理人担负着重要的使命,各国证券管理部门对基金管理人的审查和筛选一般都比较严格。在我国,要从事基金管理业务,申请设立基金管理公司,就必须经中国证监会审查批准。根据规定,设立基金管理公司,应当具备下列条件:

1. 主要发起人为依法设立的证券公司、信托投资公司,其他市场信誉较好的、运作规范的机构也可发起设立。
2. 主要发起人经营状况良好,最近三年连续盈利。
3. 每个发起人实收资本不少于3亿元。
4. 拟设立的基金管理公司的最低实收资本为1 000万元。
5. 有明确可行的基金管理计划。
6. 有合格的基金管理人才。
7. 中国证监会规定的其他条件。

(二)基金管理人的业务范围和职责

不同国家、不同类型的基金,管理人的业务和职责范围会有所差别,但是业务的核心部分是一样的,就是资产管理。

在我国,基金管理公司经批准,可以从事下列业务:

1. 基金管理业务。
2. 发起设立基金。

根据规定,基金管理人应当履行下列职责:

1. 按照基金契约的规定运用基金资产投资并管理基金资产。
2. 及时、足额向基金持有人支付基金收益。
3. 保存基金的会计账册、记录15年以上。
4. 编制基金财务报告,及时公告,并向中国证监会报告。
5. 计算并公告基金资产净值及每一基金单位净值。
6. 基金契约规定的其他职责。

开放式基金的管理人还应当按照国家有关规定和基金契约规定,及时、准确地办理基金申购和赎回。

(三)基金管理人更换

一般来说,有下列情形之一的,基金管理人必须退任:

1. 基金管理人解散、依法被撤销、破产或者由接管人接管其资产的。
2. 基金托管人有充分理由认为更换基金管理人符合基金持有人利益的。
3. 代表50%以上基金单位的基金持有人要求基金管理人退任的。
4. 证券监管部门有充分理由认为基金管理人不能继续履行职责的。

新任基金管理人应当经证券监管部门审查批准;经批准后,原任基金管理人方可退任。原任基金管理人管理的基金无新任基金管理人承接的,该基金应当终止。在国外优胜劣汰机制下,能够直接担任私募公司型基金管理人的都是管理能力非常优秀的投资银行。

三、基金托管人

基金托管人是指依据基金运行中管理与保管分开的原则对基金管理人进行监督和保管基金资产的机构,是基金持有人权益的代表,通常由有实力的商业银行或信托投资公司担任。

一般来说,基金托管人、基金管理人应当在行政上、财务上相互独立,其高级管理人员不能在对方兼任任何职务。

(一)基金托管人应具备的条件

基金托管人是基金资产的名义持有人与保管人,它是否尽职关系到基金持有人的根本利益,各国金融管理部门对基金托管人的审批同样也是很严格的。在我国,基金托管人应该具备下列条件:

1. 设有专门的基金托管部。
2. 实收资本不少于80亿元。
3. 有足够的熟悉托管业务的专职人员。
4. 具备安全、高效的清算、交割能力。

(二)基金托管人的职责

为保证基金资产的安全,基金托管人最重要的一个职责就是必须将其托管的基金资产与托管人的自有资产严格分离,对不同的基金分别设置账户,实行分账管理。除此之外,各国对基金托管人的其他职责还有一些具体的规定。

在我国,基金托管人应当履行下列职责:

1. 安全保管基金的全部资产。
2. 执行基金管理人的投资指令,并负责办理基金名下的资金往来。
3. 监督基金管理人的投资运作,发现基金管理人的投资指令违法、违规的,不予执行,并向证券监管部门报告。

4. 复核审查基金管理人计算的基金资产净值及基金价格。

5. 保存基金的会计账册,记录15年以上。

6. 出具基金业绩报告,提供基金托管情况,并向金融主管部门报告。

7. 基金契约、托管协议规定的其他职责。

(三)基金托管人的更换

一般来说,有以下情形之一的,基金托管人必须退任:

1. 基金托管人解散、依法被撤销、破产或者由接管人接管其资产的。

2. 基金管理人有充分理由认为更换基金托管人符合基金持有人利益的。

3. 代表50%以上基金单位的基金持有人要求基金托管人退任的。

4. 金融监管部门有充分理由认为基金托管人不能继续履行基金托管职责的。

新任基金托管人应当经金融监管部门审查批准;经批准后,原任基金托管人方可退任。原任基金托管人管理的基金无新任基金托管人承接的,该基金应当终止。

四、基金服务机构

除了上述三方主要当事人之外,基金还有一些其他相关当事人,统称为基金服务机构。主要包括:

(一)基金代销机构

开放式基金除了由基金管理人组织直销之外,往往还需要在各地安排一些代销机构,这些机构常常被称为"投资理财中心""基金承销公司"等。比如在日本,基金经理人常常在信托条款中指定一家或几家证券公司办理销售,主要由野村、日兴、大和等三家证券公司受理。代销机构应当有便利、有效的客户联系网络,并具备办理基金单位申购、赎回业务的条件。

(二)其他基金服务机构

其他基金服务机构还包括:

1. 基金注册登记机构。

2. 基金投资顾问公司,为基金投资提供咨询服务。

3. 为基金出具会计、审计和验资报告的会计师事务所、审计师事务所和基金验资机构。

4. 为基金出具法律意见的律师事务所等。

五、当事各方关系

由于目前我国投资基金均为契约型基金,当事人的关系首先以契约型基金为基础进行分析。

(一)基金持有人与基金管理人的关系

基金持有人通过发起或购买基金的行为表明其接受基金契约关系安排,成为契约型基金的当事人之一,参加基金投资并将资金交给基金管理人管理。因此,基金持有人与基金管理人之间的关系是委托人(受益人)与受托人的关系。

(二)基金管理人与基金托管人的关系

基金管理人在获得受益人(包括发起人和普通认购者)的委托之后,必须按照基金契约与基金托管人签署托管协议,并将全部基金资产交给基金托管人保管(但不包括对基金资产的投资操作和运用),从而基金管理人与基金托管人就形成了委托人与受托人的关系。

(三)基金持有人与基金托管人的关系

契约型基金中,基金持有人与基金托管人的关系是受益人与受托人的关系,基金托管人对保障基金持有人的权益负有不可推卸的责任。在契约型基金出现问题、基金持有人利益受到非系统风险、投资风险而导致损失的时候,基金持有人除向基金管理人索偿之外,还可以向基金托管人提出赔偿。

上述关系如图 6-1 所示:

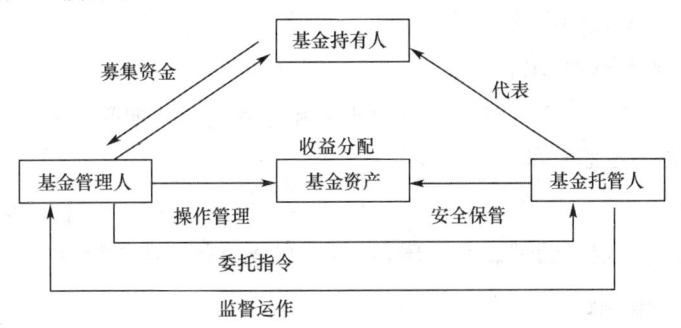

图 6-1 契约型基金当事各方关系

六、基金要约文件

(一)基金契约

基金发起人(受益人)或者由基金发起人委托基金主要发起人(主要受益人)应当按照有关准则的要求与基金管理人、基金托管人订立证券投资基金契约。基金契约当事人应当遵循平等自愿、诚实信用、充分保护投资者合法权益的原则订立基金契约。基金契约不得含有虚假的内容或误导性陈述,不得遗漏有关准则规定的内容,并应该符合有关准则规定的格式。凡对基金契约当事人权利、义务有重大影响的事项,无论法律准则是否做出规定,当事人均应该在基金契约中说明。基金契约是基金的核心法律框架,是制定其他文件的依据。

(二)发起人协议

发起人协议是基金发起人就发起设立的有关事项达成一致协议的协议书,是申请设立基金的必要文件。内容包括发起人认购基金的出资方式、期限以及首次认购和存续期间持有的基金份额等。

(三)托管人协议

托管人协议是从基金契约派生出来的,是基金管理人和基金托管人为了明确双方权利、义务关系而订立的重要合同。托管人协议必须服从基金契约,基金契约在法律效力上高于托管人协议,托管人协议不能与之相抵触。

(四)招股说明书

基金发行前,发行协调人应协助基金发起人根据有关准则规定的内容与格式编制并公告招股说明书。发行协调人同时还需就基金发行具体事宜编制并公布发行公告。招股说明书是基金最基本的信息披露文件,编制目的是让广大投资者了解基金详情,以便做出是否投资该基金的决策。

第三节　投资基金运作

一、基金的发起设立

在国际上,基金的发起设立有两种基本管理模式:一是注册制,二是审批制。我国对基金的设立采取审批制。基金发起人可以申请设立开放式基金,也可以申请设立封闭式基金。

基金的发起设立涉及的主要事项有:

(一)基金发起人认购比例

基金发起人认购基金单位占基金总额的比例和在基金存续期间持有基金单位占基金总额的比例,一般由各国证券监管部门统一规定。

(二)存续期

封闭式基金必须规定存续期。在我国,封闭式基金的存续期不得少于5年。

(三)最低募集数额

在我国,最低募集数额不得少于2亿元,否则基金不得成立。

(四)信息披露

基金发起人应当于基金募集前的规定时间内公开刊载招股说明书。

(五)募集期限

如超过募集期限基金仍无法成立,基金发起人必须承担基金募集费用,已募集资金加计银行活期存款利息必须在规定期限内退还给基金认购人。

二、基金的发行与销售

(一)封闭式基金的发行方式

1. 公募发行

公募发行是指以公开的形式向社会公众发行基金的方式。基金公司在发行过程中可以采取包销、代销和自销三种形式。公募发行的特点是安全、公开。

2. 私募发行

私募发行是指基金发起人承担全部募集资金的工作,面向少数特定的投资者发行基金的方式。由于对象特定,发行费用较低,而且主管机关对于私募的监管比较宽松,不必公开招募文件。

根据发行价格与基金面值的关系,封闭式基金的发行还可以分为溢价发行、平价发行、折价发行。

(二)开放式基金的销售

开放式基金的销售有两种方式:

1. 直销

直销是由基金公司或基金管理人直接办理开放式基金的认购。

2. 代销

代销即基金公司或基金管理人委托证券公司、商业银行等担任承销商,代理销售基金。

三、基金的交易、申购和赎回及相关费用

(一)封闭式基金的交易及相关费用

封闭式基金发行完毕后,在规定的期限内封闭起来,资产由基金管理人管理、托管人保管,不再追加新的基金单位,因此可交易的基金单位份数是固定的。基金的流通采取在交易所上市交易的办法。投资者要购买基金单位,必须经过证券经纪商,在二级市场上交易,实际上就是通过转让的方式来变现,因此封闭式基金的交易类似于普通股票,它的价格受到市场供求关系的影响可能大幅度波动,并不必然与基金经营业绩成正比。目前我国所有在沪深交易所上市流通的基金都是通过这种转让方式完成交易的。

封闭式基金的交易费用结构与股票基本类似,只不过一般费率比股票要低,而且常常免征印花税、过户费等。

(二)开放式基金的申购和赎回及相关费用

开放式基金销售完成后并不上市交易,但投资者可以在任意开放日办理柜台申购和赎回(赎回申请一般是在基金发行后的一定时期后的开放日才能提出)。

1. 申购价格和赎回价格的确定

开放式基金申购和赎回价格的确定与股票及封闭式基金交易价格的确定有着很大的不同,它是建立在每份基金资产净值基础上的。

基金资产总值,是指包括基金购买的各类债券价值、银行存款本息以及其他投资所构成的价值总和。基金资产净值,是指基金资产总值减去按照国家有关规定可以在基金资产中扣除的费用后的价值,它有两种计算方法,一是已知法,即按照上一交易日金融资产的收盘价计算;二是未知法,即按照当日金融资产的收盘价计算。基金单位资产净值,是指基金资产净值除以基金单位总数后的价值。

以基金单位资产净值为基础,加上或减去必要的费用,就构成了开放式基金的申购价格和赎回价格。计算方法如下:

申购价格=基金单位资产净值+申购费用

赎回价格=基金单位资产净值-赎回费用-交易费用

2. 开放式基金的费用结构

众所周知,开放式基金品种的设计是非常重要的,它关系到基金的竞争实力和吸引力,而基金的费用是投资银行作为基金管理人的主要收入,费率(Fees and Expenses)问题是开放式基金设计中一个非常核心的问题。

开放式基金的费用比封闭式基金复杂,其构成一般包括:①管理费;②托管费;③申购费;④赎回费;⑤其他交易费用。每项费用的含义都很简单明确,不需过多解释,关键的问题是如何设计这些费率的结构。

费率设计的基本要点包括:

(1)申购费、管理费、托管费可以采用单一费率制,也可采用差别费率制。若采用差别费率制,一般采用费率递减结构。在设计费率体系时,既要考虑收益成本,又要考虑投资者接受程度,而且要尽量简单化处理。

(2)随着持有期延长或投资额增大,费率应该相应递减。

(3)主要的应收费用包括申购费、管理费、托管费等。其他诸如赎回费、红利再投资费、转

换费等尽量不要收取或仅象征性地收取。一般来说,投资者最关注的两个费用是申购费和管理费,所以不要把二者设计得偏高。产品设计者亦可通过设计业绩报酬费来弥补在其他方面的收费欠低。而如果采用直销方式,申购费用可以大大减少甚至取消。各个基金可依据自身情况决定。

(4)一般不要企图靠设计偏高的赎回费来阻止投资者赎回,过高的赎回费率是饮鸩止渴之举。也不要不正当地奢望靠改变费率设计来谋取额外的好处,譬如掩盖业绩上的不足。

(5)如果能够针对投资者在收费结构上的不同偏好而对同一款基金推出不同的费率结构,一般会收到较好的效果。这样做的好处在于,有的投资者或许喜欢偏高的前端收费,有的喜欢偏高的后端收费,有的不喜欢收取申购费,但能容忍每年较高的营运费用。譬如奥本海默基金(Oppenheimer Funds)旗下的某一公司型基金设计了三类不同的股份,A股份采用随申购金额递减的"前端收费"方式,B股份采用随持有期递减的"后端收费"方式,C股份不收取申购费用但年营运费用较高。

(6)可以考虑动用基金资产支付一部分费用,这样就可以减少另外加收费用的比例,使投资者心理更为舒适。在美国,这种动用基金资产来吸引投资者的做法称为"12b-1费用规则",它曾经一度被投资银行界视为基金费率结构设计的重大创新。但是,根据近年美国落威基金价格集团霍布斯研究结果显示,使用"12b-1费用规则"后基金的实际费率水平比其他基金还要高,这说明该规则容易纵容基金以降价的表面功夫来掩饰涨价的实质,其有效性值得怀疑。

四、基金的投资管理

(一)基金的投资政策

基金的投资政策是指基金选择投资各类有价证券的方针,它是规范基金投资决策人和相关管理人行为的总的依据。各类投资基金为实现基金设立的宗旨,为取得长期资本增值或短期收益,往往要制定和实施不同的投资政策,选择其认为风险收益特征最佳的"证券组合"。

1. 基金投资政策的基本特征

基金所制定的投资政策的基本特征一般包括如下几个方面:

(1)具体保持何种证券选择类型:一个投资基金所投资的证券可能只包括普通股,或只包括优先股、债券,也可以平衡地选择这些证券。但基金所持有价证券并不一定与其安全性和证券增值的前景相联系,持有全部普通股的基金完全有可能比持有全部债券的基金更带有投机性。但是一般而言,由质量高的证券或平衡分配组成的基金,其目标比全部由普通股所组成的基金更看重收入和价格的稳定性。

(2)基金分散化程度:基金的分散化程度由该基金所持证券品种数,以及基金的证券总值中不同品种分配的百分比来衡量。各个基金的具体分散化政策是不同的。如果基金的目标是追求当期固定收入的稳定性,则其投资政策采取较大程度的多样化,而那些只单纯投资在一个种类普通股票上或具有特殊要求的基金,其分散化程度是有限度的。同时,投资的分散化还体现在证券投资组合质量的高低,只选择优级证券还是选择投机性证券,或是二者组合选择的程度,都反映了基金投资政策的分散化。

(3)基金充分投资的程度:投资政策也同样反映基金充分投资的程度。如果基金注重获得当期固定收益或追求高的资本增值,往往会把全部资产投资于股票市场,而有些基金则可能根据对金融市场前景的判断,经常在货币市场、债券和普通股票之间进行资本转移。

(4)证券组合质量的高低:证券组合能否保证投资基金贯彻自己的投资政策,并达到基金的预定目标,是评价证券组合质量高低的依据。

2. 基金制定投资政策的依据

(1)根据宏观经济环境及其对证券市场的影响制定投资策略。

(2)根据货币政策的变化、利率的走势决定各国债品种占投资组合的比重。

(3)根据行业及上市公司的调查研究确定具体投资股票的数量和金额。

(4)根据有关法律、法规的限制确定投资组合。

(二)基金的投资运作

1. 基金管理公司的营运

基金管理公司设有股东会、董事会、监事会等组织机构,并设有研究部、投资部、市场部、稽核部等部门。

基金管理公司设有投资决策委员会,它是基金的最高决策机构。投资决策委员会根据研究部提供的调研报告,制订总体投资计划,然后交给投资部制订具体方案,基金经理则实施具体投资、指示交易部执行交易指令。

基金管理公司还设有风险控制委员会,该委员会根据市场变化情况对投资计划以及投资计划的执行情况提出风险防范措施,并对基金投资业务的风险进行监控。

基金管理公司的监察稽核部直接对董事会负责,独立稽核或调查各部门,确保内控制度的实施和投资运作的合法性。

2. 基金的资产配置

资产配置是基金资产管理的决定性环节。

(1)资产配置的基本步骤

①确定投资者的风险承受能力。

②确定资产类别的收益预期。

③构造最优投资组合。

(2)资产配置的风格

①战略性资产配置:这是资产配置的基本方式,它以不同资产类别的收益情况与投资人的风险偏好为基础,构造一定风险水平的最优投资组合。常见的资产配置战略有买入并长期持有策略、恒定比例混合策略、投资组合保险策略等。战略性资产配置是相对消极的投资风格。

②战术性资产配置:这是根据资本市场环境对资产配置进行经常性动态调整,从而增加投资组合价值的积极调整方法。战术性资产配置是相对积极型的投资风格。

③资产混合配置:即一部分资产采用相对稳定的战略性资产配置,另一部分采取相对灵活多变的战略性资产配置,把二者结合起来使用。资产混合配置是平衡型的投资风格。

(三)基金的绩效评价

基金组合投资获得高的收益率并不一定来自管理人的高超技能,还可能来自运气,后者是因为冒着高风险而获得的高收益率。因此在测定投资组合的绩效时,必须区分高收益究竟是来自管理人的技能,还是来自市场的绩效,或是来自风险报酬。为此,需要一种按风险调整的绩效测定方法。

关于基金投资绩效评估,即基金的评级,国际上已经有比较成熟的量化指标、市场时机抉择指标等。目前公认程度比较高的是风险调整后的收益指标和市场时机抉择指标,具体包括:

1. Treynor 业绩指数法

1965年,美国财务学者杰克·特瑞纳(Jack L. Treynor)在《哈佛商业评论》上发表了一篇题为《如何评价投资基金的管理》的文章,文章提出通过度量单位系统风险的超额收益来评价基金绩效的评估指标,后人称其为"特瑞纳指数"。特瑞纳认为足够分散化的组合没有非系统风险,仅有与市场变动差异的系统风险。因此,他采用衡量投资组合系统风险的 β_P 系数作为衡量风险的指标。

$$T=(r_P-r_F)/\beta_P$$

式中　T——特瑞纳业绩指数;
　　　r_P——某只基金的投资收益率;
　　　r_F——无风险利率;
　　　β_P——某只基金投资组合的系统风险。

特瑞纳业绩指数的含义就是每单位系统风险资产获得的超额报酬(超过无风险利率 r_F)。特瑞纳业绩指数越大,基金表现就越好;反之,基金的表现越差。

2. Sharpe 业绩指数法

1966 年,威廉·夏普(William F. Sharpe)对特瑞纳业绩指数进行了修正,他在美国《商业学刊》上发表的《共同基金业绩》一文中提出用总风险(标准差 σ)的超额收益率作为评估指标,即夏普指数。他认为有些管理较好的基金,总风险接近于系统风险,而对于管理不善的基金,总风险可能与系统风险偏差较大。夏普业绩指数是基于资本资产定价模型(CAPM)考察风险回报与总风险的关系,计算公式如下:

$$S=(r_P-r_F)/\sigma_P$$

式中　S——夏普业绩指数;
　　　r_P——某只基金的投资收益率;
　　　r_F——无风险利率;
　　　σ_P——投资收益率的标准差,它是总风险。

夏普业绩指数的含义就是每单位总风险资产获得的超额报酬(超过无风险利率 r_F)。夏普业绩指数越大,基金的表现就越好;反之,基金的表现越差。根据夏普业绩指数的高低不同,可以对不同基金进行行业排序。

容易分析得到,足够分散化的基金根据特瑞纳基金指数的排序与根据夏普业绩指数的排序相同或类似,而不够分散化的基金的特瑞纳业绩指数排序高于夏普业绩指数的排序。

3. Jensen 业绩指数法

1968 年,美国经济学家迈克尔·詹森(Michael C. Jensen)在《财务学刊》(Journal of Finance)上发表的《1954—1964 年共同基金的业绩》一文中提出一种评价基金业绩的绝对指标,即 Jensen 业绩指数。詹森认为,已有的评价方法注重对基金业绩的排名,因而多设计成为相对指标,这样就缺乏评估业绩的绝对指标。因此,他根据 SML 估计基金的超常收益率,即通过比较评价期的实际收益和由 CAPM 推算出来的预期收益来评价基金业绩,超过预期收益的部分即基金管理人通过积极管理战胜市场所获得收益的绝对值。计算公式如下:

$$J=r_P-\{r_F+\beta_P(r_M-r_F)\}$$

式中　J——超额收益,简称詹森业绩指数;
　　　r_M——评价期内市场风险补偿。

当 J 值显著为正时,表明被评价基金与市场相比较有优越表现;当 r_M 值显著为负时,表明被评价基金的表现与市场相比较整体较差。根据 J 值的大小,我们也可以对不同基金进行业绩排序。

由于 Jensen 业绩指数比特瑞纳业绩指数和夏普业绩指数更容易解释,且统计检验也很方便,因此成为此后研究中最常用的一种绩效计量方法。

4. 市场时机选择能力判断法

市场时机的选择,即根据市场的判断,选择组合的 β 值(表示某只基金投资组合的系统风险),当市场值上升时,选择大 β 值的组合;当市场值下降时,选择小 β 值的组合。如果基金运作对市场判断准确的话,其证券组合的表现将超过同 β 值的基准组合的收益率。

基金绩效评估对于衡量投资银行基金管理业务水平具有重要意义。完善的绩效评估方法不能只依赖于个别指标,因为任何指标都不会在所有环境下反应灵敏。所以我们需要全面考虑各种因素的变化,客观地评估管理人的能力。目前美国主要基金评价机构中比较著名的是晨星公司(Morningstar),该公司各基金的评价主要有四个特点:一是既考察其总体排位,又考察其在相同类型的基金中的排位。二是它考察基金的收益和风险,并设立了独立的风险评级指标。方法是首先统计出基金各期实际收益率减去国债收益率后为负的若干个收益率,然后将它们相加再平均,以此作为计算下跌风险指标,再与所有基金的该指标的平均值相比,然后再对该风险指标进行调整并评级。三是评价各基金的投资风格。它是按成长型或价值型,即按所持股票的平均市盈率和市价与账面价值之比进行评价的。四是测算现代组合论中的标准差、均值和夏普比例指标。

晨星公司关于基金业绩评级的问题是,它不能说明基金的超常收益来源于何处,即基金经理是如何运作基金的。在这方面,国外基金业绩评价已取得一些新的进展,比如投资银行界开始在现代投资组合理论中运用计量经济学方法,对组合的超常收益 α(超过市场组合平均收益率的超常收益部分)进行了风险分析,如通过设立二次回归方程来分析 α 指标,从而来判别基金管理人的证券选择能力和市场时机选择能力。

基金投资运作管理是现代投资银行的高端业务之一,这方面的实践还在不断地发展中,其理论内容也将不断得到充实和完善。

第四节 投资银行介入基金管理的方式

基金业务的参与主体是丰富多样的,投资银行是其中一个重要的角色但不是全部。投资银行介入基金管理的方式与其参与主体(如基金管理公司、投资顾问公司等)有一些区别,原因主要是投资银行的业务范围比其他投资机构要广泛,它可以在基金的发行承销、受托资产管理、投资咨询等各方面发挥作用,而一般基金管理公司、投资顾问公司则只能从事其中的某些业务。基于这个原因,投资银行从以下四个方面介入投资基金,成为基金业中的中流砥柱。

一、投资银行作为基金发起人

在大多数的公募基金中,投资银行常常只是基金发起人,但却不参与管理这只基金。这种情况下,投资银行的主要任务是发起和设立基金,至于资产管理则委托专门的基金管理公司来负责。

发起设立基金工作的基本步骤如下:

1. 确定发起人和主要发起人,签订基金发起人协议。
2. 确定基金管理人、基金托管人、投资顾问、主要机构投资人等当事各方,按照有关准则的内容和格式制作各种文件。
3. 报送材料,向证券主管部门提出设立申请。

基金成立后就进行公募发行。投资银行在募集基金的同时,会物色一家优秀的基金管理公司为自己打理这些资产，此后便可以坐享收益。

有些时候投资银行会选择一种更加超然的方式，就是自己牵头发起设立一家新的基金管理公司，然后由这家基金管理公司完成基金的发起设立、公募发行、运作管理等事项，而投资银行作为间接参与者没有涉足太多的具体事务，实质上是拥有极大利益和发言权的大股东，它获得的是基金投资收益分配所得的收入。

二、投资银行作为基金管理人

在大多数私募基金中，投资银行常常会以更加积极的姿态介入基金的日常事务当中去。它是基金的发起人，同时也是基金的管理人，其主要工作包括以下四个方面：

（一）作为主要发起人参与基金的设立过程

对基金发起设立和私募行为全面负责，包括对基金发起设立文件和募集说明书的合法性、基金向投资者提供资料的真实性、基金私募参加人的资格和基金主要管理人员的资质进行审查。

（二）日常管理

私募完成后，亲自对基金日常规范操作进行管理，自律监管基金的投资运作和经营行为，确保基金资产的合法使用，争取实现投资人利益最大化。

（三）对基金组织内部进行监管

私募完成后，委托另外的机构担任基金托管人，并设立专门的基金管理部门，将基金操作与投资银行自身的经纪、自营业务严格分离，建立投资人、管理人（投资银行）和托管人相互制约的运行机制。

（四）接受投资者的监督

定期向投资人提供有关基金经营状况和投资组合的报告，计算并编制基金资产净值报告，应投资者的要求随时提供账目供其查阅。

在私募基金中，投资银行发挥的作用更为直接，这时它担任的是一个全能投资机构的角色，以无与伦比的权威掌控整个基金业的运作过程。我们说的投资银行基金管理业务，主要指的就是这种情况，因为在其他各种情况下，投资银行虽然也都从不同角度介入了基金业，但是所起的作用毕竟有限，有的时候则更像一个投资顾问、承销商或经纪商，甚至就是一个幕后操纵的大股东，并没有全面主持基金日常管理工作。只有在投资银行发起设立并作为基金管理人管理自己基金的情况下，投资银行才是一个真正的决策者和管理者，它可以获得包括认购费、赎回费、管理费在内的一系列收入。这种情况在公募基金中较少发生，而在私募基金中是普遍存在的。

三、投资银行作为基金承销人

投资银行除了自己设立和管理基金之外，还可以作为基金承销人，向投资者发售基金，负责募集投资者的资金。

一些专营证券承销业务的投资银行，或者大型投资银行的附属承销机构，都并不适宜直接从事基金管理，但是它们以代销者的身份介入投资基金业务流域是再适合不过了。专业的投资银行承销基金券，对基金的顺利发售能够起到十分重要的作用。

一些基金发行人由于信用地位、客户网络、销售经验等方面的问题，直接销售发行往往需要花费很多时间、精力和费用，还不见得就能如期完成募集目标。而通过投资银行包销或代销基金券，就可以在较短的时间内卖出发行的基金券，大大节约发行费用。

投资银行作为承销商,除了办理基金券的募集和销售外,通常还要履行代理发放基金收益、办理日常申购和赎回等职责。

四、投资银行作为基金代理人

在这种情况下,投资银行是被基金发行人指定的基金代理人,主要负责基金资产的保值增值。一些只具备自营功能的投资银行不能介入基金的设立募集、发行策划工作中,但是为了分享基金产业的一杯羹,它们愿意充当代理人,为基金发行人打理基金资产,从中获得代理费收入。

本章小结 >>>

1. 投资基金是指一种利益共享、风险共担的集合证券信托投资方式,即通过发行基金单位,将具有相同投资目标的众多投资者的闲散资金集中起来,由专门的基金托管人托管基金资产,并由专门的基金管理人在基金契约或基金公司章程规定的框架内管理和运作资金,从事某种或一篮子金融资产投资,并将投资收益按基金投资者的投资比例进行分配的一种间接投资方式。

2. 投资基金按照规模是否固定分为封闭式基金和开放式基金;按照组织形式不同分为公司型基金和契约型基金;按照募集方式与流通方式不同分为私募基金和公募基金;按照投资对象的具体品种不同分为股票基金、债券基金、货币市场基金、衍生证券投资基金等;按照投资风格不同分为成长型基金、收入型基金、平衡型基金;按照国别范围分为在岸基金、离岸基金、准离岸基金(准在岸基金);还有其他特殊类型基金。

3. 投资基金的特点是小额投资,费用低廉;分散投资,分散风险;专业管理,专家操作;流动性强,变现能力高;规模经营,降低成本;资产的管理职能与保管职能相分离,安全性高。

4. 在投资基金的运作中,涉及多个当事人,具体包括:基金持有人、基金管理人、基金托管人以及基金服务机构,其中主要当事人为前三者。

5. 基金的运作具体包括:基金的发起设立、基金的发行与销售、基金的交易、基金的申购和赎回及相关费用以及基金的投资管理。

6. 投资银行既可以作为基金发起人设立基金,也可以接受委托作为基金管理人进行基金的管理,还可以作为基金的承销人承销基金,最后还可以作为基金代理人,为基金发行人打理基金资产。

思考题 >>>

1. 什么是投资基金?投资基金有什么特点?
2. 投资基金包括哪些类型?
3. 投资基金有哪些当事人?
4. 投资基金的当事人之间有什么关系?
5. 简述基金管理人的职责。
6. 论述投资基金是如何运作的。
7. 投资银行在投资基金中的作用有哪些?

第七章

资产管理与项目融资管理

> **案例导入** >>>

2009年以来,股市收益率持续回升,产品发行提速,券商集合理财的发展迈上了历史性的新台阶,截至2011年1月底,国内存续券商集合理财产品已增至89只,合计规模首次突破了千亿元。

回顾2009年,对券商集合理财的审批速度大幅提速,集合理财规模也与日俱增。截至2009年年底,80个券商集合理财产品的合计总规模达到了978亿元,较2008年同比增长约126%。这些产品合计总份额921.9亿份,平均单位净值1.061元。平均单个产品规模达12.2亿元,与2008年年底相比,增长了10%。

在集合理财投向方面,主要投资于股市的非限定性集合理财规模达660.8亿元,占比达67.5%。其中,混合型产品以356亿元的整体规模居前,约占总规模的36%。FOF型、债券型产品规模相当,分别占总规模的20%、19%。股票型产品规模占11%,QDII型产品在总规模中占比不足1%。

在集合理财规模方面,截至2009年年末,参与券商集合理财业务的31家券商中,逾七成所管理的集合理财总资产规模在10亿元以上。华泰证券、光大证券、中信证券位居业内前三,总资产净值依次达到了约142亿元、120亿元、113亿元,相比上年依次增长了131%、143%、216%。其中华泰证券拥有8只集合理财,是拥有理财产品数量最多的券商。

在集合理财的市场分布方面,参与集合理财的券商在国内接近三成,集合理财总资产净值排名前五的券商占据全国市场的半壁江山。管理产品资产最小者仅3亿元左右,仅为排名第一的2%。从各家券商单个集合理财规模的排名来看,宏源证券、光大证券、国泰君安、齐鲁证券的产品平均资产规模在20亿元以上。

(资料来源:杨晶.券商集合理财规模首破千亿元[N].上海证券报,2010-01-29.)

资产管理作为一种附加值较高的新型业务,市场经济发达国家投资银行早已对其予以高度重视。资产管理业务已成为投资银行的核心业务,来源于资产管理业务的收入已远远超过了其发行、代理和自营等传统业务;同时,受托管理资产规模的大小也成为评价投资银行实力和信誉的重要指标。越来越多的投资银行将资产管理业务作为整合及拓展传统业务的龙头,通过资产管理业务培育自己的核心竞争力和核心客户,不断提升自身形象。随着证券市场的发展趋于成熟,我国投资银行的资产管理业务必将不断发展壮大。

第七章 资产管理与项目融资管理

第一节 资产管理业务概述

一、资产管理业务的内涵

资产管理(Assets Management)业务又称委托理财,代为经营和管理资产,是投资银行(包括其他资产管理机构)集合投资者资金,利用自己的专业团队和专业知识的优势,帮助客户掌控风险,获取最大收益,并以此获取管理费的业务。在此所指的资产管理业务,特指证券市场中的资产管理,即投资银行作为管理人,以独立账户募集和管理委托资金,投资于证券市场的股票、基金、债券等金融工具的组合,实现委托资金增值或其他特定目的的中介业务。

《2021中国私人财富报告》中显示,2020年中国个人可投资资产总规模达到了241万亿元,为资产管理业务的发展提供了广阔的发展空间。

二、资产管理业务的特点

(一)资产管理体现了委托代理关系

资产管理体现了金融契约的委托代理关系。在资产管理业务中,投资者作为委托人是资产的持有者,当投资者与资产管理公司签署《资产委托管理协议书》之后,委托资产管理公司帮助自己管理资产,资产管理公司就成为投资者资产的受托方,享有在协议规定范围内按委托人的意愿和在授权范围内对受托资产进行经营管理的权利。

委托管理的信托资产与受托人的自有资产是相互独立的。证券公司必须将其证券经纪业务、证券承销业务、证券自营业务和证券资产管理业务分开办理,不得混合操作。

由于是委托代理关系,因此受托人将不承诺资产收益。即使信托资产发生经营性亏损,只要资产的净值为正,受托人仍可按比例收取管理费。

(二)资产管理采用个性化管理

投资者委托的资产具有不同的性质,对资产管理公司的要求也不同,所以在资产委托管理协议中授予资产管理公司的权利也不同,资产管理公司必须区别对待,对不同的投资者的资产分别设立账户,根据投资者的不同要求提供个性化的服务。

(三)受托资产具有多样性

资产管理公司接受投资者委托管理的资产主要是金融资产,金融资产具有多样性,不仅包括现金资产,还包括股票、债券和其他有价证券。在所有的金融资产中,资产管理公司受托管理的资产主要是现金和国债。

(四)投资者承担投资风险

2003年,《证券公司客户资产管理业务试行办法》第三条规定,证券公司从事客户资产管理业务,应当遵循公平、公正的原则,维护客户的合法权益,诚实守信,勤勉尽责,避免利益冲突。

但投资风险由投资者自行承担,比如《证券公司客户资产管理业务试行办法》第四十三条规定:证券公司开展客户资产管理业务,应当在资产管理合同中明确规定,由客户自行承担投资风险。但是资产管理公司在对投资者的资产进行管理的过程中违反合同规定或未切实履行职责并造成损失的,投资者可以依法要求资产管理公司给予赔偿。

(五)与其他业务紧密联系

资产管理公司在从事其他业务的过程中积累了丰富的经验、信息和资源,这些都在客户来源、资金投向、运作经验、研究咨询等方面为资产管理业务的开展提供了资源和便利。

(六)采取定向化信息披露

资产管理业务体现了一对一的信息披露。由于受托资产具有一定的保密性,投资者的谈判能力有差异,因此在契约中利益分配条款也存在着一定的差异。资产管理业务较自营业务具有保密性,只要委托方和受托方不因利益纠纷而主张权利,法律取证就相当困难。这就使得资产管理业务的信息披露是以一对一的方式进行的,而不是向社会公众进行公开信息披露。

证券公司应当至少每三个月向客户提供一次准确、完整的资产管理报告,对报告期内客户资产的配置状况、价值变动等情况做出详细说明。当发生资产管理合同约定的、可能影响客户利益的重大事项时,证券公司应当及时告知客户。

(七)风险控制主要体现在资金流向的控制和价格波动预警指标的设计上

从外部监管的角度来看,法律、法规较为健全的国家都通过相关条款对从事资产管理业务实体的资金流向进行严格控制。从内部制度的设计上来看,资产管理公司主要通过风险收益比率进行方案选择和比较,建立风险评估体系和价格波动预警指标体系。

三、资产管理业务与投资基金的区别

证券公司发布的理财产品计划,非常类似于基金管理公司发行的投资基金,两者存在相同之处,都是受人之托管理他人所有的金融财产。实际上,两者也存在着明显的差异,主要表现在以下几个方面,见表7-1。

表7-1　　　　　　　　　　资产管理业务与投资基金的区别

区别	资产管理业务	投资基金
客户群体定位	具有一定经验和风险承受能力的特定投资者	公众投资者
服务方式	一对一	一对多
投资决策目标	多样化,兼顾了委托资产的共性和个性	委托资产增值
委托方式	单独与管理人签订协议,较自由	购买基金单位
参与管理程度	可将资产管理的意图反映到协议中,参与管理程度高	无决定权,参与管理程度低
及时调整投资组合的程度	协商调整	无法调整
风险收益特征	低风险、低收益或低风险、高收益	低风险、稳定收益
信息披露和投资限制	只需向投资者定期报告资产情况、投资不限	经常性披露、投资受限

(一)客户群体定位不同

证券投资基金面向社会公众公开发行,其客户多是不确定的散户投资者,资产数量一般不大,对资金具体投向和投资收益无特殊要求;投资银行资产管理业务客户网络的建立主要靠的是市场信誉与合作关系,其客户一般是规模资产拥有者,主要是机构投资者及富有的个人投资者,资产数量一般较大,对资金投资和资金的规模收益有特别要求。

(二)服务方式不同

证券投资基金业务采取一对多方式,所有的资产开立于一个统一的账户中,专家理财,统一管理；委托理财业务是一对一的方式，每一个客户都有自己独立的账户，分别管理，专家理财。

（三）投资决策目标不同

证券投资基金以集合投资方式服务于众多投资者，投资决策目标难以体现委托资产的个性要求，只能满足委托资产增值的共性要求，所以投资基金一般以委托资产增值为首要目标；资产管理业务由于以独立账户开展一对一资产管理，所以既可定位于以资产增值为管理目标，也可定位于以委托资产其他特定要求为管理目标，还可兼顾委托资产的共性和个性特征，提供令客户满意的综合金融服务。

（四）委托方式不同

证券投资基金是客户通过购买基金份额或基金单位的方式完成委托行为，基金公司章程、契约的内容乃至形式都必须符合法律、法规的要求；投资银行资产管理业务的客户一般是单独与管理人签订协议，当事人在法定的范围内享有较大的契约自由。

（五）参与管理程度不同

投资基金的投资决策最终取决于多数基金持有人的投资偏好，投资者个人并无决定权，因而参与程度较低；投资银行的资产管理业务中，投资者可将自己对资产管理的意图反映到协议中，还可通过与资产管理经理经常性的接触，随时对资产管理的运作发表意见，因此参与程度较高。

（六）及时调整投资组合的程度不同

证券投资基金的具体投资组合由基金经理决定，投资者无法根据市场的突发状况及时地调整资产组合；投资银行的资产管理业务中，投资者可根据自身的风险承担能力和对收益预期选择不同的投资风格和投资组合，并与投资银行协商进行调整。

（七）风险收益特征不同

对于投资者来说，证券投资基金和投资银行的资产管理业务比其个人自身直接进入市场来说具有风险收益的比较优势，但按照风险收益对应的市场特征，对不同的管理人是存在差异的：证券投资基金由于运作透明、通过组合投资分散风险和收取固定管理费用等方式，表现出低风险和稳定收益的业务特征；而投资银行的资产管理业务可采取定向集中投资和客户参与的方式，形成具有低风险、低收益或低风险、高收益的业务特征。

（八）信息披露和投资限制不同

证券投资基金在基金管理过程中必须履行严格的经常性信息披露义务，而且在可投资的金融品种和投资组合比例等方面受到法律的限制；投资银行的资产管理业务中，管理人只需向投资者定期报告资产的风险、收益情况。

通过以上比较可以看出，证券投资基金方式虽然有管理规范、客户基础面广、控制资金量大等优点，在整个资产管理业务中所占份额也大于投资银行的资产管理业务方式，但投资银行的资产管理方式所具有的灵活性、参与管理性和服务个性化等优点，是证券投资基金所不具备的，一对一的资产管理方式有其特定的细分市场和合理的生存空间，成为投资银行日益重要的业务，其业务份额和产生利润呈现不断上升的趋势。

四、资产管理业务的类型

根据中国证监会颁布的 2003 年第 17 号证监会令《证券公司客户资产管理业务试行办

法》。除原有的定向资产管理业务外，投资银行还可以开展集合资产管理业务和专项资产管理业务。

（一）定向资产管理业务

定向资产管理业务是为单一客户办理定向资产管理业务。办理定向资产管理业务，单个客户资产净值不得低于100万元；办理定向资产管理业务，只能接受货币资金形式的资产。投资银行应当与客户签订定向资产管理合同，通过该客户的账户为客户提供资产管理服务。

（二）集合资产管理业务

集合资产管理业务是为多个客户办理集合资产管理业务。投资银行为多个客户办理集合资产管理业务，应设立集合资产管理计划，与客户签订集合资产管理合同，将客户资产交由具有客户交易结算资金法人存管业务资格的商业银行或证监会认可的其他机构进行托管，通过专门账户为客户提供资产管理服务。

根据投资范围和风险状况的不同，又可以将集合资产管理业务设立为限定性集合资产管理业务和非限定性集合资产管理业务。

办理集合资产管理业务，只能接受货币资金形式的资产。设立限定性集合资产管理计划，单个客户金额不得低于5万元；设立非限定性集合资产管理计划，单个客户金额不得低于10万元。

限定性集合资产管理计划资产应当主要用于投资国债、国家重点建设债券、债券型证券投资基金、在证券交易所上市的企业债券、其他信用度高且流动性强的固定收益类金融产品；投资于业绩优良、成长性好、流动性强的股票等权益类证券以及股票型证券投资基金的资产，不得超过该计划资产净值的20%，并应当遵循分散投资风险的原则。非限定性集合资产管理计划的投资范围由集合资产管理合同约定，不受上述规定限制。

（三）专项资产管理业务

投资银行为客户办理特定目的的专项资产管理业务，应当签订专项资产管理合同，针对客户的特殊要求和资产的具体情况，设定特定投资目标，通过设立专门账户为客户提供资产管理服务。投资银行也可通过设立综合性的集合资产管理计划办理专项资产管理业务。

五、资产管理业务的模式

目前国际上投资银行开展资产管理业务通常采取以下三种模式：

（一）投资银行通过下设的资产管理部直接从事资产管理业务

该模式的优点在于资产管理人可以借助投资银行现有的品牌、人员和交易系统来开展业务，这有助于资产管理业务的迅速发展。虽然投资银行的现有条件为资产管理部门实现客户的需求提供了有力的支持，但并不能起到替代的作用。该种模式的缺陷也较为明显，由于资产管理人并不是独立的法人主体，资产管理人与其所属的投资银行之间可能会产生一些不规范的交易行为，例如资产管理人利用委托资金配合所属投资银行的自营业务，或是利用委托资金参与其他内部交易。因此，投资银行如设立资产管理部门单独从事资产管理业务时，应该规范资产管理业务和其他业务特别是自营业务之间的关系。该种模式一般对投资银行的资产规模和运作规范程度有相对较高的要求，为了防止不规范行为的发生，往往只有那些运作规范、规模较大的投资银行才有资格采用这种模式从事委托理财业务，并且这类投资银行在资产质量指标（如负债总额不应超过自有资本的一定倍数）、内部风险控制（如自营业务与资产管理业务在账户、人员和财务上的独立制度)等方面都要达到一定的标准。

（二）投资银行(或与其他专业性的投资机构共同)设立独立的资产管理公司来从事资产管理业务

该模式的优点在于资产管理人在组织上是相对独立的,这样有利于从制度上消除混合操作和内部交易的行为;并且这种模式为中小规模的投资银行从事资产管理业务开辟了一条新的道路。投资银行如果采取这种模式来开展资产管理业务,应着眼于寻求战略合作伙伴,拓展规模,寻找业务机遇。与投资银行通过下设的资产管理部门直接从事委托理财业务相比,通过设立独立的资产管理公司来从事委托理财业务存在着孤军作战的弱点,要弥补这一不足,资产管理公司一方面需要建立完备的组织结构,另一方面还需要不断加强与外界的合作和交流,来完善自身的服务。

（三）投资银行通过设立私募基金来从事资产管理业务

该模式具有多种意义,值得投资银行尝试,这种模式可以由投资银行作为发起人之一,联合少数机构投资者或资金充裕的个人投资者设立私募基金。投资银行组织资产管理业务人员加盟私募基金的管理层,负责对私募基金资产的运作。与前两种运作模式相比,它的优点在于投资银行既是私募基金的出资人,同时也参与私募基金的经营管理,这样投资银行在资产管理运作过程中,会将其他投资者的利益和自身利益紧密结合,从而有效实现利益均等、风险共担的目标。但私募基金也有缺点,由于私募基金管理层所掌管的资产规模的大小由各投资者的出资额所决定,业务规模相对较为固定。如果要进一步扩大私募基金的规模,只有以增资扩募的形式来吸引新的投资者加盟。

从以上分析可以看出,不同的资产管理运作模式有着不同的设立背景,每一种模式都有其自身的优势和缺陷。但是作为投资银行,无论采用哪一种模式,都要在经营规范上加强透明度,使得资产管理业务在一个健康的环境中运行,而三种模式的同时存在,也有利于投资银行资产管理业务的整体延续和有效规范。对于我国投资银行来说,在与国际接轨的进程中,应选择符合我国实际的资产管理运作模式。

第二节 资产管理业务运作管理

一、资产管理业务资格

在我国,证券公司要从事资产管理业务,首先要取得相应的资格,未取得客户资产管理业务资格的证券公司,不得从事资产管理业务。

证券公司从事客户资产管理业务的条件如下:

1. 经中国证监会核定为综合类证券公司。
2. 净资本不低于人民币2亿元,且符合中国证监会关于综合类证券公司各项风险监控指标的规定。
3. 资产管理业务人员具有证券从业资格,无不良行为记录,其中具有3年以上证券自营、资产管理或者证券投资基金管理从业经历的人员不少于5人。
4. 具有良好的法人治理结构、完备的内部控制和风险管理制度,并得到有效执行。
5. 最近一年未受到行政处罚或者刑事处罚。

6. 中国证监会规定的其他条件。

证券公司办理集合资产管理业务,除上述要求外,还要求:设立限定性集合资产管理计划的,净资本不低于人民币 3 亿元,设立非限定性集合资产管理计划的,净资产不低于人民币 5 亿元;最近一年不存在挪用客户交易结算资金等客户资产的情形。

二、资产管理业务方案设计管理

资产管理业务作为一种以信托关系为基础的信托业务,符合"受人之托,代人理财"的基本原则。在这一原则下,投资银行可以按不同的模式来开展这项业务。

虽然不同的运行模式其法律地位有所不同,在设立方面也需要遵循不同的标准,但是作为委托理财业务,无论采用哪种模式,都需要以规范运作为基础,在开展业务时都要做好以下几个方面的管理。

(一)契约管理

投资银行开展客户资产管理业务,应当依据法律、行政法规和中国证监会《证券公司客户资产管理业务试行办法》的规定,与客户签订书面资产管理合同,就双方的权利义务和相关事宜做出明确约定。

资产管理合同应该明确以下几点:(1)客户资产的种类和数额;(2)投资范围、投资限制和投资比例;(3)投资目标和管理期限;(4)客户资产的管理方式和管理权限;(5)各类风险揭示;(6)客户资产管理信息的提供及查询方式;(7)当事人的权利和义务;(8)管理报酬的计算方法和支付方式;(9)与客户资产管理有关的其他费用的提取、支付方式;(10)合同解除、终止的条件、程序及客户资产的清算返还事宜;(11)违约责任和纠纷的解决方式;(12)中国证监会规定的其他事项。

集合资产管理合同除应符合上述规定内容外,还应当对集合资产管理计划开始运作的条件和日期、资产托管机构的职责、托管方式与托管费用、客户资产净值的估算、投资收益的确认与分派等事项做出约定;集合资产管理合同由证券公司、资产托管机构与单个客户三方签署。

(二)委托权限管理

投资者对资产管理人的委托限制应较灵活,其授权范围大至全权委托,小至单纯执行客户的指令。

(三)资产托管方式管理

一般情况下,委托理财的当事人只有资产委托人和资产管理人两方。这时投资银行充当了资产托管人和资产管理人的双重角色,但资产规模较大的委托人,特别是一些社会公益性的基金,可能会从资产安全性的角度出发,要求由商业银行、信托投资公司、保险公司或证券公司来充当专门的资产托管人,监督资产管理人的行为。当作为第三方的资产托管人加盟资产管理业务时,虽然会由于收取托管费用而提高资产管理的运作成本,但进一步规范了参与资产管理业务当事人的关系。

(四)账户管理

投资银行在办理资产管理业务时,必须保障资产管理账户与投资银行的自营账户独立作,不得混合操作;账户应保持完整记录,以随时接受委托人的查询。

(五)受托资产的投资管理

投资银行委托理财业务的投资限制包括两个方面:

1.投资范围的限制

资产管理业务的投资范围不得超出资产管理合同所限制的范围。

2.投资组合的限制

资产管理业务在投资组合上,必须坚持分散投资原则。至于各品种所占的比例则由投资银行负责资产管理业务的部门根据投资者的个性化需求及风险承受能力决定。

(六)确立投资策略和投资组合管理

确定委托资产的投资策略和投资组合的过程也就是体现管理人独特的投资风格和委托人个性化需求的过程,这一过程是建立在双方相互协商基础上的。在这一过程中,客户需要向投资银行传达自己的投资目的、投资偏好以及风险承受能力,而投资银行需要据此向客户提供独特且成效显著的投资策略和初步的资产组合建议。另外,委托人对于投资品种和投资行为的限制也是确定投资策略和投资组合所不可或缺的前提。

(七)净值的评估管理

资产管理业务启动以后,管理人必须逐日对委托资产净值进行评估确定。其目的有两个:一是为了及时定期地向委托人公开委托资产的经营管理状况;二是作为提取管理费用的依据。为了提高委托资产净值评估的公信力,在年中、年末以及资产管理合同到期之后,资产管理人应该委托专业的审计或会计师事务所对委托资产净值进行评估并对以往记录进行审核。通常情况下对委托资产净值的计算原则如下:(1)已上市流通的有价证券以该证券评估日的收市价格来计算,如果该证券当日没有交易则以最近一个交易日的收市价来计算;(2)未上市的股票应以买入成本价来计算;(3)派发的红利、股息、利息以实际获得值来计算;(4)未上市的债券及银行存款以本金加上应收利息来计算;(5)委托资产净值中应该扣除各项应扣除的费用。

(八)收益分配管理

资产管理业务运作应遵循"利益共享、风险共担"的投资原则。委托方需承担投资失败所带来的投资风险,其风险补偿主要来源于较高的投资收益;投资银行需承担决策失误所带来的经营风险,其经营风险补偿主要源于管理费用和业务报酬。在完全代理型委托理财业务中,投资银行仅是受托资产的代理人,委托资产运营中的收益和风险均主要由投资者承担,投资银行不向客户承诺收益或者给予风险补偿。在风险共担型委托理财业务中,投资银行对受托资产的收益率做出适当的承诺,承担一定的风险,因此享有超出保证收益率部分的收益或与委托人共享这部分收益。

(九)费用管理

目前国际上资产管理的费用管理主要采取两种方法:

1.不论管理金额大小统一固定收费。

2.根据管理金额多少以不同比例提取。

相比之下,资产管理业务一对一的管理模式,决定了收费管理基本都是由投资者与资产管理人之间一对一地协商确定。因此在同一投资银行内部,通常允许同时采用上述两种不同的费用管理办法,即使采取相同的费用管理办法,对于不同投资者也可采用不同的提取比例。

(十)风险控制管理

1.信息披露制度

委托理财业务的信息披露主要是指资产管理人向委托人进行财务公开与操作公开。无论何种类型的委托理财业务,其信息披露都应该包括以下两项基本内容:第一,随时向委托人公布最近一日资产管理的投资组合;第二,随时向委托人提供最近一日委托资产的净值、盈亏情况与持有证券的变动情况。为了保障投资者的利益,维护金融市场的正常运行,应建立相对完善的内外部风险控制制度,使资产管理业务在规范中运作。资产管理业务在信息披露上的要求,形式及内容较灵活。投资银行可通过不定期的电话交流、会议以及书面形式与客户保持经常联系,信息披露的具体内容由投资者与投资银行协商确定。为了避免投资银行运用受托资产操纵股市,应强化证券监督管理机构及自律性组织对投资银行的监控,要求投资银行必须向证券监督部门定期提供报告,在必要时可以公开披露投资银行的财务报告、投资组合情况及资产净值等情况。

2. 风险准备金制度

为了避免投资银行信用风险、道德风险及经营风险给投资者利益造成损害,应强制要求投资银行建立风险准备金制度,从其收取的管理费或业绩报酬中提取一定比例的风险准备金,以有效保障委托资产的安全。

(十一)争议的解决方案管理

在资产委托人和资产管理人之间,难免会产生利益冲突和其他纠纷。因此,当事人在签署委托理财合同时,必须对可能发生的冲突事先注明处理办法。当纠纷发生以后,原则上双方应该本着互让互利的原则协商解决。如果不能协商解决,则指定一家仲裁机构调解和仲裁,或者通过法律诉讼的方法来解决。

三、资产管理业务的操作程序

(一)审查客户申请

要求客户提供相应的文件,并结合有关的法律限制决定是否接受其委托。委托人可以是自然人,也可以是机构。个人委托人应具备完全的民事行为能力,机构委托人必须合法设立并有效存续,对其所委托的资产具有合法所有权,一般还必须达到受托人要求的一定数额。

(二)签订资产委托管理协议

双方协议中将对委托资产的数额、委托期限、收益分配、双方权利义务等事项做出具体规定。

(三)管理运作

在客户资产到位后,投资银行便可以开始运作。通常,投资银行都通过建立专门的附属机构来管理投资者委托的资产。投资银行在资产管理过程中,应该做到专户管理、单独核算,不得挪用客户资产,不得骗取客户收益。同时,投资银行还应该遵守法律、法规,防范投资风险。

(四)返还本金及收益

委托期满后,按照资产委托管理协议条例,在扣除受托人应得的管理费和报酬后,将本金和收益返还给委托人。

假若在委托期内由于资产管理人的身体等状况发生了重大变化,无法继续履行协议规定的应尽义务时,从保护委托人利益的角度出发,委托人有权要求更换管理人。原则上新的资产管理人应该无条件地承担原管理人的义务,将委托理财协议执行到底。

一般来说,导致协议条款修改的主要原因是由于国家政策和市场环境发生重大变化使得部分契约条款无法执行。当出现以下情况之一时,资产委托人从保护自身利益的角度出发可以与资产管理人提前解除委托管理关系：
(1)委托资产出现严重亏损(具体比例由双方协商确定)；
(2)资产管理人出现解散、依法被撤销、破产等不可抗力情况；
(3)管理人被证券监管部门撤销委托理财业务资格；
(4)管理人严重违反资产管理契约。

四、资产管理业务的投资策略

(一)积极的投资管理策略和被动的投资管理策略

投资银行资产管理业务的投资管理策略按其风格可分成积极的投资管理策略和被动的投资管理策略两种类型。类似基金管理的积极和被动的策略。

(二)资产配置策略

资产配置策略是指将金融资产在不同资产形态、不同市场、投资对象之间进行优化配置的选择。

1. 应考虑的基本因素

确定资产配置策略时应考虑的基本因素包括：

(1)法律、法规规定的投资限制和投资禁止行为。在制定资产配置策略时，首先应考虑法律、法规对投资银行资产管理的基本要求，严格依照法律、法规的规定进行投资。

(2)资产管理契约的规定以及资产管理的类型及其运作目标。有些资产管理契约规定了其主要投资的领域，这样资产管理管理人在制定资产配置策略时必须考虑契约的规定。另外，还需考虑到资产管理的类型及其既定的运作目标。

(3)证券市场的风险—收益情况。在考虑到前两项因素之后，如何分配投资则主要决定于对证券市场风险—收益的分析，确定满足资产管理客户要求的最优投资分配方案。

2. 资产配置的基本策略

在操作实践中，已经形成了一些固定模式或成形的策略，为许多投资银行所采用。

(1)三分法策略

资产管理投资的主要领域是股票和债券，因此确定投资管理在股票、债券和现金或可随时无风险变现的资产之间的投资比例是确定资产配置策略的首要问题。一般常用的策略是三分法策略，该方法是从个人理财方法演变而来的资产配置策略。以美国为例，人们通常将私人财产按一定比例，分别投资于银行存款、有价证券及房地产。这就是所谓的个人理财三分法。后来，一些机构投资者依据这一方法建立投资组合，把自身所管理的资金分成三个部分：第一部分资金用于投资收益较稳定、风险较小的有价证券，如债券、优先股等；第二部分用于投资收益较高的各种成长型股票；第三部分资金留在手中预用。今天，投资三分法已成为最为广泛采用的资产配置策略。这一策略既能通过股票投资获得可观的资本利得，使基金具有长期增长潜力，又能依靠投资优先股和债券获得稳定的股息和利息收入，使管理资产在扣除运行费用后具有经常性盈余。此外，还能借助于持有的现金，保持委托资产的流动性以及投资的灵活性。实践证明，不论是具有何种投资目标的基金，都可以采用三分法，只要在现金、股票、债券三个部分比例上合理地组合搭配，即可相应地实现各种投资目标。投资三分法的难点在于如何合理地设计现金、股票、债券三种资产的比例，并根据多种情况及时做出调整。三分法策略运用得是否得当，主要取决于管理者的知识、经验和技巧。

(2) 投资分散化策略

如何通过适当的投资分配以降低资产管理业务所面临的市场风险,是制定资产配置策略需要考虑的重要问题。资产配置策略的基本操作思路是将委托资产分散化地投资于不同的投资对象,有效地将个别投资对象的风险分散掉,规避非系统性风险,使投资收益不会因个别投资品种的大起大落而剧烈波动,从而获得资本市场总体成长而带来的收益。其内容包括:投资对象分散化、投资期限分散化和投资区域分散化。在证券投资中,投资分散化是指投资者根据自身的承受力,以一定的比例将资本投资于不同类别的股票、债券品种,即"不把全部鸡蛋放在同一个篮子里",同时在市场选择上根据资产管理的投资范围限定,分别投资于不同的市场。例如,目前我国投资银行资产管理的投资范围仅限于国内的证券市场。在不同的时期,不同的市场行情波动状况也不一样,因此,实行投资品种、投资期限和投资市场的分散化能够有效规避风险。

3. 资产配置的具体操作策略

(1) 固定比例资产配置策略

这一操作策略旨在解决如何在股票和债券之间进行资产配置的问题。它要求在投资管理操作中努力使股票总投资额与债券总投资额保持某种适当比例,当股票价格上涨,而使投资总额中股票份额上升时,即出售部分股票,购入一定量债券,使股票与债券金额恢复到既定的比例关系;反之,当股票价格下跌,其所占比例下降时,应出售部分债券,追加部分股票,恢复原来的比例关系,起到调节资产持有结构的作用,从而有效防范投资风险,提高投资收益。固定比例策略同样可以应用于对股票、债券、现金三者之间的分配。首先确定配置比例,然后保持既定比例并采取相应操作。

(2) 黄金分割策略

这是一种分散风险的资产配置操作策略,要求管理者将投资资金分成两部分:一部分投资于风险性证券,另一部分投资于安全性证券,两者间的比例大体为4:6。由于这一比例符合数学中的黄金分割原理,最佳点为0.618,即62%左右,故将此策略称为黄金分割策略。采用黄金分割策略由于将一半以上的资金投向安全性较高的品种,因而保险系数较大,但它以少部分资金投于获利较高的证券故而会失去一部分获利机会,此方法适用于较为保守型的投资目标。

(3) 头寸保持策略

这是一种为长期稳定地获取证券收益而将管理资产投在不同期限、不同种类证券中,定期保持该证券头寸的投资策略。由于此操作策略的基本要求是合理保持证券头寸,而不在于操作方法,故适用的投资操作方法可以有多种。

(4) 梯形资产配置策略

该操作策略是将资本投放于不同期限的证券上,每种证券的投资额大体相同,当期限最短的证券到期时收回资金回收利润后再投放到更长期限证券上去的资产配置策略。

(5) 杠铃式资产配置策略

这是种将资金分别投到长期或短期证券上,很少或者放弃中期投资的策略。

五、资产管理的操作程序

（一）确定投资政策

根据资产管理的风险、委托人的收益偏好特征，来确定投资目标、标的范围和投资策略。

（二）实施证券分析

分析标的范围内各种资产的风险、收益，寻找被市场错误定价的证券。

（三）建立资产组合

确定投资资产品种及各种资产的投资数量，使基金所建立的投资组合的风险、收益特征符合资产管理的目标。

（四）监视并修正资产组合

根据市场的变化，确定资产的买进和卖出，对已经建立的资产组合进行适当的调整。

（五）评估资产组合

对资产管理水平进行综合评估，包括委托管理资产的收益、风险、目标完成情况等。

（六）信息披露

投资银行被要求至少每三个月向客户提供一次准确、完整的资产管理报告，对报告期内客户资产的配置状况、价值变动等情况做出详细说明。

第三节 项目融资业务概述

项目融资是一种独特的筹措资金的方法，它特指某种资金需求量巨大的项目筹资活动，而且以贷款作为资金的主要来源。项目融资主要不是以项目业主的信用或者项目有形资产的价值作为担保来获得贷款，而是依赖项目本身良好的经营状况和项目建成投入使用后的现金流量作为偿还债务的资金来源；同时将项目的资产而不是项目业主的其他资产作为借入资金的抵押，这种活动还涉及项目业主以外的其他各参与方，由于项目融资借入的资金是一种无追索权或仅有有限追索权的贷款，而且需要的资金量又非常大，故其风险也较其他筹资方式大得多，为了分散风险，项目各参与方都要分担一部分风险。

一、项目融资的内涵

早在19世纪末20世纪初，法国和世界其他地区出现了一种"特许"的投资方式，最典型的例子就是著名的苏伊士运河融资模式，它是由私人投资以特许的方式修建完成的。但真正意义上的项目融资此时还没有开始，项目融资的兴起源于20世纪30年代，由于1929年全球范围内的经济危机，大批企业破产倒闭，还有相当一部分企业处于破产的边缘状态，此时即使有好的项目，由于自身信誉低下，企业也难以从银行获得贷款，这些经济困难催生了通过项目本身去获得融资的设想，并逐渐得到实施。20世纪50年代开始，美国的一些银行为石油、天然气项目所安排的融资模式可以认为是项目融资的早期形式。20世纪60年代中期，英国开发北海石油项目时采用了有限追索项目贷款方式。1970年以后，在欧美等发达国家，由于大规模基础设施开始建设，所需要的资金也采用了项目融资的方式，随着项目规模不断地扩大，单个银行有时很难满足一个项目资金需求，这时便出现了银团项目融资形式，实现了筹资和风险分散的双重功能。到了20世纪70年代末80年代初,一些发展中国家开始采用BOT投资方式进行基础设施建设,实现了解决资金短缺和和引进技术设备两大有利之处。从此,项目融资开始在世界范围开展,形成了跨国项目融资风潮。

项目融资作为一个金融术语又称为项目贷款或者项目筹资,在各个国家并不陌生,但是到目前为止,项目融资还没有一个明确的公认定义。在美国,项目融资这个词的含义也和投资银行的含义一样,因时因地而有所不同,有的项目融资指大规模项目的资金筹措;有的又指企业新建阶段的资金筹集;也有的指企业因一般目的,在发行公司债券和股票方式筹资之外的以特殊形态的资金融通方式。例如,以租赁方式、铁路车辆设备信托、以防止公害为目的的财政收入债券等资金筹集方式,也称为项目融资。《美国财务会计标准手册》(FASB)对项目融资所下的定义是:"项目融资是指对需要大规模资金的项目采取的融资活动。借款人原则上将项目本身拥有的资金及其收益作为还款资金来源,而且将其项目资产作为抵押条件来处理。该项目事业主体的一般性信用能力通常不被作为重要因素来考虑。这是因为其项目主体要么是不具备其他资产的企业,要么对项目主体的所有者(母体企业)不能直接追究责任,两者必居其一。"按照内文特(P. K. Nevit)所著的《项目融资》(Project Financing)1996年第六版中的定义,项目融资就是在向一个具体的经济实体提供贷款时,贷款方首先查看该经济实体的现金流和收益,将其视为偿还债务的资金来源,并将该经济实体的资产视为这笔贷款的担保物,若对这两点感到满意,则贷款方同意贷款。

现在比较一致的看法是:项目融资是为项目公司融资,它是一种利用项目未来的现金流作为担保条件的无追索权或仅有有限追索权的融资方式。

项目融资的核心是归还贷款的资金来自项目本身,而不是其他来源,这是项目融资与一般贷款最大的区别。例如,某自来水公司现已拥有A、B两个自来水厂。为了增建C厂,决定从金融市场上筹集资金,资金使用及还款安排有两种方式。第一种方式是:资金用于建设新项目C厂,而归还贷款的资金来源为A、B、C 3个水厂的收益。如果新厂C建设失败,该公司把原来的A、B两厂的收益作为偿债的担保,这时,贷款方对该公司有完全追索权。第二种方式是:借来的资金用于建设新项目C厂,用于偿债的资金仅限于C厂建成后的水费和其他收入。如果新厂C建设失败,贷款方只能从新项目C厂的资产中收回一部分,除此之外,不能要求自来水公司以别的资金来源包括A、B两厂的收入,来归还贷款,这时称贷款方对自来水公司无追索权,或在签订贷款协议时,只要求自来水公司把某特定的一部分资产作为贷款担保,这时,贷款方对自来水公司拥有有限追索权。第二种方式就是项目融资。

二、项目融资的特点

尽管项目融资的定义有着不同的表述,但项目融资一般具有以下一些基本特点:

(一)多方参与

项目融资的特点

项目融资的参与方至少有三个,分别为项目发起方、项目公司及资金供给者。

1. 项目发起方(Project Sponsor)

项目发起方是项目公司的投资者,是股东。项目发起方可以是一家公司,也可以是许多与项目有关的公司(如项目承建商、设备供应商、原材料供应商、产品的买主或最终用户)组成的企业集团,还可以是与项目有着间接利益关系的实体(如土地的所有者)。一般来说,项目发起方是项目公司的母公司。

2. 项目公司(Project Company)

项目公司通常是项目发起方为了项目的建设而建立的自主经营、自负盈亏的独立的经营实体,它可以是一个独立的分公司,也可以是一个合资企业(Joint Venture),或合伙制企业(Partnership),还可以是一个信托(Trusts)机构。除项目发起方投入的股本金之外,项目公司主要靠借款营建和购置资产,由于项目公司独立建账,与项目发起方的现有账目脱开,因此项目借款就不会出现在项目发起方原有的资产负债表上。

3. 资金供给者

项目的资金供给者首先是项目发起方,除了在项目总投资中占有一定比例的权益投资外,为了提高项目主要贷款者的信心,促使他们出资或放松贷款条件,还常以贷款的形式对项目提供资金。除了项目发起方,项目融资的潜在资金供给者还包括商业银行、保险公司、金融公司、各国政府出口信贷机构、国际金融机构、租赁公司、材料设备供应商、资本市场上的机构投资者和个人投资者。

除此之外,参与者还有项目产品购买人、工程承包公司、项目设备和原材料供应商、信托受托人、项目融资保证人与保险人、有关政府机构、项目融资顾问。

(二)具有项目导向性

项目导向性即以项目本身作为主体安排融资,融资以项目为基础,而较少依赖于项目发起人的信用。因此,项目融资结构的设计、融资额度的确定以及融资成本的高低都与项目的预期收益、价值直接联系在一起。

由于项目导向性,项目融资的贷款期限可以根据项目的具体情况合理安排。项目融资期限可以达到十几年或几十年,比一般商业贷款期限要更长。项目融资同时还可以获得更高的贷款比例,通常可为项目提供60%～75%的资本需求量。例如,我国广东大亚湾核电站项目,融资期限为15年,整个工程建成造价40.7亿美元,除合资方香港核电投资有限公司1亿美元融资本金外,其余部分资金均由中国银行融资所得,融资比例高达98%。

(三)项目融资基本上无追索权

从资金供给者的立场上讲,偿还借款本利的可靠资金来源,应依赖于项目本身的经济能力,而决不能指望发起项目的母公司,即如果将来项目无力偿还贷款资金,债权人只能获得项目本身的收入与资产,但对项目发起方的其他资产基本上无权染指。因此债权人须将其自身利益与项目的可行性以及潜在的不利因素对项目影响的敏感性紧密联系起来。

(四)项目融资附有各种间接保证

项目融资虽然对母公司无追索权,但现实的问题是,如果完全没有发起人涉及在内,就很难筹措到项目所需要的资金,国际上已办理过的项目融资大部分都要求与项目有关且有财务能力的某些当事人出具保证书或做出承诺,以便分散贷款方的风险。

保证书是项目融资的生命线,因为项目公司的负债率都很高,保证书可以把财务风险转移给一个或多个对项目有兴趣但又不想直接参与经营或直接提供资金的第三方。

保证人主要有两大类:业主保证人和第三方保证人。当项目公司是某个公司的子公司时,项目公司的母公司是项目建成后的业主,贷款方一般都要求母公司提供保证书。当项目公司无母公司,或母公司及发起方其他成员不想充当保证人时,可以请他们以外的第三方充当保证人。可以充当保证人的主要有五种人:材料或设备供应商、销售商、项目建成后的产品或服务的用户、承包商和对项目感兴趣的政府机构。当这些人能够直接或间接地从项目中受益时,他们就愿意充当第三方保证人。

（五）结构复杂、成本较高

与传统的融资方式比较，项目融资存在的一个主要问题是相对筹资成本较高，组织融资所需要的工作较多。项目融资涉及面广，结构复杂，需要做好大量有关风险分担、税收结构、资产抵押等一系列技术性的工作，筹资文件比一般公司融资要多出几倍，需要几十个甚至上百个法律文件才能解决问题，这就使得组织项目融资花费的时间要长一些。因此，商业银行和投资银行都会成立专门的部门来处理项目融资。

在项目融资中，由于还款来源集中于项目本身，风险较高，而且技术含量较高，因此贷款利率比普通贷款利率要高一些，同时还要收取较高的手续费。另外，项目融资的筹资文件比一般公司筹资文件要多出许多，因此包括融资顾问费、承诺费、法系费等融资前期费用也比较高，通常占用贷款金额的0.5%~2%。

（六）表外融资方式

项目融资的债务独立于项目发起人，因此，项目融资不体现在项目发起人的资产负债表中，而只是以某种说明的形式，反映在公司资产负债表的注释中。表外融资一方面降低了项目发起人的财务风险，减轻了项目失败对项目发起人的拖累；另一方面降低了项目发起人的财务杠杆，使得项目发起人可以利用有限的资金开展更多的项目，避免过度融资。

以上构成项目融资特征的各要素，如无追索权、不列入项目发起人的资产负债表、附有各种间接保证等都是一些技术性很强的要素，这些要素的产生与美国企业财务体制有很密切的关联。

美国的企业，无论是资金方面，还是人事组织等方面，与金融机构之间的关系都是独立的，特别是在依赖商业银行的程度方面，远比日本或欧洲企业低，而在证券市场里，则需按市场机制的规则行事，每个企业都得按照各自的获利能力或偿债能力，以与自己能力相称的条件及形态来筹集资金，而投资者则完全依照自己的判断，并自负破产和违约的风险来投资，因此企业必须依照一定的规则公开自己的财务，并需要有公正的第三方来评估公司债券的等级，以保障投资者的利益。

美国法律准许企业持有其他公司股份，母公司除自行经营事业之外，大多还兼有支配许多子公司的持股公司的功能。这种组织结构与财务公开制度相配合，使合并财务报表成为综合分析母公司价值的一个大前提。母子公司之间的错综复杂关系，常使两者之间的权利义务关系成为一个问题。所以在开发新项目时，以设立一个子公司来经营，使债务不列在母公司的资产负债表上的安排与这个因素有很密切的关系。

在美国，法律及契约是经济活动的基础。由于在融资活动中，常有许多债权人在频频发生企业倒闭或无力还债时，将面临债权处理问题，所以必须要有契约明确规定债权人的权利内容，以免出现混乱局面。既然无追索权是项目融资的特征之一，那就相应会有不抵触现成公司债契约及财务限制条款的间接保证或特殊契约，否则债权人将不愿融资。

三、利用项目融资的动机

企业利用项目融资的动机可分为两种类型：

第一，对已在经营的企业来说，利用项目融资，可以避免因筹集新项目所需资金而影响该公司在市场上已建立的信用和公司债券的信用等级。利用项目融资能使上述不良影响降低到最低程度。一般大规模的新投资项目，在初期阶段往往由于大量举债，使母公司的负债比率提高，获利能力降低，财务风险增加。负债比率提高将成为降低公司债券信用等级的决定性因素,如果公司债的信用等级因此而降低,母公司筹资条件将显著恶化,很可能使市场上的公募证券发行困难。因此能够采用不列入在母公司合并财务报表中的融资方式来为新项目筹资就显得意义重大。

第二,对新设立的企业来说,利用项目融资为新项目筹资是因为它没有经营业绩或现有资产作保获得其他融资来源。因为一个企业是否能从公募市场上筹集资金,要视该公司的信用状况、资产价值以及该企业的现金流等要素来判断。已建立的企业经营已有一定基础,如果进展顺利的话,只要凭该公司的信用就能筹到资金。美国优良企业的公司债,原则上都是无担保公司债,即以该发行公司的信用能力为根据。但获利能力及财务状况有问题的企业,就无法用自己的信用能力来筹集资金了,而需以财产或第三者保证作保来筹资。对新创立的企业来说,通常是既没有经营业绩又没有可供抵押的资产,唯一的根据是项目成功后可能带来的现金流的估计价值。

对于一般的公众投资者以及证券评级机构来说,新项目的风险以及高度的专门技术等是很难把握的。所以项目融资大多数要以具备专业知识的机构投资者为对象,且利用私募形式来筹资。

四、项目融资的适用范围

项目融资这种特殊的融资方式其雏形始于20世纪30年代美国油田开发事业,后来逐渐扩大范围。项目融资发展到现在,主要运用于三大类项目,即首先应用于资源开发项目,然后是基础设施建设项目,进而是制造业项目。

(一)资源开发项目

资源开发项目包括石油、天然气、煤炭、铁、铜等开采业。资源开发项目运用项目融资方式的典型是英国北海油田项目。1969—1970年,刚刚经历过经济危机的英国很不景气,为了缓解国家的衰败局面,在进行了一定的储量勘测之后,英国决定开发北海油田。当时,负责该活动的是不列颠石油公司,因为资源开发项目投资量大、投资期长、资源开发产出不确定、资源价格波动,而且往往牵涉跨国投资中的政治风险,项目成功将收益丰厚,失败则损失惨重。因此,传统融资难以适应如此复杂并且风险难以控制的项目。在国内资金不足的情况下,不列颠石油公司不愿通过股权融资方式为项目融资,担心项目失败导致自己破产。最后,大胆的美国银行通过产品支付的项目融资方式,帮助英国完成了北海油田项目,自己也获得了高额收益。

(二)基础设施建设项目

基础设施领域一般包括铁路、公路、港口、电信和能源等项目的建设。基础设施建设是项目融资应用最多的领域。其原因是:一方面,这类项目投资规模巨大,完全由政府出资有困难;另一方面,也是商业化经营的需要,只有商业化经营,才能产生收益,提高效益。在发达国家,许多基础设施建设项目因采用项目融资而取得成功。比如英法海底隧道项目中,1981年9月11日英国首相撒切尔和法国总统密特朗在伦敦举行首脑会后宣布,英法海底隧道由私人部门来出资建设和经营。1985年成立了两个组成部分:一个是TML联营体,负责施工、安装、测试和移交运行,作为总承包,另一个是欧洲隧道公司,负责运行和经营,作为业主。1986年3月英、法政府与欧洲隧道公司正式签订协议,授权该公司建设和经营欧洲隧道55年,后来延长到65年。以此特许权为基础,欧洲隧道公司进行了一系列复杂的项目融资,并于1990年12月1日正式开通运营。近年来,新兴工业化国家基础设施建设项目较多,这些项目经常采用BOT(Build-Operate-Transfer)即建设-营运-转让结构。在我国,大量的基础设施建设,也采用了项目融资的方式。

(三) 制造业项目

虽然项目融资在制造业领域有所应用,但范围比较窄。因为制造业中间产品很多,工序多,操作起来比较困难,另外,其对资金的需求也不如前两个领域那么大。在制造业,项目融资多用于工程比较单纯或在某个工程阶段中已使用特定技术的制造业项目,此外,也适用于委托加工生产的制造业项目。

(四) 房地产开发

房地产开发要求巨大的资金投入。投资规模大、投资回收期长是房地产开发的共性。房地产开发分为住宅房地产开发和商业房地产开发,前者融资难度相对较小,而商业房地产开发的风险更大,因为其收益主要来源于租金收入。

房地产开发项目融资模式根据不同情况可以采用不同的项目融贷方式。比如一般的房地产开发项目可以采用直接安排模式,即房地产开发商作为项目发起人成立项目公司,直接安排项目融资;在承包建设廉租房项目,工业设施或服务性设施时,可以通过"委托加工协议"采用"设施使用"的房地产项目融资模式;当房地产公司代某组织开发某项房地产业务(比如单位集资建房)时,可以采用"产品支付"的房地产项目融资模式。

项目融资一般适用于竞争性不强的行业,具体来讲,只有那些通过对用户收费取得收益的设施和服务,才适合采用项目融资方式。这类项目尽管建设周期长,投资量大,但收益稳定,受市场变化影响小,整体风险相对较小,对投资者有一定的吸引力。

在发展中国家,可实施项目融资的领域主要集中在基础设施项目上,一般来说,主要是公路及配套设施,港口设施,机场以及有关设施,发电、配电以及有关设施,电信设施,供水、污水处理、排水以及有关设施等。

五、项目融资的步骤

一个典型的项目融资分为投资决策、融资结构决策、融资谈判、周边协议签订和项目融资执行五个阶段,具体步骤如图 7-1 所示。

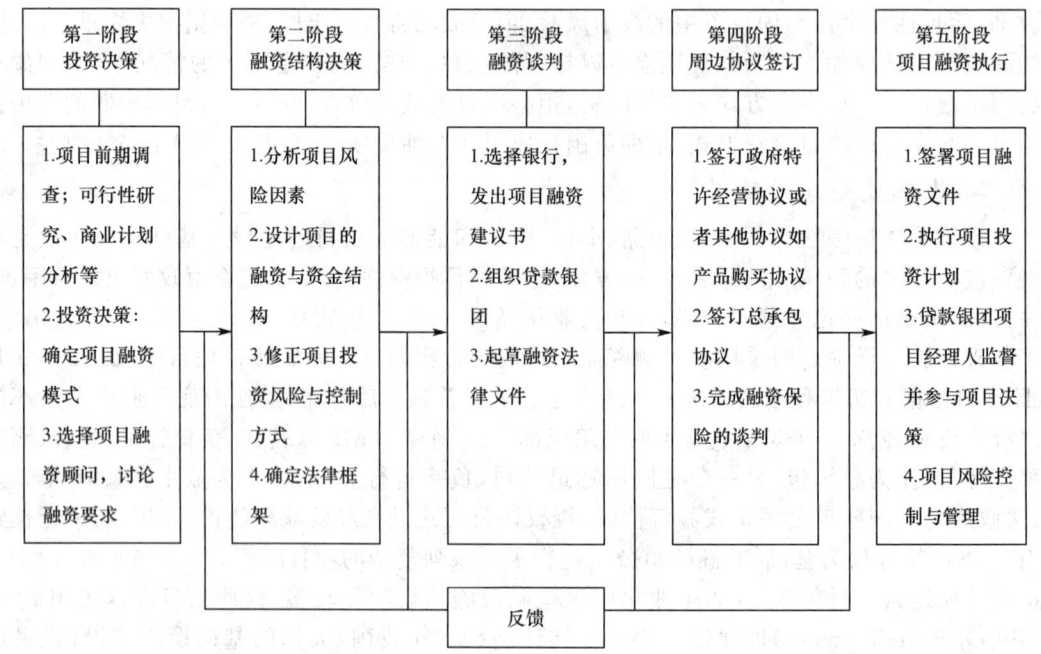

第一阶段 投资决策	第二阶段 融资结构决策	第三阶段 融资谈判	第四阶段 周边协议签订	第五阶段 项目融资执行
1.项目前期调查;可行性研究、商业计划分析等 2.投资决策:确定项目融资模式 3.选择项目融资顾问,讨论融资要求	1.分析项目风险因素 2.设计项目的融资与资金结构 3.修正项目投资风险与控制方式 4.确定法律框架	1.选择银行,发出项目融资建议书 2.组织贷款银团 3.起草融资法律文件	1.签订政府特许经营协议或者其他协议如产品购买协议 2.签订总承包协议 3.完成融资保险的谈判	1.签署项目融资文件 2.执行项目投资计划 3.贷款银团项目经理人监督并参与项目决策 4.项目风险控制与管理

反馈

图 7-1 项目融资的具体步骤

第四节 项目融资结构

项目融资由四个基本模块组成：项目的投资结构、项目的融资结构、项目的资金结构、项目的信用保障结构。投资银行在从事项目融资业务时，需要帮助项目融资主体根据实际情况确定这些基本结构，顺利实现融资目标。

一、项目的投资结构

项目的投资结构即项目的资产所有权结构，是指项目的投资者对项目资产权益的法律拥有形式，以及项目投资者之间（如果项目有超过一个以上的投资者）的法律合作关系。

投资银行在这里的主要作用在于帮助项目投资者设计合理的项目投资结构，即在项目所在国家的法律、法规、会计、税务等外在客观因素的制约条件下，充分考虑项目特点以及合资各方的发展战略、利益目标、融资方式、资金来源及其他因素，寻求一种能够最大限度地实现投资者的目标的项目投资结构。

采用不同的项目投资结构，投资者对项目资产的拥有形式、对项目产品和项目现金流的控制程度、承担的债务责任、享有的收益分配权以及涉及的税务结构等都有较大的差异，这些差异会对项目融资的整体结构设计产生很大影响。

目前，国际上项目的投资结构主要有公司制和非公司制两种形式。

（一）公司制投资结构

公司制投资结构是指项目发起人出资设立一家项目公司，以公司实体从事项目的建设和经营，拥有项目资产，控制项目的产品和现金流。项目公司可以是有限责任公司，也可以是股份有限公司。

公司制投资结构有以下几方面特点：

首先，债务责任主要被限制在项目公司中，投资者的风险只包括已投入的股本资金以及一些承诺的债务责任，有利于实现对项目发起人的有限追索。

其次，项目的管理以项目公司作为主体，投资者组成股东大会，选举董事会，决策机制完全按公司模式运作，权责清晰，有利于提高效率。

再次，项目公司统一控制项目的建设、生产和市场，可以整体地使用资产作为融资的抵押和信用保证，同时，项目公司整体控制项目产品和现金流，可以根据公司的总体资金构成和对融资安排的考虑，选择符合投资目标的现金流分配方式，即依照优先级别按顺序偿付债务。这些特点都有利于得到贷款银行的认可。

最后，公司制投资结构以项目公司作为纳税实体，税务结构简单但缺乏灵活性，不利于合理避税。

（二）非公司制投资结构

非公司制投资结构又分为契约型结构和信托基金结构。契约型结构并非一种法人实体，而是投资者之间所建立的契约性质的合作关系，投资各方依据契约共同管理项目，承担一定比例债务责任并享有相应利益；信托基金机构是各方发起人将项目资产组建为信托资产，交由信托机构进行托管，并通过发行信托凭证筹集资金。

（三）非公司制投资结构与公司制投资结构的不同之处

首先，在非公司制投资结构中，每一个投资者按约定的投资比例投入相应资金，直接拥有全部项目资产的一个不可分割的部分,直接拥有并有权处理其投资比例所代表的项目产品,每一个投资者的责任都是独立的,对其他投资者的负债不负共同的和连带的责任。

其次,通常成立项目管理委员会,对项目实施管理决策。

最后,以项目投资者作为纳税实体,税务结转灵活,有利于合理避税。

投资银行应该报据项目投资者的发展战略、利益追求、融资方式以及其他先决条件,考虑公司制结构和非公司制结构的特点,设计合理的投资结构,最大限度地满足各方对投资目标的要求。相对而言,公司制投资结构比较普遍,但是,如果投资者强调对项目资产保留独立的法律所有权,强调对项目产品和现金流的某种程度的控制,则倾向于采用非公司制投资结构。

二、项目的融资结构

项目的融资结构是指筹集项目资金的模式,是项目融资的核心部分。

(一)设计融资结构的基本原则

1. 实现有限追索

实现对项目投资者的有限追索,是设计项目融资结构的最基本的原则。实现有限追索需要两个条件:(1)在正常情况下,项目的现金流足以支持项目的债务偿还;(2)具有来自投资者之外的强有力的信用支持。

2. 合理分担项目风险

保证投资者不承担项目的全部风险是设计融资结构的第二个基本原则,这就需要在投资者、贷款银行以及其他参与者之间有效地划分项目的风险。

3. 利用项目的税务亏损来降低投资成本和融资成本

大型工程项目由于投资大、建设周期长,世界上多数国家都制定了一些鼓励政策,其中包括对企业税务亏损的结转问题给予优惠条件。投资银行应该熟练掌握相关税收优惠政策,从投资结构和融资结构两个方面,利用税务亏损来降低投资成本和融资成本。

4. 处理项目融资与市场安排之间的关系

项目融资中的市场安排涉及两方面利益:第一,长期的市场安排是实现有限追索项目融资的一个信用保证基础;第二,从投资项目中获取产品是很大一部分投资者从事投资活动的主要动机。投资者获取项目产品的价格和支付方式成为影响这两方面利益的主要因素。如果高于合理的市场价格,对投资者而言就失去了项目融资的意义;如果低于合理的市场价格,则减少了项目现金流,贷款银行会承担更大的风险。因此,融资结构应该正确处理项目融资与市场安排之间的关系,制定合理的项目产品价格及其付款方式。

(二)融资结构的几种典型模式

项目融资按融资基础可以分为:以"设施使用协议"为基础的融资模式、以"生产支付"为基础的融资模式、BOT融资模式、TOT融资模式、杠杆租赁融资模式、ABS融资模式、有限追索贷款模式等。

受篇幅限制,本节仅选取几个具有代表性的项目融资模式,并结合我国的实际案例做简要的介绍。

1. 以"生产支付"为基础的融资模式

所谓以"生产支付"为基础的融资模式,是指贷款人事先约定购买一定份额的项目产品,这部分产品的收益就是偿还债务资金的来源。这种融资模式主要运用于电力、石油、有色金属等资源类项目中。因为这种贷款是以项目公司未来的产品作为抵押的,所以贷款者往往只是参与那些预期产量比较确定,并且质量上有很好保障的项目。

河北省唐山赛德2×5万千瓦燃煤热电项目就是一个很好的例子。唐山赛德项目包括发展一个2×5万千瓦燃煤电厂,为唐山市提供电力及热水。项目公司与华北电力集团订下为期四年的购电合约,最低购电量大约为电厂生产量的64%,定下的电价已经包含发电成本和指定的回报。

2. BOT融资模式

所谓BOT融资模式(Build-Operate-Transfer),是指一种由政府参与,以"特许经营协议"为基础的融资模式。这是近十几年来被发展中国家广泛采用的一种项目融资模式。

该模式的一般过程为:由投资者(项目发起人)自行筹集资金进行项目的建设(Build);建设完成后,政府特许投资者经营一段时间(一般为10年~20年),所得收益作为投资回报(Operate),期限结束后,项目全部资产转让给所在国政府(Transfer)。

案例7-1　广东省沙角B电厂项目

一、项目背景

广东省沙角火力发电厂B处(通称为深圳沙角B电厂)1984年签署合资协议,1986年完成融资安排并动工兴建,1988年投入使用。其总装机容量70万千瓦,总投资为42亿港币,被认为是中国较早的一个有限追索的项目融资案例,也是事实上在中国第一次使用BOT融资概念兴建的基础设施项目。

二、项目融资结构

1. 投资结构

采用中外合作经营方式兴建。合资中方为深圳特区电力开发公司(A方),合资外方是一家在香港注册,专门为该项目成立的公司——合和电力(中国)有限公司(B方),合作期10年。合作期间,B方负责安排提供项目全部的外汇资金,组织项目建设,并且负责经营电厂10年(合作期)。作为回报,B方获得在扣除项目经营成本、煤炭成本和支付给A方的管理费后100%的项目收益。合作期满时,B方将深圳沙角B电厂的资产所有权和控制权无偿转让给A方,退出该项目。

2. 融资模式

深圳沙角B电厂的资金结构包括股本资金、从属性贷款和项目贷款三种形式,其具体的资金构成如下。

(1) 股本资金

股本资金/股东从属性贷款(3.0亿港币)	3 850万美元
人民币延期贷款(5 334万元)	1 670万美元

(2) 债务资金

A方的人民币贷款——从属性项目贷款(2.95亿元)	9 240万美元
固定利率日元出口信贷(4.96兆亿日元)	26 140万美元

(3) 日本进出口银行

欧洲日元贷款(105.61亿日元)	5 560万美元
欧洲贷款(5.86亿港币)	53 960万美元
资金总计	53 960万美元

根据合作协议安排,在深圳沙角B电厂项目中,除以上人民币资金之外的全部外汇资金

安排由B方负责,项目合资B方——合和电力(中国)有限公司利用项目合资A方提供的信用保证,为项目安排了一个有限追索的项目融资结构。

3.融资模式中的信用保证结构

(1)A方的电力购买协议。这是一个具有"提货与付款"性质的协议,规定A方在项目生产期间按照实现规定的价格从项目中购买一个确定的最低数量的发电量,从而排除了项目的主要市场风险。

(2)A方的煤炭供应协议。这是一个具有"供货或付款"性质的合同,规定A方负责按照一个固定的价格提供项目发电所需要的全部煤炭,这个安排实际上排除了项目的能源价格及供应风险以及大部分的生产成本超支风险。

(3)广东省国际信托投资公司为A方的电力购买协议和煤炭供应协议所提供的担保。

(4)广东省政府为上述三项安排出具支持信。虽然支持信并不具备法律的约束力,但可作为一种意向性担保,在项目融资安排中具有相当的分量。

(5)设备供应及工程承包财团所提供的"交钥匙工程"建设合约,以及为其提供担保的银行所安排的履约担保,构成了项目的完工担保,排除了项目融资贷款银团对项目完工风险的顾虑。

(6)中国人民保险公司安排的项目保险。项目保险是电站项目融资中不可缺少的一个组成部分,这种保险通常包括对出现资产损害、机械设备故障以及相应发生的损失的保险,在有些情况下也包括对项目不能按期投产情况的保险。

4.融资结构简评

(1)作为BOT模式中的建设、经营一方(在我国现阶段有较大一部分为国外投资者),必须是一个有电力工业背景,具有一定资金力量,并且能够被银行金融界所接受的公司。

(2)项目必须有一个具有法律保障的电力购买协议作为支持,这个协议需要具有"提货与付款"或者"无论提货与否均需付款"的性质,按照严格事先规定的价格从项目购买一个最低量的发电量,以保证项目可以创造足够的现金流来满足项目贷款银行的要求。

(3)项目必须有一个长期的燃料供应协议。从项目贷款银行的角度来看,如果燃料是进口的,通常会要求有关当局对外汇支付做出相应安排;如果燃料是由项目所在地政府部门或商业机构负责供应或安排,则通常会要求政府对燃料供应做出具有"供货或付款"性质的承诺。

(4)根据提供电力购买协议和燃料供应协议的机构的财务状况和背景,有时项目贷款银行会要求更高一级机构某种形式的财务担保或者意向性担保。

(5)与项目有关的基础设施的安排,包括土地、与土地相连接的公路、燃料传输及贮存系统、水资源供应、电网系统的联结等一系列与项目开发密切相关的问题的处理及其责任,必须在项目文件中做出明确的规定。

(6)与项目有关的政府批准,包括有关外汇资金、外汇利润汇出、汇率风险等问题,必须在动工前,得到批准并做出相应的安排,否则很难吸引银行加入项目融资的贷款银团行列。

3.杠杆租赁融资模式

杠杆租赁融资模式是一种以杠杆租赁合同为基础的融资模式,其过程一般为希望获得工厂或大型专用设备的一方(承租人)成立一家特设项目公司(有限责任公司或股份有限公司),以该公司作为租赁公司,由承租人与租赁公司签订租赁工厂或设备的合同,租金由一家或几家银行作担保,租赁公司负责建造或购买工厂或设备,交由使用方使用。租赁合同期满,租赁公司将该工厂或设备出售给承租人。特设项目公司(租赁公司)以租赁合同为基础向银行借取贷款,筹集建设工厂或设备所需要的项目资金。

4. ABS 融资模式

这是一种新型的融资模式,起源于 20 世纪 70 年代,目前在美国等金融业发达的国家取得了相当大的成功,已经成为项目融资的一种发展趋势。

所谓 ABS(Asset Backed Securitization),中文就是"资产证券化"。ABS 模式,具体说就是以目标项目的资产作为基础,以未来的收益作为保障,通过向证券市场发行债券的方式筹集资金。例如,截至 2009 年 12 月 31 日,三峡总公司的投资总额为 1 894 亿元,通过资本市场发行债券融资总额为 731.29 亿元。

资产证券化业务也是投资银行一项重要的创新业务。关于它的详细介绍,读者可以参阅本书第九章。

三、项目的资金结构

项目的资金结构是指项目总投资中股本资金和债务资金的形式选择及其比例构成。在项目的投资结构和融资模式初步确定的基础上,如何安排项目资金的来源及其构成比例就成为项目融资结构整体设计工作中的另一个关键环节。

(一)项目融资的资金来源

项目融资的资金可以由三个部分构成:股本资金、准股本资金和债务资金。

1. 股本资金

股本资金是指项目公司的股本金,包括普通股和优先股,是项目发起人以股本方式投入项目的资金。

在项目融资中,贷款银行通常要求发起人投入一定比例的股本资金,其作用可以归纳为以下三个方面:

(1)提高项目的风险承受能力。项目预期的现金流(在偿还债务之前)在某种意义上讲是固定的,它们将用于支付项目的生产成本、管理费用、资本支出,并按计划偿还债务。毫无疑问,项目中股本资金投入比例提高,则债务资金比例相对降低,偿还债务所需要的现金流减少,贷款银行面临的潜在风险降低;反之,项目中股本资金投入比例降低,则贷款银行面临的潜在风险提高。

(2)将项目发起人的利益与项目前景密切联系。投资者对项目管理和前途的关心程度与其在项目中投入资金的多少成正比,而项目的现金流是偿还银行贷款的主要资金来源。贷款银行希望项目发起人能够尽最大努力管理项目,因而要求发起人投入一定比例的股本资金。

(3)投资者在项目中的股本资金代表着投资者对项目的承诺和对项目未来发展前景的信心,可以对组织融资起到很好的心理鼓励作用。

2. 准股本资金

准股本资金是指项目发起人或者与项目利益有关的第三方所提供的从属性债务(或称次级债务)。

准股本资金的常见形式有无担保贷款、次级债券和可转换债券等。

（1）无担保贷款是一种最简单的信用贷款，在形式上与商业贷款相似，但它没有任何项目资产作为抵押和担保，本息的偿还顺序列于其他贷款之后或带有一定附加限制条件。

（2）次级债券或称从属性债券，没有资产抵押或担保，其本息的偿还顺序列于其他债券（或称高级债券）之后或带有一定附加限制条件。在项目出现违约时，项目资产和抵押、担保权益的分割将严格按照债务序列进行，只有在高级债券获得赔偿后，从属性债权人才有权获得补偿。

（3）可转换债券是从属性债券的一种形式，其持有人有权在一段特定时期内按照规定的价格转换为项目公司的普通股。

准股本资金可以采取与股本资金和债务资金平行的形式进入项目，也可以采取承诺的准备金形式，用于支付项目建设成本超支、生产费用超支或用于按期偿付其他债务的本息。由于其本息的偿还顺序列于其他债务之后或带有一定附加限制条件，所以形成了对其他债务的保护。

3. 债务资金

债务资金是项目投资最主要的资金来源，如何安排债务资金是解决项目资金结构问题的核心。

从资金渠道来看，债务资金可以来源于境内资金市场和境外资金市场。其中，境外资金市场又可以分为外国资金市场、离岸资金市场以及外国政府的出口信贷银行、国际性金融组织（世界银行、亚洲开发银行等）；从金融工具来看，债务资金可以包括商业银行贷款、辛迪加银团贷款、中长期高级债券、商业票据等；从期限结构来看，债务资金包括中长期债务和短期债务，通常以中长期债务为主，短期债务（流动资金贷款、商业票据等）应该设计合理展期；从利率结构来看，债务资金可以采取固定利率、浮动利率和浮动与固定利率相结合三种方式，其中比较普遍的是浮动利率方式，即以 LIBOR 为基础，根据项目风险程度和市场资金供求状况等因素，加上一定的百分点。

（二）项目资金结构的决定因素

项目的资金结构影响项目参与方分担风险、享有权利以及对权利的保障程度，因此，它对项目发起人和贷款银行都具有十分重要的意义。设计合理的项目资金结构一般需要考虑以下几方面因素：

1. 项目的总资金需求

准确地制订项目的资金使用计划，确保满足项目的总资金需求量，这是一切项目融资工作的目标。新建项目的资金预算应由三部分组成：项目资本投资（包括土地、基础设施、厂房、机器设备、工程设计和工程建设等费用），投资费用超支准备金，即不可预见费用（一般为项目总投资的 10%～30%），项目流动资金。

2. 项目的预期现金流收入

项目的预期现金流是偿付项目投资资金的唯一来源，各种类型的资金会对项目预期现金流的分配时间、分配数量和分配顺序做出不同的要求，因此，项目融资安排必须以项目的预期现金流为基础。项目资金结构的设计者不仅要准确预测未来现金流的总量,而且要预测现金流在各个阶段的分布状况。

3. 资金使用期限

设计项目资金结构的核心问题是使项目预期收入现金流与债务偿付支出相互匹配,这就需要把握各类资金的使用期限及偿付方式。原则上,股本资金是项目中使用期限最长的资金,其回收只能依靠项目的投资收益,而债务资金都具有固定期限,形成特定的偿债压力。如果能针对具体项目的现金流的特点,根据不同项目阶段的资金需求采用不同融资手段,安排不同期限的贷款,就可以起到优化项目债务结构、降低项目债务风险的作用。例如,利用短期贷款为项目安排长期资金的做法是不经济的,应该根据项目的经济生命周期和项目现金流状况安排必要的长期贷款;然而,如果采用票据发行便利等措施,则可以通过票据的循环发行实现长期债务的短期化。同样,对流动资金的安排也可以采取银行贷款承诺、银行循环信贷额度、银行透支等方式,使贷款的借取和偿还比较灵活。

4. 资金成本

股本资金成本是一种相对意义上的成本概念,也被称为"机会成本";债务资金成本是一种绝对的成本,就是项目贷款的利息成本。项目债务资金的利率风险是项目融资的主要风险之一。项目融资可以选用固定利率、浮动利率或者两种的结合,但各有利弊。

5. 利息预提税

预提税(Withholding Tax)是一个主权国家对外国资金的一种管理方式,可分为红利预提税(Dividend Withholding)和利息预提税(Interest Withholding Tax)。

其中,利息预提税的应用最为广泛。利息预提税通常为贷款利息的10%~30%,一般由借款人缴纳,在借款人向境外贷款银行支付利息时,从所付利息总额中扣减,但是,境外贷款人一般要求所获取的利息收入不受到或尽可能少地受到利息预提税的影响,利息预提税成本最终将以不同形式转嫁到借款人身上。因此,项目的资金结构应注意回避利息预提税。

国际金融界存在一些比较成熟和常用的合法减免利息预提税的做法,具体包括:(1)根据两国之间避免双重征税条约选择贷款银行。有些国家之间签订了避免双重征税条约,借款人向缔约国的金融机构借款,可以避免征收利息预提税。(2)采用不需要支付利息预提税的融资方法,或将境外融资转化为境内融资。例如,按照一些国家的法律,如果外汇债务不是来自境外的银行或其他金融机构,而是来自"公众"(如通过发行欧洲债券、欧洲期票、美国商业票据等),则其利息可以不缴纳利息预提税。此外,有些国家的法律规定,本国银行向外国银行支付利息时也不需要缴纳利息预提税。在这种情况下,借款人可以通过本国银行安排境外贷款,就可以将境外融资转化为境内融资,免缴利息预提税,降低融资成本。

四、项目的信用保障结构

(一)项目融资的潜在风险

项目融资包含着诸多潜在风险,按其表现形式可以分为:信用风险、完工风险、生产风险、市场风险、金融风险、政治风险、环境保护风险。

1. 信用风险

有限追索的项目融资是依靠有效的信用保证结构支撑的,各个保证结构的参与者能否按照法律条文在需要时履行其职责,提供其应承担的信用保证,就是项目的信用风险。这一风险贯穿于整个项目各个过程之中。

2. 完工风险

这是项目融资的核心风险之一,主要是指项目建设延期、项目建设成本超支、项目迟迟达不到规定的技术经济指标,甚至在极端情况下,项目被迫停工、放弃。

3. 生产风险

项目的生产风险是在项目试生产阶段和生产运行阶段存在的技术、资源储量、能源和原材料供应、生产经营、劳动力状况等风险因素的总称,是项目融资的另一个核心风险。生产风险可以进一步分解为技术风险、资源风险、能源和原材料供应风险、经营管理风险。其中,技术风险是指生产技术不完善给项目建设带来损失的可能性,贷款银行为避免技术风险,通常选择经市场检验成熟的生产技术项目;资源风险是指因依赖某种自然资源而给生产项目带来损失的可能性;能源和原材料供应风险是指由于能源和原材料供应可靠性和价格波动给项目带来损失的可能性;经营管理风险主要来自投资者对于所开发项目的经营管理能力,而这种能力是决定项目的质量控制、成本控制和生产效率的一个重要因素。

4. 市场风险

项目产品的价格和市场销售量是影响项目预期现金流的两大重要因素,项目产品的价格和市场销售量变动给项目带来的影响称为市场风险。

5. 金融风险

金融风险主要表现为利率风险和汇率风险两个主要方面,换言之,金融风险就是指利率和汇率波动给项目融资带来的影响。

6. 政治风险

投资者与所投项目不在同一个国家或贷款银行与贷款项目不在同一国家,都有可能面临由于项目所在国家的政治条件发生变化而导致项目失败、项目信用结构改变、项目债务偿还能力改变等风险,这类风险统称为项目的政治风险。政治风险可分成两类:(1)国家风险,即项目所在国政府由于某种政治原因或外交政策上的原因,对项目实行征用、没收,或者对项目产品实行禁运、联合抵制,中止债务偿还的潜在可能性;(2)国家政治、经济、法律稳定性风险,即项目所在国在外汇管理、法律制度、税收、劳资制度、劳资关系、环境保护、资源主权等与项目有关的敏感性问题方面的立法是否健全,管理是否完善,是否经常变动。

7. 环境保护风险

鉴于在项目融资中,投资者对项目的技术条件和生产条件比贷款银行更了解,所以一般环境保护风险由投资者承担。环境保护费用包括:对所造成的环境污染的罚款,改正错误所需的资本投入,环境评价费用、保护费用以及其他的一些成本。

(二)项目融资的信用保障

风险是客观存在的,为了筹建债务资金,项目发起人必须提供信用保障,尽力提高债务资金的安全性。对贷款银行和其他债权人而言,项目融资安全性来自两个方面:项目自身的现金流和各种直接或间接的担保。这些担保可以由项目发起人提供,也可以由第三方提供;可以是直接的财务保证(如完工担保、成本超支担保、不可预见费用担保等),也可以是间接的或非财务担保(如技术服务协议、能源长期供应协议、原材料长期供应协议、项目产品长期购买协议等)。项目的信用保障结构是指各种担保形式的总和。

1. 项目担保人

项目担保人主要包括:项目发起人、与项目利益有关的第三方参与者以及商业担保人。

(1)项目发起人

项目发起人作为担保人是项目融资结构中最常见的一种形式。

(2)与项目利益有关的第三方参与者

第三方参与者是指在项目发起人之外与项目开发有直接或间接利益关系的机构。第三方参与者大致分为以下几种类型:

①政府机构。政府机构为项目融资提供担保极为普遍,尤其是在发展中国家的大型项目建设中,政府的介入可以减少政治风险和经济政策风险,因而具有重要意义。

②与政策开发有直接利益关系的商业机构。这些机构主要是指工程公司、项目设备或主要原材料的供应商、项目产品(设施)的用户,它们通过为项目融资提供担保而换取自己的长期商业利益。

③世界银行、地区开发银行等国际性金融机构。这类机构虽然与项目开发并没有直接的利益关系,但是它们承担着促进发展中国家经济建设的职能,对于一些重要的项目,可以寻求这类机构的贷款担保。

(3)商业担保人

商业担保人是以提供担保作为一种赢利的手段,承担项目的风险并收取担保服务费用的机构,这种担保人一般为各种类型的保险公司。

2. 项目担保的类型

项目担保可以分为物权担保和信用担保。物权担保的常见方式是担保人将动产或不动产抵押给债权人;信用担保是担保人以法律协议的形式做出的承诺,依据这种承诺向债权人承担一定的义务。信用担保又分为直接担保、间接担保、或有担保、意向性担保。

(1)直接担保

直接担保是最普通的担保方式。项目融资中的直接担保通常承担有限责任,即对担保金额或有效时间加以限制。例如,用于担保支付项目成本超支的资金缺额担保通常事先规定最大担保金额,当项目建设成本超支时,担保人的最大经济责任以担保金额为限;完工担保则在时间上有所限制,即在一定的时间范围内,项目完工担保人对贷款银行承担全面追索的经济责任。

(2)间接担保

项目融资中的间接担保是指担保人以商业合同和政府特许权协议等形式为项目提供的财务支持。常见的间接担保是以"无论提货与否均需付款"概念为基础发展起来的一系列合同形式,包括"提货与付款"合同、"供货与付款"合同、"无论使用服务与否均需付款"合同等。这类合同为项目产品提供了稳定市场,保证了项目的稳定收入,从而保证了贷款银行的基本利益。

(3)或有担保

或有担保是针对一些不可抗力或不可预测因素所造成项目损失的风险所提供的担保。按其担保的风险的性质,可以划分成三种基本类型:第一类主要针对由于不可抗力因素造成的风险,如地震、火灾等;第二类主要针对项目的政治风险;第三类主要针对与项目融资结构特性有关的项目环境风险。例如,在以税务结构为基础建立起来的杠杆租赁融资模式中,贷款银行很大一部分收益来自项目的税收优惠政策,如果政府对税收政策做出不利于杠杆租赁结构的调整,将会损害贷款银行的利益,甚至损害项目融资结构的基础。

(4)意向性担保

严格地说,意向性担保不是一种真正的担保,因其不具备法律意义上的约束力,仅仅表现为担保人有可能对项目提供一定支持的意愿。经常采用的形式是支持信。支持信也称安慰函,通常由项目公司的控股公司或项目所在地政府机构写给贷款银行,表达它对项目公司以及项目融资的支持。它起到的担保作用在本质上是由提供该信的机构向贷款银行做出的一种承诺,保证向项目公司施加影响以确保后者履行其对于贷款银行的债务责任。

本章小结 >>>

1.资产管理业务是投资银行(包括其他资产管理机构)集合投资者资金,利用自己的专业团队和专业知识的优势,帮助客户掌控风险,获取最大收益,并以此获取管理费的业务。

2.资产管理业务特点包括:体现委托代理关系、采用个性化管理、受托资产具有多样性、投资者承担投资风险、与其他业务紧密联系、采取定向化信息披露、风险控制主要体现在资金流向的控制和价格波动预警指标的设计上。

3.资产管理与投资基金的区别在于:客户群体定位不同、服务方式不同、投资决策目标不同、委托方式不同、参与管理程度不同、风险收益特征不同、信息披露和投资限制不同等。

4.资产管理业务的类型包括:定向资产管理业务、集合资产管理业务和专项资产管理业务。

5.资产管理业务的模式有三种:一是投资银行通过下设的资产管理部直接从事资产管理业务;二是投资银行(或与其他专业性的投资机构共同)设立独立的资产管理公司来从事资产管理业务;三是投资银行通过设立私募基金来从事资产管理业务。

6.资产管理业务与投资银行其他业务的关系密切。

7.证券公司要从事资产管理业务必须取得相应的资格。

8.资产管理业务的操作程序如下:首先审查客户申请,其次签订资产委托管理协议,再次管理运作,最后返还本金及收益。

9.资产管理业务的投资目标和投资策略多种多样,可以满足客户不同的需求。

10.项目融资是为项目公司融资,它是一种利用项目未来的现金流作为担保条件的无追索权或有限追索权的融资方式。项目融资的核心是归还贷款的资金来自项目本身,而不是其他来源,这是项目融资与一般贷款最大的区别。

11. 项目融资的特点如下:多方参与、具有项目导向性、项目融资基本上无追索权、表外融资方式、结构复杂及成本较高、项目融资附有各种间接保证。

12. 项目融资的适用范围包括:资源开发项目、基础设施建设、制造业项目、房地产开发。

13. 项目的投资结构有公司制投资结构和非公司制投资结构两种。

14. 项目融资的资金可以由三个部分构成:股本资金、准股本资金和债务资金。

15. 设计合理的项目资金结构需要考虑很多因素。

16. 项目融资包含着众多潜在风险,按其表现形式可以划分为:信用风险、完工风险、生产风险、市场风险、金融风险、政治风险、环境保护风险。

17. 项目担保人主要包括:项目发起人、与项目利益有关的第三方参与者以及商业担保人。

18. 项目担保可以分为物权担保和信用担保。信用担保又分为直接担保、间接担保、或有担保、意向性担保。

思考题 >>>

1. 什么是资产管理业务?
2. 资产管理业务有哪些特点?与投资基金有何区别?
3. 资产管理业务的类型有哪些?资产管理业务的模式有哪些?
4. 资产管理业务与其他业务有何关系?
5. 资产管理业务的投资目标有哪些?投资策略又有哪些?
6. 项目融资的概念是什么?其特点有哪些?
7. 项目融资的适用范围有哪些?
8. 项目融资的资金由几部分构成?
9. 项目融资包括什么风险?
10. 设计合理的项目资金结构需要考虑哪些因素?
11. 简述各类项目担保。

第八章

私募股权与风险投资

案例导入 >>>

1983年的一个夏日,彼得森坐在他的办公室里陷入了沉思。

作为成立于1850年的老牌投资银行——雷曼兄弟公司的董事会主席,他已经在这个位子上坐了差不多十年。1973年,彼得森刚刚结束了为期一年的美国商务部长生涯,受邀来到雷曼兄弟公司。从1969年罗伯特·雷曼去世以后,公司就陷入了一场权力争夺战。作为一个外人,彼得森以他过人的才能凝聚了涣散的公司,让陷于瘫痪的公司业务重新有了起色。十年来,在彼得森的精心运作下,公司先后并购 Abraham&Co 公司和科恩·娄布公司,并重组成雷曼兄弟·科恩·娄布公司。一时间,公司人才济济,业务繁荣。到了1983年,公司拥有资本2.5亿美元,与高盛、美林、摩根士丹利在华尔街上并驾齐驱。但是,随着公司业务的好转,被掩盖的权力归属问题再度成为热点。公司的第二号人物格拉克斯曼和他的支持者开始向彼得森发难,新一轮的权力斗争在所难免。公司不能再度分裂,团结才能继续发展。于是,彼得森做出了一个决定:辞职!

58岁的彼得森失去了在雷曼兄弟公司的职务,赋闲在家。与此同时,他的得力部下,37岁的施瓦茨曼也追随他的老上司一道辞职。格拉克斯曼如愿以偿地取得了公司的最高权力,但由于经营不善,1984年4月,公司被希尔森——美国运通收购。直到十年之后,雷曼兄弟公司才在当年那个不起眼的交易员——理查德·福禄德的领导下,恢复独立并逐步寻回昔日荣光。

但是,彼得森和施瓦茨曼已经无暇顾及老东家的不幸遭遇。因为他们正在为今后的事业做一个艰苦的决定——效法KKR,建立一家私募股权投资基金。施瓦茨曼(Schwarzman)是德裔美国人,在德文中 Schwarz 是黑色的意思;彼得森(Peterson)的父母是希腊移民,在希腊语中 Peter 有石头的意思。于是,他们给自己的公司起了一个寓意深刻的名字 Blackstone(黑石)。1985年,百仕通集团(Blackstone Group)正式成立。不过,这个集团却只有四个人——彼得森、施瓦茨曼和两个助手,最初的资金也只有40万美元。

20世纪80年代,专业的并购公司刚刚出现不久。通过发行垃圾债券筹资,恶意并购企业是当时的通行做法。靠这种手法,KKR发了大财。但是,彼得森和施瓦茨曼知道,虽然在投资银行界,彼得森可谓德高望重,施瓦茨曼也不是默默无闻之辈。但是,要做企业并购的生意,光有名声是不够的,交易需要真金白银,资金才是最重要的。40万美元的资金连支付并购中的费用都不够:吸引投资最重要,没有资金,就没有希望。

吸引资金的尝试最初让人绝望。按照施瓦茨曼事后的描述,他们认为最有希望提供资金的19个客户全部拒绝向百仕通集团提供资金,随后走访的488个潜在的投资者中也没有人愿意向百仕通集团投资。据说,有一次彼得森和施瓦茨曼试图从一家养老基金获得投资,但对方表示根本不认可他们,于是,两人只好颓然地冒雨离开。

资金的缺乏导致百仕通集团最早无法进行独立的并购业务。公司最初的收入来自一些金融咨询业务。由于彼得森在20世纪50年代担任过索尼公司的董事,和盛田昭夫私交甚好,百仕通集团争取到了它的第一笔并购业务:代表索尼公司收购哥伦比亚唱片公司。

1987年10月16日是有名的"黑色星期一",股价大跌让很多企业的财务报告非常难看。但这一年,对于百仕通集团却是一个充满好运的年份。在这一年,施瓦茨曼从保诚保险公司获得1亿美元的投资。而且幸运的是,这笔投资在黑色星期一前退出了证券市场。当年的投资回报率高达24%。随后,包括大都会人寿、通用电器公司、日兴证券以及通用汽车公司的退休基金在内的32家企业向百仕通集团发起的私募股权投资基金进行了投资。资金充裕的百仕通集团随即向诸多行业发起了大规模收购。2007年6月底,百仕通集团管理着五个独立私募股权投资基金,管理的资产总额高达918亿美元。这些基金投资了113家企业,交易总额在2 000亿美元以上。2006年全年,百仕通集团的770名员工共创造了22亿美元的利润,平均每人创造了295万美元的利润(投资银行行业业绩最好的高盛,人均利润是36万美元)。

2007年6月22日,百仕通集团上市后,施瓦茨曼套现4.492亿美元,保留的股权价值78亿美元;彼得森套现18.8亿美元,保留的股权价值13亿美元。

用时22年,两人40万美元的投资成长为114.292亿美元,升值了28 573倍。私募股权的财富效应,不容小觑。

第一节 私募股权概述

私募股权(Private Equity,PE)并不是一个刚刚才出现的概念。2007年3月在美国纽约证券交易所上市的百仕通集团(Blackstone Group L.P.)从20年前就开始从事PE业务,而且显然,它还不是最早的一家。如果我们翻翻历史就不难发现很多很像私募股权基金的案例,比如说,葡萄牙王室对哥伦布的投资,或者伊丽莎白一世女王对海盗的投资。

现代意义上的私募股权投资是兴起于20世纪中期的美国。1946年成立的ARD可以算是最早的一个有现代组织形式的创业投资公司。随后,1958年美国通过了《中小企业投资公司法案》,允许银行和银行控股公司投资于合格的小型企业,开启了正规化的创业资本投资。到20世纪70年代,美国的税务以及其他规定的变化使美国的退休基金开始逐步涉足私募股权投资领域。20世纪80年代,美国资本市场上高收益债券融资的巨大发展更进一步地促进了美国私募股权基金的发展,而同一时期,欧洲的私募股权基金也开始从创业投资行业逐步发展起来。

私募股权投资从事的是一种独特的金融业务。如果把所有的金融业务按照私募融资、公募融资和股权融资、债权融资两个维度进行划分,那么,私募股权基金在整个金融行业中的地位,如图8-1所示。

私募股权投资是指投资于非上市股权,或者上市公司非公开交易股权的一种投资方式。从投资方式角度看,私募股权投资是指通过私募形式对私有企业,即非上市企业进行的权益性投资,在交易实施过程中附带考虑了将来的退出机制,即通过上市、并购或管理层回购等方式,出售持股获利。从概念中可知PE和传统的金融市场业务完全不同。由于是股权融资,PE会

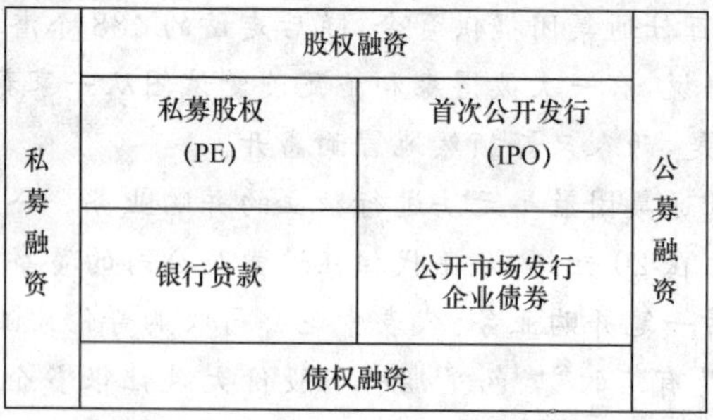

	股权融资	
私募融资	私募股权 (PE)	首次公开发行 (IPO)	公募融资
	银行贷款	公开市场发行 企业债券	
	债权融资	

图 8-1 私募股权基金在整个金融行业中的地位

要求在目标企业中控制相当比例的股权,并且往往要求在目标企业的董事会中占有一个席位或者向目标企业派出 CFO。由于是私募融资,所以 PE 更灵活,更迅速也更有针对性。当 PE 投资一家企业时,它会把自己当成目标企业的所有人。在 PE 的投资实践中,资金筹集—投资—经营管理—从资本市场上退出,是一个连续的过程。从资金到产出,变潜力为实际收益,PE 就像是整个金融行业的一个缩影,反映了整个金融行业对于实体生产领域的具体作用。

一、私募股权的投资范围

(一)创业投资业务

最初的 PE 规模都比较小,主要做的是创业投资业务。现在,那些规模比较小的 PE 仍然保持了这一传统。经营这种业务的 PE 通常也被叫作风险资本(Venture Capital,VC)或者创业投资,有些人根据投资对象和操作手法的差别认为 VC 并不是 PE,也是有道理的。

PE 的创业投资业务针对的是种子期的企业。在这个时期,企业通常只有一个创业计划和一个团队,所以还算不上一个成型的企业。如果是银行这样的金融机构,除非有抵押,否则根本不会考虑向这样的企业提供资金。PE 因为属于股权融资,并不需要抵押,投资风险会非常大。到目前为止,PE 为什么会向种子期的企业提供股权融资,仍然是理论界的一个难解之谜。PE 的创业投资业务成功的概率也非常小,能赚钱的项目不到十分之一。为了保证投资的回收,PE 的创业投资业务有时候通过购买企业提供的可转换债券向企业注入资金。当项目失败时,有些 PE 会从创业者那里获得专利技术作为补偿。

由于投资经常会失败,PE 对于创业投资业务投入的注意力会比较少。很多投资属于"投资后不管"的模式。有人做过计算,平均来看,一个从事创业投资业务的投资者,一个星期内能用于一家企业的时间不会超过两个小时。

看起来这种业务能持续下去的唯一理由是能赚钱的十分之一的项目获利丰厚,足以弥补其他项目的损失。经营良好的 PE 在这种业务上往往可以获得 30% 以上的年收益率。

(二)提供发展基金

PE 也会通过参股或者购买某些企业,为企业的发展提供资金支持。从事这种业务的 PE 所投资的对象,通常是具有一定规模和影响力的企业。这样的企业并不一定缺乏融资渠道,但通常是在经营方面陷入了困境。此时,PE 为企业带来的就不仅仅是资金,也为企业带来了有效的管理和丰富的人脉资源。

通常这种业务是在企业的要求下,在一种温情脉脉的气氛中和平地完成。但有的时候则可能来自 PE 的强行收购。不管 PE 是在邀请下进入企业还是强行进入企业,只要 PE 对自己的目标公司花些心思,PE 的管理经验与广泛人脉和目标公司的生产能力就会创造出惊人的财富。

案例8-1 凯雷集团的防务生意

通常作为一家PE,把总部设在纽约总是一个好的选择。纽约对PE们意味着便利的信息渠道和丰富的商业人脉,这对于一家成功的PE至关重要。不过,凯雷集团的总部却设在华盛顿。从建立之初,凯雷集团就显示出了不同于其他同行的业务取向。

当百仕通集团从保诚保险公司获得第一笔1亿美元的投资后不久,凯雷集团正式成立。公司最初利用一个1984年修正的税收法案中的一个特别条款,通过出售减税指标赚了几百万美元。但直到1989年1月,卡卢奇加入后,凯雷集团才找到了自己的发展方向——经营防务生意。

凯雷集团主要的防务生意有:BMD国际咨询公司(1990年购得)、维纳尔公司(1992年购得)、联合防务公司(1997年购得)、LSI公司(1997年购得)、EG&G公司(1998年购得)、沃特飞机工业公司(2007年购得)。业务涉及防务咨询、军事训练、后勤补给、武器设计以及飞机、大炮、装甲车等军火的生产与销售。

就当时的情形看,凯雷集团并没有出售这些生意的意向,相反,为了提升这些生意的绩效,凯雷集团使出了浑身解数。卡卢奇本人曾经担任老布什政府的国防部长,在五角大楼有着丰富的人脉关系。拉姆斯菲尔德和鲍威尔都和卡卢奇本人私交甚密。有的媒体尖锐地指出"在防务行业,卡卢奇就代表着业务"。从一些公开的文件能够看出,凯雷集团的合伙人们与华盛顿上层人物以及不安定地区的军事领导人有着广泛而频繁的接触。

凯雷集团的这些努力,为凯雷旗下的防务公司带来了真实的利益。联合防务公司开发的一种名为"十字军战士"的重型火炮最终没有获得国防部的认可,但通过凯雷集团的努力,国防部立即委托联合防务公司进行一种新型火炮的研究,从而避免了公司股票的下跌。在持有联邦数据公司的五年中,凯雷集团成功地把销售收入从1.4亿美元提高到5.38亿美元。后来转卖给诺斯罗普公司的售价是3.02亿美元,而1995年的收购价不到1亿美元。

(三)并购基金

企业并购最初并不是PE的主要业务。因为最初的PE规模都不大,创投业务的资金还出得起,但是做并购就力有未逮了。好在米尔肯发明了垃圾债券融资的方法。这虽然给米尔肯在20世纪90年代初带来了巨额的罚款,但却给PE提供了一个绝好的融资手段。在"高收益"债券(因为垃圾债券的信用评级低,所以要通过高收益来吸引投资者)的幌子下,PE几乎可以筹集到任意数量的资金去发起令人震惊的收购。

现代PE最重要的业务就是并购业务。PE收购企业以后,通常会对原有资产进行重组,卖掉一些用不着的,买入一些需要的。如果PE能够成功地提高企业的价值,就会有可观的回报。不过,这是一个艰难的过程。有资料显示,PE八成的失败都来自收购后资产重组的失败。由于要进行资产重组,所以PE必须能控制企业,所以,在并购业务中,PE需要谋求具有控制性的股权。

大多数并购基金喜欢做未上市公司的Pre-IPO,通过注入资金帮助企业上市,PE可以快进快出,获取高额收益。

案例8-2 中国并购市场的"快钱"

中国的并购市场还处于起步阶段,存在着大量的市场机会。PE通过对上市企业的股权进行投资,扶持待上市企业上市,PE持有的股份就可以通过二级市场的放大效应,为PE在短时间内带来大笔收益。

2005年9月29日,联想旗下的弘毅投资向先声药业投资2.1亿元,收购了先声药业31%

的股权。2007年4月21日,先声药业在纽约证券交易所成功发行1 250万份ADS,筹资1.7亿美元,弘毅的股份价值约6.77亿元。短短一年零七个月,增值了2倍多。

2007年1月4日,渣打银行联合摩根士丹利、美林,向中远地产投资3 500万美元,收购了中远地产30%的股份。并计划2007年第三季度在香港上市,预计筹资30亿~40亿港元。三个投资者持有的股权预计价值为1.2亿美元。投资9个月,预计增值2.4倍。

2006年10月8日,美林旗下两只PE共向同济堂药业投资1 550万美元,收购了同济堂药业9.9%的股份。2007年3月16日,同济堂药业在纽约证券交易所发行986.5万股ADS,筹资9 865万美元,美林旗下两只PE的股权价值约在1.57亿美元。短短5个月,增值了9倍多。

这样的获利机会,任何人都会心动。但由于当时我国PE发展比较滞后,大量的投资机会都被外资PE占有,实在是令人遗憾。

(四)其他业务

理论上,PE对业务没有严格的规定,通常是什么业务赚钱就做什么,即使募集的资金用来炒股票,也不见得有多不应该。很多业务最初都不存在,但随着时间的推移,新的业务也在不断产生。比如有的PE专门投资于其他PE,成为PE行业中的"基金中的基金"。也有的基金向对冲基金做了投资。在美国,大部分PE近年来主要从事的业务就是通过对上市公司的要约收购,控制75%以上的股权,从而使公司退市。

二、私募股权的经济价值

(一)专业化的投资团队:潜在价值的发现者

经济学的价值在于通过对资产的配置实现利益的最大化。由于资源有限,人们只能把资源投入最能带来价值的地方。投资工作并没有想象中那么轻松,由于认识有限,人们并不一定能够识别那些收益高的投资项目。

在市场条件下,投资水平的好坏实际上被简化成了投资收益的高低。对于投资者而言,他们手中的资金就是他们的资源,而投资的收益率就是他们水平的反映。高的收益率证明了这些投资者的投资水平,他们也就容易吸收到更多的资金。那些收益率低的投资者就会逐渐被市场淘汰。他们需要从LP手中获得资金,并通过投资实现回报。因此,一家PE为了在市场上生存,就必然要通过不断的努力来改善它的投资业绩。在不断地优胜劣汰中,经营良好的PE就会形成一个专业化的投资团队,并且形成一整套良好的经营理念。

PE最主要的利润来源是其投资企业绩效的改善。这种改善和PE的专业素质是分不开的。很多PE都在企业经营方面有着独到的见解,也往往能给其投资的企业带来更为合理的企业战略和更为有效的企业管理。这种改善企业经营的专业能力不容小觑。由于PE独特的盈利方式,PE实际上在某种程度上起到了"企业保健医生"的作用。曾经有人评论为什么"9·11"会对美国经济造成那么大的影响,其中的一个原因就是大楼中大量从事类似PE工作的遇难者无法迅速得到补充。

案例8-3 巴菲特的"能力"

巴菲特在投资后,很少干预其投资企业的经营。但当他的投资受到威胁,他就会挺身而出,保护自己的投资。巴菲特在所罗门兄弟公司危机时的表现,体现了他惊人的能力。

1991年6月,美国证监会就所罗门兄弟公司负责联邦债券承销业务的经理人员冒用客户名义进行联邦债券申购的问题进行调查,到了8月份,市场上开始出现对所罗门兄弟公司的不利传言,迫于公众压力,所罗门公司总经理引咎辞职。公司信用受损,业务一落千丈。

巴菲特当时是所罗门兄弟公司最大的股东,拥有公司7亿美元的优先股。当他意识到危机已经不可避免的时候,他从家乡奥马哈赶赴纽约,出任所罗门兄弟公司的总裁。

在整个危机中,巴菲特显示了卓越的领导能力和公关能力。对内,巴菲特用铁的纪律规范了公司的经营,使员工们重新意识到公司的荣誉感。对外,巴菲特利用自身和许多政府要员的私交和良好信誉挽回了和美联储、美国证监会的关系,也保住了公司在美联储的证券承销商地位。虽然很多员工因为巴菲特谨慎的奖金发放,退出了公司;很多媒体对巴菲特的行动大加指责,但是,当1992年6月巴菲特离开所罗门兄弟公司时,所罗门公司已经基本上度过了危机。股价也从不到30美元上升到了50美元。

(二)门口的野蛮人:上市公司管理层的有力监督

上市公司和它的股东之间存在着一种微妙的关系。理论上,上市公司属于股东,职业经理人与管理团队只是一群打工仔。而实际上,由于缺乏大股东的有力监督,管理层实际上成为企业的主人。由于这些实际的主人和理论上的主人在利益上并不一致,所以就会出现委托代理上的问题。比如说,企业的管理层们可能有动力提高企业的管理费用,从而享受更宽敞的办公室或者更豪华的车子,而不是把这些费用节省下来作为股东的分红。过高的管理费用和管理层的漫不经心通常会导致企业绩效的下降,企业的股票价格也通常无法达到应有的水平。当时机成熟时,比如出现股市大跌的情况时,有些管理层难免不会打起公司的主意,打算反客为主——也就是发起管理层收购(MBO)。

应该说,并不是所有的 MBO 都会损害投资者的利益。不过,由于管理层掌握着关于企业的第一手资料,而且拥有对于企业的实际权力,管理层难免在 MBO 中开出一个比较低的价格。这个时候,PE 作为管理层的竞争者出现,就可能为企业的股东们提供一个更高的收购价格。

很多人在并购交易中倾向于同情企业的管理层。并且把管理层反对的并购称为恶意并购。老实地说,这是一种保守的偏见,我们没有理由认为管理层就代表了原有股东的利益。当恶意并购获得成功的时候,潜台词是买方开出的价格已经让大多数股东认为有利可图。所以,对于企业的股东而言,并购都是好事,那意味着股东们可以有一个机会卖出自己的股票。由此看来,那些积极的反并购手段,实际上是在维护管理层的利益。

案例8-4 门口的野蛮人

美国曾经有一本畅销书,叫作《门口的野蛮人》,讲的就是著名的 PE——KKR 对雷诺兹-纳贝斯克公司的收购过程。作者给书取了这样的名字,一方面是为了哗众取宠,另一方面也反映了作者的态度:那些恶意并购者们就像野蛮人一样徘徊在企业的周围,一旦看准时机就会踢开门板闯进来。不过,考虑到这些野蛮人进入企业前必须争得屋子主人们的同意,那么,管家们的态度实际上不值一提。很难计量一次成功的恶意并购能对那些懒散的管理层有产生多少敲山震虎的作用。

发生在20世纪80年代的美国雷诺兹-纳贝斯克(RJR Nabisco)公司收购案可算是KKR这个老牌PE的一次经典战役。交易最终以250亿美元的收购价完成,成为历史上规模最大的杠杆收购之一。这次收购的成功完成在某种程度上颠覆了杠杆收购的逻辑,但后来的结果却在某种程度上可以作为一个反例。

1. 目标企业：雷诺兹-纳贝斯克公司

雷诺兹—纳贝斯克公司是美国最大的食品和烟草生产商。该公司由美国老品牌生产商 Standard Brands 公司、Nabisco 公司与美国两大烟草商之一的雷诺兹-公司（Winston、Salem、骆驼牌香烟的生产厂家）合并而成。在当时它是美国排名第十九位的工业公司，雇员14万，拥有诸多名牌产品，包括奥利奥、乐芝饼干、温斯顿和塞勒姆香烟，Life Savers 糖果，产品遍及美国每一个零售商店。虽然雷诺兹-纳贝斯克公司的食品业务在两次合并后得到迅猛的扩张，但烟草业务的丰厚利润仍占主营业务的58%左右。

合并完成后的最初两年，雷诺兹-纳贝斯克公司利润增长了50%，销售业绩良好。但是随着1987年10月19日股票市场的崩盘，公司股票价格从顶点70美元直线下跌，尽管在春天公司曾大量买进自己的股票，但是股价不但没有上涨，反而跌到了40美元。12月，公司的利润虽然增长了25%，食品类的股票也都在上涨，但是雷诺兹-纳贝斯克公司的股票受烟草股的影响还是无人问津。

2. 并购者：雷诺兹-纳贝斯克公司管理层

以罗斯·约翰逊为首的雷诺兹-纳贝斯克公司高层管理者是这次收购事件的发起者，这个团体包括雷诺兹烟草公司的CEO-埃德·霍里希根，纳贝斯克公司董事会主席吉姆·维尔奇、法律总顾问哈罗德·亨德森，独立董事及顾问安德鲁 G.C. 塞奇二世等。

罗斯·约翰逊在进入贝斯克公司前，曾经是标牌公司的总裁。1984年罗斯·约翰逊出任纳贝斯克公司 CEO，1985年完成雷诺兹—纳贝斯克公司的合并，下一年，他成为雷诺兹-纳贝斯克公司的CEO。约翰逊敢于创新，在他的领导下，雷诺兹烟草公司在一年内就产生了10亿美元产值的产品。

约翰逊在企业管理上拥有无可争议的才能，但也存在着开销过度的问题。当股灾发生后，他产生了更宏伟的计划——通过MBO将雷诺兹-纳贝斯克公司变成一家私人企业。

3. 并购者：科尔伯格—克拉维斯—罗伯茨公司（KKR）

KKR成立于1976年，作为一家PE，KKR公司有着突出的业绩表现。从20世纪80年代开始，由于垃圾债券的兴起，融资变得相对简单，导致杠杆收购逐渐增多，到1987年出现了行业拥挤现象。为此，克拉维斯和罗伯茨做出果断的决定：把业务目标锁定在50亿~100亿美元的大宗收购业务上。因为这样大的交易很少有人染指，而KKR公司早就有了像62亿美元收购Beatrice，44亿美元收购Safeway以及21亿美元收购欧文斯—伊利诺伊这样的大宗交易经验，在大额并购方面轻车熟路，有着其他PE所不具备的优势。

1987年6月，KKR开始运用一切公开的方法募集资金，为了刺激更多的投资者加盟，公司提出所有在1990年之前完成的交易的管理费都可以减免，到募集结束时，募集到的资金已经有56亿美元。

4. 收购过程

1988年10月，以雷诺兹-纳贝斯克公司 CEO 罗斯·约翰逊为代表的管理层向董事局提出管理层收购公司股权的建议。管理层的MBO建议方案包括，在收购完成后计划出售雷诺兹-纳贝斯克公司的食品业务，而只保留其烟草业务。其战略考虑是基于市场对烟草业巨大现金流的低估，以及食品业务因与烟草业务混合经营而得不到价值认同。重组将消除市场低估的不利因素，进而获取巨额收益。

为完成收购，罗斯·约翰逊向华尔街的传奇人物韦尔创立的希尔森公司寻求帮助。双方对于这次杠杆收购计划一拍即合，双方都认为，收购雷诺兹-纳贝斯克公司股票的价格应该在每股75美元左右,高于股市71美元左右的市场交易价格,总计交易价达到176亿美元。由于希尔森公司想独立完成这笔交易,所以他们没有引入垃圾债券,150亿美元左右的资金全部需要借助于商业银行的贷款。信孚银行抓住了为蓝筹公司杠杆收购提供融资的机会,在全世界范围内募集到160亿美元,但据希尔森的核算只有155亿美元。

华尔街上的投资银行家们普遍认为,这场交易的出价太低。此时,KKR迅速反应,投标参与收购方案。与CEO罗斯·约翰逊所计划的分拆形成尖锐对照的是,KKR希望保留所有的烟草业务及大部分食品业务,而且KKR给出了每股90美元的报价。

由此,希尔森和KKR展开了一场势均力敌的较量:希尔森选择了与所罗门公司合作来筹措资金。KKR请德崇和美林做顾问,并通过发行PIK优先股和垃圾债券筹措资金。

然而,约翰逊管理协议和"金降落伞计划"曝光了。根据协议,约翰逊将获得价值近5 000万美元的52.56万份限制性股票计划以及慷慨的咨询合同,也就是说,约翰逊在这次收购中不管成败如何都毫发无损。这种贪婪的做法激怒了雷诺兹-纳贝斯克公司的股东和员工,也使管理层收购失去了民众的支持。最后,KKR以每股109美元,总金额250亿美元,获得了这场争夺战的胜利。

在最后一轮竞标中希尔森的报价和KKR仅相差1美元,为每股108美元。但是使雷诺兹-纳贝斯克公司股东做出最后决定的不是收购价格的差异。KKR保证给股东25%的股份,希尔森只给股东15%的股份;KKR承诺只卖出纳贝斯克一小部分的业务,而希尔森却要卖掉所有业务。除此之外,股东们还列出了其他十几个不同点。另外,希尔森没能通过重组证实它的证券的可靠性,在员工福利的保障方面也做得不到位。正因为这些原因,公司股东最终选择了KKR公司。

收购价格是250亿美元,除了银团贷款的145亿美元外,德崇证券公司和美林公司还提供了50亿美元的过渡性贷款,等待发行债券来偿还。KKR本身提供了20亿美元(其中15亿美元是股本),另外提供41亿美元做优先股、18亿美元做可转债券以及接收雷诺兹-纳贝斯克所欠的48亿美元外债。

这次收购的签约日是1989年2月9日,超过200名律师和银行家与会,汉诺威信托投资公司从世界各地的银行筹集了119亿美元;KKR总共提供了189亿美元,满足了收购时承诺的现金支付部分。

事实上,整笔交易的费用高达320亿美元,其中以垃圾债券支持杠杆收购出名的德崇公司收费2亿多美元,美林公司收费1亿多美元,银团的融资费3亿多美元,而KKR本身的各项收费达10亿美元。

5. 收购之后

继罗斯·约翰逊之后,路易斯·格斯特纳成为雷诺兹-纳贝斯克公司被收购后新一任的首席执行官,他对原来的公司进行了大刀阔斧的改革,大量出售公司的豪华设施。公司报告显示,1989年公司在偿付了33.4亿美元的债务之后净损失11.5亿美元,在1990年的上半年有3.3亿美元的亏损。但是,从公司的现金流来看,一切还算正常。

纳贝斯克在1989年的现金流量达到了以前的3.5倍,但是雷诺兹烟草公司仍处于备战状态。1989年3月雷诺兹停止了总理牌香烟的生产,随后,公司进行了裁员,雇工人数减少到2 300人。在新管理层的领导下,公司改进了设备,提高了生产效率,同时又大幅削减了成本,使得公司烟草利润在1990年的上半年增加了46%。但是当用烟草带来的现金清偿垃圾债券时,雷诺兹的竞争对手菲利普·莫里斯却增加销售实力,降低了烟草价格。据分析,雷诺兹的烟草市场份额在 1989 年萎缩了 7%~8%。

而 KKR 遗留下来的问题不仅仅是少得可怜的资金回报,还在于引进的其他行业领导层的失败。无论是运通公司来的路·杰斯特勒,还是 ConAgra 的查尔斯,他们既没有半点烟草从业经验,而且对这一行业也没有热情。在业绩持续下滑后,1995 年初,KKR 不得不剥离了雷诺兹-纳贝斯克的剩余股权,雷诺兹烟草控股公司再次成为一家独立公司,而纳贝斯克也成为一家独立的食品生产企业,雷诺兹公司和纳贝斯克公司又回到了各自的起点。在 2003 年上半年,雷诺兹的销售额比前一年下降了 18%,仅为 26 亿美元,而营业利润下降了 59%,为 2.75 亿美元。

6. 简要评述

发生在投资银行家和企业经理人之间的控制权争夺战,最终受益者是企业的股东,原本市场上 40 美元左右的股价,在收购时达到了 109 美元的高价。

按照惯例一般的 LBO 过程中,投资银行家都会事先和目标企业的管理层达成共识,以双方都认可的价格和融资方式完成收购,同时对收购以后的企业管理和资产重组也做出安排,尽量降低成本,提高效率,同时出售资产用来还债。但 KKR 对雷诺兹-纳贝斯克进行了恶意并购。在整个并购过程中,KKR 和管理层始终处于对立的状态,以至于 KKR 连这家企业的资产情况都不知道,最后只能通过竞价赢得了交易。

但这场交易也表明,如果 PE 缺乏与管理层的合作,也缺乏有效的管理手段,单纯地为了并购而并购,就可能导致这场交易的结果:交易成功达成,却给 KKR 背上了一个包袱。

(三)退休金和医疗保障的提供者

PE 在经济中类似于一个漏斗:资金从一个方向进入,并从另一个方向流出。PE 投资的资金只有很少一部分来自 PE 的经营者。从根本上说,PE 的管理者们也是打工族,PE 创造的价值事实上还是被分到了它的投资者手中。

在 PE 发达的美国,PE 最大的投资者是美国的养老基金。这部分投资者肩负着美国人养老和医疗保障的重任。养老基金的投资期限很长而且金额巨大,颇符合 PE 的胃口。而 PE 的高回报使养老基金偏好于投资 PE。

这种投资的结构产生了一种复杂的权益关系。养老基金的资金来自工作者们为自己储蓄的资金。这部分资金通过 PE 投资到具体的企业,而这些企业一方面为工作者们提供了服务,也为他们提供了就业的机会。当 PE 帮助企业改善了企业绩效后,工作者们减少了失业的威胁、增加了收入。与此同时,他们创造的价值将通过 PE 支付给养老基金的分红而成为他们未来的养老资金。PE 这种投资形式的稳步扩大,在提升了社会经济效率的同时,也帮助工作者们能够享受经济增长的好处,促进了社会公平。

三、私募股权的参与者

PE 并不会介意谁是它的投资者,只要有实力而且愿意承担风险,任何组织和个人都可以投资 PE。

(一)政府和其他公共机构

政府机构对于 PE 的投资,在 PE 的融资总额中并不占有主要地位。在欧美,这个比例通常为 7%~8%。我国的中国投资公司(CIC)对百仕通集团 30 亿美元的投资就属于这一类。尽管这一类投资者在出资比例上并不重要,但由于其具有的公共权力,对于 PE 而言往往有指标性的意义。

(二) 养老金

养老金包括企业养老金和政府养老金两类,但实质上差不多。这一部分的资金在 PE 的融资中占较大份额。在欧洲,养老金占有 PE 融资总额的两成以上,而在美国更是占有五成以上的份额。养老金的资金数量庞大,投资期限长,要求的回报率也不高,是 PE 们最喜欢争取的资金来源。

(三) 金融机构

金融机构主要包括银行、保险公司和其他金融机构。这些机构现金充裕,可以为 PE 提供大笔的资金。在美国,金融机构为 PE 提供了两成多的资金;而在欧洲,金融机构提供了近五成的资金。

(四) 基金会

通过投资 PE,很多基金会也获得了丰厚的回报。在美国这类资金占 PE 不到一成的融资额,在欧洲大概在 15% 左右。

(五) 资本家

和对冲基金不同,PE 的资金中只有 6%～7% 来自富人。主要原因是 PE 的融资规模很大,但融资对象较少,单笔融资额很高,很多富人并不足以富到可以成为 PE 的出资人。如此低的私人投资比例,也能反映出 PE 的公共属性。

PE 的本质应该算是一种专家理财服务。PE 的管理者对于企业的直接投资有着深入的理解和丰富的经验,通过购买非上市和上市公司股权,PE 可以取得对企业的控制。然后通过引入新的管理层对企业进行业务和财务重组,优化产品结构和营销系统,待企业经营改善后通过上市、出售或重新上市退出以获取利润。尽管盈利方式不同,PE 和其他的理财服务没有实际上的差别。PE 的工作流程就是集合客户资金,利用专业知识代客户投资,从而获得收益。

如果把 VC 作为 PE 的发端,PE 的历史也就只有不到 60 年。以并购为主要业务的 PE 则只有 30 多年的历史。尽管历史不长,但 PE 发展迅猛,目前已成为全球机构投资者不可或缺的投资盈利工具,成为多层次资本市场中的重要环节。从历史收益数据来看,PE 的收益率明显超过股票市场收益。近 3 年来,美国私人股权基金的行业平均收益率为 15.6%,同期纳斯达克和标准普尔 500 指数的收益率分别为 7.8% 和 9.9%。经营良好的 PE,如百仕通、3i、瑞信、Ripplewood、罗斯和凯雷,过去 5 年的投资收益率均在 30% 以上。

但是,PE 目前的高收益很大程度上是建立在财务杠杆的基础上。如果 PE 缺乏成本低廉的融资,PE 的高收益还能否维持?同时,随着流动性过剩,越来越多的资金进入 PE 行业,面对数量有限的投资机会,行业拥堵是不是将造成 PE 行业收益率的下降?这两个问题都很现实,但往往被一些成功的 PE 不断取得的辉煌成就所掩盖。当美国次级债发生危机时,全球的银根都为之紧缩。垃圾债券的发行也越来越困难。一切都指向一个问题,PE 的高利润时代还能持续多久?

四、私募股权的成功要素

(一) 巨大的资本实力

作为一个 PE,最基本的条件就是资金。而且资本实力越强大,PE 的势力就越强大。所以,百仕通集团把资本实力作为成功原因的第一条。事实也是如此,只有几千万元的PE其实做不了什么大事。毕竟,PE的投资虽然可以通过事前的严格审查和事后的努力降低风险,但是,每一个项目成功的概率不可能总是百分之百。所以,头脑冷静而且审慎的投资者不可能把所有的资金赌博式地压在一个项目上面。通常PE至少会把资金分配到10个以上的项目。那么,如果自己实力不足,能做的事情就很有限。对单个项目来说几百万的资金肯定不能做大手笔的并购业务,而且,即使对于那些上规模的企业,如此少的投资也是无关痛痒。所以,资金越少,PE的机会就越少。比如,在美国尽管存在着1 800多家PE,但在一些大额并购中,能看到的只有实力强大的PE。而这些实力强大的PE也是业绩最好的PE。强大的资金实力很多时候就意味着一种不可替代的权利:更有信用,可以动用更多的资金,做更大的生意。比如,在KKR的战略中,经营的重点是50亿美元以上的交易。而像百仕通集团390亿美元收购EOP,260亿美元收购希尔顿的大手笔,也是绝大多数PE难以望其项背的。

（二）强大而多元的合伙人

对于PE管理人而言,重要的并不仅仅是在学校里的专业背景。想做好这一行,不一定要去读MBA,但必须有相当多的社会资源。寻找PE的投资者、投资对象、管理投资对象的人等都需要PE的管理人具有好的信用、名声以及丰富的社会关系等素质,这对于PE的成功意义重大。

（三）精深的行业认知

在投资这个行业里,一个基本的观点就是"不熟不投"。在市场上有成千上万个行业,任凭PE的管理人有多强的学习能力,都不可能把每一个行业的窍门都吃透。有时候,人们可能会犯一个基本的错误:一个人可以通过阅读行业报告和企业的财务报告,深刻地了解企业中蕴含的投资机会,做出正确的投资选择。而事实是我们不能做那样的指望。当然,可通过阅读行业分析报告对这个行业有一个总体上的认识,也可以聘请专家提供咨询服务。但是,我们很难把握医药制造行业的发展方向,也难以理解加工工艺的技术难度,这就可能导致无法对那些有潜力的产品做出及时、准确的反应,或者低估生产难度而对某种新产品投入过高的热情。

尽管也可以去尝试理解并且投资于某一个不熟悉的行业,但是,投资本身有一个机会成本的问题。当你在学习一种新的行业知识,并且在那个行业里寻找合适的投资对象时,你就在消耗你宝贵的时间和精力。用同样的时间和精力你或许可以在你熟悉的行业里找到更好的投资机会。

在这一点上,巴菲特就很聪明,他从来不投资那些他不了解的行业,所以他也几乎不投资电子、计算机、网络之类的行业。他是不是错过了很多的投资机会呢?的确如此。巴菲特基本上没有分享到IBM、微软这样的企业所创造出来的巨大价值,而这些企业给很多人带来了暴富的机会。但毫无疑问的是,通过投资可口可乐、吉列刮胡刀这样的企业也让巴菲特成了世界上较富有的职业投资人。如果替巴菲特算一笔账,就能发现他的明智:以他的智慧而言,理解并且跟踪一个新型的高科技行业并不困难。但这意味着他要不断地学习并且跟踪行业的发展,并且把有限的资金不断地投入那个行业。当行业还不成熟的时候,这意味着很高的风险。而且更重要的是,他将放弃那些按照他的投资理念明显会赚钱的企业。相反,如果直接投资于那些容易理解的企业,他可以在短时间内做出投资决策,并且寻找下一个投资机会。长期来看,尽管会错过一些投资机会,但抓住的机会更多,不断的积累小胜,终究会成就大胜。

同样,一个PE不能指望所做的每一个投资决策都能带来最高的收益。在熟悉的行业不断地挖掘投资机会,把一个行业做深做透,同时尽量避免投资失误,控制风险,长期来看就是赢家。

（四）独立而精准的判断力

PE 的投资是一种专业性很强的工作。当 PE 的管理人做出决策时,他一定要有一个独立的空间能够自己做出决定。因此,一定要避免来自投资者的干扰而独立工作。不应该把 PE 变成投资者旗下的投资公司。

同样,一个好的 PE 管理人必须有畅通的信息渠道,能够在第一时间了解到第一手的信息,并且对这些信息做出迅速而且准确的反应。在 PE 的经营中,信息的经营占有很大的比重,PE 对于行业发展、产品市场前途、资本市场走势都要有准确地认识。这并非所有的 PE 管理人都能做到的,如果不能做到及时获取信息,至少也要做到反应正确。

（五）全球化的布局

首先,全球化布局可以避免出现利润瓶颈。由于 PE 要追求一个较高的资产回报率,所以,PE 需要增长快、效益好的企业作为投资对象。问题是,并非所有的行业都有很大的升值空间,好的企业和项目在流动性越来越过剩的今天实际上是稀缺的资源。而当 PE 的高回报率获得社会认可以后,PE 就能筹集到更多的资金,就需要 PE 投资于更多的目标。这样的矛盾如果不能得到有效的化解,PE 的利润率最终会黯淡下来,成为一个毫无特色的行业。全球化的好处就在于,PE 可以在全球范围内寻找投资对象。很多在本国不见得是有投资价值的行业,在外国可能就是一个好行业。中国经济的高速增长就使得很多国外的 PE 认为,在中国存在着大量的投资机会。例如,在美国和西欧牛奶生产商无论如何都不是一个高增长、值得投资的行业,但是摩根士丹利、英联投资公司对蒙牛的投资就非常成功。

其次,全球化布局也有利于分散风险。这属于资产组合理论的思路,不管投资什么地区,投资的项目都有一些不可避免的风险。从来没有一个国家和地区永远是香格里拉,即使现在风平浪静的瑞士,在两三百年前还是个烽火连天的穷乡僻壤。美国是强国,巴菲特也经常说要对美国有信心。可是美国也有恐怖分子袭击的阴影。所以,聪明的做法是把资产分配到全球。失之东隅,收之桑榆。算总账时还是会赚钱,而且总是会赚钱。

（六）卓越的金融素质

PE 这种投资形式并不是单纯的投资者形象。事实上,PE 也是一个需要融资的企业。这主要体现在两个方面:一是从 PE 的投资者手中获取资金;二是从银行的手中获取贷款或者向公众发行垃圾债券。成功的 PE 懂得如何巧妙地使用金融工具获取成本低廉的资金。

同时,在 PE 退出的时候,也需要有良好的金融素质。如果 PE 通过股权转让退出企业的时候获取了一个很高的价格,那么这也意味着企业所有者手中的其他股份也跟着升值了。而这样的升值实际上也要依赖于 PE 高超的金融技巧。

（七）出众的管理手段

PE 的盈利模式是分享企业增长的价值。因此,在实际操作中,PE 通常会主动帮助企业改善管理,提高企业价值。这就要求 PE 要具有出众的管理手段。

五、私募股权的运作风险

（一）系统性风险

经济发展存在周期性变动。当全球经济处在扩张期时,大多数经济体都会跟着经济大潮的高涨而高涨。但是全球经济也可能出现衰退,这个时候投资者就不得不接受一个较低的收益率。尽管一个PE可以全球性地配置它的资产,但仍然无法逃脱全球经济变化的风险。

第一,由于PE需要融资,当资本市场银根紧缩的时候,PE通常难以获得低价的融资,直接地提高了PE的融资成本。比如,从2007年7月开始的美国次级抵押债风波,一度导致银行减少了贷款的发放,让不少PE的交易随之搁浅。但随后,美联储联合其他几国的央行向资本市场注入了大量的流动性,并且下调了基础利率,反而在某种程度上又降低了PE的融资成本。

第二,PE也经常通过资本市场退出,如果资本市场低迷,好生意也可能卖不出好价钱。比如中国的A股市场,在2004—2005年市场低迷的时候,市场上的平均市盈率一度只有十几倍。而到了2007年,市场的平均市盈率居然会涨到七十倍以上。那么,同样一家符合上市条件的企业,如果2005年在A股上市,可能市值不到2007年上市的三分之一。

第三,由于PE是一种投资工具,所以PE和资本市场的其他投资工具之间有着一种微妙的替代关系。比如,在股市火爆的时候,一方面投资者将时间和精力投入暴利的股票市场,从而降低了投资者对PE的热情;另一方面若投资者都关注股票,反而有利于PE在一个相对缺乏竞争的环境中去寻找好的投资机会。

全球的资本市场是一个相关度非常强的市场。一荣俱荣,一损俱损。在这种情况下,即使是全球配置资产也不能化解来自资本市场的风险。

(二)政策风险

政策风险随时可能发生,影响也是多方面的,且只会出现在某个地区。当然,这个地区的范围可能很大也可能很小。比如一个地区如果取消了注册在该地区PE的税收优惠,那么仅仅对于注册在本地的PE的收益就造成影响。而美国的货币政策将在世界的每一个地区造成影响。

(三)行业风险

PE所投资的企业所处的行业也可能面临风险。比如,当美国和欧洲对中国的纺织品设置进口限制时,中国纺织品生产企业的日子也一度变得不好过起来。

不过,从某种意义上看,行业不景气也可能意味着投资机会。例如:2005年以前,由于氧化铝价格较高、电价涨价、供给过剩等原因,导致电解铝市场价格一度低迷,电解铝行业也不被市场看好。但由于电解铝市场的回暖,这个行业开始大幅盈利,市场对于电解铝行业的评价也大为改观。

(四)运营风险

PE能为企业提供的并不是确定成功的保障,它通常只能为企业提供一些有价值的帮助,而企业经营的好坏基本上还是取决于企业管理层的努力。所以,并不是所有的PE总有足够的能力做好旗下企业的经营。即便是最好的PE也是如此,前文案例中KKR虽然成功地做了并购,但却没能够做好企业整合,在这个投资案例的意义上,KKR的行动是失败的。

(五)内部风险

找到有能力的团队,大家同心协力,自然胜算就高;用人不得当,管理团队离心离德,成功就比较困难。PE应该检查管理团队是否有足够高的专业素质和职业道德。谨慎地选择合作伙伴,一定要把钱投给那些诚实而且有能力的人,与政府部门建立良好关系,争取媒体与民众的理解等,在任何一个方面出现漏洞,都会对PE的形象构成负面影响。

第二节　风险投资概述

风险投资(Venture Capital,VC),也称作创业投资,不同的文献对它的定义不同。全美风险投资协会的定义是,由职业金融家投入新兴的、迅速发展的、具有巨大竞争潜力的企业中的一种权益资本。广义的风险投资泛指一切具有高风险、高潜在收益的投资;狭义的风险投资是指以高新技术为基础,对生产与经营技术密集型产品的投资。从定义中可以看出,VC其实是PE的一种。

现代创业投资始于美国,作为美国发展高新技术战略的一个部分,1958年美国国会通过了《国内所得税法》和《中小企业投资法》两项法案,对美国创业投资业的发展起了很大的推动作用。它们从法律上确立了创业投资基金制度,并且在税制方面采取的主要措施使得创业投资税率从49%下降到20%。制度环境和政策环境的营造不仅极大地推动了高新技术产业的发展,同时也为创业投资公司的规范和成熟提供了保证,风险基金步入了高速发展时期。

在美国的带动和启示之下,其他发达国家的风险基金也逐步建立和发展起来,甚至一些新兴工业化国家也效法发达国家建立了风险基金。从世界范围看,美国创业投资业独领风骚,英国、法国、德国和日本发展迅速,上述五国的创业投资占世界创业投资的90%以上。

创业投资,是指投资人将风险资本投向刚刚成立或快速成长的未上市的高新技术企业,在承担很大风险的基础上,为融资人提供长期股权投资和增值服务,培育企业快速成长,数年后再通过上市、兼并或其他股权转让方式撤出投资,从而取得高额投资回报的一种投资方式。

一、风险投资的特征

(一)风险投资的特征

1. 在资金募集上,主要通过非公开方式面向少数机构投资者或个人募集,它的销售和赎回都是基金管理人通过私下与投资者协商进行的。
2. 多采取权益型投资方式,绝少涉及债权投资。
3. 一般投资于私有公司即非上市企业,绝少投资已公开发行股票的公司,不会涉及要约收购义务。
4. 多关注新经济和新技术行业下的创业型企业和研发型企业。
5. 投资期限较长,一般可达3至5年或更长,属于中长期投资。
6. 流动性差,没有现成的市场供非上市公司的股权出让方与购买方直接达成交易。
7. 资金来源广泛,如富有的个人、风险基金、杠杆并购基金、战略投资者、养老基金、保险公司等。
8. VC投资机构多采取有限合伙制,这种组织形式有很好的投资管理效率,并避免了双重征税。
9. 投资退出渠道多样化,有IPO、售出(Trade Sale)、兼并收购(M&A)、公司管理层回购等。

案例8-5　美国硅谷的大拇指定律

如果风险资本一年投资10家高科技创业公司,在5年左右的发展过程中,会有3家公司垮掉;另有3家停滞不前;有3家能够上市,并有不错的业绩;只有1家能够脱颖而出,迅速发展,成为一颗耀眼的明星,给投资者以巨额回报,即"大拇指"。

据统计,美国风险投资基金的投资项目中有50%是完全失败的,40%是不赚不赔或有微利,只有10%是大获成功。

案例 8-6　苹果公司

1976年，当时就职于阿塔里公司的乔布斯和就职于惠普公司的沃兹尼克共同设计出一块电脑线路板（苹果一号），他们在斯坦福大学的一个家用电脑俱乐部展示时，许多人表示要购买，于是，乔布斯卖掉汽车，沃兹尼克卖掉计算机，筹得1 300美元，这是他们创业的种子资本。然后他们雇人为这台电脑设计印刷电路板。

1976年6月，乔布斯带了一块电路板去找一家电脑零售商店——拜特行，拜特行的老板威尔逊直接订购50块。由于资金短缺，乔布斯施展高明的手段，要求几家电子元器件供应商以赊账的方式提供零件，他甚至说服了律师和公关公司，以赊欠的方式提供服务。

苹果一号的销售情况出乎意料得好，乔布斯和沃兹尼克开始意识到，他们的小资本根本不足以应付这急速的发展。乔布斯后来回忆道，"大约是在1976年秋，我发现市场的增长比我们想象的还快，我们需要更多的钱。"为此，他们分头去找自己在阿塔里和惠普的老板，请这些大公司接受他们的苹果电脑原型机，但均未受到重视。1976年秋，他们决定设立自己的公司。阿塔里公司的老板布什内尔和以赊欠的方式向他们提供服务的公关公司总裁麦克纳向一位风险投资家瓦伦丁推荐了乔布斯，瓦伦丁经过考察后决定不投资，但将乔布斯介绍给自英特尔公司提前退休的马古拉。

时年38岁的马古拉已是百万富翁，他与乔布斯和沃兹尼克共同讨论，花两个星期时间研拟出一份苹果公司的经营计划书，马古拉自己投资9.1万美元，还争取到美国商业银行25万美元的信用贷款。然后，三人共同带着苹果的经营计划，走访马古拉认识的风险投资家，结果又筹集了60万美元的创业投资。马古拉出任苹果公司的董事长，乔布斯任副董事长，沃兹尼克出任研发副总经理，总经理则由马古拉推荐的生产专家斯科特担任。1977年4月，苹果公司在旧金山举行的西岸电脑展览会上，首次公开发布了新产品——苹果二号。1977年苹果公司销售额为250万美元，1978年为1 500万美元，1979年达7 000万美元，1980年达1.17亿美元，1981年达3.35亿美元，1982年达5.83亿美元，成为《幸福》500大公司之一。这是第一次，一家新公司，在五年之内，就进入《幸福》500大公司排行榜。

1980年12月12日，苹果公司第一次公开招股上市，以每股22美元的价格，公开发行460万股，集资1.01亿美元。乔布斯、马古拉、沃兹尼克、斯科特四人共拥有苹果公司40%的股份，其中：乔布斯拥有750万股，价值1.65亿美元，马古拉拥有700万股，价值1.54亿美元，沃兹尼克拥有400万股，价值8 800万美元，斯科特拥有50万股，价值1 100万美元。早先在苹果公司下赌注的风险创业投资家，都获得了丰厚的回报。阿瑟·罗克1978年花5.76万美元，以每股9分的价格买了64万股，公开招股上市时价值1 400万美元，增值243倍。1983年初，乔布斯公开宣称，苹果公司创造了300个百万富翁，此时，乔布斯自己在苹果公司的权益为2.84亿美元。

截至2014年6月，苹果公司连续三年成为全球市值最大公司。2014年，苹果品牌超越谷歌（Google），成为世界最具价值品牌。

《财富》世界500强排行榜，苹果公司2016年名列第9名，2017排名第9位，2018排名第11位，2019排名第11位，2020排名第12位。

作为全球最具有潜力的一家公司，毫无疑问苹果公司的一举一动都成了大家关注的焦点。从第一代iphone出来，诺基亚开始带头唱衰，苹果要倒闭了声音就一直在舆论中响起。但是，时至今日，苹果公司用一次又一次的事实证明，它正在改变着这个世界。

（资料来源：苹果公司官网）

(二)高风险性与高收益性

1. 高风险的投资

由于创业投资所投资的企业大多是具有较大增长潜力、高风险性的高新技术企业,据美国一些经验丰富的创业投资家介绍,其投资项目中一般只有三分之一相当成功,三分之一持平,还有三分之一血本无归。其风险性主要体现在以下几个方面:

(1)技术风险

由于高新技术研究开发的复杂性,很难预测研究成果向工业化生产与新产品转化过程中成功的概率,这是高科技投资中最大的风险来源。技术风险的具体表现为:技术上成功的不确定性、由样品向大批量产品转化中的生产不确定性、技术寿命的不确定性、配套技术的不确定性等。

(2)管理风险

风险企业在生产过程中因管理不善而导致投资失败所带来的风险称为管理风险,主要表现在:决策风险、组织风险、生产风险。

(3)市场风险

如果风险企业生产的新产品或服务与市场不匹配,不能适应市场的需求,就可能给风险企业带来巨大的风险。这种风险具体表现在:市场的接受能力难以确定、市场接受的时间难以确定、竞争能力难以确定。

(4)人才风险

与传统技术企业相比,风险企业在劳动力需求的数量和结构上有较大的不同。由于风险企业成长较快,且一般属于高度知识密集型的企业,要求科技人员和劳动力既要快速增长又要有较高的素质,因而容易形成高科技人才的相对短缺。高素质的管理层通常也是投资者考虑的重要因素。

(5)其他风险

风险投资属于长期的股权投资,整个投资过程持续的时间比较长(一般为3~7年)。在这样长的时间内,风险投资所处的社会、政治、经济及自然的外部环境肯定会发生巨大的变化,这些可能会给投资者带来灾难性的损失。

案例8-7 "橡果国际"电视直销公司

软银赛富投资基金首席合伙人阎焱曾给投资人带来97%的年回报率,软银赛富是2001年以来全世界投资回报最高的基金之一。2009年12月15日,《福布斯》中文版杂志"2009福布斯中国最佳创业投资人"榜单,阎焱居首。

橡果国际是迅速窜起的"神奇"的电视直销公司,是"氧立得""波丽宝""好记星""爱普泰克网E拍""视乐奇""背背佳""紫环治疗仪""安耐驰"等产品的幕后公司。2005年的销售额高达12亿元,利润高达数亿元。

自毁式经营的一般操作模式都是"垃圾时段+高曝光率"的做法。一个广告,基本上会采用明星出镜、消费者体验、专家讲解的拍摄模式,反复推出产品,达到强化记忆的效果。厂商一旦傍上橡果国际,产品就注定会红透全国。

产品销售一段时间后,消费者开始发现该产品并没有电视直销广告上说的那么神奇,甚至频频出现质量问题,消费者投诉不断,产品的销量也随之一落千丈。

一个在国内正备受指责的公司,却想在国外上市,无疑是一个悖论。一方面它所销售的产品问题百出,企业的信誉和形象在公众面前江河日下,另一方面,上市的步调却是如此的高昂,这不能不说是一种滑稽。

2006年6月,据《上海证券报》报道,橡果国际将于7月在纽约证券交易所首次公开招股

(IPO),预计最高融资金额为2亿美元。

橡果国际最先找摩根士丹利作为股票的承销商,摩根士丹利发现其产品涉嫌太多法律纠纷,于是选择退出。

在阎焱等人的主持下,软银亚洲以3 506.5万美元收购了橡果国际大约1 771万股股票。同年12月,再次追加投资800万美元,总共持有橡果国际26.33%股权(约2 059.2万股股票),成为其最大股东。果然,在4 300万美元巨资的推动下,2007年5月3日,橡果国际如愿以偿地登陆纽交所,并受到美国股民的热烈追捧。

投资人持股后的喜悦维持不到半年,2008年6月27日,橡果国际股价报收于7.6美元,较上年5月3日登陆纽约证券交易所时的19.9美元已经跌了12.3美元,跌幅达60%以上。而按照规定,投资者在橡果国际上市一年内不能出售股票,但随着禁售期结束,一蹶不振的股价彻底粉碎了他们的套现计划。最低点时股价跌到1.29美元。至2010年6月15日,其股价为4.36美元。

2020年10月12日,橡果国际股价为20.42美元,市值为5 270.32万美元。智通财经报道,橡果国际宣布以每股普通股的合并对价为1.05美元无息现金的价格,与母公司First Ostia Port Ltd.和它的全资子公司Second Actium Coin Ltd.达成最终合并协议,于2020年第四季度从纽交所退市。

2. 高收益的投资

风险投资的高收益主要来自以下几个方面。

第一,风险投资公司的投资项目是由非常专业化的风险投资家,经过严格的程序选择而筛选出的。选择的投资对象是一些潜在市场规模大、高风险、高成长、高收益的新创事业或投资计划。其中,大多数的风险投资对象是属于信息技术、生物工程等高增长领域的高技术企业,这些企业一旦成功,就会为投资者带来少则几倍、多则几百倍甚至上千倍的投资收益。

第二,由于处于发展初期的小企业很难从银行等传统金融机构获得资金,风险投资家对它们投入的资金非常重要,因而,风险投资家也能获得较多的股份。

第三,风险投资家丰富的管理经验弥补了一些创业家管理经验的不足,保证了企业能够迅速地取得成功。

第四,风险投资会通过企业上市的方式,从成功的投资中退出,从而获得超额的资本利得收益。就整个风险投资行业看,美国自出现风险投资以来,风险投资基金收益平均为15.8%,是股票投资的2倍,是长期债券的5倍。

二、风险投资的投资主体

(一)投资者(资金的供给者)

1. 有限合伙制投资公司

风险投资公司的种类有很多种,但是大部分公司通过风险投资基金来进行投资,这些基金一般以有限合伙制为组织形式。

2. 风险资本家

风险资本家是向其他企业家投资的企业家,与其他风险投资人一样,他们通过投资来获得利润。但不同的是风险资本家所投出的资本全部归其自身所有,而不是受托管理的资本。

3. 产业或企业附属投资公司

产业或企业附属投资公司往往是一些非金融性实业公司下属的独立风险投资机构,他们代表母公司的利益进行投资。这类投资人通常主要将资金投向一些特定的行业。和传统风险投资一样,产业附属投资公司也同样要对被投资企业递交的投资建议书进行评估,深入企业作尽职调查并期待得到较高的回报。

4. 天使投资人

天使投资人通常投资于非常年轻的公司以帮助这些公司迅速启动。在风险投资领域,"天使投资人"这个词指的是企业家的第一批投资人,这些投资人在公司产品和业务成型之前就把资金投入进来。

(二)风险投资机构

即资金的运作者。

(三)风险企业

即资金的使用者。

(四)中介机构

风险企业的代理人、风险投资机构的代理人和机构投资者的代理人。

一般来说,投资者、风险投资机构、风险企业构成一个资金流,如图8-2所示周而复始地循环,形成风险投资的资金周转。

概括数据的共性来看,我们可得出结论:第一,欧美的创业投资主体以养老基金、银行、公司为主;第二,欧、美、日三个国家和地区的创业投资中家族及个人占有一定的比例;第三,创业投资中政府投资在美国、日本、欧洲的统计中比例都非常小(表8-1)。

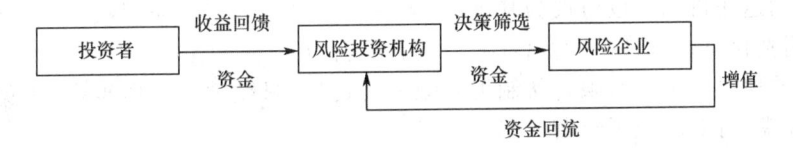

图 8-2 风险投资主体间的资金流关系

表 8-1　　2008 年美国、欧洲及日本的创业投资投资主体分析　　单位:%

投资主体 地区	养老基金	公司	家族/个人	银行/金融机构	保险公司	其他	捐赠基金	投资基金	外国投资	再投资	政府投资
美国	60	11.4	10.6	6.3	0.3	1.9	5.9	2.8	0.8	—	—
欧洲	24	9.8	7.6	27.8	8.9	8.1	—	—	—	7.6	5.1
日本	—	37	6	36				10	11		

三、风险投资机构的组织模式和组织架构

(一)风险投资机构的组织模式

1. 有限合伙制投资公司

有限合伙制投资公司最为普遍,一般被理解为狭义的风险投资人。风险投资合伙公司也属于有限合伙制。其合伙人分为两大类:有限合伙人和普通合伙人。有限合伙人是风险投资的真正投资人,他们提供了风险投资公司的基本投资来源,一般占风险投资资金总额的99%,承担有限责任。

有限合伙人包括:富有家庭和个人、养老金、捐赠基金、银行持股公司、投资银行,其他非金融公司等。

风险投资家是普通合伙人,普通合伙人出资仅占1%,但承担无限责任。他们投入的主要是科技知识、管理经验、金融专长。普通合伙人又是资金的管理人员,他们运筹帷幄,掌握着风险投资的命脉,决定着风险投资的成败。他们筹集资金,筛选并决定投资对象,参与投资对象公司的经营管理,负责将所得利润在合伙人之间分配。

普通合伙人注资1%的原因:

(1)使得普通合伙人的利益与责任紧密结合。普通合伙人要管理上百万乃至上亿美元的资本,如果没有个人资本的注入,他们很难得到有限合伙人的信任,很难使个人的利益与风险投资公司的利益相结合,很难真正代表有限合伙人的利益。

(2)风险投资是风险极高的投资。没有1%资本注入率的要求,就不可能对普通合伙人无由的、轻率的冒险行为进行钳制。

风险投资家的报酬包括两个方面:管理费(佣金)和附带权益。佣金在1%~3%不等,通常在2%~2.5%。佣金是每年支付,其比例一旦确定,就将保持下去,直到合伙制的终结。附带权益是资本增值中按照合同分配给风险投资家,即普通合伙人的部分,占资本增值的15%~25%,有限合伙人占75%~85%。

有限合伙制的优势体现为:

(1)实现人力资本与货币资本的有机统一。

(2)独特的多重约束机制。一是普通合伙人承担无限责任;二是合伙期一般只是一个投资期,对于需要不断筹集新资金的风险投资家来讲声誉可谓至关重要,努力保持和提高自己的业绩成为一种外在的激励和约束;三是有效的监督制度。由投资者组成的顾问委员会实施监督,限制普通合伙人损害投资者的利益。

(3)灵活的运作机制。以协议为基础,很多方面可以由合伙人协议决定。此外,信息披露义务远比公司宽松,这种保密性对出资人更具有吸引力。

(4)优惠的税收政策。有限合伙制无须缴纳公司税,只缴纳个人所得税,避免了公司制下双重纳税的弊端,有效降低了经营成本。

(5)便捷的退出机制。有限合伙人转让其合伙份额不会影响有限合伙制的继续存在。

案例8-8　沃尔特·迪士尼公司

按照美国沃尔特·迪士尼公司组建迪士尼乐园的惯例,通常是由两家公司出资组建。美国沃尔特·迪士尼公司与其他投资主体合资时,往往投资比例较小,但权益比例却很大。美国沃尔特·迪士尼公司对投资结构设计往往会提出三个目标要求:其一,其投资结构能够保证其在筹集资金时筹到项目所需资金;其二,项目的资金成本必须低于"市场平均成本";其三,项目发起人,即沃尔特·迪士尼公司,必须获得高于"市场平均水平"的经营自主权。另外,一个国家的税法一般存在关于税务亏损结转的相关规定,如果其投资结构和融资结构设计得当,可在一定程度上为投资各方降低财务成本。

基于对上述各个因素的考虑,迪士尼公司一般设计如下的投资结构,如图8-3所示,这个投资结构包括两部分:沃尔特·迪士尼开发公司(A投资结构);沃尔特·迪士尼经营公司(B投资结构)。

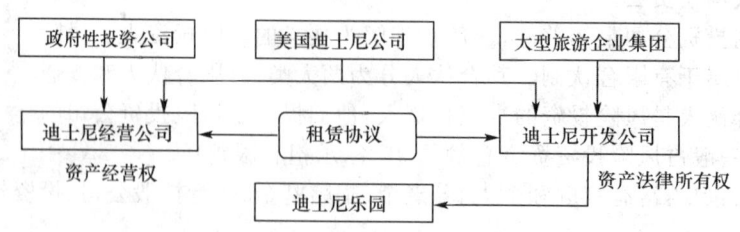

图8-3　迪士尼公司的投资结构

设计成立沃尔特·迪士尼开发公司的目的是,为了有效地利用项目的税务优势。由于迪士尼乐园在项目初期巨额投资所带来的高额利息成本,以及由于资产折旧、投资优惠等所形成的税务亏损无法在短期内由项目内部有效消化。更进一步,由于这些高额折旧和利息成本的存在,项目无法在早期形成会计利润,从而无法形成对外部投资者的吸引力。为充分利用税务亏损,降低项目的综合资金成本,在迪士尼乐园的投资结构中,使用了类似杠杆租赁融资结构的税务租赁模式。沃尔特·迪士尼开发公司所使用的是一种普通合伙制结构,在这种结构中,投资者能够直接分享其投资比例项目税务亏损(或者利润)与其他来源收入合并纳税的好处。

沃尔特·迪士尼开发公司将拥有迪士尼乐园的资产,并以一个10年期杠杆租赁协议,将其资产租赁给沃尔特·迪士尼经营公司。根据预测,在项目前5年中,由于利息成本和资产折旧等原因,项目将产生高额税务亏损,而这些税务亏损将由各个投资者分担。在10年财务租赁协议中止时,沃尔特·迪士尼经营公司将以其账面价值(完全折旧后的价值)把项目购买回来,沃尔特·迪士尼开发公司则被解散。这只是一个企业的投资结构设计,其目的是享受税收的利益。

设计成立沃尔特·迪士尼经营公司的目的是,为了解决沃尔特·迪士尼公司对项目的绝对控制权问题。由于各种原因,在迪士尼乐园的建设中,政府一般要求美国沃尔特·迪士尼所占的项目股权为40%。同时,项目的融资结构又往往对项目的投资者和经营者存在各种限制和制约,因此选择B投资结构。B投资结构是一种有限合伙制结构的投资结构,其投资者被分为两种类型:一类是具有有限合伙制结构中的普通合伙人性质的投资者,这类投资者负责任命项目管理团队,承担项目管理责任,同时在项目中承担无限责任;另一类是具有有限合伙人性质的投资者,这类投资者在项目中只承担与其投资金额相等的有限责任,但是不能直接参与项目管理,即在没有普通合伙人同意的前提下无权罢免项目管理团队。由于美国沃尔特·迪士尼公司是B投资结构中的唯一普通合伙人,尽管在沃尔特·迪士尼经营公司中只占少数股权,但可完全控制项目的管理权。

"迪士尼经营公司"没有在其中大量投资,但它需要独一无二的控制权,公司制企业无法做到这一点。在此结构中,"迪士尼经营公司"作为唯一的普通合伙人,获得了百分之百的经营权。

2. 准政府投资机构

如小企业投资公司(SBICS)。

3. 金融机构的分支

商业银行、投资银行、保险公司、投资基金、信托机构等。

4. 产业或企业附属投资公司

产业或企业附属投资公司往往是一些非金融性实业公司下属的独立风险投资机构,他们代表母公司的利益进行投资。这类投资人通常主要将资金投向一些特定的行业。

5. 天使投资人

美国的天使投资已经有很长的历史,当今很多商业巨头,如贝尔电话公司、福特汽车等都曾从天使投资那里获得启动的资金。1874年,贝尔作为天使投资者投资并创建了贝尔科技,造就了如今庞大的电信帝国;1903年,5个天使投资者给亨利·福特投资了40 000美元,后来便造就了一个庞大的汽车王国。

天使投资者一般以团体的形式集合在一起。美国每个投资团体大约平均有85位投资者会员,每年的投资回报率大约为35%,每个团队每年的投资大约为200万美元~500万美元,一个创业企业一般可从天使投资团体获得35万美元的投资;欧洲潜在天使投资者约有近百万人,英国和荷兰的天使投资基金相应达到30亿欧元、15亿欧元,估计欧洲天使资金规模在100亿~200亿欧元。

然而,"天使"不是谁想当就可以当的,根据美国证券管理协会(SEC)的规矩,只有身价超过100万美元才有资格跻身天使的行列。通常的情形是,几个投资者合在一起,大家掏腰包,共拿出 10 万～100 万美元，换取被投资公司 20%～30%的股份。别看这笔钱不大，但却是滚雪球的第一步。全美国每年有 400 亿的资金投入 5 万家新创公司，这要比风险投资公司的种子基金高出 30～40 倍。2019 年，美国约有 150 个正式的天使俱乐部。

美国的天使投资者主要由各大公司主管、退休企业家、医生等富有人士所组成。他们和风险投资的主要区别在于，天使投资者大多在申请天使投资的人士具有明确市场计划时，就已经开始投资了，他们协助这些富有创新精神的企业家开始组建新公司，而这些市场计划或想法暂时不为风险投资公司所接受。

美国、欧洲及日本的创业投资机构的组织模式见表 8-2，可见各国风投的模式有差异。

表 8-2　　　　美国、欧洲及日本的创业投资机构的组织模式

美国	有限合伙制创业投资基金、天使投资人
欧洲	银行、有限合伙制、产业附属公司
日本	各类证券公司、商业银行、保险公司

（二）风险投资机构的组织架构

1. 国外创投公司典型的组织架构（图 8-4）

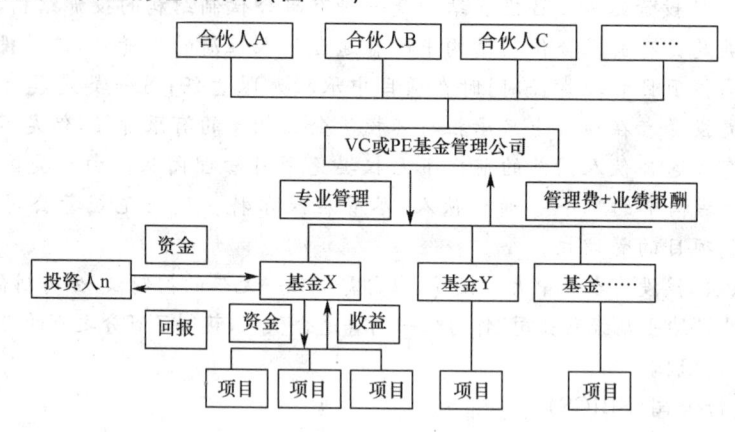

图 8-4　国外创投公司典型的组织架构

2. 国内创投公司典型的组织架构（图 8-5）

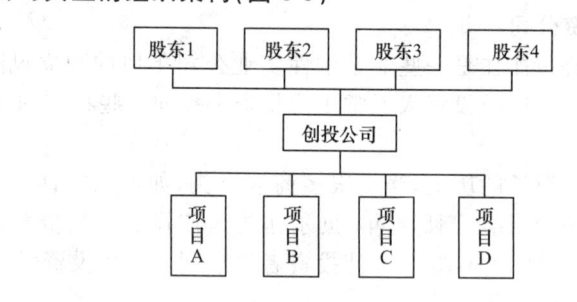

图 8-5　国内创投公司典型的组织架构

四、我国风险投资市场的发展历程

（一）酝酿期（1985—1996 年）

1985 年，中央在关于科技体制改革的决定中指出："对于变化迅速、风险较大的高科技工业可以设立创业投资给予支持"。同年初，选择四个经济特区作为第一批研究风险投资可行性的调研地。9 月，第一家专营风险投资的全国性金融机构——中国新技术创业投资公司（中创

公司)成立,1987年全国第一家风险投资基金在深圳设立。1991年,国务院在《国家高新技术产业开发区若干改革的暂行规定》中指出:"有关部门可以在高新技术产业开发区建立风险投资基金,用于风险较大的高新技术产品开发,条件成熟的高新技术开发区可创办风险投资公司"。在这一精神指导下,我国的风险投资公司迅速发展起来。至1992年年底,全国范围内创建的各类科技风险投资公司和科技信托公司达到80余家,风险资本容量达到35亿元。1995—1996年,风险投资迎来第一个发展浪潮,各地政府纷纷设立国有独资、合资创投机构,大公司和证券机构也参与进来,民间资金大量涌入,对中国高新技术产业发展起到了巨大的推动作用。

(二)兴起期(1997—2001年)

1998年,我国风险投资事业迎来发展的第一个春天。当时任职民建中央主席成思危先生提出了《关于尽快发展我国风险投资事业》的提案,这是我国风险投资的一个重要转折点,风险投资的发展由此掀起了高潮。国内由于改革开放的推进,越来越多国外先进投资理念与投资方式被国人所熟知和接受,人们开始从事相关方面的投资,政府也出资兴办了一些具有风险投资公司性质的企业,用于风险投资项目的直接投资,以支持风险投资行业的发展。

(三)调整期(2002—2003年)

由于受全球经济局势整体恶化以及我国经济体制改革本身遗留的一些问题的影响,中国经济在这个时期整体处于比较低迷状态,国内投资的规模也随之下滑,风险投资的规模处于停滞状态。

(四)复兴期(2004—2007年)

随着2006年《创业投资企业管理暂行办法》的正式颁布实施以及2007年新的《合伙企业法》和《外国投资者并购境内企业规定》的通过,风险投资进入了前所未有的迅猛发展时期。盛大网络的海外上市让人们意识到中国也可以发展自己的风险投资企业。中国的风险投资业在这一期间实现了飞速发展。根据《中国风险投资年鉴2010》的数据表明:2007年,全年完成募集的风险资本为893.38亿元,比2006年的240.58亿元增长了近200%;2007年,机构风险投资规模为398.04亿元,比2006年的143.64亿元增长了近200%。

(五)调整期(2008—2010年)

由于受到全球金融危机的影响,从2008年起,我国风险投资机构的投资趋于谨慎,全年共投资506个项目,投资金额为339.45亿元,投资金额和项目数比2007年均有所下降。

(六)扩张期(2011年至今)

"十三五"规划大力倡导"互联网+"概念,鼓励大学生创业,提供创业孵化园平台和办公场所,推出创业融资和税收优惠政策,引发新一轮创业投资热潮。市场的投资者从传统的政府和金融机构,逐渐扩张到成功的企业和资本家,甚至社会名人通过明星效应吸引创投资金和创业项目。

第三节　风险投资运作

一、风险投资的阶段

(一)种子期(Seed Stage)

种子期指技术的酝酿与发明阶段。这一阶段资金需要量很少,从创意的酝酿,到实验室样品,再到粗糙样品,一般由科技创业家自己解决。如果在原有的投资渠道下无法进一步形成产品,发明人就会寻找新的投资渠道。

种子资本的来源主要有:个人积蓄、家庭财产、朋友借款、申请自然科学基金,如果还不够,则会寻找专门的风险投资家和风险投资机构。此阶段的风险投资多为天使投资人提供。

这个时期面临三大风险:一是高新技术的技术风险,二是高新技术产品的市场风险,三是高新技术企业的管理风险。

风险投资家在种子期的投资占其全部风险投资额的比例是很少的,一般不超过10%,但却承担着很大的风险,因此也就需要有更高的回报。

(二)启动期(Start-up Stage)

启动期指技术创新和产品试销阶段。这一阶段需要进一步解决技术问题,排除技术风险;企业管理机构形成;产品进入市场试销,接受市场反馈。风险投资公司主要考察风险企业经营计划的可行性,以及产品功能与市场竞争力。如果觉得投资对象具有相当高的存活率,同时在经营管理与市场开发上也可提供有效帮助,则会进行投资。面临的风险主要有技术风险、市场风险和管理风险。

(三)扩张期(Expansion Stage)

扩张期是指技术发展和生产扩大阶段。在这一阶段资本需求相对前两个阶段又有增加,一方面是为扩大生产,另一方面是开拓市场、增加营销投入,企业达到基本规模。

这一时期投入的资金称为成长资本,主要来源于原有风险投资家的增资和新的风险投资的进入。另外,产品销售也能回笼一部分资金,银行等稳健资金也会择机进入。这也是风险投资的主要阶段。

这一阶段的主要风险已不是技术风险,但市场风险和管理风险在加大。为此,风险投资机构应积极评估风险,并派人员参加董事会,参与重大事件的决策,提供管理咨询,选聘更换管理人员等并以这些手段排除、分散风险。风险减少,但利润率也在降低,风险投资家在帮助增加企业价值的同时,也应着手准备退出。

(四)成熟期(Mature Stage)

成熟期是技术成熟和产品进入大工业生产阶段。这一阶段资金需求量很大,但风险投资已很少再增加投资了。一是因为企业产品的销售本身已能产生相当可观的现金流入;二是因为这一阶段技术成熟、市场稳定,企业已有足够的资信能力去吸引银行借款、发行债券或发行股票;三是随着各种风险的大幅降低,利润率也已不再诱人,对风险投资不再具有足够的吸引力。这是风险投资的收获季节,即退出阶段。

创业投资各阶段的基本特点见表8-3,分段投资中投资目的、投资工具和预期收益的比较见表8-4。可见各投资阶段的特点各有不同,且投资阶段越早,收益率越高,但是风险也越大,反之亦然。

表 8-3　　　　　　　　　　　　　创业投资各阶段的基本特点

	种子期	启动期	扩张期	成熟期
特点	只有构思、概念 只有创业者或技术专家 没有管理人员 产品原型未开发测试 没有企业计划 只做过市场调研	完成企业计划 产品原型在测试中 产品准备上市 管理队伍形成 第二代产品构思 尚未有销售	开始有销售 管理队伍健全 产品在生产中 验证企业计划并调整 实施营销推广 需要资金支持生产和销售	生产和销售规模扩大 达到盈亏平衡点,产生利润 企业和产品已经形成良好形象 产品市场占有率较大 准备上市发行或并购 第二代产品上市
目标	制造出产品原型 完成企业计划 创建公司,组织管理队伍 完成市场评估	完成原型测试 准备生产 完成生产准备工作 管理制度建立 进一步熟悉市场, 制定营销策略	达到市场渗透目标 接近盈亏平衡点 增加产能 降低成本 强化内部管理	增加市场占有率 公司规模大幅扩张 向国际市场进军 实施并购和多元化策略
收益率	50%以上	40%～60%	25%～50%	20%～40%

表 8-4　　　　　　　分段投资中投资目的、投资工具和预期收益的比较

阶段	企业状态	投资目的	投资年限	投资工具	投资收益率	5年回报倍数
种子期	概念计划	开发试生产	7～10年	自筹资金	60%以上	10～15倍
启动期	生产	市场营销	5～10年	优先股	40～60%	6～12倍
扩张期	开始盈利	稳定利润	1～3年	普通股 债务	25～40%	3～6倍
成熟期	快速成长	上市或转售	1～3年	过渡期融资	25%	2～4倍

二、风险投资的运作过程

创业投资的整个流程可概括为融资、投资、增值、退出四个阶段,如图8-6所示。

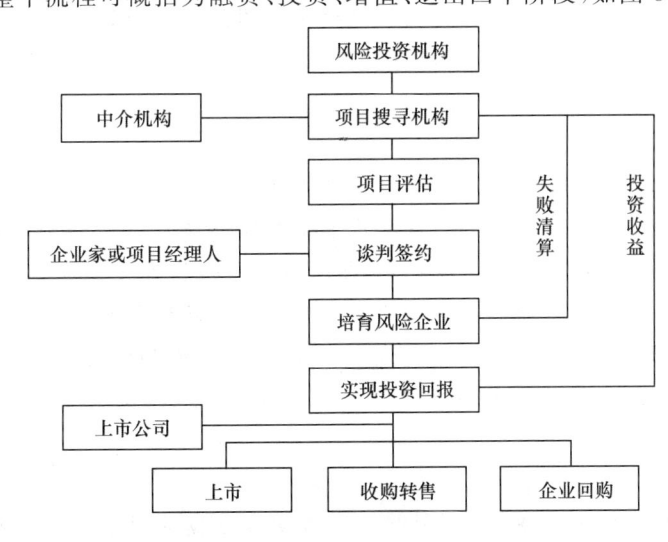

图 8-6　风险投资的运作过程

(一)融资阶段

在融资阶段风险投投资机构需要建立科学的创业投资组织结构,寻找投资主体,开展融资。

(二)投资阶段

在投资阶段风投机构需要寻找投资机会,评价项目,识别高潜力的公司,和创业家会晤与协商,出示意向书,实地考察,缔结协议。

1. 搜寻目标

风投机构通常会从以下几个方面筛选投资目标。

(1)优质的管理,对不参与企业管理的金融投资者来说尤其重要,团队和领军人物的素质将会被非常关注。

(2)至少有2年的经营记录、有巨大的潜在市场和潜在的成长性,并有令人信服的发展战略规划。投资者关心盈利的增长,高增长才有高回报,因此对企业的发展计划和融资投向特别关心。

(3)行业和企业规模(如销售额)的要求。投资者对行业和规模的侧重各有不同。金融投资者会从投资组合分散风险的角度来考察一项投资对其投资组合的意义,而多数投资者不会投资房地产等高风险的行业和他们不了解的行业。

(4)估值和预期投资回报的要求。由于不像在公开市场那么容易退出,投资者对预期投资回报的要求比较高,至少要有高于投资相同行业上市公司的回报率,而且期望对中国等新兴市场的投资有"中国风险溢价"。一般要求25%~30%的投资回报率是很常见的。

(5)3~7年后上市的可能性分析。

案例8-9 小肥羊为何能得到国际资本青睐

1. 创新型吃法

中餐最难做到的就是标准化,而小肥羊创新性地采取"不蘸小料一招鲜"的火锅吃法,解决了中餐标准化、工厂化这个难题,也解决了原材料的集中供应和店面的快速扩张之间的矛盾,保证顾客在小肥羊任何一家连锁店里吃到的火锅都是同样的口感。凭借这一创新型"吃法",小肥羊奠定了连锁经营模式的基础,更使得投资人看到了创始人的市场发现能力和经营管理能力。

2. 连锁经营模式

连锁经营模式让"不蘸小料一招鲜"的火锅吃法在中国大地迅速流行,并一举成为国内的名牌餐饮企业。根据2005年"中国500最具价值品牌"排名,小肥羊(品牌价值55.12亿元,排名第95位)与全聚德(品牌价值106.34亿元,排名第49位)作为仅有的两家餐饮企业入选。

这意味着小肥羊已经有赶超百年老店的实力和水准。而连锁经营模式的优势,已被麦当劳、肯德基、沃尔玛、家乐福等国际连锁巨头的成功所证明。连锁经营模式以其无可比拟的复制力和快速的扩张性显示了巨大的市场潜力。国际资本自然不会对小肥羊这个香饽饽熟视无睹。

3. 巨大的市场潜力

2000年,小肥羊在上海、北京、深圳开始经营直营和连锁加盟店。2001年,小肥羊正式开始特许加盟,当年发展了445家加盟店,实现营业额15亿元。2002年,正式在火锅之乡成都开业,这一年实现销售额25亿元。2003年,加盟店达到660家;并在美国开店,销售额达到30亿元。2004年,第696家分店开到香港。2005年5月27日,第718家分店台湾松江店开业,小肥羊成功进入台湾地区。

4.20多家投资机构主动要求投资小肥羊

从2005年8月开始接触,经过一年时间的谈判后,2006年7月24日,小肥羊与3I和普凯集团最终签订了投资协议,后两者联手投资2 500万美元,占合资公司20%的股份,其他股份为个人出资,而小肥羊创始人张钢及陈洪凯的股权被稀释到不足40%。

3I以拥有16%的股份成为位列小肥羊创始人张钢之后的第二大股东,普凯基金则获得了4%的股份。

2012年2月,百盛正式宣布完成了对小肥羊的收购,共计46亿港元。百盛初步持股量达到了93.2%。但小肥羊火锅这种纯正的中餐在与百盛这种带着明显外国工业血统的餐饮公司相结合的过程中出现了很多的摩擦,这也导致了小肥羊原本自己的管理人才不断流失,高层因为不适应百盛的管控纷纷套现离场,这更是加剧了小肥羊的衰落。

虽然小肥羊现在在国内不愠不火,但是在国外仍占据一席之地,因为小肥羊采用了个人独立小火锅的方式,这在国外这种喜欢单人单餐的社会,无疑是很受欢迎的。所以,适应市场的同时,打出自己的特色,不断学习,才是走出困境的不二法门。

2. 尽职调查

外资基金对投资风险的控制非常严格。即使是灵活的团队决策,也必须进行全面严谨的可行性核查。

创业投资的尽职调查过程,如图8-7所示,具体的尽职调查内容包括:

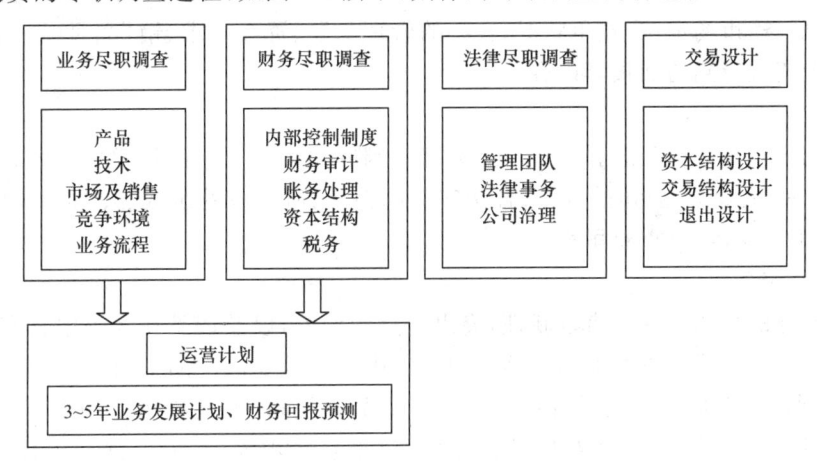

图8-7 创业投资的尽职调查过程

(1)公司历史

回溯公司历史脉络,避免潜在股权纠纷和人际地雷。

(2)财务状况

全面掌握企业经营的财务状况,重新进行独立审计,以防止财务造假和财务欺骗。

(3)经营状况

对企业的市场数据进行重新核查,实地探访和调查访谈相结合,保证市场的一线数据翔实可靠,这是投资者进行下一步投资的基础。

(4)行业调查

投资者往往并不了解国内产业发展状况和发展空间。独立、客观的产业调查往往能找出黑马,重新估计目标企业的战略价值。

(5)法律风险

了解企业是否涉及纠纷或诉讼,土地和房产的产权是否完整,商标专利权的期限等问题。很多引资企业是新兴企业,经常存在一些法律问题,双方在项目考察过程中会逐步清理并解决这些问题。

(6)退出模型推演和关键点设定

以资金投入为前提,推演企业的发展路径,预测发展前景;设定企业发展的目标时点,依靠财务数据推演上市和市场估值的可能性。

3. 商业计划书

商业计划书是风险企业寻找风险资本家的敲门砖。商业计划书的写作是获得创业投资的关键技能,计划的描述必须清晰、客观、逻辑性强,它的最终目的是企业家与投资家之间既能达到专业的沟通,又能实现彼此情感的认同。因此,不同项目的商业计划书从内容的组织安排到词句的表达形式都显示出个性化色彩。但总体而言,公司的商业计划书主要包括以下八部分内容。

(1)概要

概要是整个商业计划的基本框架,相当于是整个商业计划浓缩的精华。它的基本功能是用来吸引投资者的注意力,表达必须清晰、简洁、逻辑性强。由于创业投资家的时间和精力有限,通常,他们都是通过从概要部分获取的信息来判断是否有继续读下去的必要,所以概要不能过长,最好不超过两页的篇幅,越短越好。概要内容一般包括:公司的宗旨及商业模式、商业价值、产品或服务、市场定位、竞争状况、核心的管理手段、资金需求、销售汇总表、资产负债汇总表和预期投资人得到的回报等内容。

(2)公司

此部分的重点是公司理念、战略目标,关键的制胜因素和重要的里程碑。内容一般包括:SWOT分析、战略、业务、公司的背景、合法实体的性质、所有者的组成、公司中期目标和长期目标、关键性的成功因素、重要里程碑。

(3)产品和服务

产品和服务的介绍必须具有创新性,突出优点和价值,以及产品在竞争中具有的优势,强调所拥有的技术壁垒或提供有效的专利证明。集中在最重要的产品上对某些细节做出解释,对其他内容则做出总体上的简单介绍。介绍产品品种规划、研究与开发、未来产品和服务规划、生产与储运、包装等,与竞争对象进行比较,讨论发展步骤,并列出进一步开发所需要的条件。

(4)行业和市场

这一部分包括行业分析和目标市场分析两个方面。

第一,行业分析。该行业发展程度如何?现在的发展动态如何?发展的决定性影响因素是什么?创新和技术进步在该行业扮演着一个怎样的角色?经济发展对该行业的影响程度如何?政府是如何影响该行业的?该行业的总销售额有多少?总收入为多少?价格趋向如何?该行业竞争的本质是什么?进入该行业的障碍是什么?你将采取什么样的竞争战略?该行业典型的回报率有多少?

第二,目标市场分析。每一个细分市场的现时生产量如何?增长率如何?潜力有多大?你的细分市场是什么?为什么这样细分市场?你的目标市场份额为多大?你将怎样赢得顾客？让顾客购买你的产品(服务)的关键性因素是什么？服务、维护、咨询、零售有多重要？你在多大程度上依赖集团购买？

(5)营销策略

这一部分需清楚而完整地介绍产品(服务)投放到市场的策略、整个市场理念和投放计划，包括市场计划、销售策略、销售渠道与伙伴、销售周期、定价策略、市场联络等。

(6)管理和关键人物

管理部分一般是创业投资家在阅览完概要部分后首先要关注的所在。他们从一开始就希望知道你的管理队伍是否有能力和经验管理好你的日常运作，包括：具有特别经验的管理队伍和关键性人物的职业道路是什么？他们具有什么样的管理技巧？他们具有什么样的专业经验？组织结构如何？惩奖制度是怎样的？在一些特别的地区，怎样加强管理队伍？

(7)机会和风险

公司在市场、竞争和技术方面都有哪些基本的风险？准备怎样应对这些风险？公司有一些什么样的附加机会？在现有资本基础上如何进行扩展？最好和最坏情形下，你的五年计划表现如何？如果估计不那么准确，就应该估计出你的误差范围有多大。如果可能的话，对关键性参数作最好和最坏的设定，估计出最好的机会和最大的风险。通过这种分析，创业投资家可以更容易地估计公司的可行性和相应的投资安全性。

(8)财务计划

为了显示公司的财务健康状况和"魅力"，必须收集、整理数据进行财务汇总，提供财务年度报表、现金流量表、预计收入报表、资产负债预计表等。从现金流量表分析资金需求有多大，可以利用什么样的融资渠道。

(三)增值阶段

在增值阶段，风投机构需要为投资对象提供增值服务，进行监控、实现现代化的企业管理，增加企业价值。

(四)退出阶段

在退出阶段，风投机构要实现回报执行退出战略。退出方式一般有：首次公开上市、股份转让给第三者或被兼并收购、风险企业回购和破产清算。

从国外成熟的经验来看，风险投资家扮演着创业投资的策划者、组织者的角色，从整个创业投资的运作过程来看，创业投资的融资、投资、培育增值和退出每一步骤都与风投机构的业务和技术紧密相关，风投机构起着重要作用，有着其他机构难以相比的优势。

三、风险投资的退出渠道

(一)首次公开上市退出

首次公开上市可以分为主板和二板上市。这种退出方式，对于风险企业而言，不仅可以保持风险企业的独立性，而且还可以获得在证券市场上持续融资的渠道。对于风险资本家来说，则可以获得非常高的投资回报。

根据美国的调查资料显示，有 1/3 的风险投资选择通过 IPO 退出，最高投资回报率达 700%。被认为是最佳的退出方式。但是首次公开上市退出方式受到资本市场成熟度的限制比较大。

（二）并购退出

IPO 退出需要一定的时间,且门槛较高,许多风险资本家就会采用股权转让的方式退出。虽然收益不及 IPO,但是风险资金能够很快从所投资的风险企业中退出,进入下一轮投资。因此并购也是风险资本退出的重要方式。特别是近年来国际兼并高潮迭起,采用并购退出的风险资本正在逐年增加。

从事风险企业并购的主体有两大类：一是一般的公司,二是其他风险投资公司。

（三）回购退出

回购退出是指通过风险企业家或风险企业的管理层购回风险资本家手中的股份,使风险资本退出。就其实质来说,回购退出方式也属于并购的一种,只不过收购的行为人是风险企业的内部人员。

回购的最大优点是风险企业被完整地保存下来了,风险企业家可以掌握更多的主动权和决策权,因此对风险企业更为有利。

（四）清算退出

清算退出是针对投资失败项目的一种退出方式。对于风险资本家来说,一旦所投资的风险企业经营失败,就不得不采用此种方式退出。尽管采用清算退出损失是不可避免的（一般只能收回原投资的 64%）,但是毕竟还能收回一部分投资,以用于下一个投资循环。因此,清算退出虽然是迫不得已,但却是避免深陷泥潭的最佳选择。

各个退出渠道的优、缺点见表 8-5。

表 8-5　　　　　　　　　　　各个退出渠道的优、缺点比较

退出渠道	优点	缺点
公开上市	(1)投资获益最高,往往是投资额的几倍甚至几十倍,有的甚至更高 (2)企业获得大量现金流入,增强了流动性 (3)提高了风险企业的知名度和公司形象,便于获得融资便利 (4)股票上市是很大的激励,可以留住核心人员并吸引高素质人才进入 (5)创业投资家以及风险企业的创始人所持有的股权可以在股票市场上套现	(1)有上市限制; (2)对出售股权的限制会影响创始人投资收入的变现 (3)上市成本很高,上市的费用十分昂贵
并购或回购	(1)这种契约式转让最大的优点在于符合风险资本"投入—退出—再投入"的循环,投资者可以在任意时期将自己拥有的投资项目股权随时变现,使创业投资公司的收益最大化 (2)操作相对 IPO 简单、费用低,可以实现一次性全部撤出且适合各种规模类型的公司 (3)股份的出售或回购还可以作为创业投资企业回避风险的一种工具	(1)由于收购方太少,导致企业价值被低估,收益率与公开上市相比明显偏低,只有它的大约 1/5 到 1/4 (2)就并购而言,风险企业被收购后就不易保持独立性,企业管理层有可能失去对风险企业的控制权 (3)对回购来说,如果企业创始人用其他资产（如其他公司股票、土地、房产等）和一定利息的长期应付票据支付回购,涉及变现及风险问题 (4)产权界定不清,产权交易市场不发达,产权成本过高,阻碍这种退出渠道的运用
清算	这是创业投资不成功时减少损失的最佳退出方式	(1)承担很大程度上的损失,这是投资失败的必然结果 (2)我国《公司法》要求在出现资不抵债的客观事实时才能清算,从而很可能错过投资撤出的最佳时机,也就无形中扩大了风险企业的损失

本章小结

1. 私募股权的投资范围包括：创业投资业务、提供发展基金、并购基金和其他业务。
2. 私募股权的经济价值体现在：专业化的投资团队、能发现潜在的价值、有力监督了上市公司的管理层、提供退休金和医疗保障。
3. 私募股权的参与者有：政府和其他公共机构、养老金、金融机构、基金会和资本家。
4. 私募股权的成功要素：巨大的资本实力、强大而多元的合伙人、精深的行业认知、独立而精准的判断力、全球化的布局、卓越的金融素质、出众的管理手段。
5. 私募股权的运作风险包括：系统性风险、政策风险、行业风险、运营风险、内部风险。
6. 创业投资是指投资人将风险资本投向刚刚成立或快速成长的未上市的高新技术企业，在承担很大风险的基础上，为融资人提供长期股权投资和增值服务，培育企业快速成长，数年后再通过上市、兼并或其他股权转让方式撤出投资，取得高额投资回报的一种高风险高收益投资方式。
7. 创业投资主要由六大要素组成，即风险资本、创业投资人、投资对象、投资期限、投资目的和投资方式。
8. 创业投资的整个流程可用八字方针概括：融资、投资、增值、退出，分为四个阶段。
9. 国外以及发达地区与我国创业投资的来源渠道存在明显的区别。
10. 有限合伙制作为一种行之有效的创业投资组织形式成为美国等发达国家创业投资组织形式的最佳选择。
11. 分段投资一般分别是：种子期、启动期（导入期）、扩张期（发展期）和成熟期（过渡期）。不同的投资主体在介入时机选择上存在差异。
12. 创业投资者退出的方式是公开上市、并购或回购、清算。

思考题

1. 什么叫风险投资？它有哪些特点？
2. 风险投资的组成要素包括哪些？
3. 简述风险投资的作用。
4. 风险投资有哪些参与主体？
5. 简述风险投资分段投资的各个阶段。
6. 风险投资的运作程序是怎样的？它的退出渠道有哪些？
7. 试论投资银行与风险投资的关系。
8. 风险投资机构有哪些组织模式？
9. 什么叫有限合伙制？与公司制相比，它有哪些优势？
10. 简述创业板市场的特性。
11. 什么叫PE？PE的投资范围包括哪些？
12. PE的运作风险有哪些？

第九章

资产证券化

案例导入 >>>

阿里巴巴的资产证券化

阿里巴巴的资产证券化是中国首例小微企业和个人创业者贷款证券化，对中国解决中小企业融资困境，亦具有榜样意义。京东、苏宁、腾讯等电商企业，也紧跟脚步进入小额贷款领域，阿里巴巴的资产证券化无疑为这些企业同样存在的贷款资金来源问题，率先探了一条路。而电商企业的小额贷款，是提供给电商平台上的小微企业和网商个人创业者的。因此，资产证券化成为解决小微企业和个人创业者融资难的一种有效手段，是金融更好地为实体经济服务的一种有效方式。

阿里巴巴的三个平台，阿里巴巴(B2B)、淘宝(C2C)、天猫(B2C)，商户绝大多数都是小微企业甚至个人，这些商户基本上都得不到传统金融的贷款支持，发展受到资金限制，进而也约束了平台提供商阿里巴巴集团的发展。也正因如此，三年前，阿里巴巴掌门人马云就公开说："如果银行不改变，阿里将改变银行。"

2010年和2011年，浙江阿里小贷和重庆阿里小贷公司分别成立。这两家小贷公司为阿里平台上无法在传统金融渠道获得贷款的小微企业和网商个人创业者提供"金额小、期限短、随借随还"的纯信用小额贷款服务。尽管这些信用贷款相对于传统银行贷款来说没有抵押，但凭借阿里平台的历史交易数据判断客户信用状况，坏账率低于银行业平均坏账率。借此，阿里巴巴的"平台、金融、数据"三大业务形成了良性互动。电子商务平台提供了大量历史交易数据，而这些数据又给金融业务提供了足够的贷款对象信息，而对于融资困难的小微企业和个人创业者而言，阿里的小贷业务又进一步吸引其成为阿里电子商务平台的商户。

阿里小贷是当前中国解决中小企业融资困境的一个成功标杆，但这种小贷模式的阿里金融存在一个致命的局限，即小贷公司不能像银行一样吸收存款，除资本金外，只能从银行融入资金。而根据银保监会颁布的《关于小额贷款公司试点的指导意见》，小贷公司从银行融入资金的余额，不得超过资本净额的50%。阿里小贷所在的浙江和重庆都出台了鼓励政策，允许从银行融入的资金余额的上限提高到100%，即便如此，两家阿里小贷的16亿元注册资本，也只能从银行再融入16亿元，可供放贷的资金最多为32亿元。相对目前阿里小贷累计约300亿元的贷款总额，贷款周转了10次。

阿里小贷的进一步发展，受到了资金来源的限制。如果没有新的办法，阿里金融显然难以担负马云所言的"支撑整个未来"的使命。一个解决办法就是申请银行牌照，这也是外界一直猜测阿里巴巴会做银行的原因所在。但银行牌照的申请不是短时间内能够实现的，能否申请成功也存在极大不确定性。另外，银行也未必适合阿里巴巴"金额小、期限短、随借随还"的小贷业务，而且还要受到诸多约束，比如要求与商户面对面、不能异地提供贷款服务等。另外一个解决办法就是将贷款出售，回笼资金，再放贷，加快资金周转。此前阿里巴巴通过信托计划进行了尝试。2012年6月，重庆阿里小贷通过山东信托发行了"阿里金融小额信贷资产收益权投资项目集合信托计划"，向社会募集资金2亿元。9月，重庆阿里小贷再次通过发行"阿里星2号集合信托计划"，向社会募集资金1亿元。这等于为阿里小贷新增了3亿元可供贷款资金。但由于信托计划的私募性质，融资规模受到限制，另外，信托的融资成本也比较高，显然难以满足阿里金融更大发展的需求。

资产证券化应是阿里巴巴解决资金来源的最佳渠道。资产证券化由于可采取公募形式，且发行的产品是标准化、高流通性的证券，投资者众多，因此可进行大规模融资，且融资成本也比信托计划要低得多。阿里巴巴之前之所以采取信托而未采取资产证券化，是因为存在制度障碍。阿里小贷的特点是"期限短、随借随还"，而所发行的资产支持证券则期限较长，因此存在期限错配。

2013年10月21日中国证监会正式颁布的《证券公司资产证券化业务管理规定》，允许以基础资产产生的现金流循环购买新的基础资产方式组成基础资产池，为阿里巴巴资产证券化提供了可能。

阿里巴巴的资产证券化，是将阿里小贷公司的50亿元贷款组合出售给东方证券的"专项资产管理计划"，以此贷款组合为基础，向投资者发行50亿元证券，其中40亿元的优先证券由社会投资者购买，阿里巴巴购买10亿元的次级证券。这些证券的偿付来自50亿元贷款组合的本息偿还，优先证券先于次级证券偿还。通过优先/次级的分档，优先证券的信用级别得以提高，从而能够降低融资成本。通过资产证券化，事实上是阿里小贷公司把40亿元的贷款出售给了证券投资者，回笼40亿元资金，从而能够发放新的贷款。换句话说，这40亿元贷款的小微企业和个人创业者，获得了资本市场的融资渠道。

在证券到期之前，如果贷款组合中的贷款偿还了，可以用偿还所得的资金购买新的贷款，即"基础资产产生的现金流循环购买新的基础资产方式组成基础资产池"，如此循环，一直到证券到期。由此，短期贷款和长期证券的期限错配问题得以解决。于是借此，阿里巴巴得以用更大规模的贷款来支持商户的发展，反过来进一步促进阿里巴巴自身的发展。

好处不仅于此，阿里金融还能增加新的收入来源。重庆阿里小贷的年化贷款利率在18%到21%，而资产证券化产品的预期收益率在6%左右，除掉各种资产证券化操作费用，即使从出售的贷款组合中，阿里金融也能获得可观收益。

而此次阿里巴巴资产证券化，是证券公司资产证券化领域，第一个中小企业贷款证券化案例，也是中国中小企业贷款证券化的第二次实践，并把基础资产扩展到了小微企业和个人创业者。可以确信，中小企业贷款证券化将在解决中国中小企业融资困境方面起到越来越重要的作用。

资产证券化是近几十年来世界金融领域的最重大创新之一，从20世纪60年代末的美国住房抵押贷款证券化开始，之后资产证券化得到迅猛发展，并成为现代金融发展的主流方向。

第一节 资产证券化概述

一、资产证券化的概念

广义的资产证券化,是指在资本市场和货币市场上发行证券(包括权益类凭证和债务类凭证)来融通资金的过程。我们常见的股票、债券、商业票据等都可以归为广义的证券化。资金需求方以证券为融资凭证向资金供给方直接融通资金而不再需要向银行等中介机构申请贷款。这种意义上的资产证券化实际上就是所谓的"非中介化"或"脱媒"。

狭义的资产证券化,是指将缺乏流动性但能够产生可预见的稳定现金流的资产,通过一定的结构安排,对资产中风险与收益要素进行分离与重组,进而转换为在金融市场上可以出售的流通的证券的过程。现代意义上的资产证券化一般都是指狭义的资产证券化。

资产证券化是使储蓄者与借款者通过金融市场得以部分或全部匹配的一个过程。其一,资产证券化是以市场为基础的信用活动,属于直接融资的范畴,而有别于以金融机构为中介的间接信用活动。其二,以市场为基础的证券化融资活动包括两种证券化方式,即一级证券化(也称初级证券化)和二级证券化。

资产证券化是证券化的一种形式,证券化是近几十年来国际金融领域中发展最快的金融工具之一。证券化包括融资证券化与资产证券化,融资证券化是指资金短缺者采取发行证券的方式在金融市场上向资金提供者直接融通资金。

二、资产证券化的特征

资产证券化是一种有别于传统融资(包括直接融资和间接融资)的新的融资方式,其特征表现为以下几个方面:

(一)结构型的融资方式

与传统的融资方式不同,资产证券化的核心是设计一种严谨有效的交易结构,资产证券化是以传统的银行贷款等资产为基础发行资产证券,通过资产证券化降低银行等金融机构的风险,提高资产流动性。资产证券化的重要环节是按照资产的期限、利率等特点,对资产进行分解、组合和定价,并重新分配风险与收益。这相当于对金融中介机构金融产品的二次加工,以实现提高金融产品质量,分散金融风险的目的。资产证券化不仅对银行的资产进行分解,也对银行的中介功能进行分解。它将过去由一家银行承担的发放贷款、持有贷款、监督贷款使用和回收贷款本息等业务转化为由多家机构共同参与的活动。通过对银行功能的分解,资产证券化把传统的由贷款人和借款人组成的单纯的信用关系带入了证券市场,在融入更多参与者的同时,既为贷款人带来了利益,又为证券市场投资者提供了丰富的投资工具。

资产证券化作为一种结构型融资方式其特征主要表现为以下两点:第一,发行人需要构造一个交易结构才能实现融资目的;第二,资产池中的现金流需要经过加工、转换和重新组合,经过必要的信用增级,才能创造出适合不同投资者需求,具有不同风险、收益和期限特征的收入凭证。由于经过了资产重组、风险隔离和信用增级三个基本环节,资产担保证券的信用水平得到提高。因此,资产证券化又是一种成本更低的结构型融资方式。

(二)流动性风险管理方式

用于资产证券化的资产通常都是不能随时出售变现的,但根据合同或事先约定而具有可预见、稳定的未来现金流入。通过资产证券化,发起人能将流动性低的资产转换为流动性高的、标准化的证券工具。因此,资产证券化最重要的目的之一就是提高资产的流动性。

(三)表外融资方式

传统的融资行为必然最终反映到融资主体的资产负债表中,而资产证券化融资一般则要求将证券化的资产从持有者的资产负债表中剔除。例如,美国1997年生效的美国财务会计准则第125号《转让和经营金融资产及债务清理的会计处理》规定:鉴于被证券化的资产已经以真实出售方式过户给特殊目的载体,原始权益人应将证券化资产从资产负债表上剔除并确定收益和损失。即用于资产证券化的资产只要达到真实出售标准,利用资产证券化所进行的融资就不会增加发行人的负债。这就从法律上确认了以表外方式处理资产证券化的原则,从而使资产证券化融资有别于传统的融资方式。

(四)依赖于资产信用的融资方式

传统的融资方式(无论是贷款还是债券)是凭借借款人的资信能力进行融资的活动,而资产证券化的融资方式则凭借进行证券化的基础资产的未来收益来融资。投资者在决定是否购买资产担保证券时,主要依据的是这些资产的质量,未来现金流的可靠性和稳定性,而原始权益人本身的资信能力则居于相对次要的地位。资产证券化中的真实销售使证券化基础资产的信用状况与原始权益人的信用状况分离开来,从而使本身资信不高的证券化基础资产的债权人通过信用增级,也能在证券市场上借助资产证券化满足新的融资需要。

(五)低风险的融资方式

资产证券的投资者或持有人在证券到期时,可以获得本金和利息的偿付。偿付资金来源于证券化基础资产所创造的现金流量,即资产债务人偿还的到期本金和利息。如果证券化基础资产的债务人违约拒付,资产证券的清偿也仅限于被证券化资产的数额,而金融资产的发起人或购买人没有超过该资产限额的清偿义务,因此资产证券化是一种与企业发行股票、债券等筹集资金不同的新型的低风险融资方式。

(六)资产融资与分散借贷相结合的双重信用工具

传统的证券融资方式是企业以自身的产权为清偿基础,企业对债券本息及股票权益的偿付以企业全部法定财产为限。资产证券化虽然也采取证券形式,但证券的发行依据不是企业全部法定财产,而是企业资产负债表中的某项特定资产;证券权益的偿付也不是以企业产权为基础,而仅仅以被证券化的资产为限。通过资产证券化,发起人持有的金融资产转化为证券在证券市场上交易,实际是发起人最初贷出去的款项在证券市场上交易,这样就把原来由发起人独家承担的资产风险分散给众多投资者承担,从而起到了降低借贷风险的作用。因此,资产证券化的主要功能还不单纯是为了融资,它是一种有别于产权融资的资产融资与分散借贷相结合的双重信用工具。

三、资产证券化的类型

按照不同的标准,资产证券化划分为不同的类型,资产证券化的分类依据及主要类型见表9-1。

表 9-1　　　　　　　　　　　资产证券化的分类依据及主要类型

分类依据	主要类型
基础资产	住房抵押贷款证券化与资产支撑证券化
现金流处理与偿付结构	过手型证券化与转付型证券化
借款人数	单一借款人型证券化与多借款人型证券化
金融资产的销售结构	单宗销售证券化与多宗销售证券化
发起人与SPV的关系以及由此引起的资产销售次数	单层销售证券化与双层销售证券化
贷款发起人与交易发起人是否一致	发起型证券化与载体型证券化
证券化载体的性质	政府信用型证券化与私人信用型证券化
证券构成层次	基础证券与衍生证券
基础资产是否从发起人资产负债表中剥离	表内证券化与表外证券化

(一)住房抵押贷款证券化与资产担保证券化

住房抵押贷款证券化(MBS)是资产证券化发展史上最早出现的证券化类型。它是以住房抵押贷款这种信贷资产为基础，以借款人对贷款进行偿付所产生的现金流为支撑，通过金融市场发行证券(大多是债券)融资的过程。

资产担保证券化(ABS)是除住房抵押贷款以外的资产为支撑的证券化融资方式，它实际上是MBS技术在其他资产上的推广和应运。由于证券化融资的基本条件之一是基础资产能够产生可预期的、稳定的现金流，除了住房抵押贷款外，还有很多资产也具有这种特征，因此它们也可以证券化。具体包括：

1. 汽车消费贷款、个人消费贷款和学生贷款支撑证券。
2. 商用房产、农用房产、医用房产抵押贷款支撑证券。
3. 信用卡应收款支撑证券。
4. 贸易应收款支撑证券。
5. 设备租赁费支撑证券。
6. 公园门票收入、基础设施收费、俱乐部会费收入支撑证券。
7. 保单收费支撑证券。
8. 中小企业贷款支撑证券。

(二)过手型证券化与转付型证券化

过手型证券化可以以权益凭证和债权凭证两种形式向投资者融资。抵押担保债券是广泛使用的转付型证券化产品，简称CMO。它是最早出现的证券化交易结构。在这种结构下，证券化资产的所有权随证券的出售而被转移给证券投资者，从而使证券化资产从发行人的资产负债表中剔除。来自资产的现金流收入简单地"过手"给投资者以偿付证券的本息，投资者自行承担基础资产的偿付风险。

转付型证券化用于偿付证券本息的资金来源于经过重新安排的基础资产产生的现金流。它与过手型证券化最大的区别在于：转付型证券化根据投资者对风险、收益和期限等的不同偏好对基础资产产生的现金流进行了重新安排和分配，使本金与利息的偿付机制发生了变化。

(三)其他类型的资产证券化

1. 单一借款人型证券化与多借款人型证券化

根据基础资产卖方数量的多寡,可以将证券化结构分为单一借款人型证券化与多借款人型证券化。这里的借款人是指基础资产的卖方,即证券化的融资方,也就是原始权益人。进行这种划分的主要目的是要提醒投资者和评级机构应该对单一卖方情形下借款人的破产和解体风险加以特别关注。虽然真实销售已经使基础资产不被列入卖方的破产清算资产中,但一旦卖方和卖方的所有者发生破产,仍会在一定程度上影响基础资产所产生的现金流的收集和分配。

2. 单宗销售证券化与多宗销售证券化

根据基础资产销售结构的不同,可以将证券化交易分为单宗销售证券化和多宗销售证券化两种类型。在单宗销售证券化交易中,卖方一次性地将基础资产出售给买方;而在多宗销售证券化交易中,随着原始债务人对债务本息的不断偿付,基础资产池的未清偿余额也就不断下降,资产规模不断缩小。多宗销售交易更多的是被用来对信用卡应收款、贸易应收账款等短期应收款进行证券化。使用多宗销售证券化结构可以通过循环购买过程来扩大证券化规模,摊薄前期费用,并将短期应收款组合成长期应收款。

3. 单层销售证券化与双层销售证券化

根据发起人与SPV的关系以及由此引起的资产销售的次数,可以将证券化结构划分为单层销售证券化与双层销售证券化。单层销售证券化由基础资产的卖方向与其有合并会计报表关系的子公司SPV转移资产,不论这种资产转移是一次完成还是循环进行的,由于这种资产销售结构是在母、子公司的层面上展开的,因此被称为单层销售结构。按照严格的会计标准,需要被转移的资产从母公司的资产负债表中剔除,这就要求将已销售给子公司SPV的资产再次转移给母公司无合并关系的第三方SPV,这种由子公司SPV再向无关的独立第三方SPV销售的结构被称作双层销售结构。

4. 发起型证券化与载体型证券化

在一项具体的资产证券化交易中,贷款发起人与交易发起人的角色可能重合也可能分离。当贷款发起人同时又是证券化交易的发起人时,这种证券化结构就被称为发起型证券化。如果贷款发起人只发起贷款,然后就将这些资产销售给专门从事证券化交易的证券化载体,而后者架构证券化交易并发行证券,这种证券化交易结构就是载体型证券化。

5. 政府信用型证券化与私人信用型证券化

根据证券化载体在性质上的差异,可以将证券化交易分为政府信用型证券化与私人信用型证券化。私人信用型证券化载体是专门购买和收集基础资产,并以自己的名义将其以证券形式出售的融资中介,它们一般都是大银行、抵押贷款银行或证券公司的分支机构。政府信用型证券化载体在美国的抵押贷款证券化市场中占据着垄断地位,它们在享受最低注册资本金要求的同时,还控制着全部证券化交易的条件,包括分销标准、定价等。私人信用型证券化载体虽然近年来发展迅速,但也只占据很小的市场份额,还远远不能撼动政府信用型证券化载体在抵押贷款证券化市场中的垄断地位。

6. 基础证券与衍生证券

按照证券产生过程和层次的不同,还可以进行基础证券与衍生证券的划分。以抵押贷款或应收款等基础资产为支撑发行的证券统称为基础证券,衍生证券是指以这些基础证券组合为支撑所发行的证券。衍生证券反映了证券化交易的未来发展趋势,即根据不同投资者的需求,不断进行产品创新,设计出满足特定投资者的个性化产品。投资银行为了吸引那些对由发起人创立的 SPV 所发行的证券不感兴趣的投资者,创造出独立的 SPV,并以已发行的资产支撑证券等其他投资工具的组合为基础资产,再发行满足投资者需要的证券。

7. 表内证券化与表外证券化

在证券化交易中,往往会有表内证券化与表外证券化的区分,这种区分是以基础资产是否从发起人的资产负债表中剔除为标准的。所谓表内证券化主要是指:长期以来,欧洲的银行等金融机构以其所持有的某些资产组合为担保,通过发行抵押关联债券或资产关联债券来筹集资金的行为。在表内证券化交易中,资产并不从发起人的资产负债表中剔除。在这种情况下,投资者不是对特定的资产组合拥有追索权,而是对整个发起机构拥有追索权。因此,决定证券信用质量的是发起机构的整体资信状况,而不是证券化资产的质量。

第二节 资产证券化的发展历程

一、美国资产证券化的发展历程

美国是世界上资产证券化较发达的国家,也是较早开展资产证券化的国家,其资产证券化市场也是全球较大的。资产证券化在美国的发展历程,大致可分为以下四个阶段:

(一)1970—1984 年,住房抵押贷款证券化的兴起与繁荣阶段

为了满足"婴儿潮"所带来的住房需求,投资银行开始将部分由联邦住宅局和退伍军人局担保的住房抵押贷款进行打包组合出售给投资者,这类组合被称为住房抵押担保贷款过手债券。符合要求的住房抵押资产证券化可以得到政府国民抵押协会(Government National Mortgage Association,Ginnie Mae,吉利美)、联邦国民抵押协会(Federal National Mortgage Association,Fannie Mae,房利美)、联邦住宅贷款抵押公司(Federal Home Loan Mortgage Corporation,Freddie Mac,房地美)等政府机构的担保。高等级的住房抵押贷款证券其信用等级接近于国债,收益率略高于同期国债,因此,受到了大量投资者的青睐。这一时期,美国资产证券化有如下特点:一是被证券化的基础资产仅限于居民住宅抵押贷款;二是证券化技术还是一种美国本土化的金融创新技术,在国际金融界尚未引起足够的重视,但它在美国发展迅速,并收到了良好的效果。

(二)1985—1991 年,资产证券化不断深化阶段

随着石油危机后美国经济的复苏,住房类融资需求再次大幅上升。由于设计的局限性,原有产品难以消除投资者对于提前还款的忧虑,MBS 市场难以吸收新的资金进入。在此背景下,联邦住宅贷款抵押公司(房地美)设计出了以一组抵押贷款为支持手段的多组债券,各组债券具有不同的期限和收益率以及不同的本息偿还顺序,抵押担保债券(CMO)由此诞生。

CMO对现金流进行了重新分配,满足了投资者对于产品期限的要求。随着住房抵押资产证券化的发展,资产证券化业务的应用日趋成熟,汽车贷款、信用卡应收款、贸易应收款等金融资产相继进入了证券化市场。这一时期,资产证券化不断深化,有如下特点:一是基础资产的广泛化,出现了如汽车贷款、信用卡、贸易应收款等证券化;二是证券化技术的成熟与深入,政府通过制定法律和会计等法规来扫除证券化制度上的障碍,且信息技术以及其他技术的发展也有利于资产证券化的深入开展。

(三)1992—2007年,资产证券化国际化阶段

1992—2007年是美国资产证券化国际化时期。这个时期有如下特点:一是资产证券化的理念扩展到几乎所有经过组合后具有稳定现金流的金融资产;二是资产证券化迅速向美国以外的国家扩散,成为国际资本市场上跨世纪的发展趋势,如今已成为金融创新中一种主流融资技术。在此过程中,随着资产证券化发行规模的不断扩大以及对冲基金、高收益债券、夹层贷款等风险收益特性日趋复杂的债权资产的相继问世,一些结构化金融机构、资产管理机构对这些金融资产进行重新打包和组合,发行由其支持的、具有不同信用级别的CDO。CDO的发行使债权资产证券化发展到了一个更高的层次。首先,资产池以较大面额的债券或贷款为主,比传统的住房抵押贷款具有更大的广泛性和风险复杂性。CDO的发行将这些风险资产与风险评估能力有限的投资者的投资需求联结起来,提高了市场的流动性和效率。其次,信用衍生工具在证券化中的应用(合成型CDO的发行)使通过证券化转移债权资产的信用风险拥有了更为高效的途径。最后,CDO既含有直接来源于债权资产的信用风险,又含有因从市场购入资产而形成资产池产生的市场风险(如市值型CDO),其价值及风险来源的复杂性促使证券化资产的结构化管理及证券化交易结构提升了更高的水平。

(四)2008年至今,加强监管阶段

经过几十年的发展,资产证券化产品已经成为美国债券市场非常重要的品种,市场规模巨大。2002—2007年,美国资产证券化市场历年发行规模长期维持在2.5万亿美元以上。2008年金融危机爆发,美国资产证券化市场发行规模骤降,2008年资产证券化债券发行规模为1.66万亿美元,仅为2007年发行量的60%。之后随着市场监管的进一步完善,资产证券化市场规模逐步恢复并维持在2万亿美元左右的发行规模。2017年美国资产证券化市场发行规模为1.9万亿美元,环比小幅下降5.93%。

2008年金融危机爆发以来,从普通民众、政府官员到财经媒体都纷纷指责正是资产证券化市场及其市场参与者导致了这场危机。美国金融危机调查委员会(Financial Crisis Inquiry Commission,FCIC)和证券交易委员会(SEC)也因此专门召开评审委员会,审视与总结了导致次贷危机的四大深层次原因:资产证券化的基础资产池不透明;过多依赖于少数传统评级机构;资产证券化各方参与者利益不协调;资产证券化市场流动性与估值的大幅波动导致不确定性。随后,根据这些原因,美国政府运用各种手段对资产证券化市场进行规范。

美国SEC于2010年4月开始为修订Regulation AB(以下简称Reg AB)公开征求意见,《2010年华尔街改革和消费者保护法》(又称《多德—弗兰克法案》)吸收了Reg AB提案及评论的部分内容。2011年7月Reg AB对应于《多德—弗兰克法案》监管的要求重新征求意见,

SEC 于 2014 年年初再一次对较敏感的有关资产层面数据方面的内容开放评论,最终在 2014 年 9 月 4 日完成了 Reg AB 的修正案(Reg AB II)。新版的 Reg AB II 旨在通过全面规范资产证券化产品注册发行及存续期间的信息披露及报告要求,提高证券化市场的资产信用质量和信息透明度,为投资者及其他市场参与者提供充分、及时而有效的决策信息,减少投资人对评级机构的依赖程度,废除了储架发行(Shelf Offering,是指证券发行人向证券监管机构提交注册或审核文件后,在随后的时间内持续地发行证券。由于这相当于将登记后的证券放在橱柜上备而不用,等到需要时才取下来发行,因此,被形象地称为储架发行)中的信用评级要求,对储架标准做出了最新规定。新规于 2014 年 11 月 24 日正式生效。

美国政府资助企业——"两房"

房利美和房地美(以下简称"两房")是美国较大的两家政府资助企业(government sponsored enterprises,GSE)。

(1)房利美。房利美成立于 1938 年,属于大萧条时期"罗斯福新政"的一部分。房利美的设立宗旨在于为地方银行的住宅按揭贷款业务提供联邦资金,从而实现提高住宅所有化率、实现"居者有其屋"的政治目标。设立之初,房利美是美国联邦政府的一个政府机构,主要业务是收购由联邦住房管理局(FHA)或者退伍军人事务部(VA)担保的具有社会福利属性的特殊按揭贷款。1954 年,房利美重组为混合所有制公司,联邦政府持有优先股而私人机构持有其普通股。1968 年,根据《住房和城镇开发法》,房利美进行分拆,一部分成为私有股份制公司,保留使用房利美的名称,另一部分成为一个政府机构,即吉利美(政府全资公司,主要职责是购买银行发放的住房抵押贷款,设计出结构性产品的过手证券后再打包出售,为房地产市场提供流动性。吉利美与"两房"共同构成美国房地产市场的支柱)。1970 年,房利美股票在纽约证券交易所上市。同年,联邦政府放开了对房利美收购按揭贷款的类别限制,允许其收购普通私人住房按揭贷款。1981 年,房利美发行了其第一只 MBS。1992 年,房利美成为较大的 MBS 的执行商和担保商,超过了吉利美和房地美。

(2)房地美。1970 年,为了打破房利美对按揭贷款二级市场的垄断状况,联邦政府组建设立了另外一个与房利美直接竞争的政府资助企业——房地美。其主要业务是从抵押贷款公司、银行和其他放贷机构购买住房抵押贷款,并将部分住房抵押贷款证券化后打包出售给其他投资者。1971 年,房地美发行了其首只押贷款证券。1988 年,房地美实现私有化,并在纽约证券交易所上市。

"两房"在美国住房抵押贷款市场发挥了重要作用,其担保或购买的房地产抵押贷款长期占美国房地产市场一半以上,次贷危机以来更是超过 80%。通过向银行购买住房抵押贷款债权,释放银行的现金流,使银行能够再发放新的贷款,而贷款商资金流动加快使其资金成本降低,进而也降低了抵押贷款利率,使全美借款买房用户尤其是中低收入借贷者受益。美国的住房拥有者比率从 1990 年的 64% 上升到 2004 年的最高点 69.2%,2014 年 3 季度的住房拥有者比率为 64.4%。

(3)"两房"被政府接管及股票退市。虽然在"两房"的投资组合中完全不符合任何次级贷款,但随着次贷危机将信贷风险从次贷市场扩展至整个抵押贷款市场,"两房"从 2007 年起开始遭遇连续巨额亏损。美国政府迅速对"两房"施以援手,把原来的隐性担保完全显性化。

2008年国会出台《住房与经济复苏法案》(HERA),成立了对"两房"新的独立监管机构——联邦住房金融署(FHFA),并允许美国财政部购买"两房"债务。2008年9月6日,FHFA将"两房"置于联邦托管状态,以避免住房金融市场崩溃及更大风险;9月7日,财政部与"两房"达成《优先股票购买协议》(PSPA),在两公司各购买1 000亿美元的优先股。2009年5月,财政部将购买金额提高到2 000亿美元。截至2013年年底,在PSPA项下,财政部共购买了"两房"1 874亿美元的优先股。此外,美国政府的救助行动还包括购买"两房"的抵押贷款支持证券(MBS)。截至2014年8月底,美联储和财政部持有的"两房"抵押贷款支持证券达到1.55万亿美元,占"两房"资产总量的29%,是"两房"债券的最大持有人。

美国政府对"两房"的迅速救助,至少出于三点考虑:首先,由于"两房"在美国住房市场中的重要作用和公共责任,若让其自生自灭将损害美国的整个抵押贷款市场和房地产金融业;其次,"两房"牵扯面甚广,投资来源中不仅有美国国内商业银行和各类基金,还包括全球许多国家的央行,若对其置之不理,将给全球金融及经济运行带来系统性灾难;最后,如果放任"两房"破产违约,将大大损害美国机构债的国际信誉,而美国政府不想让其产生蝴蝶效应。由于"两房"股价长期低于1美元,FHFA宣布"两房"股票于2010年7月7日退市,退市后"两房"股票在场外市场继续交易。但股票退市并未影响"两房"的债券表现,英国政府仍将履行为"两房"注资、为其补充资本金的法律合约,"两房"的普通机构债券至今仍然保持着AAA的最高信用评级,而"两房"的MBS由于具有"两房"的信用及抵押资金池的双重保证,更是不受影响。

(资料来源:作者根据相关资料整理)

二、欧洲资产证券化的发展历程

欧洲是除了美国以外世界上资产证券化发展较领先的地区。欧洲资产证券化产品的规模在2009年达到顶峰,未偿余额达到3.11万亿美元,但随着金融危机的爆发,规模不断下降。截至2015年年底,欧洲证券化产品余额为1.68万亿美元,仅有美国的约1/6。欧洲资产证券化的一个特点就是没有像美国那样的三大政府支持机构来为MBS进行担保。跟美国一样,欧洲资产证券化市场也呈现出以MBS为主的特征,但是欧洲的两个特色证券化产品SMEs和WBS也占据了较高的比重。截至2015年年底,欧洲资产证券化产品中,MBS为1.06万亿美元,占65%,以银行的中小企业贷款为基础资产的证券化产品(Small and Medium Entrepreneur security,SMEs)和以企业某项业务的整体运营资产为基础资产的证券化产品(Whole Business Securitization,WBS)分别占7%和5%。

从地理分布来看,英国是欧洲较大的资产证券化市场,其次是荷兰、西班牙、意大利、比利时和德国。2013年,英国、荷兰、西班牙、意大利、比利时和德国的资产支持证券未偿付余额占欧洲资产支持证券未偿付余额的比重分别为29%、18%、12%、12%、6%和5%。

20世纪70年代末,随着英国商业银行进入住房抵押贷款市场,该市场被建筑协会(Building Society,BS)长期垄断的格局由此终结。商业银行在住房抵押贷款市场所占份额快速增长,住房抵押贷款市场的竞争随之加剧。住房抵押贷款市场的膨胀导致信贷市场资金来源紧张,催生了英国的资产证券化业务。1985年1月,美洲银行在英国首次为一家车辆公司发行名为抵押中介票据发行者1号的5 000万英镑浮动利率票据的抵押担保证券,这也是欧洲第一笔抵押担保券。1989年,抵押担保债券的余额达到最高点。此后,英国的证券化市场呈现波动下降的趋势,到了1993年,证券化市场发行速度有所加快,1994年略显高潮后,1995年证券化又陷入低谷。1996年后,伴随着经济复苏,英国的MBS市场重新开始快速发展。但受欧债危机冲击,2014年英国资产证券化市场的规模比2008年峰值时的3 972亿美元萎缩了大约84%。

三、亚洲资产证券化的发展历程

相较于欧美国家的证券化发展,亚洲资产证券化整体起步较晚,且发展较慢。1997年,亚洲金融危机爆发之前,亚洲的资产证券化业务基本上处于萌芽状态,主要原因是受到市场需求因素的制约。众所周知,在亚洲金融危机爆发以前,该地区的经济一直呈现良好的发展态势,国际投资者也看好亚洲的经济发展前景而大量地向该地区投入资金。亚洲金融危机的爆发严重削弱了亚洲企业的融资能力,促使它们转向证券化融资。

1993年6月,日本非银行金融公司获准开展证券化业务。1994年9月,日本金融公司获准第一次向海外发行由计算机和设备租约支持的1.48亿美元资产担保证券。但由于受市场因素和政府因素制约,证券化业务一直没有形成良好的发展,直到1997年亚洲金融危机爆发后,为了解决金融市场资金短缺问题,日本资产证券化才真正得到快速发展,并成为亚洲较大的资产证券化市场。尤其是1998年《特殊目的公司法》推出后,可供证券化的资产类型不断增多,日本资产证券化市场呈现蓬勃发展态势。2000年5月,日本修订《特殊目的公司法》,并更名为《资产流动化法》,进一步放松了对证券市场的管制,导致产品创新源源不断,市场规模迅速扩大。从数据来看,日本证券化产品的发行规模在2006年达到顶峰,当年共发行证券化产品9.84万亿日元,按照2006年年末的汇率折算,约合827亿美元。金融危机爆发之后,日本的证券化市场快速萎缩,2014年的发行量仅有2.65万亿日元,约合221亿美元,较2006年减少了近3/4。截至2015年第三季末,日本证券化产品余额17.10万亿日元,约合1427亿美元,远低于欧洲和美国。

中国香港地区资产证券化市场于1994年开始发展,首先由几家银行自发地将按揭贷款组合为按揭证券在资本市场上出售。由于发行者的背景不同以及按揭贷款本身差异较大,开始两年的发展并不顺利,投资者不大愿意参与按揭证券市场,证券的流动性很差,甚至几乎不流动。香港金融管理局看到按揭贷款市场对发展按揭证券的需求,为了提高效率,促进按揭证券市场的发展,提议成立一家按揭证券公司,作为按揭贷款市场与资本市场投资者之间的中介。1997年3月,中国香港特区政府成立了香港按揭证券有限公司(The Hong Kong Mortgage Corporation Limited),正式运作按揭证券化,专门收购银行的住房抵押贷款。

总之,亚洲资产证券化虽然有了长足的发展,但其发展水平仍不能与美国等发达国家的资产证券化发展水平同日而语。同时还要看到亚洲还存在某些不利于资产证券化发展的因素,如制度架构有待完善,市场参与各方对资产证券化的认识有待提高等。但亚洲的新兴市场国家已经不可逆转地融入全球范围内的证券化大潮之中。

四、中国资产证券化的发展历程

(一)萌芽阶段(20世纪90年代—2004年)

20世纪90年代中期以来,我国的学界和业界对资产证券化进行了深入的研究和不懈的探索,包括中国人民银行、中国证监会在内的政府部门对资产证券化的研究和探索都给予了一定的支持。中国银行、南方证券公司等各类金融机构以及国内著名高校和研究机构纷纷介入中国资产证券化问题的研究中来,介绍先进国家和地区资产证券化的成功经验,探讨我国资产证券化的发展模式。与此同时,我国资产证券化的实践活动也逐步开始尝试。

1. 海南三亚地产投资证券化

我国最早进行资产证券化尝试的是海南省三亚开发建设总公司发行的地产投资证券。20世纪90年代的开发房地产热使海南省的房地产急剧增值。在房地产开发的浪潮中,三亚从一个镇升格为地级市,成为海南省开发量较大的地区。在海南地产不断增值的过程中,海南省政府关注的一个问题是,面对自己家门前的地产增值,如何使海南当地的中小投资者享受到一定的好处,当时主要是外地企业携巨款登陆,在房地产开发中赚取了大笔的利润。于是三亚地产投资证券在有关专家的指导下得以发行。1992年三亚地产投资证券以三亚市丹州小区800亩土地为发行标的物,发行总额为2亿元的地产投资证券,所筹资金用于该片土地的"规划设计、征地拆迁、土地平整、道路建设及供电、供水、排水"等"五通一平"的开发。每亩土地的折价为25万元,其中17万元为征地成本,5万元为开发费,3万元为利润,总计2亿元。市政府下属的三亚市开发建设总公司为该投资证券的发行人,它提供土地进行开发建设,负责按时保质完成施工,并承诺对因开发数量不足引起的损失负赔偿责任。投资管理人由海南汇通国际信托投资公司担任,在开发期间,它主要负责控制向发行人支付发行收入的节奏,以确保与地产开发的节奏大体同步,同时还要监督三亚开发建设总公司要按规划设计标准及预定时间完成开发;在开发完成后,管理人要组织销售地产,并保证地产售价的公正性、合理性及竞争性。地产销售的方式分两种:若三年之内,年投资净收益率不低于15%,则管理人代表投资人行使销售权;否则,在三年之后由拍卖机构按当时市价拍卖。本次融资活动已经具备了某些资产证券化的特征,被看作我国资产证券化最早的实践案例。

2. 珠海高速公路证券化

1996年8月,珠海市人民政府在开曼群岛注册了珠海高速公路有限公司,成功地根据美国证券法律144A规则发行了资产担保债券。该债券的国内策划人为中国国际金融公司,承销商为世界知名投资银行摩根士丹利公司。珠海高速公路有限公司以当地机动车的管理费及外地过往机动车所缴纳的过路费作为担保,发行了总额为2亿美元的债券。所发行的债券通过内部信用增级的方法,将其分为两部分:其中一部分为年利率9.75%的10年期优先级债券,发行量为8 500万美元;另一部分为年利率11.5%的12年期次级债券,发行量为11 500万美元。该债券发行收益被用于广州到珠海的铁路及高速公路建设,资金的筹集成本低于当时从商业银行贷款的成本。这次交易的特点是:国内资产境外证券化。也就是说,证券化的基础资产是位于国内的基础设施的收费,所有的证券化操作都是在境外通过富有证券化操作经验的著名投资银行来进行的。

3. 中远应收账款证券化

1997年,中国远洋运输总公司(COSCO)通过私募形式在美国发行了总额为3亿美元的以其北美航运应收账款为支撑的浮动利率票据。2000年3月28日,中国国际海运集装箱(集团)股份有限公司与荷兰银行在深圳签署了总金额为8 000万美元的贸易应收账款证券化项目协议。这个案例成为中国此类实践中最成功的典型案例之一。

上述这些交易大多采取了离岸证券化的形式,基本上不涉及境内机构。2004年,证监会发布《关于证券公司开展资产证券化业务试点有关问题的通知》,2005年,人民银行和银保监会联合发布《信贷资产证券化试点管理办法》,为资产证券化的发展提供了法律基础,资产证券化实践从此在中国拉开了帷幕。

(二)资产证券化业务试点阶段(2005—2008年)

2005年3月,中国人民银行、银保监会等十部委组成信贷资产证券化试点工作协调小组,正式启动我国信贷资产证券化试点。2005年12月,国家开发银行和中国建设银行分别发行了我国首只信贷资产支持证券和住房贷款支持证券,成为我国试点发行的首批信贷资产证券化产品。

2005年9月,证监会推出中国联通CDMA网络租赁费收益计划,是我国推出的首只企业资产证券化产品。2007年9月,我国启动第二批信贷资产支持证券试点。国际金融危机期间,我国出于宏观审慎和控制风险的考虑暂停了资产证券化试点。

(三)资产证券化业务常态发展阶段(2011—2014年)

2011年9月,证监会重启对企业资产证券化的审批。2012年5月,中国人民银行、银保监会和财政部联合发布《关于进一步扩大信贷资产证券化试点有关事项的通知》,标志着在经历了国际金融危机之后,我国资产证券化业务重新启动,进入第二轮试点阶段,试点额度500亿元。

2012年8月银行间交易商协会发布《银行间债券市场非金融企业资产支持票据指引》,资产支持票据(ABN)正式诞生。

2012年,保监会发布政策,允许保险资金投资保险资产管理公司发行的资产支持计划,为保险机构开展资产证券化业务开拓了空间;2013年2月,保险资产管理公司包括资产支持计划在内的保险资管产品试点业务开始启动。

2013年3月,证监会发布《证券公司资产证券化业务管理规定》,证券公司资产证券化业务由试点业务开始转为常规业务。8月,人行、银保监会推动中国工商银行等机构开启第三轮试点工作,试点额度达到4 000亿元,我国资产证券化市场正式进入常态化发展时期。

(四)资产证券化业务快速发展阶段(2014年至今)

2014年11月,证监会发布《证券公司及基金管理公司子公司资产证券化业务管理规定》,以及与之配套的《证券公司及基金管理公司子公司资产证券化业务信息披露指引》和《证券公司及基金管理公司子公司资产证券化业务尽职调查工作指引》,推进备案制。随后,银保监会颁布《关于信贷资产证券化备案登记工作流程的通知》,实行备案制。通过完善制度、简化程序、加强信息披露和风险管理,促进了我国资产证券化市场良性快速发展。当前,国内资产证券化产品可划分为四种类型(表9-2):央行和银保监会(现为银保监会)主管的金融机构信贷资产证券化(信贷ABS)、证监会主管的非金融企业专项资产证券化(企业ABS)、交易商协会主管的非金融企业资产支持票据(ABN)及保监会(现为银保监会)主管的保险资产管理公司项目资产支持计划,其中,又以信贷ABS和企业ABS为市场主体,二者的发行量合计占整个资产证券化市场的90%左右。

表9-2　　　　　　　　　　我国资产证券化产品的四种类型

产品类别	监管部门及审核方式	发起机构	基础资产	发行及交易场所	发行载体	发行方式
信贷资产证券化	中国人民银行、银保监会(银保监会事前备案+中国人民银行注册)	银行业金融机构(商业银行、政策性银行、邮储银行、财务公司、信用社、汽车公司、金融资产管理公司等)	银行各类信贷资产(含不良信贷资产)、汽车贷款、租赁资产、消费金融公司贷款	银行间债券市场	特殊目的信托	公开发行或定向发行
企业资产证券化	证监会(交易所审核+基金业协会事后备案制)	未明确规定,主要为非金融企业,也包含银行、信托、保险等金融机构	实行负面清单制,主要为债权类和收益权类资产,如企业应收款、租赁债权、信托受益权、基础设施、商业物业等不动产财产或不动产收益权	证券交易所、机构间报价系统	证券公司和基金子公司资产支持专项计划	面向合格投资者发行
资产支持票据	银行间交易商协会(注册制)	非金融企业	主要为债权类和收益权类资产,与企业资产证券化范围基本一致	银行间债券市场	特殊目的信托、特定目的公司或交易商协会认可的其他特定目的载体	公开发行或定向发行
保险资产证券化	保监会(初次申报核准,同类产品事后报告)	未明确规定,参照企业资产证券化	动态负面清单管理,主要为债权类和收益权类资产,与企业资产证券化范围基本一致	上海保交所保险资产登记交易平台	保险资产管理公司资产支持计划	面向保险机构等合格投资者发行

(五)我国开展资产证券化的意义

1. 赋予了传统的金融资产一定的流动性,解决了银行或其他金融机构的再融资问题

一般情况下,商业银行的资金大都沉淀在贷款项目上,只有收回本息后,才完成一次资金周转。我国商业银行产权结构单一,资金来源有限,大大限制了商业银行资产业务的开展。通过金融资产证券化的运作,则可盘活银行的大量资产,提高银行的信贷能力和资产周转率。

2. 分散金融机构的经营风险

金融资产证券化后,商业银行可将贷款收回的不确定性通过证券市场分散转移给投资者,从而降低整个金融体系的风险。

3. 促进商业银行经营效率的提高

金融资产证券化作为一种新型的金融工具,一方面,通过资本市场的调节,使资金流向高效能行业,提高整个社会的劳动生产率;另一方面,促进商业银行提高资产的营运效率。

4. 有助于解决银行存短贷长的矛盾

银行抵押贷款的期限比较长,如住房抵押贷款的期限长达20～35年,借款人一般在其收入的主要生命周期内,以分期支付的方式偿还贷款债务,而通常银行吸收的存款负债最长仅2～5年。资产与负债二者的期限不匹配,增加了银行的经营风险。资产证券化有利于银行在资本市场变现抵押贷款资产和进行流动性管理。

5. 有利于促进我国资本市场的完善和健康发展

资产证券化是一个复杂的系统工程,涉及发起人、服务商、投资银行、信用增级机构、资产管理人和投资者等。同时,资产证券化还要求有一个完备规范的制度环境,包括财务制度、信用评级制度、金融担保制度和税务制度等法规体系。因此,资产证券化的发展有利于推进我国资本市场的现代化和规范化发展。

6. 有利于盘活银行不良资产

在我国规模巨大的银行资产中,一些不良资产的存在已经隐含了银行信用风险,构成了我国经济稳定发展的潜在威胁。近年来已在美国等国家出现了不良信贷资产证券化的先例。1999年我国组建了以四大国有商业银行为基础的金融资产管理公司,统一收购或处置国有商业银行的不良资产,证券化是化解和盘活银行不良资产的有效模式。

7. 有利于推进我国不动产市场的发展

在美国、中国香港等市场经济较为发达的国家和地区,个人住房抵押贷款一般占银行信贷总额的20%～40%,发达国家通过资本市场发行抵押债券进行融资,很好地克服了住房抵押贷款期限长、流动性低的局限性。对地产商而言,资产证券化能够最大限度地解决空置房积压问题,盘活存量资产,促进其资本加速流通和改善资本结构,从而实现房地产营销目标;同时,还能解决房地产开发过程中的巨额债务,使得银行等债权人的债权能够顺利实现。对购房者来说,资产证券化可以摆脱银行由于资金来源不足等原因而在提供贷款时制定的苛刻条件,同时可以分散抵押贷款风险,有利于降低按揭贷款利率,减轻购房者的还款利息负担,从而刺激住房信贷消费。

8. 有利于优化国企资本结构

我国国有企业受间接融资方式的限制,资本结构以大量负债为主,企业在银行的贷款占其外源融资的比重很高。通过资产证券化融资,国有企业不会增加资产负债表上的负债,从而可以改善自身的资本结构。同时资产证券化还有利于国有企业盘活资产,提高资产周转率。通过信贷资产证券化,从而使银行作为国有企业的单一债权人出售债权,可以缓解国有企业的过度负债问题,大大改善国有企业的资本结构。

(六)我国资产证券化的前景分析

进入20世纪90年代以后,我国资本市场的规模和市场范围不断扩大,资产证券化也有了更广泛的需求。

1. 经过8年的发展,我国资本市场取得了长足的进步。

2. 目前我国商业银行累计贷款余额为8万亿元左右。
3. 亚洲金融危机之后,我国商业银行的风险意识明显增强。
4. 住宅消费信贷和汽车消费信贷等小额债权的市场规模扩大。
5. 目前不动产融资迫切需要通过资产证券化。
6. 商业银行的基础建设不断完善,信息化程度不断提高。

(七)我国开展资产证券化的障碍及政策建议

1. 我国开展资产证券化的障碍

资产证券化是一种全新的金融行为,推行这种金融创新活动需要完善的国内金融基础条件。目前在我国现有的法律、制度框架下,开展资产证券化尚存在诸多的障碍。

(1)法制环境不健全

住房贷款证券化是一项极其复杂的系统工程,在将银行债权转化为投资者有价证券持有权的过程中,涉及原始债权人、证券特设机构、信用评级机构、贷款服务、证券投资者等方面的利益。而我国现行《中华人民共和国证券法》相关条款中,缺乏对资产证券化在融资业务应用中的规定,这势必会增加资产证券化的推进难度。同时,在建立风险隔离机制方面所要借助的相关法律有《破产法》和《信托法》,我国这两种法规实施过程中难免存在种种不利于开展资产证券化的困难。如《信托法》规定银行不能从事信托经营行为,然而在住房贷款证券化过程中,相关当事人与银行利用契约来完成相应信托功能是必不可少的。因此,现有法律体系对资产证券化的阻碍多于支持。时下当务之急是着手构筑资产证券化所需要的法律框架,并研究制定相关法律、法规,弥补证券监管体制的缺陷及解决相关操作过程中存在的种种困难,以确保各类资产证券化在规范化、法制化的良好轨道上顺利实施。

(2)缺乏权威的信用评估体系

独立、客观、公正的信用评估是资产证券化成功的关键。以国外成熟的资产证券化体系为例,一般需要由国家出面建立全国统一的担保机构,对证券化资产进行担保或保险,对个人信用予以认证,使其信用等级得以保障。因此,在缺乏有影响力的独立资产评估机构的情况下,对证券化资产的质地的评估显然有一定的技术难度。规范信用评估行为,完善资产评估及个人信用认证的标准体系,从而提高国内信用评估机构的素质和水平,最终防范金融风险。

(3)金融基础设施还需要进一步完善

金融交易网络是资产证券化的重要组成部分,我国全国性的银行交易网络已初步形成。但银行内部的资源和网络共享信息系统还需要完善,保障交易网络形成互连互通,是推行信贷资产证券化业务的先决条件,因而完善金融基础设施迫在眉睫。

(4)资产证券化专业人才不足

资产证券化是一项技术性、专业性和综合性极强的新型融资方式,它涉及的专业领域包括金融、证券、法律、信托、地产、保险等多方面,需要既有理论基础知识,又有实践操作经验的复合型人才。目前我国这方面的人才匮乏,远远满足不了推行这项业务的需要。为此,一方面要加强对现有从业人员的培养和锻炼;另一方面要加大相关专业人才和管理技术的引进力度,在短时间内造就一支强大的专业人才队伍。

2. 我国推进资产证券化的政策建议

在西方国家,金融资产证券化在理论上已比较成熟,实践也取得成功;而我国金融资产证券化的理论尚在讨论之中,实际操作也仅处于初级阶段。为了顺利实施金融资产证券化,应做好以下几方面的工作。

(1)资产证券化是一种市场行为,但也离不开政府的有力支持

在我国资产证券化发展的初期,政府通过制定优惠政策和有关法律、法规以及监管体系,建立高效、安全的市场体系和交易规则,按照国际惯例进行财务监管和风险控制。为推动资产证券化的发展,应成立以政府为主导的住房抵押担保与保险的专门机构,负责向发放贷款的金融机构提供担保或保险,统一抵押申请和抵押合同,并使之标准化,为抵押贷款打包组合与分类整流创造条件。

(2)扩大资产证券化一级市场的规模,进一步营造资产证券化的市场基础

政府应在强化监管的条件下逐步允许保险资金、养老基金、医疗基金等社会资金进入资产证券化市场,使机构投资者成为资产证券化市场的主体。

(3)完善相关的政策法规体系

一方面要加快制定金融资产证券化的市场进入、经营和退出等方面的法律;另一方面要加快市场监管的立法工作,使金融资产证券化业务从一开始就走向规范化的发展道路。

(4)建立规范的中介机构,严格执业标准

为提高中介机构的服务质量,使广大投资者能够及时、准确、完整地得到有关信息资料,必须提高证券市场的透明度和效率。

(5)在试点的基础上选择资产证券化的突破口

通过金融创新将住房抵押贷款与资本市场衔接,将住房抵押担保证券作为我国资产证券化的切入点,培育成熟的资产证券化模式,为资产证券化的推广积累经验。

毋庸置疑,我国实施金融资产证券化还有很多困难。然而,只有在经过尝试后,才知道如何在实际操作和市场监管方面进行改革和调整,毕竟这一市场的开发和成熟将会营造一种多赢的市场格局。同时,由于资产证券化的复杂性和我国实践的缺乏,有必要加强资产证券化的理论研究,推动资产证券化实践,积极探索中国实施资产证券化的可行性、必要性和各种诸如法律、会计师、税收等现实问题的解决办法,为实施资产证券化的本土化战略提供充分的理论准备和技术准备。

第三节 资产证券化的运作流程

一、资产证券化的主体

一次完整的资产证券化过程,通常由以下主体共同完成。

(一)发起机构

发起机构是资产证券化的起点,是基础资产(金融资产)的原始权益人,也是基础资产的转出方。在资产证券化过程中,发起机构的作用主要是发起并根据自身融资需求选择拟证券化的金融资产等基础资产,将基础资产组建成资产池,并将其转移(出售或作为金融资产证券化的担保品)给受托机构设立的特定目的主体,由特定目的主体发行资产支持证券。

发起机构可以是银行、保险公司等金融机构,也可以是一般工商企业,如航空公司、制造企业等。它是被证券化资产的原始权益人,也叫卖方。

(二)特定目的机构(SPV)

特定目的机构(SPV)在资产证券化过程中起着承上启下的作用,即特定目的机构与发起

机构签订合同,将拟证券化的金融资产自发起机构转移至特定目的主体,以证券化资产所产生的现金流为支撑向投资者发行证券,并用发行收入购买证券化资产,最终以证券化资产所产生的现金流偿还给证券投资者。特定目的机构介于发起机构和投资机构之间,是资产支持证券的发行机构,其资产来源于发起机构转移的金融资产,负债是发行的资产支持证券。

设立特定目的机构主要是为了实现被证券化金融资产与发起机构其他资产之间的风险隔离,最大限度地降低发起机构破产风险对金融资产证券化的影响。SPV也叫买方,它是资产证券化的关键性主体和标志性要素。

SPV有三种组织形式:SPT(信托型)、SPC(公司型)和合伙型。

(三)信用增级机构

信用增级机构为特定目的机构发行的资产支持证券提供额外的信用支持,即信用增级,以提高资产支持证券的信用评级,保护投资机构利益,并为此承担金融资产证券化交易活动中的相应风险。信用增级是指在金融资产证券化交易结构中通过合同安排所提供的信用保护,分为内部信用增级和外部信用增级两种方式。内部信用增级主要由金融资产证券化交易结构的自身设计来完成,包括但不限于超额抵押、资产支持证券分层结构、现金抵押账户和利差账户等;外部信用增级主要由第三方提供信用支持,包括但不限于备用信用证、担保和保险等。

超额抵押是指在金融资产证券化交易中,将资产池价值超过资产支持证券票面价值的差额作为信用保护的一种内部信用增级方式,该差额用于弥补金融资产证券化交易活动中可能会产生的损失。

资产支持证券分层结构是指在金融资产证券化交易中,将资产支持证券按照受偿顺序分为不同档次证券的一种内部信用增级方式。在这一分层结构中,较高档次的证券比较低档次的证券在本息支付上享有优先权,具有较高的信用评级;较低档次的证券先于较高档次的证券承担损失,以此为较高档次的证券提供信用保护。

现金抵押账户也是金融资产证券化交易中的一种内部信用增级方式。现金抵押账户资金由发起机构或者其他金融机构提供,用于弥补金融资产证券化交易活动中可能产生的损失。

利差账户是指金融资产证券化交易中的一种内部信用增级方式。利差账户资金来源于基础资产利息收入等收入,减去资产支持证券利息支出等费用后形成的超额利差,用于弥补金融资产证券化交易活动中可能产生的损失。

(四)信用评级机构

信用评级机构负责对特定目的机构发行的资产支持证券进行评级,以增强投资机构信心,保护投资机构利益。在金融资产证券化过程中,信用评级机构能够帮助发起机构确定信用增级的方式和规模,为投资机构设立明确的、可被理解和接受的信用标准。

在金融资产证券化过程中,信用评级机构在收到发起机构的信用评级申请后,首先,对基础资产的质量进行评估,考察债务人的信用状况、地理分布和资产组合情况;其次,对金融资产证券化的参与主体和交易结构进行评估,分析交易结构中可能存在的风险,并对真实出售、破产隔离、信用增级等进行审查;最后,进行压力测试,将审查结果输入模型,得出预期的损失水平,并充分考虑发生最坏情形时的损失情况,以综合考察整个交易结构的完整性和全面性。信用评级机构在对金融资产证券化的全过程进行详细审查后,得出的资产支持证券的最终信用评级,在很大程度上决定了资产支持证券市场交易的前景。

案例9-1 国际知名的三大信用评级机构

1. 标准普尔(Standard&Poor)

长期评级主要分为:(1)投资级,包括AAA、AA、A和BBB,信誉高和投资价值高,AAA级具有最高信用等级。(2)投机级,分为BB、B、CCC、CC、C和D,信用程度较低,违约风险逐级加大,D级最低,视为对条款的违约。除D级以外的每个级别都可通过添加"+"或"-"来显示信用高低程度。此外,标准普尔还会发布信用观察以对评级短期走向进行判断,还通过经济基本面的变化对被评级的机构未来6个月至两年内的信用评级走势予以评价,包括"正面""负面""稳定""观望"和"无意义",并可能做出信用评级的上升、下降、不变或不确定等决定。

2. 穆迪(Moody)

(1)长期评级(一年期以上的债务)分为Aaa、Aa、A、Baa、Ba、B、Caa、Ca和C9个级别,主要评估发债方的偿债能力,预测其发生违约的可能性及财产损失概率。其中Aaa级到Baa级属于投资级,Ba级以下则为投机级。Aaa级债务的信用质量最高,信用风险最低;C级债务为最低债券等级,收回本金及利息的机会甚微。在Aa到Caa的6个级别中,还可以以1、2、3进一步显示各类债务在同类评级中的排位,1为最高,3为最低。(2)短期评级(一年期以下的债务)依据发债方的短期债务偿付能力的高低分为P1、P2、P3和NP4个等级。此外,穆迪还对信用评级给予"正面"(评级可能被上调)、"负面"(评级可能被下调)、"稳定"(评级不变)以及"发展中"(评级随着事件的变化而变化)的展望评价,对于短期内评级可能发生变动的被评级对象,穆迪将其列入信用观察名单。被审查对象的评级确定后,将从名单中被去除。

3. 惠誉(Fitch)

惠誉的规模较其他两家稍小,是唯一一家欧洲控股的评级机构。惠誉的信用评级大多针对到期日在13个月以内的债务。惠誉的长期信用评级用以衡量一个主体偿付外币或本币债务的能力,分为投资级(包括AAA、AA、A和BBB)和投机级(包括BB、B、CCC、CC、C、RD和D),其中AAA等级最高,表示最低的信用风险;D为最低级别,表明一个实体或国家主权已对所有金融债务违约。短期评级更强调的是发债方定期偿付债务所需的流动性,从高到低分为F1、F2、F3、B、C、RD和D。惠誉采用"+"或"-"用于主要评级等级内的微调,但这在长期评级中仅适用于AA至CCC六个等级,而在短期评级中只有F1一个等级适用。惠誉还对信用评级给予展望,用来表明某一评级在一两年内可能变动的方向。展望分为"正面"(评级可能被调高)、"稳定"(评级不变)和"负面"(评级可能被下调)。但需要指出的是,正面或负面的展望并不表示评级一定会出现变动;同时,评级展望为"稳定"时,评级也可根据环境的变化被调升或调降。此外,惠誉用评级观察表明短期内可能出现的评级变化。"正面"表示可能调升评级,"负面"表示可能调降评级,"循环"表明评级可能调升也可能调低或不变。

案例9-2 我国主要的信用评级机构

1. 东方金诚国际信用评估有限公司

这是一家由中国东方资产管理公司控股的全国性、专业化的信用评级机构。公司先后获批中国证监会、中国人民银行和国家发改委三个国家政府部门认定的证券市场及银行间债券市场两大债券市场国内全部债务工具类信用评级资质,以及各地人民银行批准的信贷市场评级资质。该公司是中国境内经营资本实力最雄厚的信用评级机构之一,是五家机构中唯一一家国有控股信用评级公司,实际控制人为财政部。

2. 中国诚信信用管理有限公司

1992年成立,分为中诚信国际信用评级有限公司和中诚信证券评估有限公司,共同具有国家发改委、证监会和人民银行的资质。它是中国本土评级事业的开拓者,创新开发了数十项信用评级业务,包括企业债券评级、中期票据评级、信贷企业评级、保险公司评级、信托产品评级、货币市场基金评级、资产证券化评级、公司治理评级等。近年来中诚信国际信用评级有限公司已经成功完成了多项资产支持证券的信用评级。

3. 联合信用管理有限公司

联合信用管理有限公司分为联合资信评估有限公司和联合信用评级有限公司,共同具有国家发改委、证监会和人民银行的资质。股东为联合信用管理有限公司和惠誉信用评级有限公司,前者是一家国有控股的全国性专业化信用信息服务机构,后者是一家全球知名的国际信用评级机构。

4. 大公国际资信评估有限公司

1994年成立,具有中国政府特许经营的全部资质,是国内一家对所有发行债券的企业进行信用等级评估的权威机构。

(五)承销机构

承销机构是负责销售特定目的机构发行的资产支持证券的机构。在资产证券化的设计阶段,承销机构有时扮演着融资顾问的角色,负责设计融资方案。

(六)专门服务机构

专门服务机构是指接受受托机构委托,负责管理基础资产的机构。专门服务机构可以是资产证券化的发起机构。在资产证券化过程中,专门服务机构主要履行下列职责:

1. 收取基础资产产生的现金流量。
2. 管理基础资产。
3. 保管基础资产相关法律文件,并使其独立于自身财产的法律文件。
4. 定期向受托机构提供财务报告,报告基础资产相关信息。

(七)资金保管机构

资金保管机构是指接受受托机构委托,负责保管特定目的机构账户资金的机构。发起机构和服务机构不得担任同一交易的资金保管机构。在资产证券化过程中,资金保管机构主要履行下列职责:

1. 安全保管特定目的机构资金。
2. 以特定目的机构名义开设资金账户。
3. 按照资金保管合同约定向投资机构支付本金和利息。
4. 按照资金保管合同约定和受托机构指令管理特定目的机构账户资金。
5. 按照资金保管合同约定,定期向受托机构提供资金保管报告,报告资金管理情况,以及资产支持证券本金和利息的支付情况。

(八)其他中介机构

其他中介机构如律师事务所、会计师事务所、评估公司等。

二、资产证券化的流程

运作流程(时间顺序):建立SPV→组建资产池→信用评级→承销证券化产品(挂牌上市)→投资者偿付本息。

证券化收益流程(以现金流为脉络):原始权益人(发起人)←SPV←投资者。

向证券投资者的偿付过程(以现金流为脉络):原始权益人或指定的资产池→SPV或SPV指定的受托机构→向投资者偿付本息。

资产证券化的运作流程如图9-1所示。

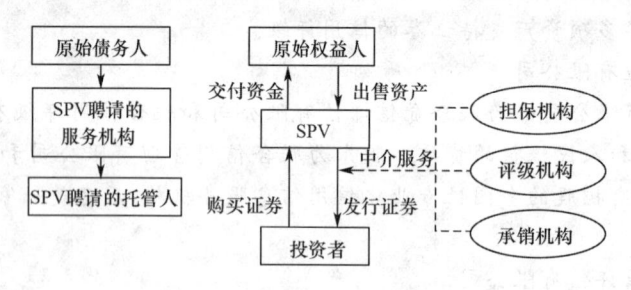

图 9-1 资产证券化的运作流程

三、资产证券化的交易过程

(一)选择确定证券化资产

并非发起人的所有资产都适合以证券化的方式融资,发起人一方面要对自己的融资需求进行分析,另一方面要按照证券化的要求选择适合用以证券化的资产。一般选择未来现金流稳定的资产。

适合证券化的资产一般具备以下特征:

1. 资产可以产生稳定的、可预测的未来现金流。
2. 具有很高的同质性,即有标准化的契约、现金流入的期限和条件易于把握。
3. 债务人的地域和人口统计分布广泛。
4. 资产本息偿付分摊于整个资产的持续期间,资产的相关数据容易获得。
5. 原始权益人持有该资产已有一段时间,且信用表现记录良好。
6. 资产抵押物的变现价值较高。
7. 资产的历史记录良好,即违约率和损失率较低。
8. 资产池中的资产应达到一定规模,从而能够实现证券化交易的规模经济。

具备上述特点的资产除了各种贷款之外,还包括基础设施收费、足球队的门票收入、保费收入、出租汽车营运收入等。一般来说,同质性低、信用质量较差且很难获得相关统计数据的资产一般不宜采用证券化交易。

总之,还款方式简明,现金收入流稳定,流动性好,违约拖欠率低,并且这些资产借款人多样化,发行广泛,总体风险较低,以这类资产为基础发行证券容易赢得投资者的认同。例如,汽车贷款在美国一般借款人按月或按季还本付息,操作规范,消费者和汽车生产商、银行均普遍接受和认同,有较好的社会基础。信用卡资产证券也具有收入流稳定的特点,信用卡消费者按月支付所在地欠款,这些款项一般由信托投资机构用于其他款项投资,短则几个月长则十年八年不等。虽然经过信托投资机构周转利用后获取的利润和本金才用于支付信用卡证券投资人,但由于信用卡资产持续循环,流动性好,并不因此而影响短期信用卡债权的投资者在短期内兑现本金,信用卡资产证券发行商和信托机构可随时获得的流动性来补足投资者。因此,信用卡资产证券安全性也较好。

(二)组建特定目的机构

特定目的机构(简称SPV)是专门为实现资产证券化而设立的一个特殊实体。在资产证券化融资结构中,SPV是核心,它的主要角色是充当发行主体,购买发起人需要证券化的资产,以此为支持发行证券。设立SPV的目的就是最大限度地降低原始权益人的破产风险对证券化的影响,即实现被证券化的资产与原始权益人其他资产之间的"风险隔离"。因此,SPV要被设计为没有破产风险的独立实体。为了使SPV成为不破产的实体,组建SPV时要满足一定的限制条件:

1. 业务限制

SPV不能用来从事资产证券化交易以外的任何经营业务和投融资活动。SPV的资产负债表简单明了,其资产主要是从发起人那里购买的用于支持发债的金融资产组合,以及信用增级中设计的担保合约中的权利。负债主要包括资产支持债券、向第三方的负债和从属性负债。其中向第三方的负债是指应支付给服务机构、信托机构、担保机构的费用,通常这部分负债的优先序列较高。从属性负债是指发起人或SPV的其他设立人向SPV提供的一种特殊形式的启动资金,其偿还的优先序列低于其他负债,其性质介于负债和权益之间,实质上起着信用提高的作用。SPV除了上述规定的负债以外,不能再发行其他债务或提供其他担保。

2. 保持分立性

SPV虽然只是一个"壳"公司,自身没有场地和员工,业务和发起人、服务人、受托人的业务交织,但在法律和财务上必须保证严格的分立性要求;独立的财务记录和财务报表,不能与其他机构和个人联合;资产产权要明晰;以自己独立的名义从事业务;不同其他分支机构发生关联交易;不对任何其他机构提供担保或为其承担债务,不用自己的资产或原始权益人的资产为其他机构提供抵押;不与他方合并或转让原始权益。

3. 设立独立董事

SPV本身不以营利为目的。在设置董事会时,应设一名或一名以上的独立董事,独立董事对SPV的章程修订和重大事项具有否决权。

4. 其他禁止性要求

其他禁止性要求如SPV不能豁免或减轻任何当事人在合约中规定的义务;在未征得有关当事人同意的情况下,不得修改经营合同和章程;除了根据证券化交易规定在指定银行开立的账户外,不能开设其他银行账户;不应设立证券化交易规定以外的附属机构;不能自聘任何工作人员;所有开支必须符合证券化交易的规定。

由于SPV要满足上述目的和严格的约束条件,选择设立SPV的地点就显得尤为重要。在国际金融领域,选择设立SPV的地点一般要考虑三个因素:第一,法律规范而监管宽松,如SPV能否破产应符合当地的破产法规定,但对于有限责任公司的发债条件不能规定得过于严格。第二,要有较低的税赋,如对SPV的资本利得和利润免征所得税,对利息汇出免征预扣税,对交易免征印花税等。第三,政治、经济、法律结构稳定,能够获得资本市场的普遍认同。在实践中,百慕大、开曼群岛以及美国的某些州等地区是比较理想的注册地。

SPV的主要业务是购买证券化的资产,并发行资产支撑证券,最后用资产实现的现金流来回报投资者。它只是为完成证券化目的起到一个中介过渡作用,本身并不承担盈利的功能。但是它关涉证券化资产实现真正的破产隔离,投资者的信心,证券发行中的增级与评级以及发起人的会计做账等问题,是整个资产证券化运作得以成功的关键。

(三)资产的真实出售

证券化资产从原始权益人向SPV的转移是证券化运作流程中非常重要的一个环节。这种资产转移要求必须是"真实出售",只有"真实出售"才能实现证券化的资产与原始权益人之间的"破产隔离"。

资产的真实出售要求做到以下两个方面：

第一，基础资产必须完全转移到 SPV 手中，这既保证了发起人的债权人对已转移的基础资产没有追索权，也保证了 SPV 的债权人对发起人的其他资产没有追索权，即"风险隔离"或"破产隔离"；第二，由于资产控制权已经从发起人转移到了 SPV 手中，因此应将这些资产从发起人的资产负债表上剔除，成为一种表外融资方式。

资产转移可以采取不同的形式：

1. 债务更新

债务更新即先行终止发起人和原始债务人的债权债务合约，再由 SPV 和原始债务人之间创造新合同，形成全新的债权债务关系。债务更新一般用于资产组合涉及少数债务人的情形。

2. 转让

转让是指发起人无须更改、终止原有合同，只需通过一定的法律手续直接把基础资产转让给 SPV，即交易不涉及原债务方。

3. 从属参与

发起人与资产债务人之间的原债务合约继续有效，且资产也不必由发起人转让给 SPV，而是由 SPV 先发行资产证券，取得投资者的贷款，再转贷给发起人，转贷金额等同于资产组合金额。贷款附有追索权，其偿付资金来源于资产组合的现金流收入。

由于真实出售对于能否实现破产隔离至关重要，因此，各个国家的法律对判断真实出售都有比较详细的规定，一般而言，判断真实出售主要考察以下几个方面：

1. 当事人的意图符合证券化的目的。
2. 资产证券化实际上是一种表外融资方式。
3. 出售的资产不得附加追索权。
4. 资产出售的价格不盯着贷款利率。
5. 出售的资产已通过信用提高的方式与原始权益人进行信用风险分离处理。

（四）信用增级

资产证券化得以开展的一个重要基础条件就是信用增级。信用增级可以提高所发行证券的信用级别，使证券在信用质量、偿付的时间性与确定性等方面能更好地满足投资者的需要。只有进行了信用增级，才可以使开展资产证券化变得对各方都有利，不仅使投资者的偿还风险降低，相应得到更好的收益率，也可以使筹资者在相同条件下节约融资成本。同时，信用增级还能满足发行人在会计、监管和融资目标方面的需求。在实际操作中，是否有良好的信用增级结构成为资产支持证券发行能否取得成功的关键。

信用增级的方法有许多，总体来看，可分为内部信用增级和外部信用增级两类。

1. 内部信用增级

内部信用增级包括优先/次级结构、超额抵押和建立利差账户等。

（1）优先/次级结构。将证券分为高级和低级两部分，高级部分优先偿还本金与利息，低级部分一般不出售，由发起人自己或第三者持有。低级部分所得到的本息被用来作为支付高级部分本息的保证金。这种方法实际上是将风险大部分落在低级部分，从而保证高级部分能获得较高信用级别。

（2）超额抵押。简洁明了，不需支付第三者费用。但超额资产在证券未到期前不能移作他用，流动性受到限制，资产使用缺乏效率，增加了发行机构的机会成本。

(3)建立利差账户。当未来现金流不能足额支付证券本息时,由此账户给投资者一定的弥补。

2. 外部信用增级

外部信用增级主要是通过金融担保来实现的。如由银行或金融担保公司作为第三方提供全额或部分担保,开立信用证或保险等。

(1)银行出具担保函或信用证。发起人要向银行支付一定费用,而且信用提高程度与所选择的银行信用等级直接相关。对于银行来说,这类表外科目既是收入的来源,也包含着一定的风险。

(2)保险公司为证券提供保险。利用保险公司的信用,来为证券化起媒介、催化作用。

(3)成立政府担保机构,为证券提供担保。

(五)信用评级

在进行信用增级后,发行人要聘请评级机构对该资产支持的证券进行评级,然后将评级的结果向社会公布。信用评级机构通过审查各种合同和文件的合法性及有效性,给出评级结果。信用评级越高,表明证券的风险越低,从而使发行证券筹集资金的成本越低。但资产证券的信用评级,不同于普通公司债券或国债的信用评级。对这些传统的金融工具的评级,主要是对发行主体偿债能力的评定。而资产证券的评级重点不是发行主体的偿债能力,主要考察的是融资结构安排,包括基础资产的真实出售、与发起人的破产隔离、发起人及第三方的信用增级等。资产证券信用评级已经成为一种专门的评级内容和评级技术,即结构融资资信评级(Structure Financing Rating),并成为资信评估学中的一个分支。

(六)发售证券并向发起人支付资产购买价款

在信用评级后,SPV委托投资银行进行证券发行和承销。资产支持证券一般具有高收益、低风险的特征,因此成为机构投资者青睐的投资对象。当证券出售后,承销商将发行款项划归发行人SPV,发行人再按照约定向承销商支付发行费用。然后,SPV向发起人(原始权益人)支付资产的购买价格,发起人实现融资目的。

(七)管理资产池

SPV作为发行人要以资产池所产生的收益偿还资产证券,因此,对资产池进行管理十分重要。通常SPV要聘请专门的服务机构负责管理资产池。

服务机构的主要职责:

1. 将收集的现金存入SPV在托管人处设立的特定账户。
2. 收取债务人定期偿还的本息。
3. 对债务人履行债权债务协议的情况进行监督。
4. 管理相关的税务和保险事宜。
5. 在债务人违约的情况下实施有关补救措施。

服务机构一般由原始权益人担任,这是因为原始权益人已经熟悉基础资产的情况,与每个债务人都建立了业务联系,并且有管理基础资产的专门部门和人才。当然,SPV也可以委托第三方充当资产池管理服务机构。

(八)资产证券的清偿

按照证券发行说明书的约定,在证券偿付日,SPV委托托管人按时、足额地向投资者偿付本息。当证券本息全部偿付完毕后,如果资产池产生的现金流还有剩余,那么这些剩余现金将交还 SPV,按照约定的比例和分配方法在各机构之间分配。这样一个完整的资产证券化过程就结束了。

四、资产证券化的理论支持

(一)资产证券化的理论基础:大数定律和资产组合原理

大数定律和资产组合原理是资产证券化得以运作的理论基础。发行人在发行资产支持证券前,首先要购买一定数量的资产,这些资产可以来源于一家银行或企业,但更多的是从多家银行或企业收购,组成一个资产池。资产池的资产从总体上来说属于同质性资产,具有稳定的现金流。但根据大数定律和资产组合原理可以得知,这些不同的资产总体上是可以保证未来稳定的现金流的。SPV 发行证券是把资产池的资产作为一个整体来看待的,未到期的 ABS 证券是以资产池的全部资产作为偿还保证的,从而可以忽略个别违约风险,使证券化过程得以实现。

(二)资产证券化的核心原理:现金流分析

资产证券化就是以资产为支持发行证券的过程。资产之所以能转化为可以公开买卖的证券,主要依赖于基础资产所产生的稳定的现金流。基础资产未来可以预期的现金流构成证券化的真实基础。因此,从某种意义上说,资产证券化是以可预期的现金流为支持而发行证券的过程,可预期的现金流是进行资产证券化的先决条件。整个证券化过程和融资结构安排,都取决于对基础资产预期现金流的分析和测算,基础资产的现金流分析构成资产证券化的核心原理。

1. 资产的评估

将一项资产转化为证券,首先要对资产进行准确的估价。对基础资产的准确估价决定着对以该资产为依托而发行的证券的价值判断。根据现值原理,资产的价值就是它未来产生的现金流贴现的现值。在这个基本观点的基础上,通常有三种估价方法:第一,现金流贴现估价法。这种方法认为一项资产的价值应等于该资产预期在未来所产生的全部现金流的现值总和。第二,相对估价法。这种方法根据某一变量,如收益、现金流、账面价值或销售额等,考察同类"可比"资产的价值,借以对一项新资产进行估价。第三,期权估价法。它使用期权定价模型来估计有期权特性的资产的价值。使用不同的估价方法,得出的结果可能会存在显著的差异,因此,选择适当的估价方法成为资产估价的关键。

2. 资产的收益与风险

资产证券化也可以说是原始权益人将其持有的资产以证券的方式分散出售给金融市场投资者的过程。在这一证券化的过程中,资产的收益权和相应的风险都要转让给投资者。因此,证券化的过程实际上也是收益和风险进行分离和重组的过程。资产的收益总是伴随着一定的风险而存在,资产证券化后,资产的收益和风险相应地要由证券投资者来承担,因此,资产的收益与风险分析仍是证券化投资者进行投资分析的主旋律。

3. 资产的现金流结构

ABS 证券的清偿资金完全来源于基础资产所产生的现金流,因此,基础资产所产生的现金流在期限和流量上的不同特征,直接影响以其为支撑的证券的期限和本息偿付问题。所以,在进行证券化产品设计时,要对基础资产的现金流结构进行分析,在此基础上才能设计出既符合基础资产的现金流特征,又能满足市场投资者投资需求的证券化产品。

五、资产证券化的意义

与西方国家相比,我国资产证券化程度还很低,国有商业银行的资金来源相当有限,仅限于国家财政的拨付和对存款的吸收;商业银行的资产业务仍主要集中于贷款业务上。银行业的发展远远跟不上经济发展的需要,提高银行资金的利用率,实行资产证券化已成为我国商业银行面临的一个重要课题。同时,随着全球一体化进程的加快,资本项目的开放已成为大势所趋,这必将使我国商业银行面临严峻的挑战。为了提高商业银行的竞争能力,增强银行资产的流动性,规避金融市场的风险,学习和借鉴西方先进的金融创新工具具有十分重要的意义。

(一)资产证券化对原始债权人的意义

第一,资产证券化为企业创造了一种新的融资方式。第二,资产证券化是企业改善财务指标的一个有效途径。第三,资产证券化有助于发起人进行资产负债管理。第四,资产证券化增加了发起人的收入,提高了资本收益率。

(二)资产证券化对投资者的意义

第一,资产证券化为投资者提供了一种更安全的投资方式。第二,资产证券化使投资者容易突破某些投资限制。

(三)资产证券化给金融市场带来的深刻变化

第一,优化了金融市场上资源的配置。第二,资产证券化的出现将使金融活动出现强市场化融资趋势。

六、投资银行在资产证券化中的作用

第一,作为发起人的代理人,为其选择资产;第二,组建 SPV,自己从事资产证券化业务;第三,作为 SPV 代理人,为其包装现金流,设计资产证券化;第四,承销证券;第五,作为 SPV 的受托人,为其进行资金的管理。此外,还可成为证券的经纪商、做市商。

本章小结 >>>

1. 作为金融创新范畴的资产证券化是指二级证券化,是指通过对不能立即变现但有稳定的预期收益的资产进行重组,将其转换为可以公开买卖的证券的过程。资产证券化是当今世界发展最快的金融衍生工具之一,它是证券化的高级阶段。

2. 资产证券化的特征包括:结构型的融资方式、流动性风险管理、表外融资、依赖于资产信用的融资方式、低风险、资产融资与分散借贷相结合。

3. 在我国实施资产证券化具有十分现实的意义。但也存在许多障碍。

4. 按照不同的标准,资产证券化划分为不同的类型。根据基础资产的不同,资产证券化可以分为住房抵押贷款证券化(MBS)和资产担保证券化(ABS)。根据证券偿付结构的不同,资产证券化类型可以划分为转手证券、抵押贷款担保债券和转付证券三种形式。另外,资产证

化还可以划分为不同的类型,如单一借款人型与多借款人型、单宗销售证券化与多宗销售证券化、单层销售结构与双层销售结构等。

5.资产证券化是通过精心设计的金融产品结构将资金的供需双方合理地衔接起来,实现了资金的有效融通,创造了直接融资的新方式。资产证券化使各参与方共同承担证券化资产的相应风险,并分享其间的利益,它为市场提供了一种新的融资渠道,降低了融资成本,增加了资产流动性和获利能力,使投资者获得了新的投资工具。

6.资产证券化和美国次贷危机有着密切的联系。

7.在我国实施资产证券化具有十分现实的意义,但也存在许多障碍。

思考题 >>>

1. 什么是资产证券化?
2. 资产证券化的参与主体有哪些?
3. 资产证券化包括哪些基本操作环节?
4. 什么是信用增级?它对于资产证券化的特殊意义是什么?
5. 什么是破产隔离?它对于资产证券化有哪些特殊意义?
6. 资产证券化对发起人有哪些好处?
7. 试论投资银行在资产证券化中的作用。
8. 资产证券化和美国次贷危机有何联系?
9. 在我国实施资产证券化有何障碍?

第十章

投资银行的风险管理与监管

案例导入 >>>

在次贷危机爆发后,小布什政府于2008年3月末及时出台了美国政府对金融监管的改革方案,即《现代化金融监管架构蓝皮书》。该蓝皮书从完善金融监管、发挥市场机制的角度,对下一步金融监管的思路进行了说明。主要提供了四个方面的改革建议:一是继续保留执行1999年出台的《金融服务现代化法》,按照历史管理的原则把金融市场划分为银行、保险、证券和期货四个领域分别进行监管;二是改进现有监管模式,用功能监管替代机构监管;三是借鉴英国的经验,在美国建立类似FSA的统一的金融监管机构;四是根据监管的目标来确定金融监管的内容。该蓝皮书明确了金融监管改革需要达到的两个目标:一是要恢复并增强美国金融机构的竞争力,恢复因次贷危机而降低的市场信心;二是要进一步保护美国金融消费者权益,同时积极维护市场的稳定。

2009年,美国进行了总统换届,奥巴马成为美国新一任总统。在小布什政府金融监管改革思路的基础上,奥巴马政府对次贷危机暴露的监管问题进行了深刻反思和总结,并针对美国金融体系,尤其是金融监管进行了大幅度改革。

健全对金融机构的监管,确保所有类别金融机构都被纳入监管视野。在对未来金融监管的改革上,提出要覆盖所有对金融市场有重大影响的金融机构,确保这些机构都处于美联储的严密监管之下;同时,还要覆盖所有对金融体系产生重大风险的金融机构,确保它们同样都在美联储的严密监管之下;进一步明确各个金融监管机构的职能,建立起权、责、利相统一的约束机制,建立金融监管问责制度。具体包括:(1)设立金融服务监管委员会(Financial Services Oversight Council),目的是能够较快地确定系统性风险,同时能够进一步促进各金融监管机构间的协调。该委员会由美国联邦储备委员会主席以及证券交易委员会、商品期货交易委员会、联邦储蓄保险公司等监管机构相关人员组成。(2)赋予美联储对所有可能影响金融稳定的金融机构进行监管检查的职权,同时增强美国国会对美联储的监管约束权力,以达到权力的制衡。(3)对所有的金融机构实行更加严格的资本金要求和审慎监管标准。其中,对于系统重要性金融机构、大而不能倒的金融机构,要求更高的监管标准。(4)重新整合联邦及州的监管职能,组建全国性的金融监管机构,负责对所有在联邦注册银行的监管工作,既包括联邦注册银行的分支机构,也包括外国银行在美国设立的分支机构。(5)加强对对冲基金、私募投资基金和风险资本的金融监管力度。(6)加强对各类保险公司的监管。

建立对金融市场的全面监管,确保所有类别的金融产品和程序都被纳入监管范围。具体包括:(1)通过规范金融衍生品场外交易规则和资产证券化的流程,加强对金融衍生品交易的监督管理。(2)强化对资本金监管的要求,设定更为严格的交易方信贷风险规则。(3)赋予美联储对资金支付、清算以及结算系统监管的职权。(4)进一步协调明确证券和期货交易委员会的职责。(5)要求美国证券交易委员会继续大力提高证券市场的透明度和标准化,解决信息不对称问题。(6)告诫金融监管机构引导投资者减少对信用评级机构的过分依赖。

保护金融消费者和投资者的合法权益。具体包括:(1)组建金融消费者保护局(Consumer Financial Protection Agency),从维护众多中小投资者利益出发,保护金融消费者免遭金融机构的不公正交易和欺诈性交易。(2)提高监管标准,确保消费者和投资者所购买的产品和服务具有透明性、公平性和适宜性。(3)联邦存款保险公司在一定的环节上承担起作为金融消费者权益保护者的角色。

为联邦政府和州政府应对金融危机提供更多的工具和手段。具体包括:(1)允许政府接管和解救陷入危机中的大型金融机构。(2)赋予财政部门在必要时刻做出最后决策的权力。(3)适当修改美联储的紧急贷款权限,确保美联储能够及时对问题金融机构进行救助。

制定国际金融监管规则,加强国际金融监管的合作。次贷危机造成的影响不仅仅局限于美国,随着次贷危机影响的逐步扩大,这种影响是世界性的,因此建议美国的金融监管当局和国际社会一起积极应对,采取统一和一致的行动进一步改进金融监管的标准。这其中包括:加强对资本监管的要求、对国际金融市场的监管、对大型跨国金融公司的合作监管,同时提高对次贷危机的应对和处理能力。

尤其值得一提的是,2009年3月,新成立的奥巴马政府颁布了美国政府关于金融监管改革的方案(草案),简称《金融监管改革框架》。经历一年多的时间,历经多次修改完善,《金融监管改革框架》分别于2009年12月11日和2010年5月20日在众议院和参议院获得通过。在《金融监管改革框架》的基础上,美国政府又进行了适当的修改并拟定了《金融监管改革法案》,美国众、参两院分别于2010年6月与7月表决通过,这是经过修订调整后的将对美国金融监管变革产生深远影响的法案。2010年7月21日,按照美国的立法程序,《金融监管改革法案》获得奥巴马总统的签署。该法案以提出者多德—弗兰克的名字命名,全称为《2010年华尔街改革和消费者保护法》,被认为与《格拉斯—斯蒂格尔法案》一样将对今后的美国金融监管产生重大影响。

《多德—弗兰克法案》的主要内容有:(1)整合美国各家金融监管机构,明确各家金融监管机构的职能。(2)明确美国联邦储备委员会是美国金融监管体系的最权威的部门。(3)加强对银行控股公司的资本管理。(4)加强对信用评级机构的监管。(5)改进和提高金融消费者权益保护工作。(6)加强对金融衍生品的监管。(7)完善对对冲基金的监管。次贷危机前后美国金融监管改革的主要变化见表10-1。

表 10-1　　　　　　　　次贷危机前后美国金融监管改革的主要变化

	改革前	改革后
监管模式	伞形多头监管	美联储负责对重要性金融机构的监管
对金融机构进行监管	对冲基金自愿接受监管	将对冲基金和私募基金纳入监管范围
		提高监管标准，金融创新受到限制
	信用评级机构进行登记	加强对信用评级机构的监管
		对金融机构高管薪酬进行监管
对金融市场进行监管		将金融衍生品纳入监管
		明确问题金融机构的处置方式
		成立金融稳定监管委员会，负责系统性风险的监测分析
		成立消费者金融保护部门，保护金融消费者权益

　　资本市场作为金融体系的重要组成部分，对一国经济的发展发挥着越来越重要的作用。从一般经济学的意义上来说，公平和效率是资本市场运作的两大终极目标。市场并不是十全十美的，监管的存在就是为了弥补市场的不足，以更好地促进公平和效率的实现。投资银行业业务范围涉及资本市场的方方面面，可谓处于整个资本市场的核心，对其进行监督管理显得尤为重要。因此，加强对投资银行的监管，是提高资本市场，乃至整个金融体系运作效率的重要途径。

第一节　投资银行的风险管理概述

　　风险是指由于事物的不确定性而遭受不利结果或经济损失的可能性。纯粹的风险是指因不可抗力因素而产生的风险，这类风险与收益无关。收益风险是指在获取收益的过程中，由于人们的认识不全面而伴随着一些不确定的因素所产生的风险。在当今的经济生活中，通常所说的风险多指收益风险，这里所指的风险也是就这个意义而言的。

　　因此，风险管理对一切金融机构的经营管理而言，都是一个非常重要的课题，对投资银行业的经营管理而言，更是一个永恒的主题。风险管理成为投资银行业永恒的主题，是由投资银行业自身的业务特点决定的。投资银行业务，无论是传统的证券承销和证券交易业务，还是并购重组、风险投资、公司理财、信贷资产证券化等创新业务，都伴随着风险。而且一般来说，收益越高的业务所伴随的风险也越高。和商业银行不同，投资银行没有存贷款业务，没有相对稳定的收益和利润来源，因此为了获取较高的收益，就必须勇于开拓具有较高风险的各项业务。但是，高风险并不能确保高收益，这样，投资银行业务管理的中心就不是资产负债比例管理，而是风险与收益的对应管理：在收益性、安全性、流动性三者协调统一的基础上，合理开展低、中、高不同风险等级（从而不同收益程度）的业务，尽可能以最小的综合风险来获取最大的收益。

一、投资银行的风险类型

　　根据国际证券委员会的划分，投资银行面临的风险主要包括市场风险、信用风险、流动性风险、操作风险、法律风险和系统风险六大类型。

　　（一）市场风险（Market Risk）

　　市场风险是金融体系中最常见的风险之一，通常是指市场变量（如价格、利率、汇率、波动率、相关性或其他市场因素水平等)的变化给金融机构带来的风险。在有关市场风险的模型中,往往把它定义为金融工具及其组合的价值对市场变量变化的敏感程度。根据这些市场变量的不同,市场风险又可以细分为以下一些种类:

1. 利率风险

利率风险是指利率变动致使证券供求关系失衡,从而导致证券价格波动而造成投资银行发生损失的可能性。美国奥兰治县的破产充分说明了利率风险的危害性:该县将"奥兰治县投资组合"大量投资于"结构性债券"和"逆浮动利率产品"等衍生证券,由于利率上升,"奥兰治县投资组合"所持有的衍生证券的收益和这些证券的市场价值随之下降,结果奥兰治县遭受了17亿美元的亏损。

2. 汇率风险

汇率风险是指由于外汇价格变化而对投资银行的经营造成损失的可能性。投资银行在外汇买卖业务、承销以外币面值发行的证券业务以及外汇库存保值等方面承担汇率的风险。

3. 市场发育程度风险

市场发育程度风险是指资本市场的监管程序和投资者的成熟程度对投资银行业务可能带来的损失。以我国为例,由于资本市场是一个新兴的市场,与西方发达国家相比,市场监管还不完善,投资者也很不成熟,投资银行业务中暗箱操作时有发生,二级市场投机色彩浓厚,所有这些都可能会使得投资银行业务暴露在风险之中。

4. 资本市场容量风险

资本市场容量是指由居民储蓄总额、可供投资的渠道以及投资者的偏好所形成的投资证券的最大资金量。资本市场容量风险是指投资证券最大资金量的变化引起投资银行业务损失的可能性。测算资本市场容量对投资银行业务有指导作用,尤其是在证券发行和交易方面。

(二) 信用风险(Credit Risk)

信用风险是指因交易对手不能正常履行合约所规定的义务的可能性,包括贷款、掉期、期权以及在结算过程中的交易对手违约带来损失的风险,因而它又被称为违约风险(Default Risk)。投资银行在签订贷款协议、场外交易合同和授权时,将会面临信用风险。通过风险管理以及要求交易对手保持足够的抵押品、支付保证金或在合同中规定净额结算条款,可以最大限度地降低信用风险。

值得注意的是,在金融实践活动中,随着人们对信用风险重视程度的提高和信用风险管理技术的发展,信用风险的概念得到了重大扩展。在传统的定义中,只有当违约实际发生的时候,风险才转化为损失,在此之前,投资银行资产的价值与交易对手的履约能力和可能性无关——这样做会让很多潜在的风险无法在转化为损失之前引起充分的重视和足够的准备工作。现在,很多金融机构采取盯市(Mark-To-Market)的方法,对手的履约能力和信用状况会随时影响金融机构有关资产的价值,而且在纯粹信用产品交易市场上,信用产品的市场价格是随着履约能力不断变化的。这样,信用风险在转化为现实的损失之前就能在市场和银行的财务报表上得到反映,从而它的定义也相应地扩展为交易对手履约能力的变化造成的资产价值损失的风险。

(三) 流动性风险(Liquidity Risk)

流动性风险通常可以从产品、市场、机构三个层次上进行讨论。对金融机构而言,流动性风险往往是指其持有的资产流动性差和对外融资能力枯竭而造成的损失或破产的可能性。由于投资银行属于高负债经营的金融机构,因而要求资产结构向高流动性、易于变现的资产倾斜,而不宜过多参与长期投资,以免陷入兑付危机。从1996年美国四大投资银行——美林证券、摩根士丹利、所罗门兄弟、雷曼兄弟的流动比率和流动资产率来看,平均分别达到1.1%和96.8%。由于很少涉足长期投资或固定资产投资,上述四大投资银行的资产流动性和变现性很好,偿债能力很强,因此其抵御风险的能力也就很强。

(四)操作风险(Operational Risk)

操作风险是指金融机构由于内部控制机制或者信息系统失灵而造成意外损失的风险。这种风险主要是由人为的错误、系统的失灵、操作程序的设计或应用发生错误、控制不当等原因引起的,它主要由财务风险、决策风险、人事管理风险以及信息系统风险构成。

1. 财务风险

财务风险是指财务管理上的"漏洞",财务处理出差错以及财务人员的蓄意违规使投资银行遭受损失的可能性。

2. 决策风险

决策风险是指由于决策者的决策失误而造成投资银行损失的可能性。投资银行的决策是对未来经营活动的抉择,是根据对整个宏微观经济环境的分析和对经营结果的预测得出来的结论,故难免会因个人主观认识、资料不充分、分析和判断的经验不足等原因造成预测与未来实际状况的偏差。

3. 人事管理风险

人事管理风险是指在人事管理方面的失误而导致投资银行损失的可能性。人事管理风险可以说是一种体制风险,投资银行内部管理体制越不健全,人事管理风险越大,从而其对投资银行的业绩甚至生存的潜在威胁性也越大。

4. 信息系统风险

信息系统风险是指计算机信息与决策系统风险。随着信息技术在金融领域的广泛应用,在投资银行信息与决策系统中,无论是各营业部局域网子系统或通信子系统等,都存在系统数据的可靠程度问题、信号传递的及时程度问题、决策模型的完善程度问题及网络系统的安全问题等。

(五)法律风险(Law Risk)

法律风险来自交易一方不能对另一方履行合约的可能性所引发的风险,可能是因为合约根本无从执行,也可能是因为合约一方超越法定权限的非法行为。所以,法律风险包括合约潜在的非法性以及交易对手无权签订合同的可能性。而且,法律风险随着投资银行越来越多地进入新的、不熟悉的业务领域正变得日益突出。例如,1996年,银行家信托公司(Bankers Trust)就因被指控对客户的错误销售而被迫支付1.5亿美元的赔款。针对这一风险,投资银行应该认真研究业务所在国的法律、法规和监管部门对有关业务的规定,审慎签订和实施对外合同以及与雇员的合同,建立明确的履约和管理结构。

(六)系统风险(System Risk)

系统风险是指因单个公司倒闭、单个市场或结算系统混乱而在整个金融市场产生"多米诺骨牌效应",导致金融机构相继倒闭的情形以及由此引发整个市场周转困难的投资者"信心危机"。1998年是亚洲金融危机深度和广度达到极致的一年,年初香港百富勤的破产和年中长期资本管理公司(Long Term Capital Management Corp,LTCM)的濒危,充分体现了系统风险的危害性。

二、投资银行的风险管理

投资银行的风险管理是指通过发现和分析公司面临的各方面的风险,并采取相应的措施规避风险实现公司经营目标,降低失败可能性,减少影响公司绩效的不确定性的全部过程。

风险管理通过以下方面实现:(1)董事会确定总体的风险管理原则和控制战略;(2)建立风险管理的组织构架和体系;(3)制定风险管理的一整套政策和程序;(4)运用风险管理的技术监测工具。

董事会是最高的风险管理机构,对投资银行承受的风险承担最终责任和义务。董事会对公司的风险管理应制定整体的战略,根据公司的市场定位确定风险管理的基本理念和原则,并对风险控制政策进行审批。为保证风险管理战略和政策得到遵守并保持适应性,董事会应要求风险管理委员会通过独立的风险管理部门和独立的内部审计部门实施和评估。

三、投资银行的监管体制

1. 以政府机构为主导的外部监管模式。
2. 以行业协会与交易所为主的自律管理模式。

具体如图10-1所示。

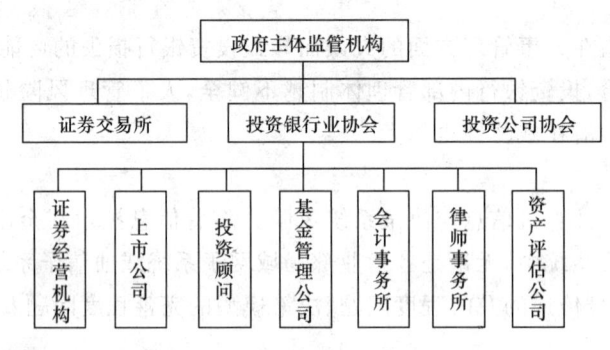

图10-1 投资银行的监管体制

案例10-1 美国投资银行的风险管理架构

1. 审计委员会。审计委员会隶属于董事会,一般全部由外部董事组成。该委员会的职能包括:向风险监视委员会进行授权;审批风险监视委员会章程;审阅风险监视委员会定期提交的风险报告;定期对公司的风险状况和风险管理流程进行评估。

2. 最高决策执行委员会。它为公司各项业务制定风险容忍度并批准公司重大风险管理决定,包括由风险监视委员会提交的有关重要风险政策的改变。公司最高决策执行委员会特别关注风险集中度和流动性问题。

3. 风险监视委员会。一般由高级业务人员及风险控制经理组成,一般由风险管理委员会的负责人兼任该委员会的负责人。该委员会的职责包括:监控公司总体风险;协助执行委员会为公司各业务部门制定风险限额;监督公司其他职能委员会的执业活动;确保各业务部门按既定的风险管理流程和技术,对相关风险进行识别、度量和监控;当公司发生重大交易或其他异常情况时,直接向审计委员会和执行委员会报告。

4. 风险管理委员会。风险管理委员会是一个专门负责公司风险管理流程的部门。一般由市场风险组、信用风险组、投资组合风险组和风险基础结构组构成。

5. 各种管制委员会。制定政策、审查和检讨各项业务以确保新业务和现有业务的创新同样不超出公司的风险容忍度。一般包括新产品审查和检讨委员会、信用政策委员会、储备委员会、特别交易审查检讨委员会等。

四、风险管理的基本策略

随着经济全球化和金融自由化的发展、金融创新的日新月异以及金融机构的全能化趋势，经济主体特别是金融机构所处的风险环境日益复杂，对风险管理的要求也越来越高。投资银行应该根据客户或自身所承受风险的不同类型和不同特点采取相应的风险管理策略。简单地讲，风险管理的基本过程包括风险识别、风险度量、风险处理以及风险评估与调整。风险识别就是辨识经济主体在经营中所面临风险的根源、类型、结构以及风险之间的关系，并对风险的影响程度做出初步判断，以确定下一步风险管理的重点所在；在此基础上进行风险度量，这是风险管理的关键步骤之一，直接决定风险管理的有效性。在完成上述步骤后，投资银行风险管理的主要任务就是综合考虑客户或自身所面临的风险性质、风险大小、风险承受能力和风险管理水平等因素，在此基础上选择合适的管理策略进行风险处理。风险管理策略主要包括以下三种：分散（Diversification）策略、对冲（Hedging）策略和保险（Insurance）策略。

（一）分散策略

"不要将所有的鸡蛋都放在同一个篮子里"，这一投资格言说明了人们在很早以前就懂得通过多样化投资来分散风险。尽管历史悠久且思维朴素，但风险分散仍是行之有效且相对简单的风险管理手段。

对于由相对独立的多种资产构成的资产组合，只要组成资产的个数足够多，非系统风险就可以通过分散化的投资策略完全消除，实证研究发现多样化投资的资产达20个就可以基本上消除非系统风险。从理论上讲，这种可以通过多样化投资消除的非系统风险在理性的资本市场定价中没有相应的风险回报，因此证券投资者必须通过多样化投资分散风险，否则将承担无谓的风险。但在实践上，证券投资者特别是中小投资者要将有限的投资分散到众多证券品种上意味着要承担较高的交易费用，对他们来说并不现实。而通过购买证券投资基金来分散风险是中小投资者可行的选择。分散风险也是信用风险管理的重要手段之一，尤其是在传统的信用风险管理模型中缺乏有效对冲信用风险手段的情况下，分散授信是应该严格遵守的信贷原则。但在实践上，信息不对称等因素往往迫使商业银行将贷款集中在自己熟悉的有限的客户和区域以及自己比较了解和擅长的行业和领域，分散投资原则很难得到很好贯彻，这也就是所谓的信用悖论（Credit Paradox）。

（二）对冲策略

通过多样化投资分散风险只能消除非系统风险而无法规避组合的系统风险。而对冲策略可以完全或部分地规避组合所面临的市场风险和信用风险，使组合价值不受或少受市场波动的影响。所谓的对冲也称套期保值，是指针对某一资产组合所面临的金融风险，利用特定的金融工具构造相反的头寸，以减少或消除组合的金融风险的过程。这里所说的金融工具可以是股票和债券等原生金融工具，但更多采用的是衍生金融工具如远期、期货、期权和互换。随着金融工程技术的发展，风险对冲已经可以根据投资者的风险承受能力和需要，通过调节对冲比率将风险降低到投资者所希望的水平上。

在进行对冲时要注意以下几点:首先,测量组合的风险状况;其次,在确定组合风险暴露的基础上,根据交易者和金融机构自身的竞争优势和风险偏好,确定合理的对冲目标;再次,根据对冲目标,选择对冲策略,如 Delta 对冲、Gamma 对冲或其他类型的风险对冲;最后,根据不同的对冲策略选择或构造一种或多种合适的金融工具实现对冲目标。在选择对冲目标、对冲策略构造对冲工具时,应考虑对冲成本,并对最终效果进行评价。

(三)保险策略

保险策略是指通过购买某种金融工具或采取其他合法的经济措施将风险转移给其他经济主体承担。与对冲策略一样,保险策略也可以用于系统性风险的管理,但这两种风险管理策略存在着本质上的区别:对冲策略是企业通过放弃潜在的收益降低可能的损失,而保险策略是通过支付一定的保险费用,在保存潜在收益的情况下降低损失。

最常见的保险形式有:一般保险、期权和担保。一般保险就是投保人以缴纳保险费为代价将特定风险转嫁给保险公司。但这里的"特定风险"一般仅限于财产险和责任险等纯粹风险,并不是所有的风险都可以通过一般保险规避。

一般来讲,只有具备下列条件的风险才能进行投保:第一,风险不是投机性的;第二,风险必须是偶然性的;第三,风险必须是意外的;第四,风险必须是大量标的物均有遭受损失的可能性;第五,风险应有发生重大损失的可能性。以市场风险为代表的投机风险一般是不能进行投保的,但投资者可以通过购买期权合约来管理利率、汇率和资产价格等市场风险和信用风险。投资者购买期权合约实际上是以缴纳期权费为代价将利率、汇率以及交易对手违约可能等不利变动的风险转嫁给期权合约的卖方,同时又保留了这些市场价格或交易对手信用品质有利变动的利益。担保也提供了类似于一般保险的风险管理策略,通过担保和备用信用证,投资者可以将信用风险转嫁给担保人和备用信用证。担保可以分为显性担保和隐性担保。前者是指金融中介或其他担保机构直接向客户开具担保承诺,保证在其交易对手发生风险时弥补客户的损失;而后者并不开具明确的风险担保承诺,而是将风险的保险成分隐含在资产的交易价格中。

事实上,有些风险是无法规避也不能转嫁的,如经济主体的主营业务风险。对于这类风险,只能是在企业层面上积极管理,这也就是通常所说的风险保留。采用风险保留进行风险管理时,首先要准备合理水平的风险资本金以抵御和吸收风险,风险资本金水平是否合理又取决于风险度量的准确性。其次,经济主体在风险保留时应在交易价格上加入适度的风险溢酬,即以风险回报的方式获得承担风险的价格补偿。比如,对保险公司和出售期权或提供担保的金融机构来讲,它们进行风险管理的关键就在于进行合理的风险定价:定价过低将使自己所承担的风险难以获得足够的风险溢酬;定价过高则会使自己的业务失去竞争力。风险管理过程的最后是对整个过程进行评估与调整,从而提高风险管理的有效性。

第二节 投资银行风险管理的模型与方法

一、投资银行风险管理的模型

(一)信用计量(Creditmetrics)模型

Creditmetrics 模型是 J. P. 摩根于 1997 年推出的用于量化信用风险的风险管理产品。与

1994年推出的量化市场风险的 Riskmetrics 一样,该模型引起了金融机构和监管部门的高度重视,是当今风险管理领域在信用风险量化管理方面迈出的重要一步。

1. 模型的基本思想

第一,信用风险取决于债务人的信用状况,而企业的信用状况又是由被评定的信用等级来表示,因此信用计量模型认为信用风险可以说直接源自企业信用等级的变化,并假定信用评级体系是有效的,即企业投资失败、利润下降、融资渠道枯竭等信用事件对其还款履约能力的影响都能及时恰当地通过其信用等级的变化而表现出来。信用计量模型的基本方法就是信用等级变化分析。

第二,信用工具(包括债券和贷款及信用证等)的市场价值取决债务发行企业的信用等级,即不同信用等级的信用工具有不同的市场价值,因此信用等级的变化会带来信用工具价值的相应变化。这样一来,如果能得到信用工具信用等级变化的概率分布(一般由信用评级公司提供),同时计算出该信用工具在各信用等级上的市场价值(价格),就可以得到该信用工具市场价值在不同信用风险状态下的概率分布,从而也就可以达到用传统的期望和标准差来衡量资产信用风险的目的。

第三,信用计量模型的一个基本特点就是从资产组合而不是单一资产的角度来看待信用风险。根据马柯威茨资产组合管理理论,多样化的组合投资具有降低非系统性风险的作用,而信用风险很大程度上又是一种非系统性风险,因此它在很大程度上也就能被多样性的组合投资所降低。另外,由于经济体系中共同的因素(系统性因素)的作用,不同信用工具的信用状况之间存在相互联系,由此而产生的系统性风险是不能被分散掉的。这种相互联系由其市场价值变化的相关系数(这种相关系数矩阵一般也由信用评级公司提供)表示。由单一的信用工具市场价值的概率分布推导出整个投资组合的市场价值的概率分布可以采取马柯威茨资产组合管理分析法,即整个投资组合的市场价值的期望值和标准差可以表示为:

$$E(r_p) = \sum_{i=1}^{n} w_i E(r_i) \tag{10-1}$$

$$\delta_p^2 = \sum_{i=1}^{n} w_i^2 \delta_i^2 + \sum_{i=1}^{n}\sum_{j=1}^{n} w_i w_j \text{Cov}(r_i, r_j) \quad (i \neq j) \tag{10-2}$$

第四,由于信用计量模型将单一的信用工具放入资产组合中衡量其对整个组合风险状况的作用,而不是孤立地衡量某一信用工具自身的风险,因而,该模型使用了信用工具边际风险贡献(Marginal Risk Contribution to the Portfolio)的概念来反映单一信用工具对整个组合风险状况的作用。边际风险贡献是指在组合中因增加某一信用工具的一定持有量而增加的整个组合的风险(以组合的标准差表示)。

$$平均边际风险贡献 = \frac{组合因增加某一信用工具而增加的风险}{该信用工具的市场价值}$$

通过对比组合中各信用工具的边际风险贡献,进而分析出每种信用工具的信用等级、与其他资产的相关系数以及其风险暴露程度等各方面因素,就可以很清楚地看出各种信用工具在整个组合的信用风险中的作用,最终为投资者的信贷决策提供科学的量化依据。

2. 模型的基本方法

(1)确定组合中每种信用工具当前的信用等级。

(2)确定每种信用工具在既定的风险期限内(如一年)由当前信用等级变化为所有其他信用等级的概率,并由此得出转换矩阵(Transition Matrix),即所有不同信用等级的信用工具在风险期限内变化为其他信用等级或维持原级别的概率矩阵。这一矩阵通常由专业的信用评级公司给出,如标准-普尔提供的一年期的转换矩阵。对某一具体信用工具而言,有了它也就是得到了其信用等级变化的概率分布图。

(3)确定每种信用工具在风险期限末在所有信用等级上的市场价值,并由此得出由于信用等级变化而导致的信用工具价值的变化。对于不能交易、不能盯市的信用工具,具体方法是对信用工具在剩余期限内所有现金流用于与特定信用等级相适应的远期(风险期限,如一年)收益率(Forward Rate)进行贴现。这样就可以得到每一信用工具风险期限末价值(或收益)的概率分布图。

(4)确定整个投资组合在其各种信用工具不同信用等级变化下的状态值。如果每种信用工具的等级变化有8种可能,两种信用工具的组合就有8×8个状态值,三种组合有$8\times 8\times 8$个状态值,n组合就有8^n个状态值。可见数据规模非常庞大,实践中常采用模拟法。

(5)估计各种信用工具因信用事件(主要指信用等级变化)的变化而引起其价值变化的相关系数,共有$n\times n$个,即$n\times n$相关系数矩阵。这一相关系数矩阵通常也是由信用评级公司来提供的。尽管信用风险一般被认为是非系统性风险,但这仅为粗略而言。更准确地说,除了借款人独特的原因而使信用风险表现出的非系统性特征外,信用风险也存在系统性因素,即借款人信用等级的变化甚至违约的发生并非是完全独立的,而是与诸如宏观经济变化等系统性因素的作用相关性,表现出一定的系统性的特征。因此,该相关系数矩阵对准确反映和估算组合的信用风险有重要意义,它是Creditmetrics的重要输入数据。然而,由于信用事件引起资产价值变化的数据远比市场风险的数据少,因而对该相关系数矩阵的估计是应用该模型最艰难的工作之一。

(6)根据上述步骤就可以得到该组合在8^n种状态值的联合概率分布(两种信用工具的组合情况下为8×8的联合分布)。并可由此得出该组合作为一个整体的概率分布(包括期望和方差),从而可以在确定的置信水平上找到该组合的信用VaR值(Credit VaR)。同时,对上述两个矩阵进行分析,可以得出每种信用工具的边际风险贡献(绝对的和平均的),从而为信贷决策提出风险管理上的建议,使得贷款限额等信用风险管理决策也有了量化依据。

(二)基于股票价格的信用风险模型——KMV模型

股票市场可以视为一个评价上市公司的巨大机制。关于宏观经济状况、行业以及公司的信息会以很快的速度传递给或大或小的投资者及投资分析人员,因此,股价会在整个交易日内不断地波动。而在公司股价的变化中则隐藏着关于该公司可信度变化的可靠证据,据此,放贷者就有机会利用这些现成的、规模巨大、潜能巨大的信用风险管理工具。

KMV模型是著名的风险管理公司KMV公司开发的一个信用风险计量模型。与Creditmetrics从授信企业的信用评级变化的历史数据中分析企业的信用状况不同,该模型采用了一种从授信企业股票市场价格变化的角度来分析该企业信用状况的信用风险计量方法。

1. 模型的基本思想

第一,该模型最主要的分析工具是所谓的EDF,即预期违约频率(Expected Default Frequency),是指受信企业在正常的市场条件下,在计划期内违约的概率。目前KMV公司发布5 000家上市公司1~5年期的EDF数据。

第二,违约被定义为受信企业不能正常支付到期的本金和利息,而且被认为在企业的市场价值(可用企业资产价值表示)等于企业负债水平时就会发生,因为此时该企业即便将其全部资产出售也不能完成全部偿还义务,因而在概念上会发生违约。正是基于对违约的这种理解,企业市场价值或资产价值的违约触发点(Default Point)就被设定为与企业负债水平相等的企业资产价值水平。EDF就是根据企业资产价值的波动性（通过该企业股票在市场上的波动性测算出来）来衡量企业目前市场价值或资产价值水平降低到违约触发点水平的概率，即违约概率。

第三，有关EDF的信息被包含在公司上市交易的股票的价格之中。因此，只要分析公司的股票价格水平及其变化，就可以得到EDF，即与该公司进行信用交易所面临的信用风险，而且这一信用风险信息还可以随着股票交易价格的最新变化而不断更新。通过对公司股票价格波动的分析来寻找其中包含的该公司信用状况的信息是KMV模型的基本特点之一。

第四，公司资产的市场价值从概念上被认为等于公司的债务加股东权益(Debt and Equity)的全部负债(Liabilities)。因此，通过观察借款公司的股票价格以及公司债务的账面价值，KMV模型可以间接地衡量难以直接观察的借款公司资产的市场价值。

$$资产市价 = 账面负债 + 股权市价$$

第五，由于公司负债的账面价值的波动性可以被视为零，资产市价的波动性可以被视为等于公司股票市价的波动性（方差或标准差），所以通过观察股票市价的波动性也就可以得到资产市价的波动性。

$$账面负债的波动性(以标准差表示) = 0$$
$$资产市价的波动性 = 股权市价的波动性$$

2. EDF的求解过程

EDF主要取决三个关键变量，即以企业资产市场价值表示的企业市场价值、代表违约触发点的企业负债水平和以标准差表示的企业资产价值的波动性。同时，EDF是建立在所谓的违约距离(Distance To Default, DTD)的概念的基础上的。所谓违约距离是指以百分数表示的企业资产价值在计划期内由当前水平将至违约触发点的幅度，可以表示为：

$$DTD = \frac{AV - DP}{AV} \tag{10-3}$$

式中 DTD——违约距离；

AV——企业资产价值(Asset Value)。

对贷款银行而言AV不易观察，但在概念上等于企业的负债(Debt)的账面价值与公司股权市价(Equity)之和；DP为违约触发点(Default Point)，即企业负债水平。

EDF等于企业的违约距离除以企业资产价值波动的标准差，即：

$$EDF = \frac{DTD}{SD} = \frac{\frac{AV - DP}{AV}}{SD} \tag{10-4}$$

式中 SD——企业资产价值的波动性，即标准差。

由于企业资产价值在概念上等于企业负债的账面价值加上企业股权的市值，而负债的账面价值的波动性为零，因此企业资产价值的波动性在概念上也就等于其股权市值的波动性，即股票价值波动的标准差。式(10-4)也表明，违约距离DTD不仅如同式(10-3)所表示的是企业资产价值在计划期内由当前水平降至违约触发点的百分数幅度，实际上也表示企业资产价值由当前水平降低到违约触发点的幅度是其资产价值波动标准差的多少倍，即股价降低使得公司资产价值达到违约触发点的概率。因此，违约距离从本质上也可理解为一个概率的概念。

根据上述思想，在确定公司的股票价格及其波动的概率分布后就可以得到股价降低使得公司资产市价达到违约触发点的概率,而这一以标准差表示的概率也就是违约距离 DTD。例如,某公司目前的股票价格为每股 30 元,假设股价波动服从标准差为 20%,即 6 元的正态分布,又假设当股票价格降低到 18 元会使公司资产的市场价值达到违约触发点,则这一跌幅 12 元是两个标准差,根据正态分布的性质,股票价格在两个标准差之间波动,即股价 18 元~42 元波动的概率为 95%,而跌破 18 元而使公司资产的市场价值达到违约触发点的概率为 2.5%。

式(10-4)也清楚地表明,如果企业的负债的账面价值已知(从而违约触发点 DP 已知),EDF 可以主要通过分析受信企业股票市场价格的变化而得出,因为企业资产价值 AV 是负债与股权市值之和,而企业资产价值波动性又等于企业股票市价波动的标准差。

(三) KMV 模型与 Creditmetrics 模型的比较

KMV 模型和 Creditmetrics 模型是目前国际金融界最流行的两个信用风险管理模型。两者都为金融机构在进行授信业务时衡量授信对象的信用状况,分析所面临的信用风险,防止集中授信,进而为实现投资分散化和具体的授信决策提供了量化的、更加科学的依据,为以主观性和艺术性为特征的传统信用分析方法提供了很好的补充。然而,除前述两模型在估值方法和信用损失计量范式的选择方面有所不同外,从上述介绍和分析中,可以明显地看到这两个模型在建模的基本思路上也有相当大的差异。

第一,KMV 模型对企业信用风险的衡量指标 EDF 主要来自对该企业股票市场价格变化的有关数据的分析,而 Creditmetrics 模型对企业信用风险的衡量则来自对该企业信用评级变化及其概率的历史数据的分析。这是二者最根本的区别之一。

第二,由于 KMV 模型采用的是企业股票市场价格分析方法,这使得该模型可以随时根据该企业股票市场价格的变化来更新模型的输入数据,得出及时反映市场预期和企业信用状况变化的新的 EDF 值。因此,KMV 模型被认为是一种动态模型,可以及时反映信用风险水平的变化。然而,Creditmetrics 模型采用的是企业信用评级指标分析法。而企业信用评级,无论是内部评级还是外部评级,都不可能像股票市场价格一样动态变化,而是在相当长的一段时间内保持静态特征,故这有可能会使得 Creditmetrics 模型的分析结果不能及时反映企业信用状况的变化。

第三,正是因为 KMV 模型所提供的 EDF 指标来自对股票市场价格实时行情的分析,而股票市场的实时行情不仅反映了该企业历史的和当前的发展状况,更重要的是反映了市场中的投资者对该企业未来发展的综合预期,所以,该模型被认为是一种向前看(Forward Hooking)的方法,EDF 指标中包含了市场投资者对该企业信用状况未来发展趋势的判断。这与 Creditmetrics 模型采用的主要依赖信用状况变化的历史数据的向后看(Backward Hooking)的方法有着根本性的差别。KMV 模型的这种向前看的分析方法在一定程度上克服了依赖历史数据向后看的数理统计模型的"历史可以在未来重复其自身"的缺陷。

第四,KMV 模型所提供的 EDF 指标在本质上是一种对风险的基数衡量法,而 Creditmetrics 模型所采用的信用评级分析法是一种序数衡量法,两者完全不同。以基数法来衡量风险最大的特点在于不仅可以反映不同企业风险水平的高低顺序,而且可以反映风险水平差异的程度,因而更加准确,这也更有利于对贷款的定价。而序数衡量法只能反映企业信用风险的高低顺序,如 BBB 级高于 BB 级,却不能明确说明高到什么程度。

第五,Credimetrics 模型采用的是组合投资的分析方法,注重直接分析企业间信用状况变化的相关关系,因而它也就更加与现代组合投资管理理论相吻合。KMV模型是从单个受信企业在股票市场上的价格变化信息入手,着重分析该企业体现在股价变化信息中的自身信用状况,对企业信用变化的相关性没有提供足够的分析。

二、投资银行风险管理的方法

由于市场风险和信用风险两者共同构成了投资银行的核心业务风险,所以它们也是金融机构和监管部门进行风险管理的主要对象和核心内容。现代金融理论的有关模型和技术工具主要也是围绕如何量化、控制和规避这两类风险展开讨论的。本节介绍市场风险的综合衡量工具VaR方法,以及VaR的几种补充方法:压力测试、情景分析和返回检验。

(一)VaR方法

VaR(Value at Risk)即在险价值,比较规范的定义是,在正常的市场条件和给定的置信水平(Confidence Interval,通常是95%或99%)上,在给定的持有期间内,某一组合投资预期可能发生的最大损失,或者说,在正常的市场条件和给定的时间段内,该投资组合发生VaR值损失的概率仅仅是给定的置信水平(概率水平)。从统计的角度来看,VaR实际上是投资组合回报分布的一个百分位数(Percentile)。从这个意义上来理解,则它和回报的期望值在原理上是一致的。正如投资组合回报的期望值实际上是对投资回报分布的第50个百分位数的预测值一样,在99%的置信水平上,VaR实际上就是对投资回报分布的第99个百分位数(较低一侧)的预测值,如图10-2所示。

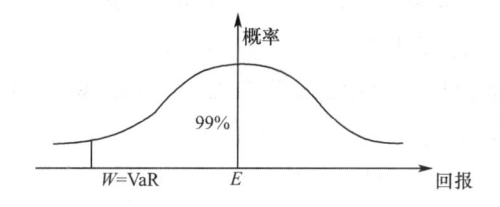

图10-2 VaR的本质

如果某一金融机构或资产组合以天为单位的回报率分布由图10-2给出,其中E点表示回报的期望值,也就是回报分布的第50个百分位数,W表示回报分布在较低一侧的第99个百分位数,则W就是该组合在99%置信水平上的VaR值,它表示该组合在一天之内损失到W水平的可能性为1%,或者说100天内出现损失状况W的天数为1天。另外,值得注意的是,有时VaR会被定义为期望值E与临界值W的差额,即$VaR=W-E$,但这并不妨碍对VaR本质的理解。

要确定一个金融机构或资产组合的VaR值或建立VaR模型,必须首先确定以下三个系数:

1. 持有期限(Holding Period)或目标期限(Target Horizon)

持有期限是衡量回报波动性和关联性的时间单位,也是取得观察数据的频率,如所观察数据是日收益率、周收益率、月收益率还是年收益率等。持有期限应该根据组合调整的速度来具体确定。调整速度较快的组合,如有些银行所拥有的交易频繁的头寸,应选用较短的期限,如一天;调整速度相对较慢的组合,如某些基金较长时期拥有的头寸,可以选用一个月,甚至更长。在既定的观察期间内(如一年),选定的持有期限越长,在观察期间内所得的数据越少(只有12个),进而就会影响VaR模型对投资组合风险反映的质量。

2. 观察期间(Observation Period)

观察期间是对给定持有期限的回报的波动性和关联性考察的整体时间长度。观察期间的选择要在历史数据的可能性和市场发生结构性变化的危险之间进行权衡。为了克服商业循环等周期性变化的影响，历史数据越长越好，但是时间越长，收购兼并等市场结构性变化的可能性也就越大，而这则会使得历史数据越来越难以反映现实和未来的情况。

3. 置信水平(Confidence Interval)

置信水平过低，损失超过 VaR 值的极端事件发生的概率过高，就会使 VaR 值失去意义；置信水平过高，超过了 VaR 值的极端事件发生的概率可以得到降低，但统计样本中反映极端事件的数据也越来越少，这会使得对 VaR 值估计的准确度下降。VaR 的准确性和模型的有效性可以通过返回测试(Back Testing)来检验。置信水平决定了返回检验的频率；例如，对于日回报率的 VaR 值，95% 的置信水平意味着每 20 个营业日进行一次返回检验，而采用 99% 的置信水平，返回测试的频率只有 100 个营业日进行一次。

除了要确定 VaR 模型的三个关键系数外，另一个关键问题就是确定金融机构或资产组合在既定的持有期限内的回报的概率分布，即概率密度函数(Probability Density Function，PDF)。如果能够拥有或根据历史数据直接估算出投资组合中所有金融工具的收益的概率分布和整个组合收益的概率分布，那么作为该分布的一个百分位数的 VaR 值也就能相当容易地推算出来。但要取得所有金融工具收益的概率分布是不容易的，所以投资组合收益的概率分布的推算就成为整个 VaR 法中最重要也是最难解决的一个问题。目前解决的办法是将这些金融工具的收益转化为若干风险因子(Risk Factors)的收益，这些风险因子是能够影响金融工具收益的市场因素，如利率、汇率、股票指数等，然后把投资组合转化为风险因子的函数，再通过各种统计方法得到这些风险因子收益的概率分布，再在此基础上得到整个组合收益的概率分布，最终求解出 VaR 的估计值。目前，推算组合风险因子收益分布的方法主要有三种，它们分别为历史模拟法(Historical Simulation Method)、方差协方差法(Variance Covariance Approach)和蒙特卡罗模拟法(Monte Carlo Simulation)，从而也就决定了三种不同类型的 VaR。

VaR 模型把对预期的未来损失的大小和该损失发生的可能性结合了起来，所以比起β值(只适用于股票价格风险)、持续期、凸性(只适用于债务的利率风险)、Delta(只适用于衍生金融工具)等指标而言，它的适用范围更广泛；作为一种用规范的统计技术来全面衡量风险的方法，它能够更客观、全面、准确地反映金融机构所处的风险状况，从而大大增加了风险管理系统的科学性。

但是，VaR 模型也是有局限性的。这主要表现在：第一，它主要适用于正常条件下对于市场风险的衡量，在市场出现极端情况的时候则无能为力，所以压力测试被作为 VaR 模型方法在这个方面的重要补充手段；第二，由于 VaR 型对数据的要求比较严格，所以对于交易频繁、市场价格数据容易获得的金融工具的风险衡量效用比较显著，但对于缺乏流动性的资产，由于缺乏每日市场交易的价格数据，有时需要将流动性较差的金融产品分解(Mapping)为流动性较强的金融产品的组合，然后才能使用 VaR 模型来进行分析；第三，使用 VaR 模型来衡量市场风险还存在模型风险，这是因为有三种可供选择的模拟法，对同一资产组合采用不同的模拟法的时候，会得到不同的 VaR 值，这就使得其可靠性难以把握；第四，总的来说，VaR 模型对历史数据有很强的依赖性，但未来却并不一定总能重复历史，所以这是一个固有的缺陷；第五，按照最新发展的总体风险管理理论——3P 理论，风险的价格(Price，转移或对冲风险付出的代价)、投资者对风险的心理偏好(Preference)、概率(Probability)三个因素共同决定了现代金融风险管理的框架,但是在 VaR 管理体系下受到重视的只是概率因素。

(二)压力测试

如前文所述,VaR 模型对金融机构或资产组合市场风险的衡量的有效性是以市场正常运行为前提条件的,如果市场发生异常波动或出现极端情况,VaR 模型的缺陷就需要借助压力测试(Stress Testing)来弥补。

压力测试是指将整个金融机构或资产组合置于某一特定的(主观想象的)极端市场情况之下,例如,假设利率骤升 100 个基点、某一货币突然贬值 30%、股价暴跌 20% 等异常的市场变化,然后测试该金融机构或资产组合在这些关键市场变量突变的压力下的表现状况,看看是否能经受得起这种市场的突变。正是鉴于压力测试在衡量金融机构或资产组合在异常市场条件下风险状况时的重要作用和 VaR 模型相应的局限性,金融监管部门在同意金融机构使用以 VaR 为基础的内部模型的同时,除了要求使用返回检验来衡量 VaR 模型的有效性外,还要求使用压力测试来衡量金融机构在遇到意外风险时机构的承受能力,以弥补 VaR 模型的不足。

由于压力测试在很大程度上是一种主观测试,由测试者主观决定其测试的市场变量(风险因素)及其变动幅度,而且测试变量一旦确定,就假设了测试变量与市场其他变量的相关性为零;同时,在压力测试下,引起资产组合价值发生变化的风险因素也非常清楚,再加上压力测试并不负责提供事件发生的可能性,因而也没有必要对每一种变化确定一个概率,这样就免除了模拟整个事件概率分布的麻烦,也使得这种风险衡量方式较少地涉及高深的数学和统计知识,显得简单明了。

不过,使用这一方法在实践中也存在着几个需要注意的问题:第一,合理的测试变量的选择要考虑它是否与市场中其他变量的相关性为零;第二,进行压力测试的时候,某一或某些市场因素的异常或极端的变化可能会使得风险分析的前提条件发生变化,所以对分析的前提条件要重新确认;第三,对众多的风险因素进行不同幅度的压力测试,所带来的工作量是巨大的,而且,由于每次压力测试只能说明事件的影响程度,却不能说明事件发生的可能性,这使得管理者对众多的压力测试难以分清主次,因而仅仅有压力测试对管理者的决策作用并不大,它应该与其他风险衡量的方法尤其是 VaR 模型相结合使用,而不是替代 VaR 模型。

(三)情景分析

情景分析(Scenario Analysis)与压力测试有许多相似之处,其不同之处在于:压力测试只是对市场中的一个或相关的一组变量在短期内的异常变化进行假设分析,而情景分析假设是更为广泛的情况,包括政治、经济、军事和自然灾害在内的投资环境。在这种假设的环境变化中,例如投资国出现政治动荡、战争或经济危机,首先分析主要市场变量的可能变化,进而分析这种变化对资产组合的影响。如果说压力测试是一个自下而上的过程,那么情景分析就是一个自上而下的过程,因为前者直接假设了一个或一组相关市场变量的异常取值,然后测试投资组合的变化,而情景分析是首先假设一个整体环境的变化,再推断在这种特定情景下市场变量的可能变化,最后再考察这些市场变量变化对投资组合的影响。显然,情景分析从更广泛的视野、更长远的时间范围来考察金融机构或投资组合的风险问题,这种具有战略高度的分析,无疑弥补了 VaR 模型和压力测试只注重短期情况分析的不足,因此情景分析应与 VaR 模型和压力测试结合起来使用,使得风险管理更加完善。

进行情景分析的关键首先在于对情景的合理设定。为此,投资者应该从两方面入手:一方面是充分认识自己的投资组合的性质和特点,了解可能发生的相关事件,包括战争冲突、政治选举、重要经济改革措施的出台、重大的公司合并与改组、政府经济管理部门关键的人事变动等,并充分理解这些事件可能对市场进而对自己的投资组合产生的重大影响;另一方面是要对设定的情景进行深入细致的分析,以及由此对事态在给定时间内可能发展的严重程度和投资组合因此而可能遭受的损失进行合理的预测。

(四)返回检验

用 VaR 模型来衡量金融机构所面临的市场风险,以及进而用 VaR 模型来作为监管部门确定该机构应具备的资本充足水平的依据,一个重要的问题是它的有效性的问题。由于 VaR 模型只是一种由历史数据或假定的统计参数和分布建立起来的统计预测模型,其对未来风险状况的预测是否准确、有效是需要检验的。检验的主要方法就是返回检验。统计学中的返回检验(Back Testing)是指将实际的数据输入被检验的模型中去,然后检验该模型的预测值与现实结果是否相同的过程。

例如,一个 VaR 模型对某一投资组合的风险衡量结果为:在 99% 的置信水平上该组合在未来的 6 个月内的日 VaR 值为 10 万元,即每天损失超过 10 万元的概率为 1%,或者说,每 100 天内,只有 1 天的损失将超过 10 万元。对 VaR 的这一预测值进行返回检验,就是多次考察实际 100 天的交易数据,如果损失超过 10 万元的天数的确不超过 1 天,则基本说明该模型是有效的;如果损失超过 10 万元的天数为 2 天甚至更多,则该模型的有效性就值得怀疑。

然而,需要注意的是,这种返回检验本身也会存在是否有效可靠的问题。上例中对 VaR 有效性的判断是基于假设返回检验本身是有效的,没有发生下面两种类型的错误:第一,VaR 模型的预测实际上是对的,但检验结果却表明它低估了风险,这在统计学中被称为 1 类错误;第二,VaR 模型的预测实际上低估了风险但是检验结果却没有显示这一结果,这在统计学中被称为 2 类错误。影响返回检验有效性的主要因素有以下三个。

第一,样本空间的大小。数据量的大小对统计检验来说是非常重要的,尤其是在对概率较小的事件进行检验的时候,所需的历史数据更多,这就使得对有较长的持有期限的 VaR 值的检验难以进行,例如对 10 日 VaR 值的检验,10 年交易历史才能提供 250 个观测数据。因此,返回检验一般选用日 VaR 值检验。

第二,对投资回报概率分布的假设。一般情况下,投资组合的回报被假设呈正态分布,并且有稳定的期望和方差。这些假设不仅使得 VaR 模型的预测是合理的,而且较长持有期限的 VaR 值也可以由日 VaR 值合理得到(如对 VaR 值乘以 2 就可以得到两周 VaR 值)。然而这些假设在现实中却往往不成立,实际的回报分布往往有"肥尾"现象,而且其期望和方差也是变动的。因此,在对 VaR 模型的有效性进行检验的时候对这些有关分布的假设应该予以重新审视。

第三,置信水平的选定。置信水平越高,则意味着越需要对可能性更小、更极端的事件进行检验。显然,这种小概率事件的历史数据是稀少的,因而对其检验起来也就更加困难。

第三节 投资银行的监管概述

一、投资银行监管的演变与发展

政府对金融活动实施监管的法规依据最初可以追溯到 18 世纪初英国颁布的旨在防止证券过度投机的《泡沫法》。1818 年,英国政府颁布了第一部《证券交易条例》,强调证券交易的

"自我管理"和"自我约束",被视为自律性管理体系的最早形式。在美国,早期的证券市场管理靠各州的立法进行,1911年堪萨斯州通过了《蓝天法》,成为美国历史上第一个对证券管理立法的州。值得一提的是,20世纪30年代以前的金融监管理论主要集中在实施货币管理和防止银行挤提政策层面,对于金融机构经营行为的规制、监管和干预都很少论及。这种状况与当时自由市场经济正处于鼎盛时期有关。

1929年经济大危机爆发,大批银行及其他金融机构纷纷倒闭,给西方市场经济国家的金融和经济体系带来了极大的冲击,甚至影响到了资本主义的基础。经济危机表明金融市场具有很强的不完全性,"看不见的手"无所不至的能力只是一种神话,从而扭转了金融监管理论关注的方向和重点,立足于市场不完全理论、主张国家干预政策和重视财政政策的凯恩斯主义取得了经济学的主流地位。美国在大危机爆发以后不久,便通过国会立法赋予央行(以及后来设立的证券监管机构)以真正的监管职能,并由此开始了对金融体系进行行政监管和法律监督。在这一时期,美国政府制定了包括《1933年银行法》《1933年证券法》《1934年证券交易法》等在内的诸多管制条例,对银行业和证券开始实行严格的分业经营和监管。即使传统上注重自律和习惯的英国,也制定了许多与证券市场相关的法规,并逐步形成了以政府法规管理和英格兰银行与证券交易所、证券业协会、证券投资委员会等自律组织及其制度规章为中心的自律型监管框架。

20世纪70年代,困扰发达国家长达十年之久的"滞胀"宣告了凯恩斯主义宏观经济政策的破产,以新古典宏观经济学和货币主义、供给学派为代表的自由主义理论和思想开始复兴。在金融监管理论方面,金融自由化理论逐渐发展起来并在学术理论界和实际金融部门不断扩大其影响。"金融压抑"和"金融深化"理论是金融自由化理论的主要部分,其核心主张是放松对金融机构的过度严格管制,特别是解除对金融机构在利率水平、业务范围和经营地域选择等方面的种种限制,恢复金融业的竞争,以提高金融业的活力和效率。

自由主义经济理论的"复兴",并没有否定市场的固有缺陷,它们与"政府干预论"的差异主要体现在干预的范围、手段和方式等方面。因此,无论是在发达国家还是在发展中国家,金融自由化的步伐一直没有停止。在20世纪80年代后半期和90年代初,金融自由化达到了高潮,很多国家纷纷放松了对金融市场、金融商品价格等方面的管制,一个全球化、开放式的统一金融市场初现雏形。

20世纪90年代的金融危机浪潮推动了金融监管理论逐步转向如何协调安全稳定与效率的方面。与以往的金融监管理论有较大不同的是,现在的金融监管理论除了继续以市场的不完全性为出发点研究金融监管问题之外,开始越来越注重金融业自身的独特性对金融监管的要求和影响。这些理论的出现和发展,不断推动金融监管理论向着管理金融活动和防范金融体系中的风险方向转变。鉴于风险和效益之间存在着替代性效应,金融监管理论这种演变的结果,既不同于效率优先的金融自由化理论,也不同于20世纪30年代到70年代安全稳定优先的金融监管理论,而是二者之间的新的融合与均衡。

证券市场管理的放松主要表现在对银行、证券业务分业制度的调整。1987年美国联邦储备委员会根据《银行持股公司法》修正案,授权部分银行有限度地从事证券业务,随后又授权一些银行的子公司从事公司债权公募和私募的承销业务等。英国也在1986年进行了被称为"大爆炸"的证券监管体制改革,放宽了对证券交易所会员资格的审查条件,降低了对会员资本的要求,取消了最低佣金限制,实行了手续费的自由化。与此同时,各国也加强了对证券市场上欺诈行为的监管,加强了对投资者保护的立法。

二、投资银行监管的经济原因

投资银行监管的主要经济原因是金融市场的失灵。在古典经济学家看来,自由竞争的市场经济无疑是完美的。在市场这只"看不见的手"的引导之下,市场机制能自动调节供求,实现资源配置的帕累托最优,经济运行形成一种理想的"自然秩序",不需要政府进行干预,政府的职能仅限于"守夜人"的角色。

但是现在大多数的经济学家承认,存在外部效应、公共品、信息不对称以及自然垄断等不完全竞争领域,竞争市场无法保证资源的最优配置。为此,就需要政府的介入,以行政手段弥补市场失灵的缺陷。金融市场失灵的表现有:

(一) 金融市场上的外部效应尤为严重

就外部效应而言,金融市场监管涉及金融稳定和保护投资者利益两个方面。对于证券业而言,证券产品价值决定过程具有特殊性。证券产品的虚拟性以及信息决定性,使得证券价格具有其他产品价格所没有的高度灵敏性。证券价格特别容易被操纵,造成价格失真,证券市场极易形成泡沫,泡沫的急剧膨胀和迅速破灭都会给社会经济生活造成危害。

金融领域外部效应尤为严重的一个重要原因是因为它可能具有"传染性"。一家金融机构的问题很可能会引致另一家金融机构产生同样的问题。银行的挤提行为以及证券市场的恐慌心理是这种"传染性"的典型表现。"传染性"的存在使得金融领域的负外部效应具有自我放大的特性。这种自我放大发展到一定程度就会导致系统性的危机或崩溃。

金融领域内存在比其他经济领域更为严重的负外部效应这一事实为政府介入实行严格监管提供了理论支持。

(二) 金融市场上存在严重的信息不对称

信息不对称指的是当事人一方并不了解全部与交易有关的信息,金融机构与其客户之间存在着严重的信息不对称。在这种情况下,知情较多的当事人一方还会出现逆向选择和道德风险,这在保险、银行以及证券行业中都非常突出。

在资本市场中,信息不对称使得证券价格对市场信息的反应不及时、不准确,因而无法正确引导资金的流向,导致证券市场效率的丧失。政府监管证券市场的核心是通过信息披露制度的实施来保证市场的公开透明。政府监管的介入可以消除部分信息不对称对交易行为的不良影响,特别是在提供具有公共品性质的信息方面:一方面使可能影响证券市场的一切信息完全公开,并保证信息的真实性、准确性和及时性,对证券欺诈、误导、虚假陈述等不法行为予以法律制裁;另一方面保证每一个投资者都有公平的获取信息的机会,防止内幕交易。

(三) 正常的经济金融秩序是一种公共品

正常的经济金融秩序是一种公共品:首先,任何人都可以免费地享受一个稳定、公平而有效的金融体系提供的信心和便利,因而具有非排他性;其次,任何人享受上述好处的同时并不会妨碍他人享受同样的好处。因而,由于没有有效的供给激励,只能通过政府监管部门来承担提供正常的经济金融秩序的责任。

通过以上分析可知,因为金融机构的高杠杆性、金融产品的虚拟性和预期性、金融市场的高度信用化等原因,金融体系具有内在的脆弱性。金融市场失灵导致资源配置的无效率,并且其可能引发的金融危机所造成的直接和间接的社会成本更是十分巨大,因此,经济学家主张政府介入金融市场进行监管以降低社会成本。资本市场是金融市场的重要组成部分,投资银行是资本市场上的主力机构之一,因而也必然是政府金融监管的对象之一。

三、投资银行监管的目标

投资银行业是一个高风险行业,在其业务经营活动中,投资银行业将面临市场风险(主要是利率风险、汇率风险、股价波动风险)、信用风险、流动性风险、操作风险等。在经历20世纪30年代初的世界经济金融大危机之后,各国都加强了对包括投资银行在内的金融监管。由于投资银行的主要业务活动领域在资本市场(主要是证券市场),因此对投资银行业的监管,是证券市场监管的重要组成部分,也是一国金融监管的重要内容之一。

(一)保护投资者的合法权益

投资者是金融市场的参与者,是投资银行的服务对象。对投资银行依法进行监管,限制其承担过高的风险和从事不良经营活动,禁止其弄虚作假等欺骗投资者的行为,同时禁止内幕交易、操纵股市、扰乱证券市场等行为,这样才能保护投资者的合法权益,引导社会资源向生产效率较高的经济部门和企业流动,促进国民经济的健康发展,避免公众利益受到损害而引起社会动荡。保护投资者的合法权益,实际上也是维护公众对投资银行业的信任和信心,是投资银行生存和发展的重要条件。

(二)维护金融系统的安全稳定

投资银行因经营管理不善面临倒闭或违法违规经营时,将会影响公众的信心,造成社会恐慌,危及证券市场的健康发展和投资银行业,甚至会危及整个金融体系的安全与稳定。这就需要通过市场准入的监管、业务活动内容的监管以及投资者保护等措施,促使投资银行依法稳健经营,防范和降低风险,保障投资银行乃至整个金融体系的安全与稳定。

(三)确保投资银行业的健康发展

合理竞争、防止垄断是促使投资银行不断提高服务质量和服务效率的前提条件。通过对投资银行业的监管,才能够创造一个公开、公平、公正及高效统一的市场环境,防止垄断,维护正常的金融秩序,使投资银行在公平竞争的基础上提供高效率、多样化的金融服务,最终促进资本形成和经济增长。

四、投资银行监管的原则

(一)合法原则

合法就是合乎法律、法规。合法原则是投资银行业监管的前提。在对投资银行监管时,必须遵守相关的法律、法规。根据我国《中华人民共和国证券法》的规定,在中国境内,股票、公司债券和国务院认定的其他证券的发行和交易,适用《中华人民共和国证券法》的规定。《中华人民共和国证券法》未规定的,适用《中华人民共和国公司法》和其他法律、行政法规的规定。

现行的证券市场法律主要包括《中华人民共和国证券法》《中华人民共和国证券投资基金法》《中华人民共和国公司法》以及《中华人民共和国刑法》等。此外,《中华人民共和国民法典》《中华人民共和国反洗钱法》《中华人民共和国企业破产法》等法律也与资本市场有着密切的联系。现行的证券行政法规中,与证券经营机构业务密切相关的有《证券、期货投资咨询管理暂行办法》以及2008年4月23日国务院公布的《证券公司监督管理条例》和《证券公司风险处置条例》。

(二)"三公"原则

"三公"原则指的是公开、公平、公正原则,其具体内容包括:

1. 公开原则

公开原则要求任何证券的发行和交易都必须真实、准确和完整地披露与证券发行和交易有关的各种重要信息,避免任何信息披露中的虚假陈述、重大误导和遗漏。公开原则通常包括两个方面,即证券信息的初期披露和持续披露。信息的初期披露是指证券发行人在首次公开发行证券时,应完全披露有可能影响投资者做出是否购买证券决策的所有信息;信息的持续性披露是指在证券发行后,发行人应定期向社会公众提供财务及经营状况的报告,以及不定期公告影响公司经营活动的重大事项等。信息公开原则要求信息披露应及时、完整、真实、准确。

公开原则是公平原则、公正原则的前提。

2. 公平原则

交易规则的不合理必然导致交易结果的不公平。公平原则的核心是要求证券活动中的所有参与者都享有平等的法律地位,各自的合法权益能够得到公平的保护。这里所说的公平是指机会均等,市场参与者按照已公布的相同规则进行交易。按照公平原则,证券市场的所有参与者不能因为其在市场中的职能差异、身份不同、经济实力大小而受到不公平待遇,而应按照公平统一的市场规则进行各种活动。

3. 公正原则

公正原则要求证监会监管部门在公开、公平原则的基础上,对一切被监管对象给予公正待遇。公正原则是实现公开、公平原则的保障。根据公正原则,证券立法机构应综合考虑资本市场的实际情况,制定兼顾各方当事人权益的法律规则。证券监管部门应当根据法律授予的权限公正地履行其监管职责,不得越权监管;要尊重市场规则,不得干预正常的市场行为;要对一切证券市场参与者给予公正的待遇,不得采取歧视政策;不得徇私枉法;证券监管人员不得从事证券交易,不得接受不正当的利益,以保证其公正处理监管事务。对证券违法行为的处罚,对证券纠纷事件和争议的处理,应当公正进行。

(三)协调性原则

投资银行业监管的协调性原则强调的是同一监管主体的不同职能部门之间以及上下级机构之间的职责要明确合理,相互协调;不同监管主体之间的职责范围要合理划分,执法时要加强协调;多重监管体制不应该导致监管对象的过重负担。

(四)透明度原则

资本市场监管的核心是信息披露制度,它也是保证资本市场的"三公"原则得以实施的具体体现。投资银行监管的透明度原则是指作为监管主体的政府监管部门在重大的监管政策和监管规则出台或变动前应征求市场主体的意见,避免"暗箱操作"。在监管过程中体现透明度原则,是现代市场经济的本质要求,有助于克服监管部门与被监管者之间的信息不对称,增强被监管者配合监管的主动性,提高监管效率。

(五)效率性原则

投资银行业监管的效率性原则强调的是在对投资银行业监管时,要注重建立有效的监管机制,使得监管成本最小化与效益最大化。同时,通过监管,规范竞争,防止垄断,提高投资银行业体系的整体效率。

（六）监督与自律相结合原则

监督与自律相结合原则是指在加强政府、证券主管机构对证券市场监管的同时，也要加强从业者的自我约束、自我教育和自我管理。国家对证券市场的监管是管好证券市场的保证，而证券从业者的自我管理是管好证券市场的基础。

五、投资银行业监管的模式

一国投资银行业监管体制的模式取决于该国的政治与经济体制，并受制于该国投资银行及证券市场的发育成熟程度，因此国际上对投资银行业的监管并无一成不变的模式。总体而言，国际上投资银行的监管模式可分为三类：即集中型监管模式、自律型监管模式和综合型监管模式。

（一）集中型监管模式

集中型监管模式是指国家通过制定专门的监管法律并设立全国性的监管机构来实现对投资银行业的监管。其特点是有一套较为完备的监管投资银行的专门法律来监管其业务活动，有权威的监管机构在全国范围内对投资银行业实施监管。美国、中国、韩国、日本、巴西是该模式的典型代表。

以美国为例，美国对投资银行市场的管理有一套完整的法律体系，具体包括《1933年证券法》《1934年证券交易法》《1940年投资公司法》《1940年投资者咨询法》《1970年证券投资保护法》等。同时，各州还订立了本州的管理法规，如人们较为熟悉的《蓝天法》。在管理模式上，美国证券交易管理委员会（SEC）是统一管理全国证券活动的最高管理机构，在资本监管体制中处于核心和关键的位置，它完全独立于美国行政当局，直接对国会负责，国会赋予其较大的行政权和准司法权，这种独立性保证了SEC能够不受其他因素的干扰，坚持自己的监管理念；与此同时，联邦交易所和全国证券交易协会等自律组织则分别对证券交易所和场外证券业进行管理，从而形成了以集中统一管理为主、辅以市场自律的较为完整的证券管理模式。

集中型监管模式的优点：第一，具有统一的法律、法规，使市场行为有法可依，提高了市场监管的权威性和管制的深度和广度；第二，能公平、公正、高效、严格地发挥其监管作用，有力地维护市场秩序，弥补市场失灵的不足；第三，监管者地位超脱，更注重保护投资者的利益。

集中型监管模式的缺陷：第一，证券法规的制定者和监管者超脱于市场，从而使市场监管可能脱离实际，难以及时跟上市场的快速发展和变化，往往使监管滞后并流于僵化，缺乏效率；第二，集中监管模式下，各部门协调困难，监管成本较高，对市场发生的意外行为反应较慢，可能处理不及时，且普遍存在官僚主义；第三，自律组织在监管机构的监督、指导下活动，自主权较少，不利于自律性组织发挥自身的监管能力。

（二）自律型监管模式

自律监管模式是指国家除了某些必要的立法之外，较少干预投资银行业，对投资银行及其业务活动的监管主要通过自律组织和投资银行自己来执行。自律监管模式的重点在于确保市场的有效运转和保护会员的正当利益。实行这类模式的典型国家和地区有：英国、新加坡和中国香港地区。这类模式具有两个显著特点：第一，通常没有专门规范投资银行业的法律、法规，而是通过一些间接的法律来进行必要的法律调整；第二，没有专门的政府监管机构，而是由自律组织和投资银行进行自我管理。

自律监管模式的优点：第一，既能提供投资保护，又能充分发挥投资银行的创新和竞争意识，有利于活跃市场；第二，允许券商参与制定市场监管规则，从而使监管更切合实际，制定的法规具有更大的灵活性；第三，自律组织对市场发生的违规行为能做出迅速而有效的反应。

自律监管模式的缺陷：第一，通常把重点放在市场的有效运转和保护会员的利益上，对投资者利益往往没有提供充分的保障；第二，没有立法作后盾，手段较软弱，监管权威性和力度不够；第三，没有统一的监管机构，难以实现全国市场的协调发展，容易造成混乱；第四，自律机构的非超脱性难以保证监管的公平。

（三）综合型监管模式

综合型监管模式是集中型监管模式和自律型监管模式相结合的模式，既强调政府机构集中监管，又注重行业自律，但在实践中则有所侧重。其特点是既有专门性的政府监管机构和监管法律，又存在自律性的行业组织进行自我管理。这是各国监管模式发展的新趋势。

（四）政府监管机构监管和自律组织监管的区别与联系

1. 政府监管机构监管和自律组织监管的区别

（1）监管的性质不同。政府监管机构的监管是行政管理，具有强制性。自律组织是通过制定公约、章程、准则、细则来对投资银行活动进行自我监管的组织，具有自律性。

（2）处罚手段不同。政府监管机构可以对违法违规的投资银行采取罚款、警告等措施，情节严重的甚至可取消其从事某项或所有证券业务的资格；而自律组织的处罚手段较为轻微，主要有罚款、暂停会员资格、取消会员资格等，情节特别严重的应提请政府主管部门或司法机关处理。

（3）监管的依据不同。政府监管机构依据国家的有关法律、法规、规章和政策来对投资银行进行监管。自律组织除了依据国家的有关法律、法规和政策外，还依据自律组织制定的章程、业务规则、细则对投资银行进行监管。

（4）监管的范围不同。政府监管机构负责对全国范围的证券业务活动进行监管；而自律组织则主要针对成为其会员的投资银行及这些投资银行的证券发行和交易活动进行监管。

2. 政府机构监管与自律组织监管的联系

（1）自律组织是政府监管机构和投资银行的桥梁和纽带。自律组织对投资银行既行使监督职能，也可代表投资银行向政府监管机构反映问题、提出意见和建议，维护投资银行的合法权益。政府监管机构可以通过自律组织对投资银行进行检查和监督。

（2）自律监管是对政府监管的有益补充。自律组织通过提供会员服务，可对投资银行进行法律、法规、政策宣传，督促其自觉遵纪守法。

（3）自律组织本身也必须接受政府监管机构的监管。一般而言，自律组织的设立需要得到政府监管机构的批准，其日常业务活动也要接受政府监管机构的检查、监督和指导。

综合型监管模式的优点是综合了集中型与自律型的长处，实践中可视具体情况而侧重于集中型或是自律型。实行该模式的主要有德国、法国和意大利等国。近年来，随着世界各国金融业混业经营的发展，投资银行、证券交易所之间联系往来增强，集中型监管模式和自律型监管模式日益相互靠拢、相互融合。

六、国外投资银行业监管模式

美国对投资银行业的监管呈金字塔形；英国传统是采取自律型监管体制，1986年之后强化了投资银行业的集中管理，但仍未从根本上改变传统模式；2002年以前德国实行混业经营、分业监管,监管主体比较多,现在统一监管。

（一）美国对证券业的监管

1929年经济危机之前,美国政府奉行的是自由市场原则,对证券市场监管很少。1929年股市泡沫破裂后,政府开始加强监管以规范证券交易行为和防范市场风险。从1933年到1940年,美国相继出台了《中华人民共和国证券法》《证券交易法》等一系列法律、法规,以维护市场公平、公正和公开原则,防止虚假欺诈行为。

从立法到执法,美国证券市场监管无不贯穿这样一个原则:对违法行为绝不姑息。

2001年12月,安然事件爆发,美国2002年通过《萨班斯—奥克斯利法》,并对《中华人民共和国证券法》和《证券交易法》进行了重要修改,在公司治理、会计职业监督和证券市场监管等方面做出很多新的规定。

美国证券市场实行三级监管,第一个层次是政府监管,形成了金字塔式的监管体制。在金字塔的顶部是美国证券交易委员会,对整个市场进行监督,享有法定最高权威。同时,美国各州也设有监管机构,在其辖区范围内对证券业进行监督。

美国证券市场监管框架的第二个层次是行业自律。美国主要证券交易所、全美证券交易商协会、清算公司都有责任监督市场交易及其成员活动。

美国证券监管体系的第三个层次是受害者司法救济。即利益受害者可以通过司法途径,就市场参与者违反证券法规的行为提起诉讼赔偿请求。

（二）英国对证券业的监管

2000年6月,英国女王正式批准了《2000年金融服务和市场法》。根据《2000年金融服务和市场法》的规定,英国成立了世界上最强有力的金融监管机构:金融服务监管局(FSA)。FSA是英国整个金融行业唯一的监管局。

（三）德国对证券业的监管

德国于2002年成立了联邦金融监管局,负责对银行、保险、证券市场以及政府资产的监管。此外,各州也设有各自的监管机构,在证交所内还设有监管办公室,形成了证券市场监管的三层构架。2002年4月22日德国《统一金融服务监管法》通过以后,在合并原来银行监督局、保险监督局、证券监督局的基础上,于2002年5月1日正式组建金融监管局,负责统一监管2 700家银行、800家金融服务机构和超过700家的保险企业。

第四节　投资银行的监管制度

一、市场准入的监管制度

市场准入监管是保证整个投资银行业平稳发展的预防性措施。一般而言,为保障金融体系的安全,各个国家都对投资银行设立了最低的资格要求,要求投资银行的设立需经监管机构审批。总体而言,投资银行市场准入监管制度可以分为两种,即形式审查制和实质审查制。

（一）形式审查制

形式审查制主要表现为以美国为代表的注册制。在形式审查条件下,投资银行只要符合有关资格规定,并在相应的金融监管部门注册并提供全面、真实、可靠的资料,便可以经营投资银行业务。监管部门的权力仅限于保证投资银行所提供的资料无任何虚假的事实。

(二)实质审查制

实质审查制主要表现为以日本为代表的特许制。在实质审查条件下,对投资银行的设立往往会规定各种具体的要求,如是否有足够的、来源可靠的资本金和比较完备、良好的硬件设施,管理人员是否具有良好的信誉、素质和证券业务水平,业务人员是否接受过良好教育且具有经营证券业务的相关知识和经验等。投资银行在设立之前必须向有关监管机构提出申请,审批权主要掌握在监管机构手中,监管机构主要从证券业发展目标、市场竞争状况、该投资银行的实际情况等方面进行考察,以决定是否同意其设立。

二、具体业务的监管制度

(一)对投资银行业务活动监管的一般制度

投资银行业务范围十分广泛,除了包括传统的证券承销和经纪业务之外,还包括兼并重组、项目融资、公司理财、资金管理、资产证券化、衍生金融交易和咨询服务等。随着投资银行业务的不断创新和发展,投资银行的业务活动监管也在不断扩展,其业务活动监管的一般制度包括:

1. 建立信息披露制度

通过持续信息披露制度,保证对投资者决策具有重要意义的信息得到充分、及时的披露。如果投资银行和发行公司之间存在着某种特殊关系,必须在公告书中加以说明。投资银行在提供给投资者的相关信息中,必须保证其真实性和合法性,保证语义清楚,不得含有易使人混淆的内容。为保证信息披露真实、准确、及时,各国法律一般规定了反垄断、反欺诈和反内幕交易条款。反垄断的核心是禁止证券交易市场上垄断证券价格的行为,制止哄抬或哄压证券价格,制止一切人为原因造成证券价格波动的证券买卖。反欺诈的核心是禁止证券交易过程中的欺诈假冒和其他蓄意损害交易对手利益的行为。反内幕交易的核心是禁止公司的内部人员或关系户利用公职之便在证券交易中牟取私利。此外,还规定严禁投资银行制造、散布虚假或误导信息欺骗投资者,严禁通过操纵市场来影响证券的发行或证券的价格,严禁内幕人员利用内幕信息自行买卖或建议他人买卖证券;限制投资银行所能购买的某一公司的证券数量,不得超过该公司所发行的证券总量的一定百分比,或者不得超过该发行公司资产总额的一定百分比等。投资银行必须遵守证券市场规则,公平参与竞争,不得利用其在资金、信息和技术等多方面的优势来从事不公平交易。

2. 纯资本比例制度

投资银行的纯资本是由现金和可以随时变现的自有资本组成的。纯资本比例制度通过规定投资银行的纯资本和负债之比最低不得少于某一比例,要求投资银行在经营中保持足够的现金资产,以便把投资银行的经营风险控制在一定的范围内,防止过度风险投资。

3. 证券评级制度

证券评级制度是对资产质量进行评价的一种制度。证券评级决定着证券的市场价格和销路,也决定着证券发行者的筹资成本和能否筹集到足够的资金。证券评级越高,越容易为公众所接受,销售越顺利。因此证券评级制度作为一种外部约束来督促证券发行者提高发行质量。

4. 经营报告制度

经营报告制度即要求投资银行必须定期将其经营活动按统一格式上报监管机构,以便监管机构随时了解投资银行的经营管理状况,更好地实施监督和管理,防止金融危机的爆发。

5. 管理费制度

管理费制度要求投资银行必须按照经营额的一定比例向证券监管机构和证券交易所缴纳

管理费。监管机构利用管理费作为对投资银行经营活动进行检查、监督的资金支持。

6. 收费标准

一般而言,监管机构会对投资银行在经营活动中的收费标准实行比例限制,以防止人为抬高社会筹资成本。如美国规定,投资银行经纪业务的佣金额不得超过交易额的5%,其他业务的佣金比例不得高于交易额的10%,否则即属违法。

(二)对投资银行证券承销、经纪业务的监管

投资银行通过证券的承销和发行,在证券发行者和证券投资者之间承担着桥梁的作用。为此,监管机构需要建立相关的制度,防止其在证券承销过程中通过掌握大量的证券来操纵二级市场的价格,获取不当利益。作为证券经纪人,投资银行按照投资者的委托指令在证券交易场所买入或者卖出证券,并按交易金额的一定比例收取手续费。投资银行的业务性质决定了投资银行与投资者之间存在着内在的利益冲突。为防止投资银行为推销其积压在手中的证券误导投资者或挪用客户资金等行为的发生,监管机构对投资银行证券承销、经纪业务的监管主要包括:

1. 保证金制度

保证金具体包括初始保证金和维持保证金。初始保证金是指投资者开始投资时必须用现金支付的证券市价比率;维持保证金是指在投资者投资过程中,其保证金账户中权益数额占证券总市价的最低比率。此外,投资银行向客户提供的贷款不得超过客户账户中证券市价的一定百分比。

2. 保密制度

除了接受金融监管机构等行政机关的调查外,投资银行必须对客户的资料保密,不得以任何方式公开和泄露。

此外,各国一般通过法律的强制性规定禁止投资银行从事某些侵犯客户利益的具体行为,如不得劝诱客户买卖证券;不得违规限制客户的交易行为;不得从事可能对保护投资者利益和公平交易有害的活动;不得从事有损于整个行业信誉的活动等。

(三)对投资银行证券自营业务的监管

证券自营业务即投资银行用自己的资金进行证券买卖交易,以赚取价差收益。为防止投资银行操纵市场,或通过混淆其自营业务和经纪业务侵犯客户利益,各国的监管机构往往在以下几个方面对投资银行的证券自营业务进行限制:

1. 准备金制度

为规避投资银行自营业务风险,要求投资银行对其证券交易提取一定金额的准备金;严格限制投资银行的负债总额以及流动性负债规模,限制其通过借款来购买证券;限制投资银行大量购买劣质证券等。

2. 投资银行的自营业务和经纪业务严格分开经营制度

为防止投资银行通过混淆其自营业务和经纪业务侵犯客户的利益,要求投资银行的自营业务和经纪业务应相互隔离,账户分开操作。

(四)对投资银行基金管理业务的监管

投资银行基金管理业务涉及多方主体,各当事人的权利和义务关系比较复杂,为保护投资人的利益,基金业务的监管内容主要包括:

1. 建立基金设立审查制度

基金的设立审查主要包括形式审查和实质审查两种。形式审查主要采用注册制,只要符

合规定的条件经依法注册后即可获准成立,如美国、日本、中国香港地区等。实质审查则主要采用核准制,是指基金的设立需经监管机构审核批准。

2. 建立基金运作管理制度

各国法律都要求投资基金的发行与认购、投资策略和范围、收益的分配及信息的公开等应规范化运作。监管机构一般通过定期检查和临时检查来确保这些规定得到严格遵守。

(五)对投资银行金融创新的监管

金融创新既促进了经济发展,又加大了金融监管的难度。对投资银行金融创新的监管主要包括:

1. 建立灵活的反应机制

金融创新种类繁多,金融市场复杂多变,当投资银行创新的金融工具和做法被越来越多、越来越快地效仿时,金融监管机构需要及时调整监管手段、扩大监管范围来应对新的市场状况,这在客观上需要法律建立灵活的反应机制,授予投资银行监管主体以一定的自由裁量权。

2. 建立监管的国际合作体系

在当今金融全球化的趋势下,投资银行业务呈现出国际化的趋势,因而有必要在全球范围内建立金融监管的国际合作体系,以确保金融交易的高效安全以及投资银行的规范运作。

三、我国的监管部门的组织及职能

(一)中国证监会

我国证券市场监管机构是国务院证券监督管理机构。国务院证券监督管理机构依法对证券市场实行监督管理,维护证券市场秩序,保障其合法运行。国务院证券监督管理机构由中国证券监督管理委员会及其派出机构组成。

中国证监会依据《中华人民共和国证券法》在对证券市场实施监督管理中可履行下列职责:

(1)依法制定有关证券市场监督管理的规章、规则,并依法行使审批或者核准权。

(2)依法对证券的发行、上市、交易、登记、存管、结算进行监督管理。

(3)依法对证券发行人、上市公司、证券公司、证券投资基金管理公司、证券服务机构、证券交易所、证券登记结算机构的证券业务活动进行监督管理。

(4)依法制定从事证券业务人员的资格标准和行为准则,并监督实施。

(5)依法监督检查证券发行、上市和交易的信息公开情况。

(6)依法对中国证券业协会的活动进行指导和监督。

(7)依法对违反证券市场监督管理法律、行政法规的行为进行查处。

(8)法律、行政法规规定的其他职责。

中国证监会在履行以上职责时,有权采取下列措施:

(1)对证券发行人、上市公司、证券公司、证券投资基金管理公司、证券服务机构、证券交易所、证券登记结算机构进行现场检查。

(2)进行涉嫌违法行为发生场所调查取证。

(3)询问当事人和与被调查事件有关的单位和个人,要求其对与被调查事件有关的事项做出说明。

(4)查阅、复制与被调查事件有关的财产权登记、通信记录等资料。

(5)查阅、复制当事人和与被调查事件有关的单位和个人的证券交易记录、登记过户记录、财务会计资料及其他相关文件和资料;对可能被转移、隐匿或者毁损的文件和资料,予以封存。

(6)查询当事人和与被调查事件有关的单位和个人的资金账户、证券账户和银行账户;对有证据证明已经或者可能转移或者隐匿违法资金、证券等涉案财产或者隐匿、伪造、毁损重要证据的,经国务院证券监督管理机构主要负责人批准,可以冻结或者予以查封。

(7)在调查操纵证券市场、内幕交易等重大证券违法行为时,经国务院证券监督管理机构主要负责人批准,可以限制被调查事件当事人的证券买卖,但限制的期限不得超过15个交易日;案情复杂的,可以延长15个交易日。

(二)证券交易所

证券交易所的主要职能包括:

(1)为组织公平的集中交易提供保障。

(2)提供场所和设施。

(3)公布证券交易即时行情,并按交易日制作证券市场行情表,予以公布。

(4)依照证券法律、行政法规制定上市规则、交易规则、会员管理规则和其他有关规则,并报国务院证券监督管理机构批准。

(5)对证券交易实行实时监控,并按照中国证监会的要求,对异常的交易情况提出报告。

(6)对上市公司及相关信息披露义务人披露的信息进行监督,督促其依法及时、准确地披露信息。

(7)因突发事件而影响证券交易的正常进行时,证券交易所可以采取技术性停牌的措施;因不可抗力的突发性事件或者为维护证券交易的正常秩序,证券交易所可以决定临时停市等。

(三)中国证券业协会

根据我国《中华人民共和国证券法》,中国证券业协会履行下列职责:

(1)教育和组织会员遵守证券法律、行政法规。

(2)依法维护会员的合法权益,向证券监督管理机构反映会员的建议和要求。

(3)收集整理证券信息,为会员提供服务。

(4)制定会员应遵守的规则,组织会员单位从业人员的业务培训,开展会员间的业务交流。

(5)对会员之间、会员与客户之间发生的证券业务纠纷进行调解。

(6)组织会员就证券业的发展、运作及有关内容进行研究。

(7)监督、检查会员行为,对违反法律、行政法规或者中国证券业协会章程的,按照规定给予纪律处分。

本章小结 >>>

1. 投资银行的风险类型包括:市场风险、信用风险、流动性风险、操作风险、法律风险、系统风险。

2. 风险管理的策略包括:分散策略、对冲策略、保险策略。

3. 投资银行风险管理的模型有:信用计量模型和基于股票价格的信用风险模型。

4. 投资银行风险管理的方法包括:VaR方法、压力测试、情景分析、返回检验。

5.金融市场失灵导致资源配置的无效率,其可能引发的金融危机所造成的直接和间接的社会成本更是十分巨大,加强对投资银行业的监管,是提高资本市场,乃至整个金融体系运作效率的重要途径。

6.投资银行监管的目标包括保护投资者的合法权益、确保投资银行业的健康发展、降低系统性风险。

7.投资银行监管的原则包括依法管理原则、"三公"原则、协调性原则、透明度原则、效率性原则、监管与自律相结合原则等。

8.从世界范围来看,各国的投资银行监管模式大体上可以分为:集中型监管模式、自律型监管模式以及综合型监管模式。集中型监管模式是由政府通过制定专门的管理法律,并设立全国性的监管机构来实现对全国资本市场的统一监管;自律型监管模式是指国家除了某些必要的立法之外,较少干预证券市场,对证券市场的监管主要由证券交易所、投资银行等自律组织进行自我监管;综合型监管模式是集中型监管模式和自律型监管模式相结合的模式,这种模式既有专门性立法和政府监管机构,又设有自律性组织进行自我管理。我国属于集中型监管模式。

9.行业的监管制度主要包括市场准入监管制度和业务经营监管制度。

思考题 >>>

1. 简述风险管理的模型。
2. 简述投资银行风险管理的方法。
3. 简述风险管理的策略。
4. 简述投资银行的风险类型。
5. 简述投资银行监管的含义。
6. 简述投资银行监管的经济原因。
7. 简述投资银行监管的目标。
8. 简述投资银行监管的原则。
9. 简述投资银行监管的模式。
10. 简述投资银行业的市场准入监管制度。
11. 简述投资银行业的业务活动监管制度。
12. 如何完善我国投资银行业的监管体系?

参考文献

[1]查尔斯·R.盖斯特.最后的合伙人[M].北京:中国财经出版社,2003.

[2]马晓军.投资银行学理论与案例[M].北京:机械工业出版社,2011.

[3]郭红,孟昊.投资银行学教程[M].北京:人民邮电出版社,2011.

[4]阮青松,余萍.投资银行学精讲[M].大连:东北财经大学出版社,2013.

[5]夏红芳.投资银行学[M].杭州:浙江大学出版社,2010.

[6]王长江.投资银行学[M].南京:南京大学出版社,2010.

[7]赵洪江.投资银行学[M].成都:西南财经大学出版社,2011.

[8]李子白.投资银行学[M].北京:清华大学出版社,2005.

[9]阎敏.投资银行学概论[M].武汉:武汉大学出版社,2010.

[10]周莉.投资银行学[M].北京:高等教育出版社,2011.

[11]何小锋,黄嵩.投资银行学[M].北京:北京大学出版社,2002.

[12]J. Fred Weston,Susan E. Hoag,Kwang S. Chung.兼并、重组与公司控制[M].唐旭,译.北京:经济科学出版社,1998.

[13]董小君.投资银行与企业并购[M].北京:中国经济出版社,1998.

[14]韩复龄.投资银行学[M].北京:对外经济贸易大学出版社,2014.

[15]何小锋,韩广智.新编投资银行学教程[M].北京:北京师范大学出版社,2007.

[16]何小锋,韩广智.资本市场运作案例[M].北京:中国发展出版社,2006.

[17]黄嵩,李昕旸.兼并与收购[M].北京:中国发展出版社,2008.

[18]任淮秀.投资银行业务与经营[M].北京:中国人民大学出版社,2009.

[19]王虹.项目融资管理[M].北京:经济管理出版社,2008.

[20]张极井.项目融资[M].北京:中信出版社,2008.

[21]埃利斯.高盛帝国[M].卢青,张玲,束宇,译.北京:中信出版社,2010.

[22]约翰·S.戈登.伟大的博弈:华尔街金融帝国的崛起[M].祁斌,译.北京:中信出版社,2011.

[23]杨文海,李昕旸.私募股权投资基金理论与操作[M].北京:中国发展出版社,2008.

[24]郑振龙.金融工程[M].北京:高等教育出版社,2003.

[25]黄运成,申屹,刘希普.证券市场监管:理论、实践与创新[M].北京:中国金融出版社,2001.

[26]和广北,朱琦,陈忠阳.证券市场和投资银行英语教程[M].北京:新华出版社,2002.

[27]罗伯特.库恩.投资银行学[M].北京:北京师范大学出版社,1996.

[28]宋国良.投资银行概论[M].北京:对外经济贸易大学出版社,2006.

[29]安东尼.桑德斯.信用风险度量:风险估值的新方法与其他范式[M].北京:机械工业出版社,2001.

[30]中华人民共和国.中华人民共和国证券法(注释本)[M].北京:法律出版社,2008.

[31]陈琦伟等.投资银行学[M].大连:东北财经大学出版社,2007.

[32]栾华.投资银行理论与实务[M].上海:立信会计出版社,2006.

[33]威廉.F.夏普.投资学[M].北京:中国人民大学出版社,1998.

[34]王平,陈蕾.投资银行学[M].北京:经济科学出出版社,2018.